Col·legi d'Arquitectes
de Catalunya

presenta
presents

arquitecturanimació

a+a

architecturanimation

assaig / essay

flip-book

cd-rom

[Academy for Architecture Tilburg / movie title]

We affirm that animation is a tool that allows for the transforming of ideas into sensitive material, providing the imagination and fantasy with the capacity of being visualisable and visualised. Animation allows for the possibility of transmitting complex or simple ideas, which would be very difficult (or even impossible) to explain in any other way; of transforming abstract concepts into material ones that acquire life before our eyes and permit us, mentally, to see many of the infinite possible realities and the multitudinous conceptions of visible reality. Animation is a medium, a technique, a resource... through which expression is given, with almost perfect precision, to the time in which we live, and which incites, with full freedom of action, the thought in the eye of he who looks.

It is the intention of this book to reflect the state of the question of this hybrid form that we have decided to call **architecturanimation.**

Contrary to the tendency of recent times, which has been to restrict through labelling, to close off and inhibit those routes that lead to fruitful interaction, we have attempted, by means of this selection of eclectic authors, infected with ideas in which intrusion is allowed, to generate a dialogue and a debate that will lead readers along paths that will stimulate their intellectual audacity.

Fredy Massad + Alicia Guerrero Yeste, ed.

> 3 > 3 > 3 > 3 > 3 > 3 > 3 > 3 > 3 > 3 > 3 > 3 > 3 > 3 > 3 > 3 > 3 > 3 > 3 > 3 > 3 >

Plantegem l'animació com una eina que permet de transformar idees en material sensible, oferint a la imaginació i a la fantasia la capacitat de ser visualitzables i visualitzades. L'animació concedeix la possibilitat de transmetre idees, complexes o simples, que d'una altra manera serien molt difícils (o impossibles) d'explicar, de transformar conceptes abstractes en matèria que adquireix vida als nostres ulls i ens porta a veure, mentalment, moltes de les infinites realitats possibles i la multitud de concepcions d'una realitat visible.
L'animació és un mitjà, una tècnica, un recurs mitjançant el qual es plasma amb una precisió gairebé perfecta el temps en què vivim i incita, amb plena llibertat d'acció, al pensament de l'ull que mira. Aquest llibre vol ser el reflex de l'estat de la qüestió d'aquesta hibridació que hem volgut anomenar **arquitecturanimació.**
En oposició a la tendència dels darrers temps, que fou la d'encarcarar amb etiquetes, tot tancant o coartant els camins vers la fructífera interacció, hem mirat de generar, mitjançant aquesta eclèctica selecció d'autors contaminada d'idees i en la qual es permet la intrusió, el diàleg i el debat que condueixin el lector per viaranys que estimulin la seva audàcia intel·lectual.

Fredy Massad + Alicia Guerrero Yeste, ed.

Todd Hemker
Seven corners

[Todd Hemker / *Seven corners*]

Forming images, imagining reality
Apropos of Architecture and Animation

by Carles Llop
COAC Member for Culture

Architecture is a magical production that is not confined to rigid three-dimensional space, not even should such be extended by the decisive factor of time. Architectural space depends on the set of properties that its architectures attempt to achieve. In its permanence and the enjoyment of those that generate and discover other latent properties, space is *per se* an instigator of derivative experiences.
Such being the case, the deliberate action *of making architecture* takes shape more through the processes and systems set forth as *modus operandi devices* than in the composition of elements on the matrix of an orthodox space. The devices begin with an awareness of the need to resolve, but are made fertile by the *creation of the new*, through the evocation of possible images in order for *the architecture to be materialised*.
Where do we find the images if not on the line that separates what is real from the virtual world? Where do we find creativity if not in the generation and transgression of reality? The *dynamic play of formative forces between the real and the virtual* is the one that precedes the *architecturisation*, the provision of committed, tangible, measured and, corporeal order.
In the long process of civilisation and profundisation in the possibilities of the creative act in architecture progress has been made due to the constant search for the dissolution of the limits and the *transversalisation* of concepts and materials. Kahn states that the great pivotal event of architecture was the moment in which walls opened out and columns appeared, "architecture is the conscious creation of spaces". In what state is this consciousness? Is it perhaps undergoing a controlled withdrawal from the

Formar imatges, imaginar la realitat
A propòsit d'Arquitectura i Animació

per Carles Llop
vocal de cultura del COAC

L'arquitectura és una producció màgica que no se circumscriu a l'espai rígid de les tres dimensions, ni tan sols ampliat pel factor decisiu del temps. L'espai arquitectònic depèn del conjunt de propietats que hom pretén assolir amb les seves arquitectures. En la seva pervivència i el gaudi de les persones es generen i es descobreixen altres propietats latents, l'espai és *per se* inductor d'experiències derivades.

Així les coses, l'acció propositiva *per fer arquitectura* es configura més en els processos i els sistemes plantejats com a *dispositius operandi* que en la composició d'elements sobre la matriu d'un espai canònic. Els dispositius comencen amb la consciència de la necessitat a resoldre, però es fecunden amb la *creació del nou*, amb l'evocació d'imatges possibles *per materialitzar l'arquitectura*.

On habiten les imatges sinó en el límit d'allò que és real i el món virtual? On es busca la creativitat sinó en la generació de transgressions de la realitat? És el *joc dinàmic de forces formatives entre real i virtual* el que procedeix a arquitecturitzar, a donar ordre compromès, tangible, mesurable, corporificat.

En el llarg procés de civilització i aprofundiment en les possibilitats de l'acte creatiu en arquitectura ha avançat mercès a la constant recerca de la dissolució dels límits i a la transversalització de conceptes i materials. Khan presenta el gran esdeveniment per l'arquitectura quan les parets se separaren i aparegueren les columnes en "l'arquitectura és la creació conscient d'espais". Com és aquest estat de consciència? Serà tal vegada una fugida controlada dels mecanismes de la realitat? Es tracta de construir imatges que contenen forma? "Formar

[Todd Hemker / Seven corners]

mechanisms of reality? Is it a case of constructing images that contain form? "Forming images", means setting in motion the means for thinking out the architecture and the forms that the concepts could generate. This is the *field of exploration*, which seeks resources in many disciplines, even through intuition, where, in pure sensitivity and *confrontation with virtuality*, it is expressed in a deeper way.
We are searching in virtual space: experiences more than verifications, rehearsals more than constructions, discourses more than justifications. The process of the verification of knowledge about the project becomes central to the project of architecture, and finds in representation — as an expression of ideas about the support of virtual animation — *a good production desk*.
architecturanimation has been organised as *a space in which to transversally explore investigation into processes and procedures, in order to make -present-animate architecture* in the setting of the "Col·legi d'Arquitectes de Catalunya" (*Catalan Architects Association*), an institution at the service of architecture, which works for the opening up of new routes in the search for that which is new. The event is multiformat: festival, conferences, debates, presentations, etc. making up *an open forum for enquiry* into the diverse and extensive properties of architecture for the creation of situations, scenes, shapes, constructions... but above all as a *way of confronting reality-reality, virtual-reality and unreal-reality*. That is: in order to open the way for the consideration that, in the uncertainty of our knowledge there is now, and always will be, unknown environments and domains that also form a substantial part of this field.
The aim of this catalogue, produced as a complement to **architecturanimation**, is to serve as a reference, firstly for the dissemination of initiatives that are working at the limits of architectural discipline, transversal actions in which real-virtual space is the centre of a creative cosmos, and secondly, to serve as a platform on which to sound out the state of the animation and architecture question, the use of cyberspace techniques to produce new experiences and to provoke a return to the project of reality, consequently leading to new masteries, perhaps with a decided – projectural – determination to bring abstraction back, once more, to the real world. C.L.

imatges" és posar en moviment els ressorts per pensar l'arquitectura i les formes que els conceptes poden generar. Aquest és el *camp d'exploració*, que busca els recursos en moltes disciplines, àdhuc en la intuïció on, en la sensibilitat pura i la *confrontació amb la virtualitat*, s'expressa en el seu sentit més profund.
Busquem en l'espai virtual: més experiències que verificacions, assajos que construccions, discursos que justificacions. El procés de verificació de coneixements en el transcurs del projecte esdevé central en el projecte d'arquitectura, i troba en la representació —com a plasmació de les idees sobre el suport de l'animació virtual— *un bon tauler de producció*.
arquitecturanimació ha estat pensat com *un espai on explorar transversalment la investigació dels processos i procediments per fer-presentar-animar l'arquitectura*, en el marc del Col·legi d'Arquitectes de Catalunya, institució al servei de l'arquitectura, i esperonadora per l'obertura de camins vers la recerca del nou. És una acció multiforme: festivals, conferències, debats, presentacions, etc, que configuren un *fòrum obert d'indagació* de les propietats diverses i àmplies d'una arquitectura per crear situacions, escenaris, formes, construccions..., però sobretot com a *via per enfrontar-se amb la realitat-realitat, la realitat-virtual, i la realitat-no realitat*, és a dir, donar via oberta a considerar que en la incertitud del nostre coneixement existeixen, encara i per sempre més, àmbits i dominis desconeguts que també formen part substancial de la nostra. El catàleg que es produeix en el marc d'**arquitecturanimació** vol ser un referent, en primera instància difusor d'iniciatives que treballen en el límit de la disciplina de l'arquitectura, d'accions transversals on l'espai real-virtual és el centre d'un cosmos creatiu; i en segon lloc, vol ser una plataforma per testar l'estat de la qüestió sobre l'animació i l'arquitectura, la utilització de les tècniques del ciberespai per produir noves experiències i provocar retorns cap al projecte de la realitat, i en conseqüència, noves experteses, tal vegada amb una voluntat decidida —projectual— de retornar sempre l'abstracció cap al món real. C.L.

[Todd Hemker / *Seven corners*]

4 **Carles Llop** Forming images, imagining reality
10 **Nicholas Mirzoeff** The haunted house: Visuality in global culture
56 **Juhani Pallasmaa** The lived image
80 **Maria Grazia Mattei** Synthetic images: Artistic exploration, simulation and animation
102 **Áurea Ortiz Villeta**
Hollywood' animated films: Is there no end to the tyranny of realism?
112 **Alicia Guerrero Yeste** Spaces within spaces
126 **Paul Wells** *Building a building*: Animation as the architecture of 'modernity'
154 **Andres Janser** Do architects dream of electric shadows?
168 **Amanda Schachter & Alexander Levi** Around the clock

184 **Antonino Saggio** The IT Revolution in Architecture view from the point of animation
192 **Derrick De Kerckhove** Inverted retina
200 **Christian Pongratz & Maria Rita Perbellini**
Rethinking traditional architecture assumptions
202 **Mirko Galli & Claudia Mühlhoff** Structuring data
210 **Maia Engeli** "From within." Revealing architectonic ideas in virtual reality
228 **Mark & Linda Keane** Architectural design process through animation
268 **Winka Dubbeldam** ARMATURE (Animate Animation Animated)
284 **OBJECTILE** Philibert de l'Orme's Pavilion: Towards an associative architecture
300 **Ali Rahim** Cultural proliferation and its effects on architectural form
342 **Mark Burry** Liquid stone
364 **Gregory More** Nonlinear Animation: Time-Matters and the Aionic Memoria Project
378 **Michele Emmer** Mathematics & *Flatland*: From design to cinema
404 **Paolo Sustersic** The architecture of virtual reality:
Towards an aesthetics of the information society
420 **Carmelo Baglivo & Luca Galofaro** For an avant-pop culture
438 **Enric Ruiz-Geli** Multiplex
440 **Fredy Massad** Learning from the Jetsons or the intrusion of Homer Simpson

428-447 Catalogue of participants

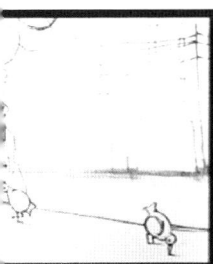

Linda & Mark Keane
Tangent

   5 **Carles Llop** Formar imatges, imaginar la realitat
 11 **Nicholas Mirzoeff** La casa encantada: La visualitat en la cultura global
 57 **Juhani Pallasmaa** La imatge viscuda
 81 **Maria Grazia Mattei** Imatges sintètiques: Exploració artística, simulació i animació
103 **Áurea Ortiz Villeta**
      El cinema d'animació d'Hollywood: Quan acabarà la tirania del realisme?
113 **Alicia Guerrero Yeste** Espais dins d'espais
127 **Paul Wells** *Building a building*: L'animació com a arquitectura de la "modernitat"
155 **Andres Janser** Somnien amb sombres elèctriques els arquitectes?
169 **Amanda Schachter / Alex Levi** Les vint-i-quatre hores

185 **Antonino Saggio** La revolució de la TI en arquitectura vista des de l'animació
193 **Derrick de Kerckhove** La retina invertida
201 **Christian Pongratz & Maria Rita Perbellini** Repensar els supòsits tradicionals de l'arquitectura
203 **Mirko Galli & Claudia Mühlhoff** Estructurar informació
211 **Maia Engeli** "Des de dins". Revelant les idees arquitectòniques en la realitat virtual
229 **Mark & Linda Keane** El procés de disseny arquitectònic en la realitat virtual
269 **Winka Dubbeldam** ARMATURE (Animar Animació Animat)
285 **OBJECTILE** El Pavelló de Philibert de l'Orme: Cap a una arquitectura associativa
301 **Ali Rahim** La proliferació cultural i els seus efectes en la forma arquitectònica
343 **Mark Burry** Pedra líquida
365 **Gregory More** Animació no lineal: Time-Matters i el *Projecte Aionic Memoria*
379 **Michele Emmer** Matemàtics i *Flatlàndia*: Del disseny al cinema
405 **Paolo Sustersic** L'arquitectura de la realitat virtual: Cap a una estètica de societat de la informació
421 **Carmelo Baglivo & Luca Galofaro** Per una cultura *avantpop*
439 **Enric Ruiz-Geli** Multiplex
441 **Fredy Massad** Tot aprenent dels Jetsons o la intromissió de Homer Simpson

428-447 Catalogació de projectes

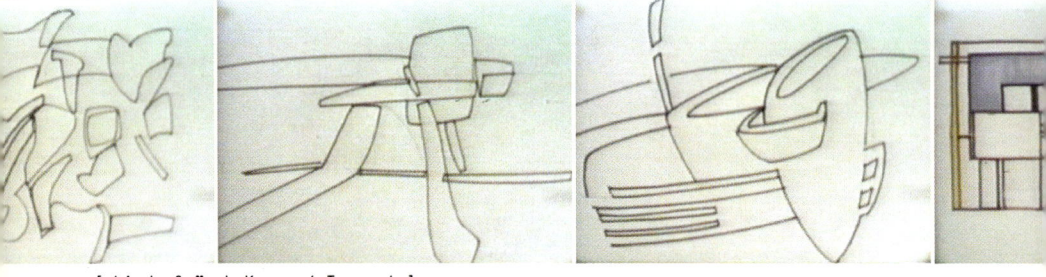

[Linda & Mark Keane / Tangent]

The haunted house:
Visuality in global culture

A text by
Nicholas Mirzoeff

Nicholas Mirzoeff teaches Art History and Comparative Studies at the Art Department of Stony Brook University (New York). His work has two key aspects: the diversifying of art history as evidenced in *Silent Poetry: deafness, sign and visual culture in modern France* and *Bodyscape: Art, modernity and the ideal figure* and the theory and practice of visual culture, leading to the *Visual Culture Reader* and *An Introduction to Visual Culture*.

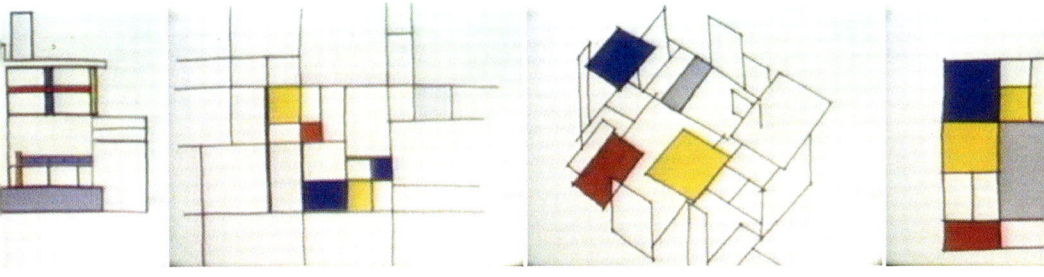

La casa encantada:
La visualitat en la cultura global

Un text de
Nicholas Mirzoeff

Nicholas Mirzoeff és professor d'Història de l'Art i d'Estudis Comparatius al Departament d'Art de Stony Brook University (Nova York). El seu treball gira a l'entorn de dos temes: la diversificació de la història de l'art, tal com ho evidencien *Silent Poetry: deafness, sign and visual culture in modern France* i *Bodyscape: Art, modernity and the ideal figure*; i la teoria i la pràctica de la cultura visual, des d'on sorgeix *Visual Culture Reader* i *An Introduction to Visual Culture*.

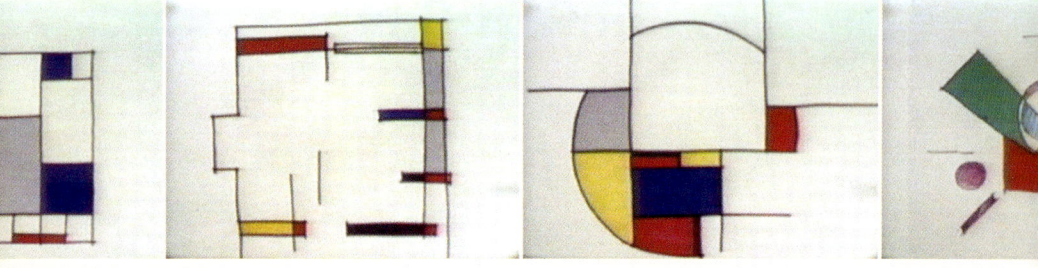

[Linda & Mark Keane / Tangent]

The product of the encounter of architecture and animation is the haunted house. As a fixed node in the flow of information and images that is visuality, the haunted house is a place to be approached with caution by mere flesh-and-blood creatures. Yet it is a place of irresistible fascination, drawing the prepared and the unwary alike to a fate that is not known in advance. Haunting is a performative practice that has its origins in a historical past and is nonetheless yet to come. For a haunted house to which the ghost no longer returns is just a house. The space is suspended between past and future in a provisional present, knowable only from instant to instant. People arrive and leave in a hurry. The ghost bides its time, for time is what it is, spatialized time. When time takes on spatial form, it is easy to recognize with Hamlet that the "time is out of joint." The ghost is in between: between the visible and the invisible, the material and the immaterial, the voice and the phenomenon. For some the ghost can be seen, to others it is invisible. It speaks in a voice which is not one to those that have ears to hear, even though they may be deaf.
The haunted house is rather large and has many rooms. Its name was modernity.

THE FOUNDATIONS

In 1839, Paul Delaroche is famously alleged to have said, on seeing the first photograph: "From today, painting is dead." Delaroche's statement implied that something once alive in painting was now dead, as well as that the wider concept that painting itself is dead. It was replaced by photography that was always already dead, a medium that incorporated the past into its very physical structure. What had died is the historical present of painting, replaced by the History of photography. Daguerre's very first photograph was a *nature morte*, meaning still life, but literally dead nature: all possible action in that moment is now past. The famous eighteenth-century still-life painter Jean-Baptiste Chardin made works in which past, present and future were equally implicated across the tenously stable screen of the present. In his *Rabbit and Copper Pot*, the rabbit is so clearly dead that its body is dripping blood but the imminent action of cooking implied by the presence of the pot makes us think of transience and change. It is in this sense that painting serves as a memento mori, as in

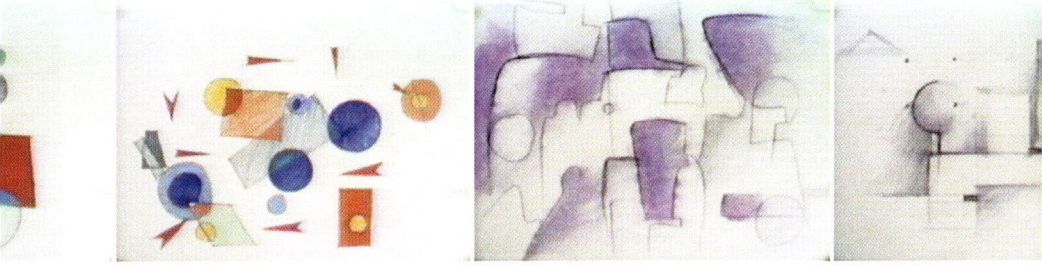

La casa encantada és el producte de l'encontre entre l'arquitectura i l'animació. Com un node fix dins del flux d'informació i d'imatges que és la visualitat, les criatures de carn i os s'han d'acostar a la casa encantada amb molt de compte. Així i tot, és un lloc d'irresistible fascinació, que empeny de la mateixa manera el caut i el desprevingut cap al destí que no se sap per endavant. Encantar és una pràctica preformativa que té els seus orígens en el passat històric i que tanmateix encara no ha arribat. Perquè una casa encantada en la qual el fantasma no torna, no és res més que una casa. L'espai queda sospès entre el passat i el futur en un present provisional, només cognoscible d'instant a instant. La gent arriba i se'n torna a corre-cuita. El fantasma espera el moment propici, perquè el temps és el que és, temps espacialitzat. Quan el temps agafa una forma espacial, és fàcil, tal com féu Hamlet, d'acceptar que "el temps està fora de lloc". El fantasma és al mig: al mig d'allò visible i allò invisible, d'allò material i allò immaterial, la veu i el fenomen. Per a alguns fantasmes és visible, per a d'altres, invisible. Parla amb una veu que no va dirigida als qui tinguin oïda per a escoltar, encara que siguin sords. La casa encantada és més aviat gran i té moltes habitacions. El seu nom era modernitat.

LES FUNDACIONS

A Paul Delaroche se li encoloma una frase que —suposadament— va dir quan es va mirar la primera fotografia, l'any 1839: "A partir d'ara, la pintura està morta". La declaració de Delaroche implicava que alguna cosa que algun cop va estar viva en la pintura, moria en aquell moment, i, així mateix, també havia mort el concepte més ampli de la pintura. Fou reemplaçada per la fotografia, que ja estava morta, per ser un mitjà que incorporava el passat en la mateixa estructura física. Allò que havia mort era el present històric de la pintura, substituït per la història de la fotografia. La primera fotografia de Daguerre fou una *nature morte*, que significa "vida quieta", però també, literalment, "naturalesa morta": tota acció possible en aquell moment, ara ja és passat. El famós pintor de naturaleses mortes del segle XVIII, Jean-Baptiste Chardin, feia treballs en què el passat, el present i el futur estaven implicats de la mateixa manera a través de la pantalla tènuement estable del present. En el seu *Rabbit and Copper Pot*, el conill es troba tan palesament mort que el seu cos goteja sang, per bé que l'acció imminent de cuinar assenyalada per la presència de la cassola ens fa pensar en transcendència i canvi. És en aquest sentit que la pintura serveix de *memento mori* [record de la mort],

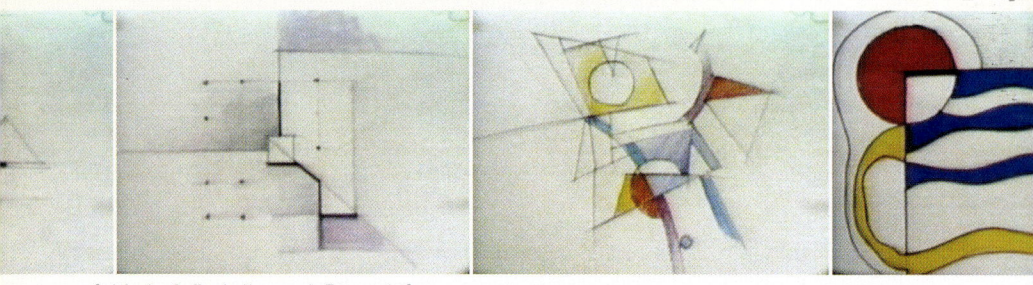

[Linda & Mark Keane / Tangent]

Hans Holbein's painting of *The Ambassadors*, in which the visual field is disturbed by a distorted skull, visible from only one peculiar angle. By forcing his spectator close up to the paint surface, Holbein asserted not the pastness of death, but that it is to come and cannot be denied, even as the artificiality of the image was literally in your face. Painting sustained a form of historical present that photography eliminated. Photography was by its nature a medium of the past. As soon as the shutter clicks, the moment recorded has past or has become the past. Recent historians of photography have shown that there was a concerted effort over some fifty years from roughly 1790 to 1840 to achieve a permanent record of visual exteriority. It is no coincidence that these are also the most active years of the abolition movement, the global effort to abolish the Atlantic slave trade that created the modern world. There is perhaps no truer image of photography than that of the French photographic pioneer Hercule Florence attempting to take pictures of a Brazilian jail, in which enslaved Africans were undoubtedly incarcerated, from the verandah of his plantation house. Roland Barthes sought the essence or *noeme* of photography in his 1982 book *Camera Obscura*. He had already reproduced it in the form of photographs of the enslaved. As Orlando Patterson has argued, slavery can be defined as social death. Photographs of the enslaved record in "dead nature," *nature morte*, that which is already dead but still alive: the ghost.

Visual culture is intensely interested in such phantasms. Its object of study is precisely the entities that come into being at the points of intersection of visibility with social power. In 1840, the bombastic British historian Thomas Carlyle made the first use of the term "visuality," in his proto-Nietzschean paean to the Hero. Describing Dante he argued that in the *Divine Comedy*: "every compartment of it is worked out, with intense earnestness, into truth, into clear visuality." It is clearly appropriate that a historian should be the one to coin the term that best defines the photographic era. With the simultaneous invention of photography, the emergent disciplinary society now had both the terminology and the technology to describe this condition, the state of being visual. Photography and visuality alike were definintions of a past that, by virtue of its very pastness, clearly indicated the future.

The power of visuality has often been identified with one form of architectural struc-

[14 / Nicholas Mirzoeff / The haunted house]

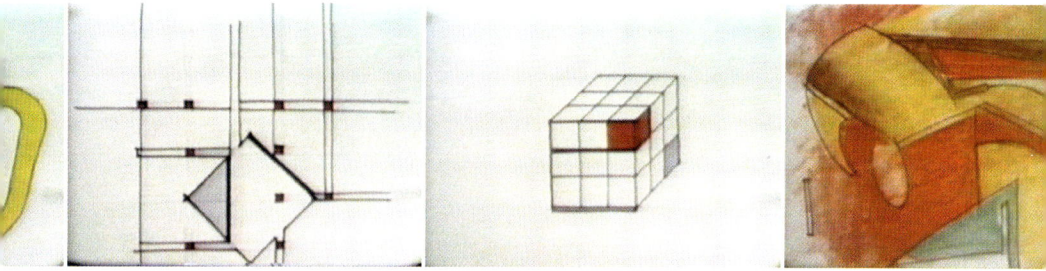

com en la pintura de Hans Holbein *The Ambassadors*, en la qual el camp visual és interromput per una calavera distorsionada, només visible des d'un angle particular. Holbein, en forçar l'espectador a apropar-se a la superfície de la pintura, no afirma el passat de la mort, sinó de quelcom que està per venir i no pot ser negat, fins i tot si l'artificialitat de la imatge estigués en la seva cara, literalment. La pintura va sostenir una forma de present històric que la fotografia ha eliminat.

La fotografia era, per pròpia naturalesa, un via cap al passat. En el moment en què l'obturador es mou, l'instant gravat ja té passat, o s'ha convertit en passat. Els historiadors contemporanis de la fotografia han demostrat que hi hagué un esforç concentrat, durant uns cinquanta anys —aproximadament des del 1790 fins al 1840— per tal d'aconseguir un registre permanent de l'exterioritat visual. No és una simple coincidència que aquests fossin els anys més actius del moviment abolicionista, de l'esforç mundial per abolir el tràfic atlàntic d'esclaus que el món modern va crear. Potser no hi ha cap imatge fotogràfica més autèntica que la del fotògraf pioner francès Hercule Florence, que mirà de prendre fotos, des de la galeria de casa seva en la plantació, d'una presó brasilera, en què uns africans esclavitzats romanien manifestament captius. Roland Barthes cercava l'essència o *noema* d'aquesta fotografia en el seu llibre del 1982, *Càmera Obscura*. Ell ja l'havia reproduïda dins del recull "fotografies dels esclavitzats". Tal com digué Orlando Patterson, l'esclavitud pot ser definida com a "mort social". Els fotògrafs dels esclaus registren en "naturaleses mortes", *natures mortes*, allò que ja és mort però que encara viu: el fantasma.

La cultura visual està molt interessada en aquesta mena de fantasmes. El seu objectiu d'estudi són precisament les entitats que es creen en els punts d'intersecció de la visibilitat amb el poder social. El 1840, l'afamat historiador britànic Thomas Carlyle va emprar per primera vegada el terme "visualitat", en la seva oda protonietzschiana a l'Heroi. En descriure a Dante, digué que en la *Divina Comèdia*: "cada compartiment origina una intensa serietat, una veritat, en una clara visualitat". Convindria que fos l'historiador qui encunyés el terme que millor definís l'era fotogràfica. Amb la invenció simultània de la fotografia, l'emergent societat disciplinària tenia en aquell moment al seu poder tant la terminologia com la tecnologia per a descriure aquesta condició: la de ser visual. La fotografia i la visualitat varen ser definicions d'un passat que, en virtut de la seva pròpia història, mostrava clarament el futur.

El poder de la visualitat s'ha identificat, en general, amb una forma d'estructura arqui-

Taku Furukawa
Tyo Story

[Linda & Mark Keane / Tangent]

ture, known generically as the panopticon after the invention of the British Utilitarian philosopher Jeremy Bentham that was adopted as a model by Michel Foucault. The panopticon was an inspection house for the reformation of morals, whether of prisoners, workers or prostitutes by means of constant surveillance that the inmates could not perceive, a system, summed up by Michel Foucault in the aphorism "visibility is a trap." Bentham's device was the creature of the global culture of his day. It was borrowed from a Russian system adopted or created by his brother in St Petersburg. It owed its notion of moral discipline to such institutions as the Jesuit missions in Paraguay, disparaged by the French explorer Bougainville on his way to the Pacific, and the slave plantations of the Caribbean. Finally, it was devised as a solution to the British prison problem that was actually resolved with transportation to Australia. It was an imperial totalizing vision that sought to recast the world in its own image. But it was a haunted vision. Bentham knew what lurked within his panopticon papers: "it is like opening a drawer where devils are locked up — it is breaking into a haunted house." He even came to realize that solitary confinement, a key part of his plan, was in fact its undoing as a system of visibility: "in a state of solitude, infantine superstitions, ghosts and spectres, recur to the imagination." Such confinement is and was one of those parts of Bentham's scheme most enthusiastically adopted by the carceral machine but even its inventor realized that the marvelous machine was out of order. The prisoner could neither be perfectly visible nor be constantly aware of disciplinary surveillance. Consequently, they were not disciplined, but simply punished: they became ghosts. This essay is, then, a series of notes towards a possible surfing of the visual network in ghost time. Ghosts are, by their nature, beings that reappear at unpredictable times and places but with cause. They are pure medium, transmitting in certain moments without a published schedule.

RUINS
It has been noted by critics for some years now that the panopticon is not working properly any more. What Foucault termed the "marvellous machine" is clearly out of order. Gilles Deleuze pointed out that it was only because the discipline of the high

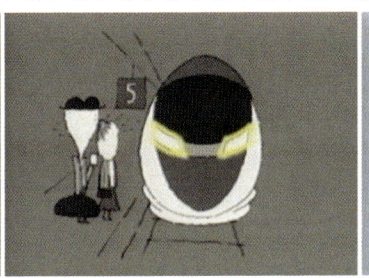  

tectònica coneguda genèricament com el "panòptic", invenció del filòsof utilitarista britànic Jeremy Bentham, que fou adoptada com a model per Michel Foucault. El panòptic era una casa d'inspecció per a la reforma de la moral, tant de presoners com de treballadors o de prostitutes, a través d'un sistema de vigilància constant de la qual els interns no s'adonaven, que Michel Foucault resumeix en el seu aforisme "la visibilitat és una trampa". El dispositiu de Bentham fou la criatura de la cultura global del seu temps. Va ser agafat prestat d'un sistema rus adoptat o creat pel seu germà a Sant Petersburg. Li devia la noció de disciplina moral en institucions com ara les missions jesuítiques del Paraguai (menyspreades per l'explorador francès Bougainville en la seva ruta cap al Pacífic) o com les plantacions d'esclavatge del Carib. Finalment, fou presa com una solució per al problema de les presons britàniques, que de fet ja s'havia resolt amb el trasllat a Austràlia. Era una mena de visió totalitària imperial que pretenia reformar el món segons la seva pròpia imatge. Però era una visió encantada. Bentham sabia què s'amagava entre els seus papers pel que fa al panòptic: "és com obrir un calaix en el qual són tancats els dimonis: s'està ocupant una casa encantada". Fins i tot va arribar a adonar-se que el confinament solitari —una part clau del seu pla— era en realitat la seva ruïna com a sistema de visibilitat: "en un estat de soledat, tornen a la ment les supersticions infantils, els fantasmes i els espectres". Aquest confinament era i continua sent una d'aquestes parts de l'esquema de Bentham, adoptat amb gran entusiasme per la màquina carcerària, per bé que el seu inventor també s'adonà que l'extraordinària màquina no funcionava. El presoner no podia ser completament visible ni estar constantment sotmès a la vigilància disciplinària. En conseqüència, no era disciplinat sinó simplement castigat, es tornava fantasma. Així, aquest assaig resulta ser un seguit de notes dirigides a una navegació possible de la xarxa visual en els temps de fantasmes. Els fantasmes són, per naturalesa, éssers que reapareixen en temps i en llocs impredictibles, però amb causa. Són pur medi, transmeten en certs moments i no tenen horari.

RUÏNES

D'uns anys ençà, els crítics han remarcat que el panòptic ja no treballa convenientment. Allò que Foucault anomenà "la màquina meravellosa" està clarament fora de servei. Gilles Deleuze ha senyalat que això era així perquè, senzillament, la disciplina de l'era àlgida del panòptic s'havia distès i convertit en allò que ell va anomenar "societat de

[Taku Furukawa / Tyo Story]

panoptic era had relaxed into what he termed the "society of control" in the 1970s that Foucault was able to make his analysis in the first place. Since that period there has been a further shift into the paradox of indifferent panopticism. By "indifferent panopticism" I mean to highlight the emergent paradox of an ever-increasing surveillance with an indifference as to the results of that surveillance for its subjects. There are cameras everywhere: in banks, shops, classrooms, daycare centres, high streets, motorways, sports stadiums — in short, what used to be termed the public sphere might now be called the on-camera world. But at the same time it is both literally and metaphorically the case that no one is watching. The camera at the cash machine may record a theft but it has no intent to prevent that theft or to alert police while it is taking place. Closed-circuit cameras at Boston airport recorded Mohammed Atta boarding his flight on September 11, 2001 but, even though he was a known terrorist suspect and on FBI watch lists, he was not prevented from flying, leading to the disaster at the World Trade Center. In the United States, with an ever-rising prison population now estimated at 2 million people, there is no expectation that prison will reform or discipline its inmates, only a desire to punish them, incarnated in the "three strikes and you're out" law. The visual subject is constantly under surveillance but no one is watching at the invisible centre of the panopticon. Rather than feel liberated, we feel lost.

By the visual subject, I mean a person who is both constituted as an agent of sight (regardless of his or her biological capacity to see) and as the effect of a series of categories of visual subjectivity. The visual subject precedes representation as its ground of possibility, its agent and its object. It is the visual subject that animates visuality. During the modern period a two-fold visual subject was predicated by the disciplinary society. That subject added to Descartes' early modern definition of self — "I think therefore I am" — a new mantra of visual subjectivity: "I am seen and I see that I am seen." This sense of being the subject of surveillance provoked wide-ranging forms of resistance that were nonetheless, as Foucault argued, predicted by the operations of power. To take one example: the blind became an object of state concern at the beginning of the panoptic era, leading to the establishment of state institutions for the blind and Louis Braille's invention of a tactile language in 1826

[18 / Nicholas Mirzoeff / The haunted house]

control", en aquells anys 1970 que en un primer moment Foucault va analitzar. A partir de llavors hi ha hagut més canvis en la paradoxa del panopticisme indiferent. Per "panopticisme indiferent" vull ressaltar la paradoxa emergent d'una vigilància sempre en augment, amb la indiferència dels subjectes objectes d'aquesta vigilància. Hi ha càmeres pertot arreu: als bancs, a les botigues, a les classes, als centres d'atenció diürna, a les avingudes, autopistes, camps d'esport; en resum, allò que se solia anomenar esfera pública, es podria designar en aquests moments com a *on-camera world [món de càmera connectada]*. Al mateix temps, però, ningú està mirant, tant literalment com metafòricament. La càmera del caixer automàtic pot gravar un furt, però no té la intenció de prevenir-lo o d'alertar la policia mentre s'està produint. Les càmeres de circuits tancats a l'aeroport de Boston gravaren a Mohammed Atta pujant al seu vol l'11 de setembre del 2001, i, tot i que era un conegut sospitós de terrorisme que figurava en les llistes dels vigilats per l'FBI, se li permeté volar i dur a terme el desastre del World Trade Center. Als Estats Units, amb una població carcerària cada vegada més gran, estimada a hores d'ara en dos milions de persones, no hi ha expectatives que la presó reformi o disciplini els seus interns; només hi ha la intenció de castigar-los, representada pels "tres cops i estàs fora" de la llei. El subjecte visual sempre està sota vigilància, però ningú no està mirant al centre visible del panòptic. Més que sentir-nos alliberats, ens sentim perduts.

Quan dic subjecte visual parlo d'una persona que es constitueix alhora com a agent de visió (sense tenir en compte la seva capacitat biològica de veure) i com a efecte d'un seguit de categories de subjectivitat visual. El subjecte visual precedeix la representació com a sustentació de possibilitat, el seu agent i el seu objecte. El subjecte visual és qui anima la visualitat. Durant l'època moderna, la societat disciplinària predicava un subjecte visual doble. Aquest subjecte que afegeix a la definició moderna de Descartes de l'ésser —"penso, així doncs, existeixo"— un nou mantra de la subjectivitat visual. "Sóc vist i veig que se'm veu". Aquest sentit de ser un subjecte de la vigilància ha generat nombroses formes de resistència, que tanmateix i en paraules de Foucault, foren predites per les estratègies del poder. Per citar un exemple, el cec es tornà objecte de preocupació d'estat als inicis de l'era del panòptic, la qual cosa desembocà en l'establiment d'institucions estatals per a cecs i en la invenció, l'any 1826, d'un llenguatge tàctil que Louis Braille creà a l'Institut de París per al Cec. El panopticisme transformà l'invident en un objectiu "natural" de preocupació social i estatal, precisa-

[Taku Furukawa / Tyo Story]

from within the Paris Institute for the Blind. Panopticism created the blind as what has now become a "natural" target of social and state concern precisely because seeing and being seen was the concern of the disciplinary nation-state. If in this instance panopticism was in a certain sense empowering, it was in many more controlling or repressive, most importantly in the question of "race," the visual network in which one person is designated as different to another by reason of physical o inherited characteristics. By the beginning of the twentieth century W.E.B. Dubois discerned what he called "the color line," an arbitrary division of people into racial types that took on the status of social fact (Dubois 1903). In an early Vitagraph animation from 1901, Jim Blackton represented the color line in his cartoon "Cohen and Coon." Derived from his blackboard-based vaudeville act, the cartoon showed the name Cohen turning into that of Coon via racial stereotypes. Jews and African-Americans were the same because they were the same side of the color line, not because of a simplisitic resemblance. So powerful was this means of seeing that Ralph Ellison announced to a segregated United States in 1952 that the African American was an "invisible man." The color line had become impermeable. Panopticism, then, was a willed form of seeing in which the refusal to see certain objects or people was as constitutive of its success as the perception of self or others. This doubled sensation of seeing and being seen was reworked in a psychoanalytic context by Jacques Lacan. Lacan internalized the process of surveillance under the command of a sense of shame in his famous formula of the gaze as being a process in which "I see myself seeing myself" (Lacan). This shame disciplines the gaze. Lacan turned this surveillance into self-surveillance, making each visual subject the locus of a panoptic drama of identity.

Yet in the era of indifferent surveillance, this sense of being seen can no longer be authenticated. In 1982, the year of Barthes' book on photography, two events heralded the new moment. First, Lucasfilms claimed in a press conference that "photography was no longer evidence for anything," following their successful efforts to digitally manipulate the photographic image. Although many would hesitate to take Lucasfilms as an authority, it is nonetheless the case that photography has been displaced as the paradigm of historical truth. In the O.J. Simpson murder trial,

[20 / Nicholas Mirzoeff / The haunted house]

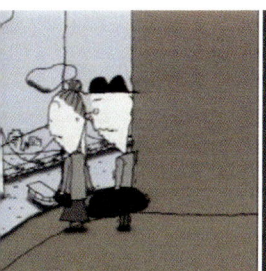 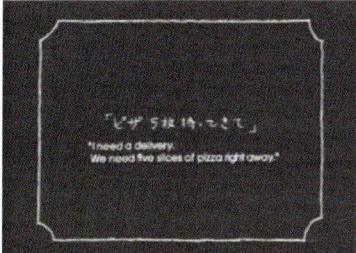 

ment perquè veure i ser vist era la preocupació de l'estat-nació disciplinari. Si en aquesta instància i en cert sentit el panopticisme s'estava enfortint, en d'altres estava sota un control i una repressió més gran, especialment en la qüestió de la "raça", la xarxa visual en la qual una persona és designada com sent diferent d'una altra a causa de les seves característiques físiques o hereditàries. A principi del segle XX, W.E.B. Dubois remarcava el que va anomenar "la línia del color", una divisió arbitrària de la gent en tipus racials que contemplava l'estatus com un fet social (Dubois, 1903). En una animació primerenca de Vitagraph del 1901, Jim Blackton representava la línia de color en la seva historieta animada "Cohen and Coon". Aquest *cartoon*, procedent de la seva creació de vodevil de carbonet, mostrava com el nom de Cohen es convertia en Coon mitjançant uns estereotips racials. Els jueus i els afroamericans eren iguals perquè estaven en el mateix bàndol de la línia de color, i no pas per cap mena de parentiu simplista. Era tan poderosa aquesta manera de veure les coses que Ralph Ellison anunciava, a uns Estats Units segregats el 1952, que l'afroamericà era un "home invisible". La línia de color s'havia tornat impermeable. El panopticisme, per tant, era una forma atractiva de mirar, per la qual negar-se a veure certs objectes o certa gent era intrínsec al seu triomf, com a percepció d'un mateix o dels altres. Aquesta doble sensació de veure i de ser vist fou estudiada de nou en un context psicoanalític per Jacques Lacan. En la seva cèlebre fórmula de l'observació com a procés en què "em veig a mi mateix mirant-me a mi mateix", Lacan encasellà el procés de vigilància dins l'ordre d'un sentit de la vergonya. Aquesta vergonya disciplinava la mirada. Lacan va convertir aquesta vigilància en una autovigilància, fent de cada subjecte visual l'espai per a un drama panòptic d'identitat.

Això no obstant, en l'era de la vigilància indiferent, aquest sentit de ser vist ja no pot ser corroborat. El 1982, any de la publicació de l'obra de Barthes sobre fotografia *La chambre claire*, dos esdeveniments marcaren un nou moment. Primer, Lucasfilms proclamà en una conferència de premsa que "la fotografia ja no era representativa de res", amb la qual cosa continuà amb els seus triomfants esforços de manipulació digital de la imatge fotogràfica. Tanmateix, tot i que molts dubtarien de prendre Lucasfilms per una autoritat, és cert que la fotografia, com a paradigma d'una veritat històrica, ha estat desplaçada. En el judici per homicidi de O.J. Simpson, una fotografia de l'astre del futbol americà, calçat amb sabates Bruno Magli, tan poc comunes i que se sabia que havien estat portades per l'assassí, fou senzillament presentada pels advocats de

 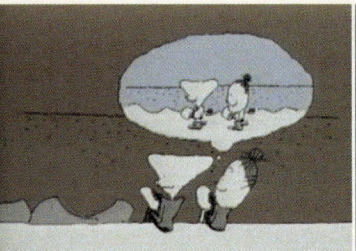 

[Taku Furukawa / Tyo Story]

a photograph of the football star wearing the rare Bruno Magli shoes known to have been worn by the killer was easily disposed of by defence lawyers as a faked image. Even when some thirty images were supplied, there was apparently grounds for "reasonable doubt" in the minds of the jury that acquitted Simpson of criminal charges. More recently, in the wake of September 11, the US government distributed a video of Osama bin Laden discussing the attacks that was widely dismissed in the Arab and Muslim world as a forgery. While everyday photographs continue to be accepted as markers of experience, in many other cases they are subject to question. A state-authenticated passport photograph, for instance, is less likely than it once was to be accepted without question, especially if the country issuing the passport is outside the core of the "West."

However, unlike photography's own assasination of painting, digital media have not taken over as the measure of the real. For by their very nature, digital media can be changed and altered to suit the needs and desires of the moment. In 1982, the film *Blade Runner*, directed by Ridley Scott, anticipated and heralded this moment. In this now classic film, appearances are always deceptive, seeing is rarely believing and memory cannot be trusted. The artificial humans called replicants that are at the centre of the film are in some cases unaware that they are not human. They have implanted digital memories that are "authenticated" by snapshot, vernacular photographs of precisely the kind that people still have trust in today. Yet the entire project is a fake, with the director's cut version of the film even suggesting that the *Blade Runner* – replicant hunter – at the centre of the action is himself a replicant. As more and more people worldwide have access to the simple manipulation of data and image made possible by digital technology, image manipulation has come to seem like part of everyday life. The Dogme 95 film manifesto, originated in Denmark by director Lars von Trier, repudiated all forms of special effects. It owed its sense of vitality and challenge to the establishment precisely to this shift that seemed so radical only twenty years ago.

In a sense, the virtual image never dies because it can always be reconfigured. An oil painting is, in a certain sense, an organic object, needing to be kept between certain temperatures and at appropriate levels of humidity to survive. A photograph

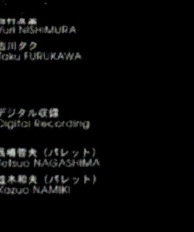 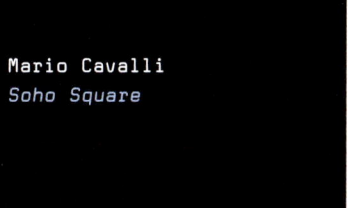 

Mario Cavalli
Soho Square

la defensa com a imatge falsificada. Fins i tot el fet d'aportar prop de trenta imatges no fou suficient per despertar "dubtes raonables" en les ments del jurat, que retirà els càrrecs criminals a Simpson. Més recentment, tornant als esdeveniments de l'11 de setembre, el govern dels Estats Units va distribuir un vídeo en què Ossama bin Laden discutia els atacs, que fou rebutjat per fals en el món àrab i el món musulmà. Mentre que cada dia es continuen acceptant les fotografies com a proves fefaents, en un gran nombre de casos són motiu de discussió. Una foto de passaport autenticada per l'estat, per exemple, té menys possibilitats que abans de ser acceptada sense discussió, especialment si el país que emet el passaport es troba allunyat del nucli del món "occidental".

Amb tot, si la fotografia ha assassinat la pintura, els mitjans digitals encara no han pres la mida d'allò real. Per la seva pròpia naturalesa, els mitjans digitals poden ser canviats i alterats per a suplir les necessitats i desitjos del moment. El 1982, el film *Blade Runner*, dirigit per Ridley Scott, anticipava i marcava aquest moment. En aquest film esdevingut un clàssic, les aparences són sempre decebedores, el fet de veure rarament és creure i la memòria no és quelcom de fiable. Els humans artificials, a qui s'anomena replicadors i que són el centre del film no són, en alguns casos, conscients que no són humans. Tenen implantats records digitals que són "autenticats" per un tir de càmera, fotografies vernaculars d'aquella mena en què la gent confia avui dia. Tot i això, el projecte és completament fals en la versió del film tallada pel director que fins i tot suggereix que el *Blade Runner* (el caçador de replicadors) situat en el centre de l'acció, és també ell mateix un replicaire. Mentre que arreu del món cada vegada més gent té accés a la simple manipulació de la informació i de la imatge gràcies a la tecnologia digital, la manipulació de la imatge s'ha convertit en una part de la vida quotidiana. La pel·lícula Manifest de Dogma 95, creada a Dinamarca pel director Lars von Trier, rebutjava qualsevol forma d'efectes especials. Precisament és a aquest canvi que semblava tan radical només vint anys enrera, que l'*establisment*i deu el seu sentit de vitalitat i de desafiament.

D'alguna manera, la imatge virtual no mor mai perquè sempre es pot tornar a configurar. Una pintura a l'oli és, en alguns casos, un objecte orgànic que necessita romandre en una certa temperatura i en uns nivells apropiats d'humitat per poder sobreviure. La fotografia és química inorgànica, morta, però capaç de ser reproduïda constantment. Sempre que hi hagi l'electricitat suficient, la imatge virtual es pot variar en formes

[23 / Nicholas Mirzoeff / La casa encantada]

[Mario Cavalli / *Soho Square*]

is inorganic chemistry, dead but capable of being reproduced over and over again. As long as there is electricity available, the virtual image can be changed for ever in ways that cannot be detected. But it is no less haunted for being undead. The "haunted house" of panopticism that Freud called the uncanny — famously dissected by Antony Vidler in his classic *The Architectural Uncanny* — has mutated into a series of virtual and cinematic haunted locales. What is at stake in this global haunting is not the existence of the ghost but of the visual subject itself: can I be sure I exist if no-one is watching me? This new moment restores presentness to the image as virtuality, an eternal return that never stops. It is now possible to again feel Walter Benjamin's open air of history blowing through the visual field but it is a dangerous wind. In a moment observed by the Australian cultural critic John Docker, one explanation of September 11 came in the form of a slogan quoted by an al-Qaida supporter: "Remember Andalucia." That is to say, remember the expulsion of Muslims and Jews from Spain in 1492, concurrent with the European encounter with the Americas that Docker has called a "world-historical disaster." As the historical winds begin to blow in earnest, they rattle the shutters on the haunted houses of the global village. Inside we gaze at our screens and wonder if we are digital effects, provided for the amusement of the dead.

POSITIONS

The "media-environment" of war and its cognates in everyday life is the operating arena for this new visual subjectivity. The war image is the place of ghosts and often centres on particular buildings, as September 11 made abundantly clear. The events of that day need to be set in a history of the image of war that interestingly also begins in 1982, with the British government's media strategy during the Falklands war that was summed up by Borges as being the struggle of two bald men over a comb. It would then examine the well-orchestrated representation of the Gulf War of 1991, which the Kosovo war seemed to confirm as the new standard. Here I want to look at one moment from the televisual war in Serbia as a precursor to September 11. On the first day of the NATO attack on Serbia in April 1999, I was watching a

indemostrables. Però no està menys encantada pel sol fet d'estar morta. La "casa encantada" del panopticisme que Freud anomenaria *uncanny* [sobrenatural] (famosament disseccionada per Anthony Vidler en el seu clàssic *The Architectural Uncanny*) ha metamorfosat una sèrie de locacions encantades virtuals i cinemàtiques.
No és l'existència del fantasma, sinó la del subjecte visual allò que perilla en aquest sortilegi global: puc estar segur que existeixo si ningú no m'està mirant? Aquest nou moment restaura el present a la imatge amb la forma de virtualitat, un retorn etern que mai s'acaba. Ara, és possible tornar a sentir l'aire fresc de la història de Walter Benjamin bufant a través d'un camp visual, per bé que no deixa de ser un vent perillós. L'eslògan que justificava l'11 de setembre, citat per un simpatitzant d'al-Qaida i divulgat pel crític cultural australià John Docker era: "recordin Andalusia". Era el mateix que dir: recordin l'expulsió d'Espanya, el 1492, dels musulmans i dels jueus, fet contemporani paral·lel amb l'encontre d'Europa amb Amèrica, que Docker ha anomenat el "desastre històric mundial". Com els vents històrics que comencen a bufar amb determinació, que repiquen i copegen les cases encantades de l'aldea global. Dins d'elles, mirem les nostres pantalles i ens preguntem si no som efectes digitals per al divertiment dels morts.

POSICIONS

L'"ambient mediàtic" de la guerra i de les seves accions en la vida quotidiana són el camp operatiu d'aquesta nova subjectivitat visual. La imatge de guerra és el lloc dels fantasmes i habitualment se centra en edificis particulars, com l'11 de setembre va deixar prou clar. Els esdeveniments d'aquell dia necessiten incorporar-se a la història de la imatge de guerra, que de manera interessada també començà l'any 1982 amb l'estratègia mediàtica del govern britànic en la guerra de les Malvines, que fou resumida per Borges com una lluita de dos homes calbs contra una pinta. Més tard, la representació ben orquestrada de la Guerra del Golf del 1991, que la guerra de Kosovo va semblar confirmar com el nou estàndard. En aquest cas, entreveig una part de la guerra televisiva a Sèrbia com a precursora de l'11 de setembre. El primer dia d'atacs de l'OTAN sobre Sèrbia, l'abril del 1999, estava mirant el reportatge en directe de la CNN des de Belgrad. La imatge mostrava un edifici en flames en algun lloc de la ciutat mentre la cadena transmetia tranquil·lament els comunicats oficials. Un petit

[Mario Cavalli / *Soho Square*]

CNN live report from Belgrade. The pictures showed a burning building somewhere in town while the anchor quietly relayed official communiqués. A little logo indicated that the pictures were coming from Serbian television. At this point, the surreal calm of the broadcast was suddenly disrupted. Serbian TV, realizing that CNN were using their feed, switched to carrying the American images designated by the CNN logo. Thus CNN viewers were now watching Serbian television watch them watching. CNN had displayed the Serbian television logo as a warning, indicating to its American audience that the pictures were not entirely to be trusted. Well aware that its own viewers shared this skepticism, Serbian TV switched feeds in order to assert to its domestic audience that because they were now watching what CNN viewers were watching, they should in fact trust the pictures. Serbian television used the global television station to vindicate its local coverage. The now angry anchor intervened and CNN stopped showing the pictures. The global corporation had lost control of the logos and hence the image. This, then, was a struggle about images as well as a struggle over terrain.

This little incident expressed the formal condition of contemporary visual culture that I call intervisuality, the simultaneous display and interaction of a variety of modes of visuality. CNN sees itself as the global surveillance channel for Western viewers. Like the jailer in the Panopticon, the CNN camera is supposed to be invisible to participants in news events. This enables transmission from behind enemy lines or at the heart of an ongoing riot. In fact, this viewpoint is highly restricted, creating the opportunity for Serbian TV to play its game with the logos. The switch in logos revealed that the images were not pure visibility but highly mediated representation. The logo itself is an expression of a chain of images, discourses and material reality: that is to say, an icon, representing both an older and a newer form of visuality than the panopticon — older in the Christian icon, newer in the computer software icon. Finally, the rapid change of feed from Serbian TV to CNN and back to the studio highlighted that the domain of the contemporary image is literally and metaphorically electric. NATO forces were directing the war using satellite images and photographs as highly accurate guides for missiles. However, the effectiveness of this strategy still depended on accurate interpretation of the image, as was made clear

[26 / Nicholas Mirzoeff / *The haunted house*]

logo indicava que la imatge provenia de la televisió sèrbia. En aquest punt, la calma surrealista de la transmissió fou interrompuda de cop i volta. La televisió sèrbia, en adonar-se que la CNN estava utilitzant el seu senyal, va canviar per transmetre les imatges nord-americanes designades pel logo de la CNN. Així, els espectadors de la CNN estaven mirant en aquell moment la televisió sèrbia com una advertència, indicant a la seva audiència nord-americana que les imatges no eren del tot fiables. Sabedors que els seus propis espectadors compartien aquest escepticisme, la televisió sèrbia canvià el senyal per tal d'assegurar a la seva audiència domèstica que, degut a què ells estaven mirant en aquell moment allò que estaven veient els espectadors de la CNN, en realitat haurien de confiar en aquestes imatges. La televisió sèrbia utilitzà l'estació de televisió mundial per a reivindicar la seva cobertura local. La en aquell moment desairada cadena intervingué i la CNN deturà l'emissió d'imatges. La corporació mundial havia perdut el control dels logos, i per tant, de les imatges. Així doncs, fou una lluita d'imatges i alhora una lluita sobre el terreny.

Aquest petit incident expressa la condició formal de la cultura visual contemporània, que jo anomeno intervisualitat: l'emissió simultània i la interacció d'una varietat de modes de visualitat. La CNN es veu a si mateixa com el canal de vigilància mundial per als espectadors occidentals. Igual que el guarda de presons en el panòptic, la càmera de la CNN és suposadament invisible als participants dels esdeveniments de les notícies. Això permet la transmissió des de la rereguarda de les línies enemigues o des del cor d'una trifulga. De fet, aquest punt de vista és molt restringit, per la qual cosa la TV sèrbia tení l'oportunitat de jugar el joc dels logos. El canvi de logos ha revelat que les imatges no eren pura visibilitat, sinó representacions altament mediatitzades. El logo en si mateix és una expressió d'una cadena d'imatges, de discursos i de realitat material; o sigui, és una icona que representa tant una forma vella com una de nova de la visualitat diferenciada del panòptic: més antic en la icona cristiana, més nou en la icona del software de computació. Finalment, el canvi ràpid de senyal de la TV sèrbia pel de la CNN i un altre cop al de l'estudi, evidencia que el domini de la imatge contemporània és literalment i metafòricament elèctric. Les forces de l'OTAN dirigien la guerra utilitzant imatges satèl·lit i fotografies com a guies precises per als míssils. Amb tot, l'efectivitat d'aquesta estratègia depenia també de la interpretació precisa de la imatge, com va quedar prou clar en el bombardeig no intencionat de l'ambaixada xinesa de Belgrad, que la intel·ligència americana va prendre per una dependència sèrbia. Els pilots que

[Mario Cavalli / Soho Square]

by the unintended bombing of the Chinese embassy in Belgrade – mistaken by US intelligence for a Serbian facility. The pilots who flew the missions were trained in flight simulators but were only allowed up in clear weather conditions so that they could accurately survey the terrain below.

This was a media war in all senses. On April 21, 1999 NATO planes attacked the TV station belonging to Marija Milosevic, daughter of Serbian President Slobodan Milosevic, and in so doing also knocked out two other TV stations transmitting from the same building. The fire destroyed 123 episodes of *The Simpsons* as well as new episodes of *Chicago Hope* and *Friends*, pitting the American armed forces against their own TV networks. In a further twist, knowing that the Western media would carry photos of the damage, the government placed a poster in English directly in front of the damaged Usce building that housed the TV stations. It showed a computer generated image of the Eiffel Tower in Paris seeming to collapse in flames under military attack. The destruction of global tourist symbols that was imagined in the science-fiction film *Independence Day* (1996) was now deployed in what one would hesitate to call "reality," were it not for the all too real consequences of the weapons being used on both sides. Agence France-Presse duly ensured that the image was seen around the world. The caption read "Just Imagine! Stop The Bombs." It artfully mixed the Nike "Just Do It" mantra with Arjun Appadurai's observation that in globalization, the imagination is a social fact. The Serbian government was, of course, no friend to freedom of expression and censored local media aggressively. It is not too much to say that visuality – the intersection of power with visual representation – was literally being fought over here. All available media from the pilot's line of vision to satellite directed machine vision, photography, digitally altered images and the global mass media were arenas of contestation. Visual culture is a tactic for those who do not control such dominant means of visual production to negotiate the hypervisuality of everyday life in a digitized global culture.

On September 11, 2001, the world became aware of just how dramatic the consequences of the militarization of the global imagination could be when hijacked airliners were crashed into the World Trade Center. This moment enacted in terrible reality the destruction of a national symbol that had been imagined first in cinema

[28 / Nicholas Mirzoeff / The haunted house]

Pavel Koutsky
Navstiute Prahu

volaven en missions estaven entrenats en simulacions de vol, per bé que només se'ls permetia pujar en condicions climàtiques favorables per poder rastrejar el territori que els passava per davall.
Va ser una guerra mediàtica en tots els sentits. El 21 d'abril del 1999, els avions de l'OTAN atacaren de nou la cadena de TV propietat de Marija Milosevic, filla del president serbi Slobodan Milosevic, i en l'atac destruïren igualment dues altres cadenes de televisió que transmetien des del mateix edifici. El foc va cremar 123 episodis de *The Simpsons*, així com uns nous episodis de *Chicago Hope* i de *Friends*, fet que posicionava les forces armades nord-americanes en contra de les seves pròpies cadenes de TV. En un acte posterior, en pensar que els mitjans occidentals haurien pres fotos de les destrosses, el govern va col·locar un pòster en anglès just al davant del malmès edifici Usce que albergava les cadenes de TV. Mostrava una imatge originada per ordinador de la Torre Eiffel de París a punt de desplomar-se envoltada de flames després d'un atac militar. La destrucció dels símbols del turisme mundial que fou imaginada pel film de ciència-ficció *Independence Day* (1999), s'estenia ara en allò que no es dubtaria en titllar de "realitat", si no fos per les conseqüències demolidores que s'estaven utilitzant en ambdós bàndols. L'agència France-Presse assegurava encertadament que la imatge s'estava veient arreu del món. El subtítol era: "Només imagineu-vos-ho! Aturem les bombes". Barrejava artísticament el mantra "Just Do It" [Tan sols fes-ho] de Nike, amb l'observació feta per Arjun Appadurai que deia que en la mundialització, la imaginació és un fet social. Evidentment, el govern serbi no combregava amb la llibertat d'expressió i va censurar sense contemplacions els mitjans locals. No és exagerar dir que la visualitat, o la intersecció del poder amb la representació visual, estaven en pugna. Tots els mitjans disponibles, des de la línia de visió del pilot fins a la visió del satèl·lit dirigida mecànicament, les fotografies, les imatges alterades digitalment i els mitjans massius mundials, eren camps de polèmica. La cultura visual és una tàctica d'aquells que no controlen aquests mitjans dominants de la producció visual per negociar la hipervisualitat de la vida quotidiana en una cultura mundial digitalitzada.
L'11 de setembre del 2001, quan els avions segrestats es van estavellar contra el World Trade Center, el món va prendre consciència de com en podien ser, de dramàtiques, les conseqüències de la militarització de la imaginació mundial. Aquest moment mostrà amb un terrible realisme la destrucció d'un símbol nacional que ja havia estat imaginat, primer pel cine i després pel renegat estat serbi. Una versió completa de les dimensions

[29 / Nicholas Mirzoeff / La casa encantada]

[Pavel Koutsky / Navstiute Prahu]

and then by the renegade Serbian state. A full history of the visual dimensions of the terrorist act would locate it as the most extreme possible outcome of the strategic manipulation of the war image that began in the Falklands but also as a consequence of the haunted images of postmodern and global culture. Jonathan L. Beller describes "how in tele-visual warfare the spectacular intensity of destruction as well as the illusion of its collective sanction creates certain subjective effects — a sense of agency and power which compensates for the generalized lack of these in daily life" . War is then the subject of these images but it is also a means of creating subjects, visual subjects. In the Gulf War strategy, the agency belonged to the "West," seen from the point of view of the weapons themselves. Pictures were transmitted showing their "view" of their targets right up until the moment of impact. These automated images suggested a new surgical precision of warfare, the endpoint of Walter Benjamin's famous comparison of the surgeon and the camera operator. On September 11, the West discovered what it is like to be on the receiving end of tele-visual war. As millions watched the destruction of the World Trade Center live on television, it must be acknowledged that the sense of empowerment Beller describes was felt by some viewers, most notoriously in Palestine, where there were public celebrations. This is not to argue that the United States "deserved" the attack or that it was in any way justified but to call attention to the way in which the Western notion of carefully controlled tele-visual war was appropriated and enlarged by those who engineered the attacks. The globalization of culture turns out to be less predictable and far more dangerous than had been supposed.

The constituent element of visual culture's practice is the visual event. The event is the effect of a network in which subjects operate and which in turn conditions their freedom of action. What took place in the battle of logos during the NATO attack was a small example, and September 11 was the apogee of all such events. But as Michel Foucault argued in the 1970s, "the problem is at once to distinguish among events, to differentiate the networks and levels to which they belong, and to reconstitute the lines along which they are connected and engender one another." That is to say, in what Manuel Castells has called "the network society" in which we live, events are not always fully knowable. As the popular version of chaos theory has it, the butterfly

visuals de l'acte terrorista el situaria com el resultat més extrem possible de la manipulació estratègica de la imatge de guerra, que ja havia començat amb les Malvines, però també com a conseqüència de les imatges embruixades de la cultura mundial i postmoderna. Jonathan L. Beller descriu com "en la guerra televisual, la intensitat espectacular de la destrucció i la il·lusió d'una sanció col·lectiva genera certs efectes subjectius: un sentit de possessió i de poder que compensa la mancança generalitzada d'aquests en la vida de cada dia". Així, la guerra és el subjecte d'aquestes imatges, però també és un mitjà per a crear subjectes, subjectes visuals. En l'estratègia de la Guerra del Golf, l'agència pertanyia al "món occidental", mirada des del punt de vista de les pròpies armes. Les imatges es transmetien tot mostrant la seva "visió" dels objectius fins al moment precís de l'impacte. Aquestes imatges automatitzades despertaven una nova precisió quirúrgica de la guerra, el final de la famosa comparació de Walter Benjamin sobre el cirurgià i l'operador de la càmera. L'11 de setembre, el món occidental descobrí què representava estar en la terminal receptora de la guerra televisual. Mentre milions de persones observaven per televisió la destrucció en viu del World Trade Center, es va fer palès que alguns espectadors tenien aquella sensació de poder que descriu Beller, sobretot a Palestina, on es realitzaren celebracions públiques. Amb això no vull pas dir que els Estats Units "es mereixessin" l'atac o que en cert sentit s'estigués justificant, sinó que vull fer palesa la manera en què la noció de guerra televisual, acuradament controlada, se l'apropiaven i magnificaven aquells que realitzaven l'enginyeria de l'atac. La mundialització de la cultura resulta ser menys previsible i molt més perillosa del que s'havia cregut.

L'element constitutiu de la pràctica cultural visual és l'esdeveniment visual. L'esdeveniment és l'efecte d'una xarxa en la qual els subjectes operen i que a canvi condiciona la seva llibertat d'acció. Allò que va ocórrer en la batalla dels logos durant l'atac de l'OTAN n'és un petit exemple, i l'11 de setembre fou l'apogeu de tots els esdeveniments d'aquesta mena. Tanmateix, com deia Michel Foucault en els anys setanta, "el problema és alhora distingir entre els esdeveniments, diferenciar les xarxes i els nivells als quals pertanyen i reconstituir les línies en les quals estan connectats i s'engendren uns amb altres". Això vol dir que en aquesta societat en què vivim, que Manuel Castells ha anomenat "la societat de les xarxes", els esdeveniments no sempre són totalment intel·ligibles. Tal com ho exposa la versió popular de la teoria del caos, la papallona mou les seves ales i el moviment de l'aire culmina més tard en huracà, per bé que aquesta

[Pavel Koutsky / Navstiute Prahu]

flaps its wings and that movement of air later culminates in a hurricane, but such chains of events cannot always be tracked. In a more everyday context, cause and effect continue to work much as they ever did. But today's global society is literally networked in ways that are far clearer to the 500 million people worldwide who now have internet accessthan they were to all but the most astute thinkers of the 1970s. Let's think about how the televising of the Serbian war might be networked in the dynamically multifaceted way suggested by Foucault. At a theoretical level, we have learnt from the poststructuralist generation that, far from being an exception to normality, war is rather the clearest expression of that normality, whether in Foucault's analysis of power, Stuart Hall's post-Gramscian call for a cultural war of position, or Michel de Certeau's advocacy of guerila-style "tactics" as a means of engaging with everyday life. Clearly, as Paul Virilio once observed, "there is no war without representation." But it is no longer simply the case that war is cinema, as Virilio asserted, if by cinema we refer to the classic Hollywood narrative film. The ability of CNN and other news stations to bring war to the living room, often on the same monitor used to play "first person shooter" video games, or to watch videotape or DVD versions of films, is closely linked to the public sanction of war and its empowering, if necessarily transitory, sense of a collective and individual agency. The Serbian disruption of that viewing had to be removed from the audience's view to sustain the comforting illusion that "we" are in charge and that no risk to any of "us" (read Westerners) is involved. War is also a gendered activity, rendering the subject masculine and its object feminine. When war was cinema and cinema war, it followed that the gaze in that cinema was male. The representation of war has recently been a central issue for both military strategy and film in different but related ways. Since the Vietnam war, the US military have dramatically changed their representations of their actions, following their bizarre belief that the war was lost in US public opinion rather than on the battlefield. Converging with this military need to represent war differently, Hollywood cinema came to feel itself under threat from digital media, as the entire apparatus associated with celluloid film has become outdated.
Stephen Spielberg's 1998 epic *Saving Private Ryan* addressed both the military and cinematic need for a renewed mode of representation. The film was endlessly hyped

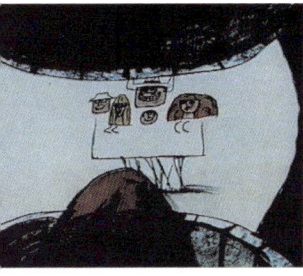  

cadena d'esdeveniments no sempre pugui ser rastrejada. En un context més quotidià, la causa i l'efecte continuen treballant com ho han fet sempre. Però la societat global contemporània està literalment enredada en formes que ara són més clares del que eren anteriorment, per als 500 milions de persones d'arreu del món que tenen accés a internet, amb excepció del pensador més astut dels anys 1970.

Pensem de quina manera la retransmissió televisiva de la guerra sèrbia hagués pogut ser transmesa de la multifacètica forma dinàmica suggerida per Foucault. En el camp teòric, hem après de la generació postestructuralista que, lluny de ser l'excepció de la regla, la guerra és més aviat l'expressió més clara de la normalitat, tant si és en l'anàlisi del poder de Foucault, en la crida per una guerra cultural de posició del post-Gramscià Stuart Hall, com en el suport a les "tàctiques" de guerrilla de Michel de Certeau, com a mitjà de compromís amb la vida quotidiana. Francament, com ja va observar Paul Virilio, "no hi ha cap guerra sense representació". Però ja no simplement pel fet que la guerra és cinema, tal com ho assegurava Virilio, si per cinema entenem la pel·lícula narrativa clàssica d'Hollywood. L'habilitat de la CNN i d'altres cadenes de notícies per portar-nos la guerra fins a la sala d'estar (en general el mateix monitor s'empra també pels videojocs *first person shooter*" o per mirar versions de pel·lícules en VHS o DVD) està més vinculada a la sanció pública de la guerra i al seu sentit cada vegada més poderós —i necessàriament transitori— d'agència col·lectiva i individual. La interrupció sèrbia va haver de ser desplaçada de la visió de l'audiència per tal d'alimentar la il·lusió reconfortant que "nosaltres" controlem i que no hi ha perill que cap de "nosaltres" (els occidentals) hi estigui implicat. La guerra també és una activitat amb gènere, que deixa com a subjecte allò masculí i com a objecte d'aquest subjecte allò femení. Quan la guerra era cinema i el cinema guerra, la mirada al cinema era masculina. La representació de la guerra s'ha constituït recentment com un tema central de l'estratègia militar i cinematogràfica, d'uns modes diferents, per bé que relacionats. Des de la guerra del Vietnam, els militars nord-americans han canviat dramàticament les representacions de les seves accions, estranyament convençuts que aquesta guerra es va perdre més en l'opinió pública que en el camp de batalla. Coincidint en la necessitat militar de representar la guerra d'un mode diferent, el cine d'Hollywood va començar a sentir-se amenaçat pels mitjans digitals, mentre s'anava quedant obsoleta tota la maquinària relacionada amb la pel·lícula de cel·luloide. La pel·lícula èpica de Spielberg del 1998, *Saving Private Ryan* es dirigia tant a la necessitat militar com a la cinemàtica de renovar

[33 / Nicholas Mirzoeff / La casa encantada]

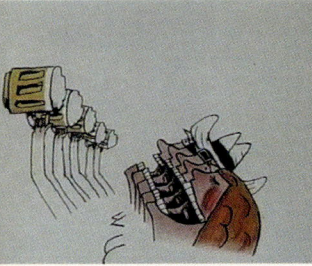  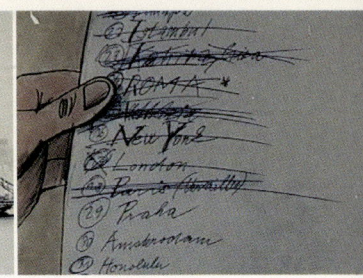

[Pavel Koutsky / Navstiute Prahu]

for its realism. While the rediscovery of the epic format appeared to reinvigorate the film tradition, at the level of the plot, realism was hard to find in *Saving Private Ryan*. The dramatic opening segment showed Omaha Beach being captured in 20 minutes, an operation that actually took hours to complete and cost over a thousand American lives in the opening minutes of the landing alone. "Realism," then, was not an accurate depiction of the landing but the representation of the death of American soldiers with speaking roles. These deaths of the subsequently-hyped "greatest generation" stand in for the now unimaginable death of a contemporary American soldier-subject. Recent film scholarship has opened up new ways of thinking about the Second World War and its relationship to cinema. During the war, cinema audiences did not behave like the silent and immobile spectators of classic film theory. Films were subject to a "call-and-response" audience, which, according to *Time* magazine: "howled, hissed, and booed at pictures, demanded Westerns, carved their initials on seats, sometimes even fired buckshot at the screen." Historian John Bodnar argues that film represented World War II as a "people's war," in the phrase of the time. The overt content of the films created a context in which war goals included expanding democracy and prosperity at home. On the other hand, *Saving Private Ryan* seeks "to preserve the memory of patriotic sacrifice more than it desires to explore the causes of the trauma and violence," while at the same time forgetting "a far-reaching contest over how to recall and forget the war" from the late 40s on. In this emergent view, the classic post-war cinema that generated so much of current theories of the gaze and spectatorship was also a displacement of a certain film practice that was participatory and progressive.

After the events of September 11, it might have to be hazarded that it is now terrorism that is cinema. The visual drama of the events in New York played out as if cinematically directed. The largest possible target was hit with the most explosive force possible to produce the maximum effect on the viewer. At a symbolic level, the disaster was the result of the impact of the two dominant symbols of modernity's triumph over the limitations of body and space – the airplane and the skyscraper. Architecture was animated by those who are so hostile to the visual image that burnings of videotapes and television sets were regular auto-da-fes in Afghanistan.

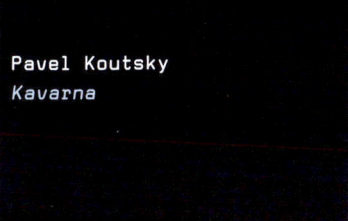

Pavel Koutsky
Kavarna

la representativitat. La pel·lícula va deure el seu renom constant al seu realisme. Mentre sorgia el descobriment del format èpic per a reforçar la tradició fílmica, en *Saving Private Ryan* el realisme es feia difícil d'entreveure en la seva trama. El dramàtic fragment d'obertura mostrava la platja d'Omaha capturada en 20 minuts, una operació que de fet va tardar hores en completar-se i que va costar més de mil vides nord-americanes només en els primers minuts d'aterratge. El terme "realisme" no era en aquells moments una descripció precisa de l'aterratge, sinó la representació de la mort dels soldats nord-americans de rols amb parlament. Aquestes morts i la conseqüentment famosa "generació dels més grans" suplanten la mort actualment inimaginable del subjecte-soldat nord-americà contemporani. Un estudi nou sobre el cinema ha despertat nous conceptes sobre la Segona guerra mundial i la seva relació amb el cinema. En temps de guerra, les audiències de cinema no es comportaven com els espectadors silenciosos i immòbils de la teoria clàssica del film. Les pel·lícules eren sotmeses a l'actitud contestatària de l'audiència, en la projecció de les quals, segons la revista *Time*, "escarnien, xiulaven i escridassaven, demanaven pel·lícules de l'oest, gravaven les seves inicials en els seients, i de vegades, fins i tot escopien a la pantalla". L'historiador John Bodnar argumenta que el cinema representava la Segona guerra mundial com la "guerra de la gent", en una frase d'aquella època. El contingut obert dels films creava un context en què les finalitats de la guerra incloïen expandir la democràcia i la prosperitat de la llar. En canvi, *Saving Private Ryan* busca "preservar el record del sacrifici patriòtic molt més que no explorar les causes del trauma i de la violència", mentre s'oblida, alhora, "de la tasca més difícil d'assolir que és com recordar i oblidar la guerra", a partir dels finals dels anys 40. Per a aquesta visió emergent, el cinema clàssic de postguerra, que generà gran nombres de les teories actuals sobre la mirada i l'espectador, havia representat també l'arraconament d'una certa pràctica cinematogràfica participativa i progressiva.

Després dels esdeveniments de l'11 de setembre, deu haver estat aventurat dilucidar què era terrorisme i què era cinema. El drama visual dels fets de Nova York va actuar com si estigués dirigit cinematogràficament. L'objectiu més gran fou copejat amb la força més explosiva possible, per tal de produir el màxim efecte en l'espectador. En el camp simbòlic, el desastre fou el resultat de l'impacte de dos símbols dominants del triomf de la modernitat sobre les limitacions del cos i de l'espai –l'avió i el gratacel. Els qui són tan hostils a la imatge visual, per a qui els incendis de cintes de vídeo i d'estudis

[Pavel Koutsky / *Kavarna*]

The scenario made sense to the viewer precisely because we had all seen it before. Hollywood had turned to the terrorist as a substitute for the previously all-pervasive Communist as its preferred villain from the collapse of the Soviet system in 1991 right up until the attacks. Many of the eyewitness accounts used the metaphor of cinema to try and verbalize the enormity of what had happened. Immediately following the attack, the FBI called a meeting of action film screenwriters to ask them what they thought would happen next. At the same time, at all levels of United States's society from the President down, there was a call for a new self-censorship of the media, as if it was the image that had killed people. The murderous image has been replaced by the iconic flag, as if Jaspers Johns had never existed. The United States is, until the time of writing in April 2002, a country in which the display of the national flag has become so socially compulsory that the Academy Awards ceremony was criticized for failing to have flags.

DIGITEYES

In advanced capitalist societies across the planet, people are now teaching themselves to be media. They attach digital camcorders to their eyes at any event of public or private importance and make endless overlapping records of their memories, which, like those of *Blade Runner*'s replicants, are given out in advance. The hit ghost film *The Blair Witch Project* reduplicated such domestic camcorder imagery with its shaky camerawork and imperfect tracking. It added the digital uncanny to this domestic visuality by uncovering the haunted house at the unlocatable heart of the network. But as Sony and other companies have brought Steadycam technology — which eliminates the hand-held "shaky" effect — within the budget of domestic consumers, such effects have come to seem outdated. The sequel to *Blair Witch* bombed ignominiously. As the success of *Shrek* brought a new wave of hyperreal digital animated features to North American multiplexes in the summer of 2001, it seemed that audiences were learning to see like computers. That is to say, following Donna Haraway's famous assertion that we are all now cyborgs, we need to know how the computer sees, to learn how to recognize its gaze and then to

de televisió constitueixen actes de fe habituals a l'Afganistan, varen animar l'arquitectura. L'escenari tenia sentit per a l'espectador, precisament perquè tot això ja ho havíem vist abans. Per a Hollywood, el terrorista s'havia convertit en el substitut del comunista espargit arreu del món, en el malvat preferit des de la caiguda del sistema soviètic l'any 1991, fins uns moments abans dels atacs. Molts dels relats dels testimonis empraven la metàfora del cinema per mirar de verbalitzar l'enormitat d'allò ocorregut. Immediatament després de l'atac, l'FBI va congregar en una reunió els guionistes de les pel·lícules d'acció per demanar-los què pensaven que podia passar després. Al mateix temps, en totes les capes de la societat nord-americana, des del president fins a les capes baixes, hi va haver la sol·licitud d'una nova autocensura dels mitjans, com si fos la imatge la que hagués matat la gent. La imatge de la mort fou reemplaçada per la bandera icònica, com si Jaspers Johns no hagués existit mai. Els Estats Units són, fins aquest moment de l'abril del 2002, un país en el qual el fet de desplegar la bandera nacional ha esdevingut un acte tan compulsiu, que la cerimònia dels Premis de l'Acadèmia va ser criticada per no haver-hi posat banderes.

DIGITEYES[1]

En les societats capitalistes avançades d'arreu del món, la gent s'està ensenyant a si mateixa a ser mèdium. S'empenyen les càmeres digitals als ulls per a qualsevol esdeveniment d'importància pública o privada i realitzen eternes gravacions superposades dels seus records, els quals, tal com els records dels replicadors de *Blade Runner*, són anunciats per endavant. La famosa pel·lícula de fantasmes *The Blair Witch Project* transferia la imatgeria de la càmera domèstica amb el seu fer de càmera tremolosa i focus imperfecte. Afegia allò sobrenatural digital a la visualitat domèstica, tot descobrint la casa encantada en l'il·localitzable cor de la xarxa. Però Sony i d'altres companyies han incorporat la tecnologia del Steadycam —que elimina l'efecte "tremolós" de la càmera en mà— en les possibilitats pressupostàries dels consumidors domèstics, i aquests efectes ja semblaven fora d'època. La seqüela de *Blair Witch* fracassà de manera vergonyosa. L'estiu del 2001, l'èxit de *Shrek* havent aportat una nova tongada de personatges hiperreals animats digitalment en els complexos de cines nord-americans, semblava que les audiències estaven aprenent a veure-hi com hi veuen els ordinadors. Això significa, seguint la famosa frase de Donna Haraway, que ara tots som cyborgs: necessitem saber com veu l'ordinador, aprendre a reconèixer la seva mirada i després imitar-la.

[Pavel Koutsky / Kavarna]

imitate it. In films like *Final Fantasy: The Spirits Within* (2001) and *Ghosts of Mars* (2001), the question at stake is: can humans still be media? As this is "Hollywood," the answer was never in doubt and audiences stayed away in droves. A younger generation takes the digital gaze for granted. On the Cartoon Channel, the hugely popular digitally animated figures of the *Powerpuff Girls* deal up the punishment of bad guys once reserved for male superheroes alone. The *Powerpuff Girls* lack the ripped muscles of earlier Avengers but are drawn in the style of Japanese anime with vast eyes perched on insignificant bodies. These digital eyes emit blasts of unspecified energy at their enemies, much like the mutants Cyclops and Storm in the 2000 hit film *The X-Men*, itself based on a long-standing Marvel Comics series. The *Powerpuff Girls* are pixilated panopticism, in which the body is a vehicle for visual surveillance unhindered by a self or an identity. It is no coincidence that they are cartoons, the modern animation of contemporary visuality.
Outside the world of superheroes and aliens, things are less certain. The boundaries of the visual subject are under erasure from within and without. Today it is possible to feel constantly under surveillance and that no one is watching at all as we move from the gaze of one camera to the next. For the crisis of the visual subject has been brought into sharp relief under the symbiotic influences of globalization and digital culture. It seems that the endless repetition of visual selves has led to an greater degree of indifference as to sexual and gender identity, while sustaining "race" in difference. The ebb and flow of visual differentiation across the boundaries of identity is disorienting (a term that in itself seems to suggest an ethnic differentiation) and dizzying, a loss of difference that can end in the loss of the self. Paradoxical as it may seem, there is even a certain nostalgia for the sensation of surveillance, the odd pleasures of being watched. The remarkable success of such docu-soaps as *Big Brother* comes both from the obvious desire to see but also from its doppelganger, the desire to be seen. What is so satisfying about these shows is that being seen has consequences, just as panopticism said it would. Good tactics or teamwork is rewarded, whereas the failures are expelled from the show and therefore also from our field of vision. The parody of George Orwell's *1984* in the title of *Big Brother* plays on the Western viewer's sense that there is no active surveillance out there any more, for better or for worse.

En pel·lícules com *Final Fantasy: The Spirits Within* (2001) i *Ghosts of Mars* (2001), la pregunta en qüestió és la següent: poden encara ser mèdiums els humans? Com que es tracta d'Hollywood, la resposta no es va posar mai en dubte i les audiències es quedaven a fora en massa. Una generació més jove ja entreveu la mirada digital com un fet establert. En el Cartoon Channel, les figures animades digitalment i immensament populars de les *Powerpuff Girls* se les maneguen per castigar els nois dolents, un lloc que abans només ocupaven els superherois masculins. Les *Powerpuff Girls* no tenen la musculatura dels Venjadors previs, però estan dibuixades a l'estil de l'anime japonès, amb uns immensos ulls penjats d'uns cossos insignificants. Aquests ulls digitals emeten raigs d'energia inespecífica als seus enemics, com els mutants *Cyclops* i *Storm* en el famós film de 2000 *The X-Men*, basat en un seguit de *Marvel Comics*. Les *Powerpuff Girls* són panopticisme confús, en el qual el cos és un vehicle per a la vigilància visual no interferida per un ésser o una identitat. El fet de ser *cartoons* no és cap coincidència, és l'animació moderna de la visualitat contemporània.

Fora del món dels superherois i dels aliens, les coses són menys evidents. Els límits del subjecte visual s'esborrallen des de dins i des de fora. Avui, és possible sentir-se sota vigilància sense que ningú estigui mirant, mentre fem anar la mirada d'una càmera a l'altra. La crisi del subjecte visual ha experimentat un respir profund a causa de les influències simbòliques de la mundialització i de la cultura digital. Sembla que l'eterna repetició dels éssers visuals ha portat a un grau més gran d'indiferència i a una identitat sexual i de gènere, per bé que sosté la diferència en la "raça". El canvi de la diferenciació visual mitjançant les fronteres de la identitat és desorientador (un terme que en si mateix sembla suggerir una diferenciació ètnica), i provoca confusió, una pèrdua de diferència que pot acabar en la pèrdua de l'ésser. Per molt paradoxal que ens sembli, hi ha certa nostàlgia de la sensació de vigilància, el rar plaer de ser observat. L'èxit notable de les novel·les-documentals com *Big Brother* prové del desig obvi de veure, però també de la seva contrapartida espectral, el desig de ser vist. Un aspecte satisfactori pel que fa aquests xous és que el fet de ser vist té les seves conseqüències, tal com ja va predir el panopticisme. Les bones tàctiques o el treball en equip són recompensats, mentre que els fracassos s'expulsen del xou i així doncs, del nostre camp de visió. Parodiar l'obra *1984* de George Orwell en el títol de *Big Brother* juga amb la sensació de l'espectador occidental que veu, per bé o per mal, que allà fora ja no hi ha vigilància activa.

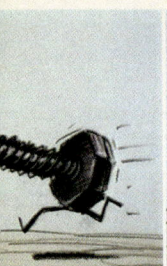

[Pavel Koutsky / Kavarna]

So the question becomes what are the places and means by which identification and its correlatives such as disidentification, can find a purchase in the networked global culture of the present. Rather forlornly, we call our webpages "homepages" in search of a lost domestic and domiciled identity. The question of digital identity finds a metonym in the intensely popular web cam format. The most popular variety of webcam turns the gaze inwards on itself. Where Nicephore Niépce pointed his prototype camera out of his bedroom window in 1823 to create what is often celebrated as the first photograph, webcam users make the bedroom interior the scene of the action. On popular sites like *Jennicam* or *Anacam*, the viewer sees the ostensibly private space of the photographer, a virtual haunted house. The webcam depicts the interior of the closet, the most private domestic space, while *camera* is itself the Latin word for a room. Queer culture has, of course, theorized the closet as a space in which the queer subject hides his or her identity from the disciplinary gaze. Coming out is, then, both a risk and a necessary affirmation of the self. To stay in the closet is to destroy the self with deception and guilt. Web cam users do not come out of the closet but make their closet visible to anyone with internet access. For a fee, viewers are guaranteed constant access, the place of the panoptic jailer for $19.95 a month. Here the closet is not something to come out of but rather the closet-camera serves as a device to validate the desire and hence the very existence of the Western visual subject itself. In this evacuated version of visual subjectivity, the subject simply says: "I want to be seen," using the closeted camera to reveal and conceal at once. It is not surprising that young, white women have most quickly adopted the web cam format both because of the hypervisibility of the female body in consumer culture and because women since Lady Hawarden have queered photography by not looking out of its closet.

For Jennifer Ringley of *Jennicam*, "I am doing *Jennicam* not because I want other people to watch but because I don't care if people watch." What matters, then, is the interiorized sensation of being monitored by a digital other that is enabled by the self. Ana, the host of *Anacam*, offers her artwork – made with Paint Shop Pro – in her gallery that declares: "I'll be your mother, mirroring back 2 U." This apparent parody of Barbara Kruger's already parodic postmodern theorizing of gender and desire

Així, la pregunta es converteix en quins són els llocs i els medis pels quals la identificació i els seus correlatius, com la des-identificació, pot trobar una plaça en la cultura de xarxa global del present. Amb un cert regust de fracàs, anomenem les nostres pàgines web "pàgines-llar [*homepages*]", cercant la identitat domèstica i domiciliada perduda. La qüestió de la identitat digital troba una metonímia en el format de la tan immensament popular càmera web. La varietat més popular de càmera web bolca la vista cap a l'interior d'un mateix. Mentre l'any 1823 Nicephore Niépce enfocava la seva càmera prototipus fora de la finestra del seu dormitori per tal de crear allò que en general se celebra com la primera fotografia, els usuaris de webcam converteixen l'interior de la cambra en l'escena de l'acció. En llocs populars com *Jennicam* o *Anacam*, l'espectador veu l'espai ostensiblement privat del fotògraf, una casa encantada virtual. La webcam mostra l'interior de l'armari, el lloc més privat dels espais domèstics, i *càmera* és la paraula llatina que designa una cambra. Certament, la cultura *queer* ha teoritzat sobre l'armari com un espai en què el subjecte *queer* amaga la seva identitat de la mirada disciplinària. Sortir és, així doncs, tant un risc com una afirmació necessària de l'ésser. Quedar-se en l'armari és destruir l'ésser a força de decepció i de culpa. Els usuaris de càmera web no surten de l'armari, però fan que el seu armari sigui visible per a qualsevol que tingui accés a internet. Per uns diners, els espectadors tenen garantit l'accés constant, el lloc del guardià de presons del panòptic, per poc menys de vint dòlars al mes. Aquí, l'armari no és quelcom des d'on sortir. Al contrari, la càmera-armari serveix de dispositiu per a validar el desig i alhora la mateixa existència del subjecte visual occidental. En aquesta versió retirada de la subjectivitat visual, el subjecte diu simplement: "vull ser vist", emprant la càmera en l'armari per a revelar i ocultar al mateix temps. No és cap sorpresa que les dones joves blanques hagin adoptat més ràpidament el format de la càmera web, degut tant a la hipervisibilitat del cos femení en la cultura de consum i perquè les dones, a partir de Lady Hawarden, han convertit la fotografia en quelcom de *queer* per tal de no mirar fora dels seus armaris. Segons Jennifer Ringley de Jennicam, "estic fent Jennicam no perquè vulgui que la gent em miri, sinó perquè no em fa res que la gent em miri". Allò que importa, llavors, és la sensació interioritzada d'estar sent *monitorejat* per un altre digital habilitat per un mateix. Ana, l'amfitriona d'Anacam, ofereix el seu treball artístic (realitzat amb Paint Shop Pro) en la seva galeria, que diu: "En reflectir-te, jo seré la teva mare". Aquesta aparent paròdia de la paròdica teorització postmoderna del gènere i del desig de

[Pavel Koutsky / Kavarna]

creates a digital mirror stage. For this self-surveillance and self-display leads to a digitizing of desire. Natacha Merrit, author of the *Digital Diaries* (2000), a collection of images of staged sexual encounters in hotel rooms, claims that "my photo needs and my sexual needs are one and the same." Merrit uses only digital cameras in her practice, as if analog film is somehow inappropriate to this exchange of gazes. Digital desire dissolves the self — the I/eye so often evoked in theoretical discourse — at the heart of the subject and replaces it with an endlessly manipulable digital screen.

"I AM NOT HERE AND NEVER HAVE BEEN"
These dramas were remarkably performed in June 2000, when the Royal Court Jerwood Theatre Upstairs, staged Sarah Kane's piece *4.48 Psychosis*. *4.48* was a visualized text of extraordinary power, exploring whether it is possible for the self to see itself when mind and body are not just separated but unrelated. The piece takes its title from the notion that at 4.48 in the morning the body is at its lowest ebb, the most likely time for a person to kill themselves. In a long meditation on the possibility of self-killing that is written in different voices but not as separately named characters, Kane mixes Artaud and Plato, a mix that can only be called performed deconstruction. Three actors perform on a stage whose emptiness was broken only by a table. The mis-en-scène, created by director James McDonald and designer Jeremy Herbert, placed a mirror the length of the stage at a forty-five degree angle facing the audience. The mirror made it possible for the actors to perform lying down and still be seen by the audience but at the same time it converted the entire performance space into a camera, mirroring the reflex lens. Within this camera space, a video was played at frequent intervals, showing the view from a London window, as traffic and pedestrians passed by. It was in effect a webcam. The webcam was projected onto the table, forming a screen that was visible in the mirror. The speech of the actors was broken at intervals by the white noise of a pixilated screen without a picture, like a television set that has lost reception. In short, *4.48 Psychosis* played out in the contested space of the contemporary visual subject represented as a camera, a dark room in which digital, performative and

Barbara Kruger, crea un escenari d'espill digital. Això és així perquè l'autovigilància i l'autodisposició condueix a la digitalització del desig. Natacha Merrit, autora de *Digital Diaries* (2000), una col·lecció d'imatges d'encontres sexuals en habitacions d'hotels en forma d'acte teatral, diu que "les meves necessitats fotogèniques i les meves necessitats sexuals són una mateixa cosa". Merrit només empra càmeres digitals en la seva pràctica, com si una pel·lícula analògica fos d'alguna manera inadequada per als seus intercanvis de mirades. El desig digital dissol l'ésser —el jo/ull tan habitualment evocat en el discurs teorètic— en el cor del subjecte i el substitueix per una pantalla digital infinitament manipulable.

"NO SÓC AQUÍ NI HI HE ESTAT MAI"

Aquests drames varen ser representats d'una manera remarcable el juny del 2000, quan el Royal Court Jerwood Theatre Upstairs presentà la peça de Sarah Kane, *4.48 Psychosis*. *4.48* era un text visualitzat d'extraordinari poder, que explorava la possibilitat de l'ésser de veure-hi per si mateix, quan la ment i el cos no sols estan separats sinó que romanen sense relació. L'obra agafa el seu nom de la noció que a les 4.48 de la matinada el cos es troba en el seu nivell més baix d'activitat, el moment més propici per al suïcidi. En una llarga meditació sobre la possibilitat del suïcidi, escrita amb diferents veus però no com a personatges separats, Kane barreja Artaud i Plató, quelcom que només es pot anomenar demolició actuada. Tres actors actuen sobre un escenari buit, buidor tan sols trencada per una taula. Aquesta posada en escena, creada pel director James McDonald i pel dissenyador Jeremy Herbet, situa un mirall tot al llarg de l'escenari en un angle de quaranta-cinc graus enfrontat al públic. L'espill feia possible que els actors actuessin estirats i que tot i això poguessin ser vistos per l'audiència; però al mateix temps convertia l'espai complet d'actuació en una càmera que reflectia les lents *reflex*. En aquesta càmera espai, es projectava un vídeo a intervals freqüents, que mostrava la vista des d'una finestra londinenca, mentre circulava el tràfic i els vianants. Era, en efecte, una webcam. La webcam es projectava sobre la taula, formant una pantalla que era visible en el mirall. El discurs dels actors s'interrompia de tant en tant pel brunzir blanc d'una pantalla confusa sense imatge, com una televisió que ha perdut el senyal. En resum, *4.48 Psychosis* es desenvolupava en l'espai de lluita del subjecte visual contemporani representat com una càmera, una habitació fosca en la

[Katrin Rothe / Abnehmen Leicht Gemacht]

photographic renditions of exteriority were explored, compared and analyzed. In one monologue a character describes:

"abstraction to the point of... dislike ... dislocate ... disembody ... deconstruct."

The visual subject is no longer at home.
For in Kane's view, Cartesian reason was a barrier to understanding existence: "And I am deadlocked by that smooth psychiatric voice of reason which tells me there is an objective reality in which my body and mind are one. But I am not here and never have been." Kane simply asserts that in the hypervisual digital world, the single person split into two (mind/body) whose dissolution was prevented by the watchful gaze of the Christian Trinity no longer exists. Now body and soul do not form a unit or even a schizophrenic network: they simply do not belong together: "Do you think it's possible for a person to be born in the wrong body? (*Silence*) Do you think it's possible for a person to be born in the wrong era." Kane explores how metaphysical reason, personal love, and pharmacological psychiatry all attempt to close the gap in which the mind is a camera admitting light all too infrequently and with uncertain results. Confronted by the indifferent surveillance of late capitalist society and an absent god, the subject disintegrates. At 4.48 "sanity visits/ for one hour and twelve minutes" and as the performing voices suicide themselves, "it is done." The piece ends with a final aphorism:

"It is myself I have never met whose face is pasted on the underside of my mind."

There is a long pause and then an actor says: "Please open the curtains." The three performers silently move to the sides of the space and pull back black-painted shutters, opening the camera to the quiet West London light. There is no stage direction to indicate this anti-Platonic gesture which may read on the page as a banal coup-de-théâtre but the audience of which I was a part experienced it as shock. On February 20, 1999 at the age of 28 Sarah Kane had killed herself in a small room adjoining her hospital bedroom, her camera, her closet. The networked subject is everywhere on screen but no one is watching, least of all herself.

qual s'exploraven, es comparaven i s'analitzaven les traduccions digitals, performatives i fotogràfiques de l'exterioritat. En un dels monòlegs, un dels personatges descrivia:

"abstracció fins al punt de... disgustar... descol·locar... descorporitzar... desbastir".

El subjecte visual ja no és a casa.
En la visió de Kane, la raó cartesiana era una barrera per a la comprensió de l'existència: "I estic censurada per aquesta suau veu psiquiàtrica de la raó, que em diu que hi ha una realitat objectiva en la qual el meu cos i la meva ment eren tot u. Però no sóc aquí i mai no hi he estat". Kane assegura simplement que en el món de la hipervisualitat digital, la persona que se separa en dos (ment/cos) la disgregació de la qual ja era advertida en l'atenta mirada de la Trinitat cristiana, ja no existeix. Ara, el cos i l'ànima no formen una unitat, ni tan sols una xarxa esquizofrènica, simplement ja no van junts: "Creus que és possible que una persona naixi en el cos equivocat? (Silenci) Creus que és possible que una persona naixi en l'època equivocada?". Kane explora la manera en què la raó metafísica, l'amor personal i la psiquiatria farmacològica miren de tancar l'intersici en què la ment és una càmera que admet la llum, massa infreqüentment i amb resultats incerts. Confrontat a la vigilància indiferent de la societat capitalista tardana i en l'absència d'un déu, el subjecte es desintegra. A les 4.48 de la matinada "la sanitat visita/durant una hora i dotze minuts", i mentre les veus que actuen se suïciden, "ja han passat". La peça acaba amb un aforisme final:

"El rostre que s'empega al costat inferior de la meva ment és el que mai he conegut."

Hi ha una llarga pausa després de la qual un actor diu: "Sisplau, descorreu les cortines". Els tres actors es mouen silenciosament cap als costats de la peça i tiren les persianes pintades de color negre, obrint la càmera de llum del tranquil *West London*. No hi ha cap direcció en l'escenari que indiqui aquest gest antiplatònic, que pot ser interpretat en la pàgina com un banal *coup-de-théâtre*, però l'audiència, de la qual jo formava part, ho vam viure com un xoc. El 20 de febrer del 1999, quan tenia 28 anys, Sarah Kane se suïcidà en una petita cambra contigua al seu dormitori de l'hospital, la seva càmera, el seu armari. El subjecte de xarxes està pertot arreu en la pantalla, però ningú l'està mirant, i encara menys ella mateixa.

[45 / Nicholas Mirzoeff / La casa encantada]

[Katrin Rothe / Abnehmen Leicht Gemacht]

TRANS

Some critics might retort that that crisis affecting Kane is that of the white visual subject interpellated by its male gaze that has dominated Western thought since Descartes. At the same time, the non-white, queer, or otherwise subaltern subject is familiar with the indifference of disciplinary society. Global capital simply treats the West with the same indifference that it once reserved for its others. Why should the local issues of a British artist concern a globally-oriented academy? Globalization cannot mean that Western scholars now have the entire globe as their domain as a form of intellectual empire. What matters is being constantly aware of the global dimensions to the work that one is doing (Appadurai). In visual culture, this means looking with a transverse glance from multiple viewpoints across and against the imperial perspective.

This current moment of globalization is especially enacted on, through and by the female body. Global capital has changed not just relations of consumption but relations of production, so that, as Gayatri Spivak has argued: "The subaltern woman is now to a rather large extent the support of production," through piece work, sweat shop labor and reproductive labor. This condition is acknowledged in the West by displacement. That is to say, as in the examples above from *Jennicam* to Sarah Kane, globalization within the West is culturally figured as feminine, which I take to be a contested cultural category rather than a biological given. At the same time, this gendered representation of contemporary culture, while of Western origin, has global effects. The contradiction of this moment can be expressed in many ways but here's one that I have used since 2000 that has become very acute since September 11. The Iranian video artist Shirin Neshat, working in exile in New York, is rightly becoming a global star for her explorations of the gendered divide in Islamic culture. Neshat's video work is lushly cinematic, creating ten-minute epics with casts of hundreds. Black veiled women hired on location pirouette at the edge of the sea in a disidentification with Orientalism that is nonetheless starkly beautiful. However, the Moroccan women had to be taught how to wear the full-length *chadors* that were not familiar to them, raising the spectre of colonial mimicry and even that of the erotic associations of the veiled woman. At the same time, in their brief regime the Taliban

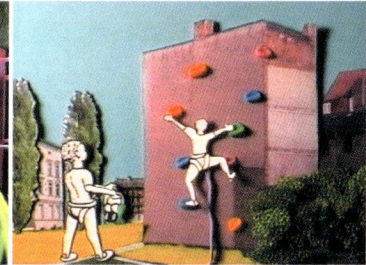

TRANS

Alguns crítics poden al·legar que la crisi que afectava Kane és la del subjecte blanc visual interpel·lat per la seva mirada masculina, que ha dominat el pensament occidental a partir de Descartes. Al mateix temps, el subjecte no-blanc, *queer* o subaltern, d'alguna manera està familiaritzat amb la indiferència de la societat disciplinària. El capitalisme global simplement tracta el món occidental amb la mateixa indiferència que algun cop va tenir reservada pels seus altres. Per què els assumptes locals d'una artista britànica preocuparien una acadèmia orientada vers allò global? La mundialització no pot significar que els estudiosos occidentals tinguin ara per ara el món sencer sota el seu domini, com a forma d'imperi intel·lectual. Allò important és estar constantment a l'aguait de les dimensions globals del treball que un porta a terme (Appadurai). En la cultura visual, això vol dir mirar amb una mirada transversal des de múltiples punts de vista, a favor i en contra de la perspectiva imperial.

Aquest moment de la mundialització opera especialment sobre el cos femení, a través d'ell i per a ell. El capital global no només ha canviat les relacions de consum, sinó també les relacions de producció, tal com ha remarcat Gayatri Spivak: "La dona subalterna és ara, i en una mesura molt més àmplia, el suport de la producció"; a través del treball per peça produïda, del treball en fàbriques i del treball reproductiu. En el món occidental, a aquesta condició se l'anomena desplaçament. O sigui, com en els exemples anteriors, des de *Jennicam* fins a Sarah Kane, es configura culturalment la mundialització com a femenina, representació que a occident es va prendre com una categoria cultural disputada més que no pas una condició biològicament donada. Al mateix temps, aquesta representació amb gènere de la cultura contemporània, d'origen occidental, té una projecció mundial. La contradicció d'aquest moment pot ser expressada de moltes maneres, d'entre les quals des del 2000 n'he usat una que s'ha tornat especialment encertada a partir de l'11 de setembre. La videoartista iraniana Shirin Neshat, que treballa des de l'exili a Nova York, s'està convertint amb raó en una estrella mundial, gràcies a les seves investigacions sobre la divisió de gènere en la cultura islàmica. Els treballs de vídeo de Neshat són d'una cinematografia opulent, i creen èpiques de deu minuts amb repartiments de centenars. Contractades localment, les dones cobertes del vel negre fan cabrioles a la vora de la mar, en una des-identificació amb l'Orientalisme, que tanmateix, resulta dramàticament bell. Tantmateix, a les dones marroquines se les va haver d'ensenyar a usar el *xador* de llarg complet, que no

[Katrin Rothe / *Abnehmen Leicht Gemacht*]

in Afghanistan held public destructions of artworks, television sets and videotapes, while forcibly constraining women to the home and making them literally invisible in public behind the veil. The Taliban's anti-modernity relied on the global media to disseminate their actions and discipline their own subjects, even as it disavowed visual culture. For it was an open secret, reported in the Western media, that many Afghans continued to watch television and videos and these were of course the people least convinced by the Taliban. The paradox here is that the apparently head-on collision of contemporary ideologies between the feminist artist Neshat and the Taliban dictatorship of clerics both rely on nineteenth-century modes of visuality, Orientalism on the one side, panopticism on the other centered on the figure of the veiled woman, so familiar from imperial culture. In this light, the events of September 11 were literally reactionary, an attempt to eliminate transculture and recreate a starkly divided world of good and evil that has until the time of writing been disturbingly successful.

How do ghosts look? Not from a single point of view, what Donna Haraway called the god-trick. Nor does a ghost see itself seeing itself. The ghost sees that it is seen and thereby becomes visible to itself and others in the constantly weaving spiral of transculture, a transforming encounter that leaves nothing the same as it was before. These multiple viewpoints are the digital equivalent of the "strange affinities" that Walter Benjamin found in the Arcades, thrown together by the happenstance of the division of labor, the property market, and the new architectural environment of the Arcades. This transverse glance is not a gaze because it resists the imperial domain of gendered sexuality, using what Judith Halberstam calls "the trans gaze." If this seems a little utopian, let it also be said that this transverse practice is at all times at risk of being undercut by transnational capital. In the view of Fernando Ortiz, transculture is the product of an encounter between an existing culture or subculture and a newly arrived migrant culture that violently transforms them both and in the process creates a neo-culture that is itself immediately subject to transculturation. This transculturation is in turn subject to difference and deferral. The difference is what James Clifford has called the Squanto effect, named for the Pequot Indian who met the Pilgrim Fathers just after his return from Britain, where he

els era familiar, despertant l'espectre de la mímica colonial i fins i tot de les connotacions eròtiques de les dones amb vel. L'antimodernitat talibana se sustentava amb els mitjans globals per a disseminar accions i disciplinar els seus subjectes, tot i menyspreant la cultura visual. Però ja era un secret destapat, divulgat pels mitjans occidentals, el fet que molts afganesos continuessin mirant la televisió i les cintes de vídeo; la gent, és clar, menys propera als talibans. En aquest cas, la paradoxa és que l'aparent col·lisió d'ideologies contemporànies entre l'artista feminista Neshat i el règim dictatorial dels clergues talibans se sustentava en uns modes de visualitat del segle XIX: orientalisme per una banda, panopticisme per l'altra, se centrava en la figura de la dona amb vel, tan familiar des de la cultura imperial. Mirats des d'aquesta perspectiva, els esdeveniments de l'11 de setembre varen ser literalment reaccionaris, un intent d'eliminar la transcultura i de recrear la desolació del món dividit entre el bé i el mal, intent que fins al moment d'estar escrivint aquestes línies, ha triomfat de manera preocupant.
Com hi veuen els fantasmes? No pas des d'un punt de vista individual, allò que Donna Haraway ha anomenat la trampa-de-déu. El fantasma tampoc es veu mirant-se. El fantasma veu que és mirat i per tant es torna visible per a ell mateix i per als altres, en l'espiral sempre ondulant de la transcultura, un encontre transformador que no deixa res tal com ho havia trobar. Aquests múltiples punts de vista són l'equivalent digital de les "estranyes afinitats" que Walter Benjamin va trobar en els *Passatges*, unides per la circumstància de la divisió del treball, del mercat de capitals i dels nous ambients arquitectònics dels *Passatges*. Aquesta mirada transversal no és observació, perquè resisteix el domini imperial de la sexualitat amb gènere, emprant allò que Judith Halberstam anomena "la mirada trans". Si sembla una mica utòpic, direm també que aquesta pràctica transversal sempre corre el perill de ser retallada pel capital transnacional. En opinió de Fernando Ortiz, la tanscultura és el producte de l'encontre entre una cultura existent o subcultura i una nova cultura migrant recent arribada, que transforma violentament a totes dues, i en el mateix procés crea una neocultura, que és d'immediat subjecte de la transculturació. Aquesta transculturació és, a la vegada, subjecte de diferència i de deferència. La diferència és la que James Clifford ha anomenat efecte Squanto[2] gràcies a l'indi *pequot* que conegué els Pares Peregrins[3] just després de tornar de Gran Bretanya, on havia après l'anglès. En altres paraules, les cultures mai han estat illes solitàries que es desenvolupessin per si soles. La deferència prové d'allò que Emmanuel Levitas ha anomenat l'obligació ètica envers l'Altre, que

[Katrin Rothe / Abnehmen Leicht Gemacht]

Estudio Mariscal
Twipsy

had learnt English. In other words, cultures were never isolated islands, developing by themselves. The deferral comes from what Emmanuel Levinas called the ethical obligation to the Other that results from the "face-to-face" encounter at the heart of transculture. I cannot privilege my own culture in this encounter but must defer and accept my responsibility to the Other. Ortiz wrote on and about the island of Cuba but transculture and transyness seem closer to Edouard Glissant's figure of the archipelago, a series of connected islands. The virtue of the archipelago is that a series of very different entities can be connected.

What seems to be critical at the present moment is precisely the means by which cultures and peoples are connected — the medium of cables and electricity, the linking computer code, and the attention economy. The digital link brings together in apparently seamless but unpredictable fashion pages or sites that may not have any self-evident connection. In their recent mapping of the internet by its links, IBM researchers discovered that the internet does not form an evenly spaced grid, network, or even rhizome. Rather it forms into a bow tie with dangling tendrils of connections, with a dense center of highly connected sites (Yahoo, Google, MSN) and a periphery of diminishingly linked locations. But the majority of materials on the web are what has been called "dark matter," pages or sites that are inaccessible from any other location. Such pages are in intranets, behind firewalls or simply pages without added links. Far from being even or automatic, linking becomes a critical act in all senses, an act of agency that makes a connection and grows the network. In drawing attention to what is linked, there is also the prospect that value will be created.

From William Gibson's first representation of cyberspace in his 1984 novel *Neuromancer*, there have always been ghosts on the net. In Gibson's case, they were the *lwas* of Haitian vodun. There is a multifaceted ghost net out there now, just as he predicted. Firstly, there are the abandoned networks themselves. Enormous sums have been invested in creating network connections that do not yet seem to be paying off. In July 2001, the fiber-optic communications company JDS Uniphase posted a staggering loss of $50.6 billion. It has been estimated that only 5% of the fiber-optic cable in the United States is "lit," that is to say actively carrying informa-

resulta de l'encontre "cara a cara" en el cor de la transcultura. No puc privilegiar la meva pròpia cultura en aquest encontre, sinó que he de tenir deferència i acceptar la meva responsabilitat amb l'Altre. Ortiz escrivia des de Cuba i sobre l'illa de Cuba, però la transcultura i la translació semblen més properes de la figura de l'arxipèlag d'Edouard Glissant, un seguit d'illes connectades. La virtut de l'arxipèlag és que tot un seguit d'entitats diferents poder ser connectades.

A hores d'ara, són precisament els medis pels quals les cultures i les persones es connecten el que sembla ser fonamental: el mitjà dels cables o de l'electricitat, la vinculació d'un codi de computadora i l'economia en l'atenció. Els vincles digitals ajunten d'un mode aparentment fluid però imprevisible, les pàgines o els llocs web que no era evident que haguessin tingut una connexió. En el seu recent mapatge d'internet segons els seus vincles, els investigadors d'IBM descobriren que xarxa de xarxes no forma una graella regularment espaiada, ni una xarxa, ni tan sols un rizoma. Més aviat té la forma d'un monyo i d'un ganxo penjat de connexions, amb un centre dens de llocs altament connectats (Yahoo, Google, MSN) i una perifèria de llocs vinculats decreixents. Tot i que la majoria de materials de la web està en allò que s'ha anomenat "matèria obscura", pàgines o llocs que són inaccessibles des de qualsevol altra localització. Aquestes pàgines estan en intranets al darrere de *firewalls*, o són simplement pàgines sense vincles agregats a llocs. Lluny de ser regular o automàtic, el fet de vincular es torna un acte crític en tots els sentits, un acte d'agència que crea una connexió i incrementa la xarxa. Fixar-se en el vincle també implica la possibilitat de creació de valor.

Des de la primera representació de William Gibson del ciberespai, en la seva novel·la del 1984 *Neuromancer*, sempre hi ha hagut fantasmes en la xarxa. En el cas de Gibson, eren els *Iwas* del vudú haitià. Hi ha un polifacètic fantasma en la xarxa, tal com ell va predir. Per començar, hi ha les xarxes abandonades. S'han invertit enormes quantitats en crear connexions de xarxes que no sembla que estiguin reportant rèdits. El juliol del 2001, la companyia de comunicacions de fibra òptica JDS Uniphase anunciava la pèrdua de la increïble suma de 50,6 milers de milions de dòlars americans. S'ha estimat que tan sols el cinc per cent dels cables de fibra òptica als Estats Units són "*lit*", o sigui que porten informació d'un mode actiu. La resta, és la xarxa fantasma. La xarxa fantasma es veu en la navegació diària com a llocs fantasmes, pàgines que no són renovades o mantingudes, però que encara són allà, esperant. Quan l'apogeu

[Estudio Mariscal / *Twipsy*]

tion. The rest is the ghost net. The ghost net surfaces in everyday surfing as ghost sites, pages that are no longer updated or maintained but are still there, lurking. As the dot.com boom became the dot.combustion, many sites posted farewell messages and went down. These signs are gateways to the ghost net. At the same time, the active net can be used for ghost hunting. Webcams are trained on reportedly haunted sites and ghost hunters can watch and wait, freezing any image that might be supernatural into a grid of pixels for others to muse over. Just as in the nineteenth century, the question is always: is it real, faked or a mistake?
In this new moment, so haunted by so many pasts and futures that it seems like a moment of eternal return, artists, critics, and image-makers of all kinds are searching for a means to represent the new reality. The haunted house of contemporary visuality is the inescapable route by which that reality must be navigated. Even a cellphone is now incomplete without a screen. Just as movements like Cubism expressed a radical recreation of the real, there is a sense that such a recasting is again needed. If is to be accomplished, it will not look like the old avant-garde with a small group working in a single place whether Paris, Sao Paulo or Sydney. It will be transient and transforming, a multiple viewpoint for an intensely interconnected time. The abyssal quality of the endlessly returning link is dizzying to behold. The ghost is at once a link and an example of endless return that is nonetheless different on each occasion: think of the ghost in *Hamlet*, who is visible to all in Act One but only to Hamlet in Act Three. Critical work requires working out which cluster of links, or which ghosts, to isolate and highlight and why. Why do it? Not to establish a digital avant-garde but as a tactic to counter the vertigo of everyday life in the late capitalist global economy. This vertigo is occasioned by the anxiety felt by visual subjects as the clairvoyant gaze of the panoptic institution is occluded by the flickering signifiers of digital culture, and as that gaze itself becomes indifferent to what it sees. As clairvoyance withdraws from "a public space profoundly upset by techno-tele-media apparatuses," Derrida writes, there becomes visible "*there where they were already there without being there*," the ghosts. N.M.

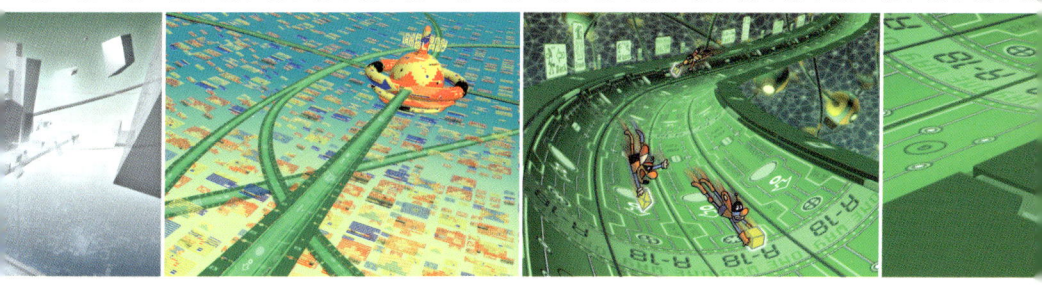

del punt.com es transformà en el punt.combustió, en nombrosos llocs es publicaren missatges d'acomiadament i caigueren. Aquests senyals són portes obertes a la xarxa fantasma. Al mateix temps, la xarxa activa pot ser utilitzada per a caçar fantasmes. Les càmeres web apunten els llocs que es tenen per encantats i els caçadors de fantasmes poden mirar i esperar, congelant qualsevol imatge que pugui ser sobrenatural en una graella de pixels per tal que d'altres meditin. Com en el segle XIX, la pregunta sempre és la mateixa: això és real, és fals o és un error?

A hores d'ara, en un moment tan encantat per tants passats i futurs que sembla la història del mai acabar, els artistes, els crítics i els forjadors d'imatges de tota mena estan a la recerca d'un mode de representar la nova realitat. La casa encantada de la visualitat contemporània és la ruta inexorable per la qual la realitat ha de ser conduïda. Fins i tot un telèfon mòbil es veu incomplet si no té pantalla. Així com moviments com el cubista expressaven una recreació radical d'allò real, hi torna a haver un sentiment de necessitat d'una reforma semblant. Si s'aconsegueix, no l'afigurarem com una antiga avantguarda d'un petit grup que treballa en un lloc concret com París, Sao Paulo o Sidney. Serà transitòria i transformadora, un punt de vista múltiple per a un temps intensament interconnectat. La qualitat abismal del vincle sempre recorrent que és vertiginós per veure. El fantasma és alhora un vincle i un exemple d'etern retorn, que tanmateix és diferent en cada ocasió: pensem sinó en el fantasma de Hamlet, que és visible per a tothom en el Primer Acte, però només per a Hamlet en el tercer. El treball crític reclama prendre decisions davant la pregunta de quin clúster de vincles o quins fantasmes d'avantguarda s'han d'aïllar, quin s'han de ressaltar i per què. Per què fer-ho? No pas per establir una avantguarda digital, sinó com a tàctica per a contrarestar el vertigen de la vida quotidiana en l'economia mundial del capitalisme tardà. Aquest vertigen produït per l'ansietat que senten els subjectes visuals quan l'esguard clarivident de la institució del panòptic es veu obstruït pels significats volàtils de la cultura digital, i quan la mirada en si mateixa es torna indiferent a tot allò que veu. Si la clarividència s'aparta d'"un espai públic profundament molest pels aparells tecno-tele-mediàtics", escriu Derrida, es torna visible "allà on abans ja eren sense ser-hi", els fantasmes. N.M.

[Estudio Mariscal / Twipsy]

BIBLIOGRAPHY

Baird, Julia (2001), "Sex is Back," *Sydney Morning Herald*, 12 Nov. 2001.

Beller, Jonathan L. (1998), "Identity Through Death/The Nature of Capital: The Media-Environment for *Natural Born Killers*," *Post Identity*, vol. 1 n. 2 (Summer 1998)

Bodnar, John (2001), "*Saving Private Ryan* and Postwar Memory in America," *American Historical Review*, vol. 106 no. 3 (June 2001): 805-817.

Boulter, Jay David and Grusin, Richard (1999) *Remediation: Understanding New Media*, Cambridge Ma. and London, MIT Press

Clifford, James (1988), *The Predicament of Culture: Twentieth Century Literature, Ethnography and Art*, Cambridge MA: Harvard University Press.

Crary, Jonathan (1991), *Techniques of the Observer*, MIT Press.

Fagelson, William Friedman, "Fighting Films: The Everyday Tactics of World War Two Soldiers," *Cinema Journal*, vol. 40 n. 2 (2001): 94-112.

Foucault, Michel (2000), *Power*, James D. Faubion (ed.), Robert Hurley et al. (trans.), New York: New Press.

Hitchcock, Peter (2000), "Risking the Griot's eye: Decolonisation and Contemporary African Cinema," *Social Identities* vol. 6 n. 3 (2000).

Johnson, Steven (1997) *Interface Culture: How New Technology Transforms the Way We Create and Communicate*, San Francisco: HarperEdge.

Kane, Sarah (2000), *4.48 Psychosis*, London, Methuen.

Levinas, Emmanuel (1997), *Difficult Freedom: Essays in Judaism*, Baltimore: Johns Hopkins University Press.

Merit, Natacha (2000), *Digital Diaries*, New York: Taschen.

Ortiz, Fernando (1995), *Cuban Counterpoint: Tobacco and Sugar*, Durham: Duke University Press.

Virilio, Paul (1989), *War and Cinema: The Logistics of Perception*, trans. Patrick Camiller, London, Verso.

NOTES

1—És un joc de paraules: Digitalitzar/Ulls digitals (N. de la T.)

2—Squanto: (1585?-1622) americà nadiu que ajudà els Peregrins a sobreviure en els seus primers anys a Amèrica del Nord, ensenyant-los a caçar, a pescar i a cultivar el blat de moro. (N.de la T.)

3—Pilgrim Fathers/Pares Peregrins: grup de puritans anglesos que navegaren fins a Amèrica fugint d'Anglaterra i fundaren una nova classe social basada en les seves creences religioses. Arribaren a Massachussets l'any 1620. (N. de la T.)

BIBLIOGRAFIA

Baird, Julia (2001), "Sex is Back", *Sydney Morning Herald*, 12 Nov. 2001.

Beller, Jonathan L. (1998), "Identity Through Death/The Nature of Capital: The Media-Environment for *Natural Born Killers*", *Post Identity*, vol. 1 no.2 (estiu 1998).

Bodnar, John (2001), "*Saving Private Ryan* and Postwar Memory in America", *American Historical Review*, vol. 106 no.3 (juny 2001): pàgs. 805-817.

Boulter, Jay David y Grusin, Richard (1999) *Remediation: Understanding New Media*, Cambridge MA. y Londres, MIT Press.

Clifford, James (1988), *The Predicament of Culture: Twentieth Century Literature, Ethnography and Art*, Cambridge MA: Harvard University Press.

Crary, Jonathan (1991), *Techniques of the Observer*, MIT Press.

Fagelson, William Friedman, "Fighting Films: The Everyday Tactics of World War Two Soldiers", *Cinema Journal*, vol. 40 no.2 (2001): pàgs.94-112.

Foucault, Michel (2000), *Power*, James D. Faubion (ed.), Robert Hurley et al. (traducts.), Nova York: New Press.

Hitchcock, Peter (2000), "Risking the Griot's eye: Decolonisation and Contemporary African Cinema", *Social Identities*, vol. 6 no.3 (2000).

Johnson, Steven (1997), *Interface Culture: How New Technology Transforms the Way We Create and Communicate*, San Francisco: HarperEdge.

Kane, Sarah (2000), *4.48 Psychosis*, Londres, Methuen.

Levinas, Emmanuel (1997), *Difficult Freedom: Essays in Judaism*, Baltimore: Johns Hopkins University Press.

Merit, Natacha (2000), *Digital Diaries*, Nova York: Taschen.

Ortiz, Fernando (1995), *Cuban Counterpoint: Tobacco and Sugar*, Durham: Duke University Press.

Virilio, Paul (1989), *War and Cinema: The Logistics of Perception*, trad. Patrick Camiller, Londres, Verso.

[Estudio Mariscal / Twipsy]

The lived image

A text by
Juhani Pallasmaa

Juhani Pallasmaa, architect and professor, lives and works in Helsinki. He has been engaged in architectural practice, graphic design and town planning since 1963. He has contributed to articles and lectures on cultural and architectural philosophy and edited numerous books and catalogues. He is author of *The Architecture of Image: Existential Space in Cinema; The Eyes of the Skin: Architecture and the Senses.*

[56]

La imatge viscuda

Un text de
Juhani Pallasmaa

Juhani Pallasmaa, arquitecte i docent, viu i treballa a Hèlsinki. Des de l'any 1963 exerceix d'arquitecte, de dissenyador gràfic i d'urbanista. Ha escrit articles i donat conferències sobre filosofia cultural i arquitectònica i ha editat un gran nombre de llibres i catàlegs. És l'autor de *The Architecture of Image: Existential Space in Cinema; The Eyes of the Skin: Architecture and the Senses.*

Daniel Greaves
Flatworld

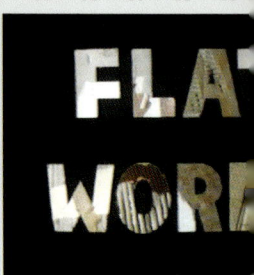

[Estudio Mariscal / *Twipsy*]

MUSIC, FILM AND ARCHITECTURE

Music has historically been regarded as the art form closest to architecture. The metaphor of architecture as 'frozen music' is an expression of this relatedness.[1] Beyond the mere metaphoric association, however, the over two thousand years old Pythagorean tradition concretely connects the principles of musical and architectural harmonies. Cinema is, however, even closer to architecture than music, not solely because of its temporal and spatial structure, but fundamentally because both architecture and cinema directly articulate lived space. These two art forms define essences of existential space; they create experiential scenes for life situations. Experiential images of spaces and places are contained in practically all films. On the other hand, defining a distinct space or place is the primary task of architecture. Most powerful cinematic architecture is usually concealed in the representation of normal everyday situations, not in the exposition of buildings and spaces of exceptional architectural merit. Cinematic architecture evokes and sustains specific mental states; the architecture of film is an architecture of terror, anguish, suspense, boredom, alienation, melancholy, happiness, or ecstasy, depending on the character of the particular cinematic narrative and the director's intention. Spaces and architectural images of cinema turn into amplifiers of specific emotions and meanings.

ABSTRACTION AND THE LIVED WORLD

Music and architecture are usually seen as abstract and autonomous mental constructions, which do not 'represent' any aspect of the real world. This view is, however, fundamentally erroneous; all artworks necessarily represent existential experiences of the lived world, although in a highly abstracted and condensed manner. Without their connections with our existential reality, they would remain mere sensory amusement without the capacity to touch our souls. Artistic abstraction is not a mere formal construction, an image devoid of meaning; artistic images are saturated and layered open-ended meanings. As Andrei Tarkovsky acknowledges: 'In a word, the image is not a certain meaning, expressed by the director, but an entire world reflected as in a drop of water.'[2]

MÚSICA, CINEMA I ARQUITECTURA

Històricament, la música ha estat reconeguda com la forma d'art més propera a l'arquitectura. La metàfora de l'arquitectura com a "música congelada" és una expressió que explicita aquest apropament[1]. Més enllà de la senzilla associació metafòrica, la tradició Pitagòrica, de més de dos mil anys d'antiguitat, connecta de manera precisa els principis de les harmonies musicals amb les arquitectòniques. Tanmateix, el cinema encara és més proper de l'arquitectura que no pas la música, no tan sols per la seva estructura temporal i espacial sinó –fonamentalment– perquè l'arquitectura i el cinema articulen de manera directa l'espai viscut. Aquestes dues formes d'art defineixen essències d'espai existencial, creant escenes pràctiques per a les situacions de la vida.
En gairebé totes les pel·lícules, hi podem trobar imatges pràctiques d'espais i de llocs. Així mateix, la tasca primària de l'arquitectura és la definició d'un espai o d'un lloc distintiu. L'arquitectura cinemàtica més poderosa és la que habitualment s'amaga en la representació de situacions quotidianes, i no en l'exposició d'edificis i d'espais d'excepcional prestigi arquitectònic. L'arquitectura cinemàtica evoca i manté estats mentals específics; l'arquitectura del cine és l'arquitectura del terror, de l'angoixa, del suspens, de l'avorriment, de l'alienació, de la melangia, de la felicitat o de l'èxtasi, provinent del caràcter de la narrativa cinemàtica particular i de les intencions del director. Els espais i les imatges arquitectòniques del cinema es converteixen en amplificadors d'emocions o de significats específics.

L'ABSTRACCIÓ I EL MÓN VISCUT

Habitualment, a la música i a l'arquitectura se les veu com a construccions mentals abstractes i autonòmiques, que no "representen" cap aspecte del món real. Tanmateix, aquesta visió és fonamentalment equivocada: tots els treballs artístics representen necessàriament experiències existencials del món viscut, per bé que d'una manera profundament abstracta i condensada. Sense aquestes connexions amb la realitat que ens envolta, només serien purs divertiments sensorials, exempts de la capacitat de sacsejar les nostres ànimes. L'abstracció artística no és simplement una construcció formal, una imatge buida de tot sentit; les representacions artístiques estan saturades –i obertes– als significats. Tal com ho afirma Andrei Tarkovsky: "En una paraula, la imatge no és una significació certa, expressada pel director, sinó un món sencer reflectit en una gota d'aigua"[2].

[Daniel Greaves / Flatworld]

Artistic works derive their extraordinary faculty of touching our minds exactly from their fundamental association with our lived world. Regardless of the decisive differences in their ontological ground and artistic techniques, the arts are essentially engaged in one and the same issue: the expression of the human existential condition. Art structures and articulates our being-in-the-world, or the inner space of the world — *Weltinnenraum* — to use a notion of Rainer Maria Rilke. Artistic images are magical mediators of experiences, feelings and affects. They possess a hallucinatory quality: 'I can no longer think what I want to think. My thoughts have been replaced by moving images'[3], writes Georges Duhamel of the secret power of cinematic images. Likewise, all meaningful architecture directs human intentions, emotions and thoughts by means of the hallucinatory air awakened by it. 'A man who concentrates before a work of art is absorbed by it'[4], as Walter Benjamin observes.

THE MULTIPLICITY OF THE IMAGE
The central notion for the understanding of the artistic effect, or the interrelations of architecture and cinema, is the image. Image is a multifaceted and ephemeral concept, and the analysis of the meaning of the image is a wide and controversial task[5]. We live in a culture that fabricates and mass-produces images for the purposes of commercial exploitation, political and ideological conditioning, entertainment, instruction and learning. Our experiential reality is flooded with perceived, remembered and imagined images. The current phase of industrial culture is frequently characterised as the 'culture of images'. Italo Calvino writes about 'an unending rainfall of images', but perhaps we are actually confronted with a deluge, which already threatens our very mental sanity.
Michelangelo Antonioni, the master architect of cinematic images, expresses the complexity and enigma of artistic imagery through the protagonist of his last film *Beyond the Clouds* (1994): 'But we know that behind every image revealed, there is another image more faithful to reality, and in back of that image there is another, and yet another behind the last one, and so on, up to the true image of the absolute mysterious reality that no-one will ever see'.[6]

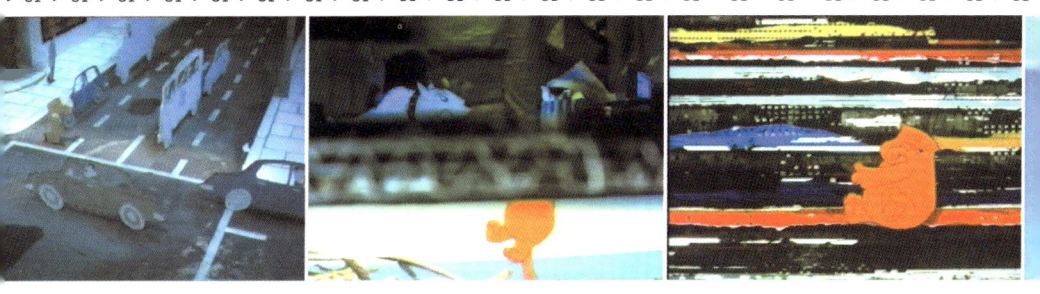

Els treballs artístics aconsegueixen, a partir de la seva associació fonamental amb el nostre món viscut, l'extraordinària facultat de commoure les nostres ments.
Més enllà de les diferències decisives de la seva base ontològica i de les tècniques artístiques, les arts estan essencialment compromeses amb un mateix tema: l'expressió de la condició existencial humana. L'art estructura i vertebra el nostre estar-en-el-món, o l'espai interior del món (Weltinnenraum), per emprar la noció de Rainer Maria Rilke. Les imatges artístiques són unes màgiques mediadores d'experiències, de sentiments i emocions. Posseeixen un aspecte al·lucinatori: "Ja no puc pensar allò que vull pensar. Els meus pensaments han estat reemplaçats per imatges en moviment"[3], escriu Georges Duhamel sobre el poder secret de les imatges cinemàtiques. De la mateixa manera, tota arquitectura amb sentit dirigeix les intencions humanes, les emocions i els pensaments a través de l'aire al·lucinatori que desvetlla. Tal com ho observa Walter Benjamin, "Un home que es concentra davant d'una obra d'art, és absorbit per ella"[4].

LA MULTIPLICITAT DE LA IMATGE

La imatge és la noció central per entendre l'efecte artístic o les interrelacions entre arquitectura i cinema. És un concepte polifacètic i efímer, i l'anàlisi del significat de la imatge és una tasca àrdua i controvertida[5]. Vivim immersos en una cultura que fabrica i produeix imatges en massa amb propòsits d'explotació comercial, de condicionaments polítics i ideològics, d'entreteniment, d'educació i instrucció.
La nostra realitat experiencial és inundada d'imatges percebudes, recordades i imaginades. Amb força freqüència, aquesta realitat es caracteritza en la fase actual de la cultura industrial com la "cultura de les imatges". Italo Calvino parla d'una "pluja d'imatges sense final", i qui sap si no ens trobem més aviat davant d'un diluvi que amenaça la nostra pròpia sanitat mental.
Michelangelo Antonioni, el mestre arquitecte de les imatges cinemàtiques, expressa la complexitat i l'enigma de la imatgeria artística a través del protagonista del seu darrer film *Més enllà dels núvols* (1994): "Sabem tanmateix que al darrere de cada imatge revelada hi ha una altra imatge més fidel a la realitat, i al darrere d'aquesta una altra, i encara una altra al final d'aquesta última, i així, fins arribar a la vertadera imatge de la realitat, absolutament misteriosa, que ningú no veurà mai"[6].
La imatge és a la vegada un tot extern —que desprèn estímuls per a la percepció— i una

[Daniel Greaves / Flatworld]

The image is both an external gestalt, which provides stimulus for perception, and an internal sensory impression and experience, a mental image. Contrary to the persistent view of the human sciences, mental images even seem to constitute the foundation of thought and language. Convincing experimental evidence in studies of the processes of thinking and language has shown that thought does not proceed on the basis of words, but on mental models and images.[7] A recent line of philosophical investigation has revealed the essential metaphorical nature of language. Significantly, the origins of these metaphors reside in our bodily and sensory constitution.[8] It is becoming increasingly evident that language itself has a more embodied nature than we have been made to understand by scientific convention. A number of philosophers even attribute an independent thinking capacity, ie. the capacity to process information and stimuli, to the human body and senses. Martin Heidegger, for instance, writes of the thinking hand: 'The hand's essence can never be determined, or explained, by its being an organ which can grasp... Every motion of the hand in every one of its works carries itself through the element of thinking, every bearing of the hand bears itself in that element.'[9]

It is apparent that the image precedes thought and linguistic formulation. The poetic image has its emotional and mental impact before it is understood. In fact, an artistic image may never become rationally 'understood', yet, it can continue to have a powerful experiential impact on human minds for successive generations.

THE POETIC IMAGE

'There is only one way of thinking in cinema: poetically'[10], Tarkovsky writes. On one hand, there are manipulating images that deliberately focus our attention to a distinct object, emotion or desire, and entertaining images, which hypnotically dull the senses and weaken our sense of self, and, on the other hand, poetic images, which open up streams of association and affect. The latter type of images strengthens our sense of self, and the existential experience, and they sensitise the boundary between ourselves and the world. These are invigorating images which emancipate human imagination.[11]

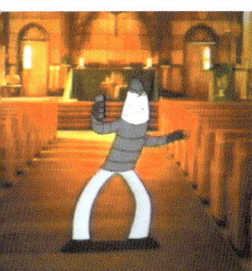

impressió i experiència sensorial internes, una imatge mental. Al contrari de la idea que perdura en les ciències humanes, les imatges mentals fins i tot semblen ser constitutives de la fundació del pensament i del llenguatge. La consistent evidència experimental dels estudis dels processos del pensament i del llenguatge ha demostrat que el pensament no es desenrotlla a base de paraules, sinó a base de models i d'imatges mentals[7]. Una línia recent d'investigació filosòfica ha revelat la naturalesa essencialment metafòrica del llenguatge. De manera significativa, els orígens d'aquestes metàfores rauen en la nostra constitució corporal i sensorial [8]. Cada vegada és més evident que el propi llenguatge té una estructura natural, al contrari d'allò que se'ns han fet creure per convenció científica. Alguns filòsofs atribueixen fins i tot una capacitat de pensament independent (com ara la capacitat de processar informació i estímuls) al cos humà i als sentits. Martin Heidegger, per exemple, diu de la mà pensant: "L'essència de la mà no pot ser determinada —o explicada— pel sol fet d'ésser un òrgan prènsil... En cadascun dels moviments de la mà, en cadascuna de les seves tasques es manté un element de pensament, i cada moviment de la mà comporta, en si mateix, aquest element"[9].

És evident que la imatge precedeix el pensament i la formulació lingüística. Abans mateix de ser entesa, la imatge poètica ja té un impacte emocional i mental. De fet, la imatge artística pot arribar a no ser mai "entesa" d'una manera racional, però, fins i tot així, continua tenint un impacte experiencial poderós en les ments humanes de les successives generacions.

LA IMATGE POÈTICA

"Al cinema, només hi ha una manera de pensar: poèticament"[10], escriu Tarkovsky. D'una banda, tenim imatges manipuladores que de manera deliberada focalitzen la nostra atenció en un objecte distintiu, una emoció o un desig, així com imatges distretes que pertorben els sentits de manera hipnòtica i debiliten la percepció que tenim de nosaltres mateixos; d'una altra banda, tenim imatges poètiques que deixen anar fluxos d'associacions i de sentiments. Aquest tipus d'imatges reforcen la percepció que tenim de nosaltres mateixos i la nostra experiència existencial, tot sensibilitzant el límit entre nosaltres i el món que ens envolta. Són imatges energitzants que desencadenen la imaginació humana[11].

Les imatges poètiques constitueixen unes extraordinàries condensacions d'experièn-

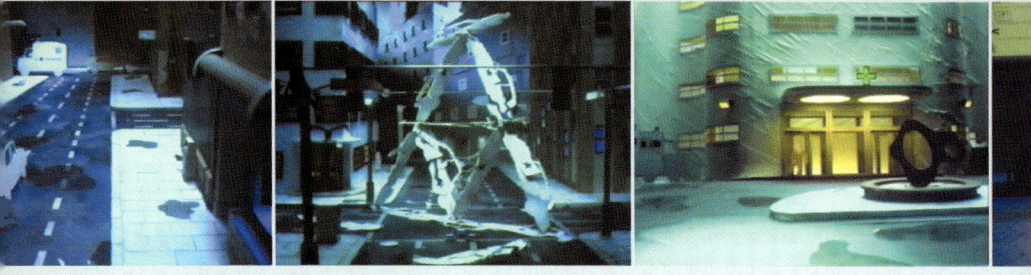

[Daniel Greaves / Flatworld]

Poetic images are extraordinary condensations of experiences, perceptions and ideas. Rainer Maria Rilke expresses touchingly the idea of the poetic image as an artistic condensation: 'For verses are not, as people imagine, simply feelings ... they are experiences. For the sake of a single verse, one must see many cities, men and things, one must know the animals, one must feel how the birds fly and know the gesture with which the little flowers open in the morning.' The poet continues his long list of experiences, which eventually condense into poetic images. Yet, he concludes: 'And still it is not enough to have memories. One must be able to forget them when they are many, and one must have the great patience to wait until they come again. For it is not yet the memories themselves. Not till they have turned to blood within us, to glance and gesture, nameless and no longer to be distinguished from ourselves – not till then can it happen that in a most rare hour the first word of a verse arises in their midst and goes forth from them.'[12] Artistic images in other fields of art also have the same density and fragility as images of poetry described by Rilke.

GEOMETRIC AND LIVED SPACE
The mental task of buildings and cities is to structure our being-in the-world. But doesn't the film director do exactly the same with his projected images? Cinema constructs spaces in the mind, it creates mind-spaces, reflecting thus the inherent ephemeral architecture of the human mind, thought and emotion.
Houses are built in the world of Euclidean geometry, but lived space always transcends the rules of geometry. Architecture structures and 'tames' meaningless Euclidean space for human habitation by inserting into it existential meanings, and setting the world into a pre-structured relation with our body, senses and mind. The world experienced through the mediating frame of architecture is a transformed and domesticated world. In addition to providing physical shelter, architecture gives us the primary horizon of understanding the world.
Lived space resembles the structures of a dream and the unconscious, organized independently of the boundaries of physical space and time. Lived situation is a combination of external space and inner mental space, actuality and mental projec-

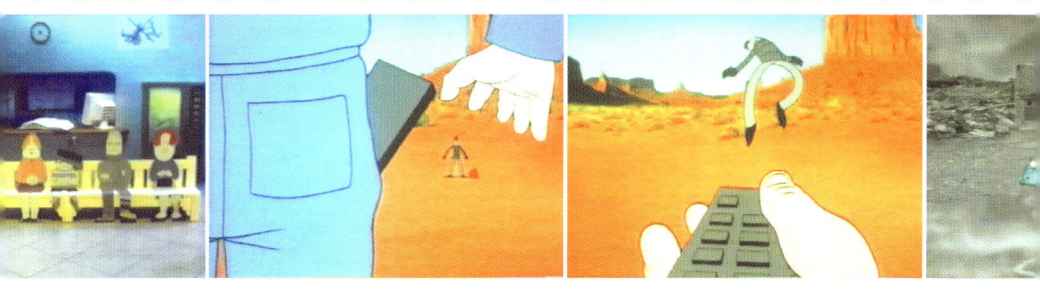

cies, de percepcions i d'idees. Rainer Maria Rilke expressa de manera commovedora la idea de la imatge poètica com una condensació artística: "Els versos no són senzillament —tal com creu la gent— uns sentiments... són experiències. En la intenció d'un vers, hom hi ha de veure ciutats, persones i coses, hi ha de conèixer els animals, sentir com volen els ocells i saber els moviments que fan les flors quan s'obren cada matí". El poeta continua la seva llarga llista d'experiències, que condensa eventualment en unes imatges poètiques. Tanmateix, acaba així: "I, de totes formes, el fet de tenir records no és suficient. Hom ha de ser capaç d'oblidar-los quan són massa nombrosos i tenir la paciència d'esperar que tornin. Perquè encara no seran records. No ho seran fins que s'hagin tornat sang de la nostra sang, que s'hagin transformat en esguard i en moviment, sense nom, però indistingibles de nosaltres mateixos. Llavors serà quan, en l'hora més isarda, la primera paraula d'un vers s'alçarà de la boira i se'ns farà visible des dels nostres records"[12]. En d'altres àmbits de les arts, les imatges artístiques també tenen la mateixa densitat i fragilitat que aquestes imatges poètiques descrites per Rilke.

ESPAI GEOMÈTRIC I VISCUT

El treball mental dels edificis i de les ciutats és el d'estructurar la nostra manera d'estar-en-el-món. Però, no fa exactament el mateix un director de cinema, amb les seves imatges projectades? El cinema crea espais en la ment, estableix àmbits mentals tot reflectint, així, l'arquitectura efímera inherent a la ment humana, al pensament i a l'emoció.

Les cases es construeixen en el món de la geometria euclidiana, però els espais viscuts sempre van més enllà de les regles de geometria. L'arquitectura estructura i "domestica" l'espai euclidià, sense sentit per a l'habitabilitat humana, inserint significats existencials i encaixant el món dins d'una relació preestructurada amb els nostres cossos, sentit i ment. El món que s'experimenta a través de marcs de mediació arquitectònics és un món transformat i domesticat. A més d'aportar-nos aixopluc físic, l'arquitectura ens proporciona un horitzó primari de la comprensió del món.

L'espai viscut ens remet a les estructures del son i de l'inconscient, organitzat de manera independent de les fronteres de l'espai físic i temporal. Una situació viscuda en una combinació d'espai exterior i d'espai mental interior, de realitat i de projecció mental. En el món viu, la memòria i el son, el temor i el desig, el valor i el significat es

[Daniel Greaves / Flatworld]

Grégory Leborgne
Memoires Vives

tion. In the lived world memory and dream, fear and desire, value and meaning, fuse with actual perceptions. I exist in a space, and the space settles in me. An experience of space and place is thus a curious exchange. Lived space is a space, which is inseparably integrated with the subject's concurrent life situation. 'I am the space where I am'[13], as the poet Noël Arnaud acknowledges.

We do not live separately in material and mental worlds; these experiential dimensions are fully intertwined. Neither do we live in an objective world. We live in mental worlds, in which the remembered, experienced, and imagined, as well as the past, present and future are inseparably intermixed. 'Who are we, who is each one of us, if not a combinatoria of experiences, information, books we have read, things imagined?,' Italo Calvino asks and continues: 'Each life is an encyclopedia, a library, an inventory of objects, a series of styles, and everything can be constantly shuffled and reordered in every way conceivable.'[14]

The modes of experiencing architecture and cinema become identical in this mental space, which meanders without fixed boundaries. Even in the art of architecture, a mental image is transferred from the experiential realm of the architect into the experiential world of the observer, and the material building is a mere mediating object, an image object.[15] The fact that images of architecture are eternalized in matter, whereas cinematic images are only transitory illusions projected on the screen, has no decisive significance in this experiential sense. Both art forms define frames of life, situations of human interaction, and horizons of understanding the world.

VISUALITY AND HAPTICITY

In his seminal essay 'The Work of Art in the Age of Mechanical Reproduction'[16] Walter Benjamin deliberates on the connection between architecture and film. Somewhat surprisingly he suggests that, regardless of their apparent visuality, the two art forms are, in fact, tactile arts.[17] In Benjamin's view, architecture and film are communicated primarily through the tactile realm in opposition to the pure visuality of painting.[18] The inherent unconscious tactile experience and haptic intimacy of the artistic experience is, however, severely overlooked in our time. Works of music,

fusionen amb les percepcions reals. Jo existeixo en un espai i l'espai s'assenta en mi. Una experiència d'espai i de lloc és, així doncs, un curiós intercanvi. L'espai viscut és un espai que està integrat de manera inseparable amb el subjecte que viu la situació. "Sóc l'espai en què em trobo"[13], al·lega el poeta Noël Arnaud.

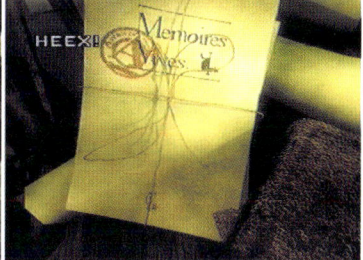

No vivim en móns materials i mentals separats; aquestes dimensions experiencials estan mútuament interrelacionades. Tampoc no vivim en un món objectiu. Vivim en móns mentals, en els quals allò recordat, allò experimentat i imaginat, així com el passat i el present i el futur, estan inseparablement entremesclats. "Qui som, qui és cadascú de nosaltres sinó una combinació d'experiències, d'informació, de llibres que hem llegit, de coses imaginades?", pregunta Italo Calvino; i continua: "Cada vida és una enciclopèdia, una biblioteca, un inventari d'objectes, una sèrie d'estils, i tot plegat pot estar constantment barrejat i reordenat en totes les formes concebibles"[14].

Els modes en què experimentem l'arquitectura i el cinema es tornen idèntics en aquest espai mental, en el qual deambulem sense fronteres concretes. Fins i tot en l'art de l'arquitectura, la imatge mental es transfereix des del camp experiencial de l'arquitectura fins al món experiencial de l'observador, i l'edifici material és un mer objecte mediador, un objecte-imatge[15]. El fet que les imatges d'arquitectura siguin eternitzades en la matèria i que les imatges cinemàtiques només siguin il·lusions transitòries projectades en la pantalla, no té un significat decisiu en aquest sentit experiencial. Ambdues formes d'art defineixen marcs de vida, situacions d'interacció humana i horitzons d'enteniment del món.

VISUALITAT I HAPTICITAT

En el seu assaig fonamental "The Work of Art in the Age of Mechanical Reproduction"[16], Walter Benjamin debat sobre les connexions existents entre arquitectura i cinema. De manera sorprenent, suggereix que, tot i la seva aparent visualitat, totes dues formes d'art són, de fet, arts tàctils[17]. En la visió de Benjamin, l'arquitectura i el cinema es comuniquen, de manera primària, a través del regne d'allò tàctil, en oposició a la visualitat pura de la pintura[18]. L'experiència tàctil inconscient i inherent i la intimitat hàptica de l'experiència artística és, tanmateix, severament deixada de banda en els nostres temps. Obres musicals, pictòriques i de cinema, així com d'arquitectura, són experimentades fonamentalment a través d'identificacions corporals, més

[Grégory Leborgne / *Memoires vives*]

painting and cinema, as well as architecture, are experienced fundamentally through a bodily identification rather than as mere external objects. Again, an exchange takes place; I become part of the work, and the work settles in me. Benjamin's idea suggests that, although the immobile situation of viewing a film turns the viewer into a bodyless observer, the illusory cinematic space gives back the viewer's body, as the experiential haptic and motor space evokes powerful kinesthetic experiences. A film is viewed with the muscles and the skin as much as through the eyes. Both architecture and cinema imply a kinesthetic way of experiencing space. Furthermore, images stored in our memory are essentially embodied and haptic images rather than retinal pictures. It is important to acknowledge that artistic imagery is characteristically an embodied imagery, not a collection of mere retinal pictures.

Analyzing the difference between painting and film, Benjamin gives a provocative metaphor; he compares the painter to the magician and the cameraman to the surgeon. The magician operates at a distinct distance from the patient, whereas the surgeon penetrates into the patient's very interior. The magician/painter creates a complete integrated entity, whereas the surgeon/cameraman's work is engaged in fragments. Benjamin's metaphor can be reversed, however, for the purpose of illustrating the difference between the film director and the architect. The film director can be seen as the magician, who evokes a lived situation from a distance through the illusory narrative of projected images, whereas the architect operates with the physical reality itself in the very intestines of the building which we inhabit. C.G. Jung saw a strong association between the human body and our unconscious imagery of the house; this identity gives further justification to see an architect in the role of a surgeon. A director operates through the distance of mental suggestion, whereas the architect takes hold, touches our bodily constitution and conditions our actual embodied being in the world.

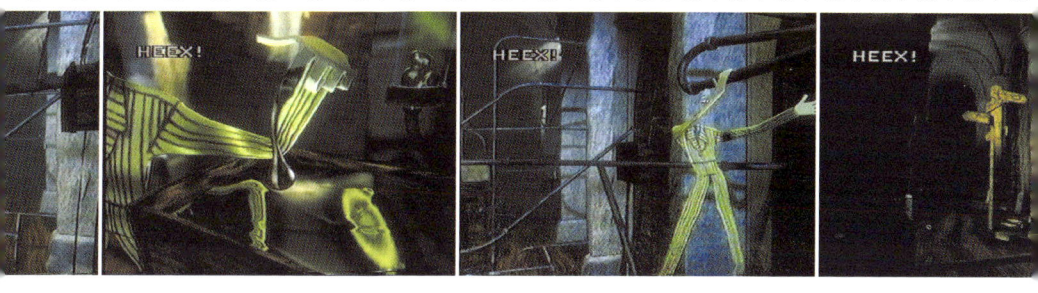

que no com a purs objectes externs. En aquest cas també té lloc un intercanvi: jo em torno part de l'obra i l'obra s'assenta en mi. La idea de Benjamin suggereix que, per bé que la situació immòbil de veure una pel·lícula converteix l'espectador en un observador descorporitzat, l'espai cinemàtic il·lusori torna el cos a l'espectador, com l'espai experiencial hàptic i en moviment evoca fortes experiències cinestèsiques.

Una pel·lícula es mira tant amb els ulls, com amb els muscles i la pell. Tant l'arquitectura com el cinema impliquen un camí cinestèsic d'experimentar l'espai. A més, les imatges emmagatzemades en la nostra memòria són imatges essencialment corporitzades i hàptiques, més que no pas quadres retinals. És important adonar-nos que la imatgeria artística és característicament una imatgeria corporitzada, i no una simple col·lecció de quadres retinals.

Quan analitza la diferència entre pintura i cinema, Benjamin exposa una metàfora provocadora: compara el pintor amb el mag i el cameràman amb el cirurgià. El mag opera a una certa distància del pacient, mentre que el cirurgià penetra en el propi interior del pacient. El mag/pintor crea una entitat completament integrada, mentre que el treball del cirurgià/cameràman es compon de fragments.

Tanmateix, la metàfora de Benjamin pot ser invertida amb la intenció d'il·lustrar la diferència existent entre el director de cine i l'arquitecte. El director de cine pot ser vist com un mag, que evoca la distància des de la situació viscuda, a través de la narrativa il·lusòria i de les imatges projectades, mentre que l'arquitecte opera en la pròpia realitat física, en les entranyes de l'edifici que habitem. C.G. Jung va veure una profunda associació entre el cos humà i la nostra imatgeria inconscient de la casa, i aquesta identitat explica d'una manera més àmplia el fet de veure l'arquitecte com un cirurgià. El director opera a través de la distància de la suggestió mental, mentre que l'arquitecta s'empara, toca la nostra constitució corporal i condiciona el nostre ésser corpori real en el món.

L'ARQUITECTURA DEL CINEMA

Gairebé no hi ha cap pel·lícula que no inclogui imatges d'arquitectura. Aquest supòsit és cert, sense que importi si els edificis siguin realment mostrats en la pel·lícula o no, ja que l'enquadrament d'una escena o la definició en l'escala o il·luminació implica l'establiment d'un espai i una focalització distintiva. D'acord amb Martin Heidegger, som

[Grégory Leborgne / *Memoires vives*]

THE ARCHITECTURE OF CINEMA
There are hardly any films, which do not include images of architecture. This statement holds true regardless of whether buildings are actually shown in the film or not, because already the framing of a scene, or the definition of scale or illumination, implies the establishment of a distinct place and focus. According to Martin Heidegger, we are thrown into the world. Through architecture we transform this primal frustration and our experiences of outsideness and estrangement into the positive feeling of domicile. The structuring of place, space, situation, scale, illumination, etc., characteristic to architecture — the framing of human existence — seeps unavoidably into every cinematic expression. In the same way that architecture articulates space, it also manipulates time. 'Architecture is not only about domesticating space,' writes philosopher Karsten Harries, 'it is also a deep defense against the terror of time. The language of beauty is essentially the language of timeless reality.'[19] Architecture protects and stores silence and time for the future. Without the pyramids our experiential time would be different. As we enter a medieval cathedral, we enter a different time. Re-structuring and articulating time — re-ordering, speeding up, slowing down, halting and reversing — is equally essential in cinematic expression.

Lived space is not uniform, valueless space. One and the same cinematic event — a kiss or a murder — is an entirely different story depending on whether it takes place in a bedroom, bathroom, library, elevator or gazebo. A cinematic event obtains its particular meaning through the time of the day, illumination, weather and soundscape. In addition, every place has its history and symbolic connotations, which merge into the incident. Presentation of a cinematic event is, thus, totally inseparable from the architecture of space, place and time, and the film director is bound to create architecture, although often unknowingly. It is exactly this innocence and independence from the professional discipline of architecture that makes the architecture of cinema so subtle and revealing.

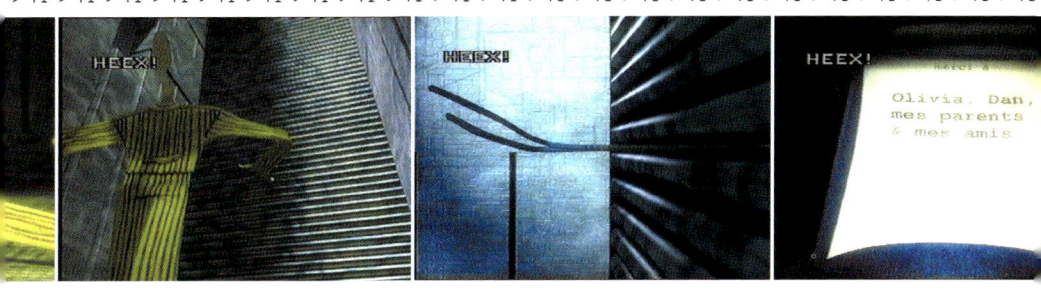

llençats al món a través de l'arquitectura, i transformem aquesta frustració primària i les nostres experiències de marginalitat i de nostàlgia en sensacions positives de domicili. L'estructuració del lloc, de l'espai, de la situació, de l'escala, de la il·luminació, etc., característiques de l'arquitectura, l'enquadrament de l'existència humana, es filtra de manera inevitable en l'expressió cinemàtica. De la mateixa manera que l'arquitectura articula l'espai, també manipula el temps. "L'arquitectura no tracta solament de la domesticació de l'espai", escriu el filòsof Karsten Harries, "també implica una defensa profunda contra el terror del temps. El llenguatge de la bellesa és essencialment el llenguatge de la realitat atemporal"[19]. L'arquitectura protegeix i emmagatzema silenci i temps per al futur. Sense les piràmides, el nostre temps experiencial seria diferent. Quan entrem en una catedral medieval, entrem en un temps distint. La reestructuració i articulació del temps (reordenant, accelerant, desaccelerant, deturant i revertint), són expressions cinemàtiques d'essència semblant.

L'espai viscut no és un espai uniforme i sense valor. El mateix esdeveniment cinemàtic (un petó o un assassinat) es converteixen en una història completament diferent, depenent de si ocorre en una cambra, en un bany, en una biblioteca, en un ascensor o en una tenda. L'esdeveniment cinemàtic obté el seu significat particular segons el moment del dia, la il·luminació, el clima o el so ambiental. A més, cada lloc té la seva particular història i les seves connotacions simbòliques, que apareixen en l'acció. La presentació d'un esdeveniment cinemàtic és, llavors, completament inseparable de l'arquitectura de l'espai, lloc i temps, i el director de la pel·lícula és obligat de crear arquitectura, per bé que, generalment, sense saber-ho. Aquesta innocència i independència de la disciplina professional de l'arquitectura, és precisament el que converteix l'arquitectura del cinema en quelcom de tan subtil i revelador.

FENOMENOLOGIA NATURAL

"Tots els poetes i pintor naixen fenomenòlegs" diu J. H. van der Berg[20]. L'apropament fenomenològic de l'artista implica una mirada pura vers l'essència de les coses, alleugerida per la convenció o l'explicació intel·lectualitzada. Tots els artistes, inclosos els directors de cinema, són fenomenòlegs, en el sentit que presenten les coses com si fossin vistos per primera vegada per l'observació humana. L'arquitectura torna a mitologitzar l'espai i li retorna la seva essència panteística i animista. La poesia

[Grégory Leborgne / Memoires vives]

NATURAL PHENOMENOLOGY
'All poets and painters are born phenomenologists,' argues J.H. van der Berg.[20] The phenomenological approach of the artist implies a pure looking at the essence of things, unburdened by convention or intellectualized explanation. All artists, including film directors, are phenomenologists in the sense that they present things as if they were objects of human observation for the first time. Architecture re-mythologizes space and gives back its pantheistic and animistic essence. Poetry returns the reader back to the oral reality, in which words are still seeking their meanings. Art articulates the boundary surface between the mind and the world. 'How would the painter or poet express anything other than his encounter with the world'[21], Maurice Merleau-Ponty writes. How could the architect or film director do otherwise, we might likewise ask.

We have to acknowledge that all artists — writers, painters, photographers, dancers and film directors — unknowingly step into the territory of architecture as they create the context of the event, which they are depicting, and define its setting. The urban scenes, buildings and rooms, projected by artists, are experientially real. 'He [the painter] makes them [houses], that is, he creates an imaginary house on the canvas and not a sign of a house. And the house, which thus appears preserves all the ambiguity of real houses'[22], as Jean-Paul Sartre perceptively states.

A great writer turns his/her reader into an architect, who keeps erecting rooms, buildings and entire cities in his imagination, as the story progresses. Dostoievsky's *Crime and Punishment* makes the reader construct the gloomy room of Roskolnikov's terrifying double murder and, eventually, the entire endless expanses of St.Petersburg. The reader constructs the spaces and structures of Dostoyevsky's literary masterpiece in the cavities of his own mind. These images of places, created by the reader, are not detached retinal images, they are experiences of embodied and lived space. These spaces have their specific temperature and odor, we can sense the texture and echo of these walls. The Impressionist paintings project sensations of temperature, air movement, moisture, sound and smell. Exactly this extraordinary activation of the imagination is the invaluable function of literature and all art, contrary to the images produced by today's consciousness industry, which are experienced passively and externally.

retrotreu el lector de la realitat oral, en la qual les paraules encara estaven cercant la seva significació. L'art vertebra l'espai fronterer entre la ment i el món. "Quina altra cosa podria expressar el pintor o el poeta que no fos el seu encontre amb el món?" [21], escriu Maurice Merleau-Ponty. També ens podríem preguntar quina altra cosa podria expressar l'arquitecte o el director de cinema.

Hem de reconèixer que tots els artistes —escriptors, pintors, fotògrafs, ballarins i directors de cinema— s'introdueixen sense saber-ho en el territori de l'arquitectura quan creen el context de l'esdeveniment que estan representant i defineixen el seu escenari. Les escenes urbanes, els edificis i les habitacions, projectades per artistes, són reals en tant que experiències. "Ell [el pintor] les fa [les cases], la qual cosa representa que crea una casa imaginària sobre el llenç i no el signe d'una casa. I la casa que llavors apareix preserva tota l'ambigüitat de les cases reals"[22], tal com assegura de manera clarivident Jean-Paul Sartre.

Un gran escriptor converteix el seu lector/lectora en un arquitecte, que contínuament alça habitacions, edificis i ciutats senceres en la seva imaginació, mentre va avançant la història. *Crim i càstig* de Dostoievsky aconsegueix que el lector edifiqui l'obscura habitació de l'aterrador doble assassinat de Roskolnikov i, eventualment, la completa i infinita expansió de Sant Petersburg. El lector construeix espais i estructures de l'obra mestra de la literatura de Dostoievsky en les cavitats de la seva pròpia ment. Aquestes imatges de llocs, creades pel lector, no estan desconnectades de les imatges retinals, sinó que són experiències d'espais corporitzats i viscuts. Aquests espais tenen la seva atmosfera i olor específics, en podem sentir la seva textura i l'eco de les seves parets. Les pintures impressionistes projecten sensacions de temperatura, de moviment de l'aire, d'humitat, de so i d'aroma. És exactament aquesta extraordinària activació de la imaginació la funció inestimable de la literatura i de totes les arts, contràries a les imatges produïdes per l'actual indústria de la consciència, que es viu d'una manera passiva i externa.

LES REALITATS DE LA IMATGE I DE LA IMAGINACIÓ

L'essència de l'espai arquitectònic, determinat per l'artista, està lliure de requeriments funcionals, de restriccions tècniques i de les limitacions dels convencionalismes professionals dels arquitectes. L'arquitectura concebuda pels artistes és un reflex directe de les imatges mentals, dels records i dels somnis; l'artista crea una arquitectura de la

[Jonathan Hodgson / *The man with beautiful eyes*]

THE REALITIES OF IMAGE AND IMAGINATION
The essence of architectural space, as determined by the artist, is free of the functional requirements, technical restrictions and limitations of the professional conventions of architects. The architecture conceived by artists is a direct reflection of mental images, memories and dreams; the artist creates an architecture of the mind and the memory. Yet, even the works of architects, built in matter, obtain their psychic content and echo from the very same existential experiences and images accumulated in our mental constitution. Even architecture constructed of matter is able to affect our souls only in case it succeeds to touch the datum of forgotten memories and feelings.
Imagination is usually attached to the specific creative capacity of the artist, but more importantly, the faculty of imagination is the foundation of our very mental existence, as well as of our way of dealing with stimuli and information. The affinity, or sameness of the external and internal experience is, of course, self-evident for any genuine artist without any scientific proof. The artists have always known, that the encountered, remembered and imagined are equal experiences in our consciousness; we may be equally moved through something evoked by the imagined as by the actually encountered. Art creates images and emotions that are equally true as the actual situations of life. Many of us can never mourn our personal tragedy with the intensity we suffer the fate of the fictitious characters of literature, theatre and film, distilled through the existential experience of a great artist. Fundamentally, in a work of art we encounter ourselves and our own being-in-the-world in an intensified manner. Art offers us alternative identities and life situations, and this is the great task of art. Great art gives us the possibility of experiencing our very existence through the existential experience of some of the most refined individuals of the humankind. J.P.

ment i de la memòria. Així mateix, fins i tot els treballs dels arquitectes construïts en matèria pouen el seu contingut i ressò psíquic en les experiències existencials i en les imatges acumulades en la nostra constitució mental. Aquesta arquitectura formada de material és susceptible d'afectar els nostres esperits, però només en el cas en què aconsegueixi mobilitzar l'exploració dels records i dels sentiments oblidats.
En general, la imaginació va lligada a la capacitat creativa específica de l'artista, per bé que la facultat d'imaginar és fonamentalment la base tant de la nostra existència mental com del nostre mode d'enfrontar-nos als estímuls i a la informació. L'afinitat —o la igualtat— de l'experiència externa i interna és, així doncs, evident per a qualsevol artista genuí, sense necessitar cap mena de prova científica.
Els artistes sempre han sabut que allò trobat, recordat i imaginat, són experiències equivalents en la nostra consciència; així, ens podem emocionar tant amb una evocació de la imaginació com per un encontre real. L'art crea imatges i emocions que son veritats equivalents a les situacions reals de la vida. Molts de nosaltres no podem deixar el dol de la nostra pròpia tragèdia davant la intensitat amb què patim el destí de personatges ficticis de la literatura, del teatre o del cinema, destil·lats a través l'experiència existencial d'un gran artista. Essencialment, en una obra d'art ens trobem a nosaltres mateixos i al nostre estar-en-el-món d'una manera intensificada. L'art ens brinda identitats i situacions alternatives: és la seva gran labor. El gran art ens dóna la possibilitat d'experimentar la nostra existència a través l'experiència existencial d'alguna de les més refinades persones de la humanitat. J.P.

[Jonathan Hodgson / The man with beautiful eyes]

NOTES

1 — The metaphor of 'frozen music' is usually attributed to J.W. Goethe, but it was coined by Friedrich Schelling in his book *Philosophy of Art* (1802) The adjective used by Schelling 'erstarrt' can be translated as 'petrified', 'solidified', or 'stiffened'. The adjective of Goethe's later formulation 'verstummt' translates as 'faded away' or 'muted'.

2 — Andrei Tarkovsky, *Sculpting in Time – Reflections on the cinema*, The Bodley Head, London 1986, p.110.

3 — Georges Duhamel, *Scènes de la vie future*, Paris 1930, 52. Quoted in Walter Benjamin, 'The Work of Art in the Age of Mechanical Reproduction,' *Illuminations* (ed. Hannah Arendt), Schocken Books, New York 1968, p.238.

4 — Benjamin, *op. cit.*, p.239.

5 — A thorough study of the multiplicity of the image is: Jacques Aumont, *The Image*, British Film Institute, London, 1994. The emphasis of the book is on the cinematic image.
I cannot, however, accept Aumont's view that the meaning of the image is tied to verbalized meaning:'For our purposes it will suffice to say that the image has [such] an important symbolic dimension because it is able to signify, although always in relation to natural, that is to say, verbal language.'(188)
Only a fraction of images received or produced by our nervous system, having an influence on our behaviour and emotional state finds a verbal correspondance in our consciousness. We react to images before we understand them.

6 — The photographer's (played by John Malkovich) line in Michelangelo Antonioni's *Par Delà des Nuages* (Beyond the Clouds), 1994.

7 — The groundbreaking research by Frode J. Stromnes in Norway and Finland has revealed the seminal role of imagery and mental images in language and thought. See, Frode J. Stromnes, Antero Johansson, Erkki Hiltunen, *The Externalized Image*, Report No. 21/1982. Oy Yleisradio Ab, Helsinki 1982. The study surveys the differences in pictorial representation and utilisation of space correlating with differences in language structure in Ural-Altaic and Indo-European televised versions of Henrik Ibsen's play *The Wild Duck*. The study reveals that the unconsciously internalised linguistic structures condition spatial imagery.

8 — See, George Lakoff and Mark Johnson, *Metaphors We Live By*, The University of Chicago Press, Chicago and London 1980, and; George Lakoff and Mark Johnson, *Philosophy in the Flesh: The Embodied Mind and Its Challenge to Western Thought*, Basic Books, New York, 1999.

9 — Martin Heidegger, ' What Calls for Thinking?', *Basic Writings*, Harper&Row, New York 1977, 357.

10 — Tarkovsky, *op. cit.*, p.150.

11 — The dynamic and elusive nature of poetic imagery is well expressed by Gaston Bachelard: 'We

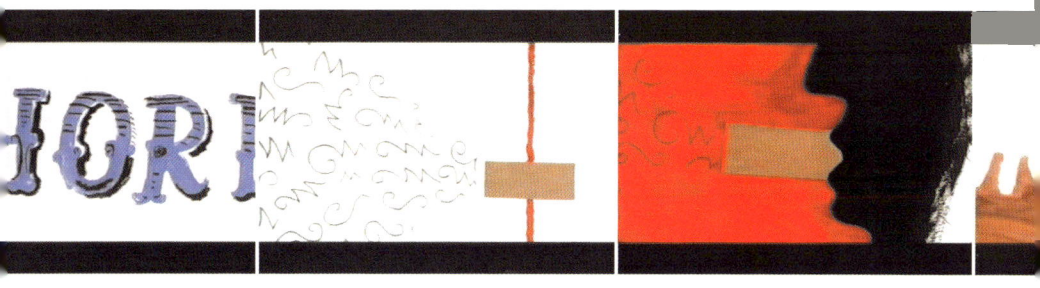

NOTES

1 — S'atribueix generalment la metàfora de la "música congelada" a J. W. Goethe, per bé que fou concebuda per Friedrich Schelling en el seu llibre *Philosophy of Art* (1802). L'adjectiu emprat per Schelling "erstarrt" pot ser traduït per "petrificada", "solidificada" o "endurida". L'adjectiu de la formulació posterior de Goethe, "verstummt" es tradueix per "esvaïda" o "debilitada".

2 — Andrei Tarkovsky, *Sculpting in Time – Reflections on the cinema*. The Bodley Head, Londres 1986, pàg.110.

3 — Georges Duhamel, *Scènes de la vie future*, Paris 1930, 52. Citat per Walter Benjamin en "The Work of Art in the Age of Mechanical Reproduction", *Illuminations* (ed. Hannah Arendt), Schocken Books, Nova York, 1968, pàg.238.

4 — Benjamin, *op. cit.*, pàg.239.

5 — Un extens estudi de la multiplicitat de la imatge és: Jacques Aumont, *The Image*, British Film Institute, Londres, 1994. L'èmfasi del llibre rau en la seva imatge cinemàtica.
No puc, tanmateix, acceptar la visió d'Aumont quan diu que el significat de la imatge va lligat amb el sentit verbalitzat. «Per als nostres propòsits, seria suficient dir que la imatge té una dimensió simbòlica de [tal] importància degut al fet que pot significar, per bé que sempre en relació a allò natural, és a dir, al llenguatge verbal" (188).
Només una fracció de les imatges rebudes o produïdes pel nostre sistema nerviós i que influeixen el nostre comportament o estat emocional, troba correspondència verbal en la nostra consciència. Reaccionem davant de les imatges molt abans d'entendre-les.

6 — Una línia del fotògraf (interpretat per John Malkovich) en *Par Delà les Nuages* (Més enllà dels núvols) de Michelangelo Antonioni, 1994.

7 — La revolucionària investigació de Frode J. Stromnes a Noruega i Finlàndia ha revelat el paper seminal de la imatgeria i les imatges mentals en el llenguatge i el pensament. Veure: Frode J. Stromnes, Antero Johansson, Erkki Hiltunen, *The Externalized Image*, Report No. 21/1982. Oy Yleisradio Ab, Helsinki 1982. L'estudi destaca les diferències en la representació pictòrica i la utilització de l'espai, correlacionant-les amb les diferències existents en les estructures del llenguatge de les versions televisades dels Urals altaics i indoeuropeus de l'obra de Henrik Ibsen *The Wild Duck*. L'estudi revela que les estructures lingüístiques interioritzades inconscientment condicionen la imatgeria espacial.

8 — Veure: George Lakoff y Mark Johnson, *Metaphors We Live By*, The University of Chicago Press, Chicago and London 1980; i George Lakoff i Mark Jonson, *Philosophy in the Flesh: The Embodied Mind and Its Challenge to Western Thought*, Basic Books, Nova York, NY, 1999.

9 — Martin Heidegger, "What Calls for Thinking?", *Basic Writings*, Harper&Row, Nova York 1977, p.357.

10 — Tarkovsky, *op. cit.*, pàg.150.

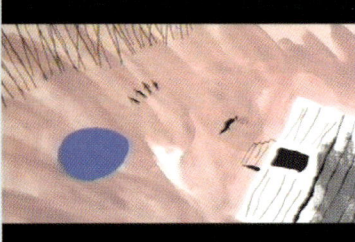

[Jonathan Hodgson / *The man with beautiful eyes*]

always think of imagination as the faculty that *forms* images. On the contrary it *deforms* what we perceive; it is, above all, the faculty that frees us from immediate images and *changes* them. If there is no change, or unexpected fusion of images, there is no imagination; there is no *imaginative* act. If the image that is *present* does not make us think of one that is *absent*, if an image does not determine an abundance – an explosion – of unusual images, then there is no imagination. ...The value of an image is measured by the extent of its i*maginary* aura... In human reverie, the world imagines itself.' (Italics by Bachelard). Gaston Bachelard, *Air and Dreams: An Essay On the Imagination of Movement*. The Dallas Institute of Humanities and Culture, Dallas, Texas 1988, 1, p.14.

12 — Rainer Maria Rilke, *The Notebooks of Malte Laurids Brigge* (translated by M.D. Herter Norton), WW Norton & Co, New York and London 1992, pp.26-27.

13 — Noël Arnaud, *L'état d'ébauche* in Bachelard, *The Poetics of Space*,Beacon Press, Boston 1969, 137.

14 — Calvino, *op. cit.*, p.124.

15 — 'When the poet joins several of these microcosms together the case is like that of painters when they assemble their colours on the canvas. One might think that he is composing a sentence, but this is only what it appears to be. He is creating an object... It is no longer a signification, but a substance... Emotion has become thing'. Jean-Paul Sartre, *What is Literature?*, Peter Smith, Gloucester, Mass. 1978, pp.10, 12 and 13.

16 — Benjamin, *op. cit.*, pp.217-251.

17 — Gilles Deleuze makes a similar remark as Benjamin concerning tactility concealed in vision: 'Sight discovers in itself a function of touching that belongs to it and to it alone and which is independent of its optical function'. Gilles Deleuze, *Logique de la Sensation*, Editions de la Difference, 1981, p.79.

18 — Contrary to Benjamin's view, also the quality of painting is based on the evocation of tactile experiences. Bernard Berenson suggests that when looking at a painting or sculpture, we are, in fact, experiencing genuine physical feelings. He calls the feelings 'ideated sensations': (...) whenever a visual representation is recognized as a work of art and not as a mere artifact, no matter how elaborate, smart, and starling, it has tactile values.' B. Rerenson, *Aesthetics and History*. Pantheon, New York 1948, pp.66-70.

19 — Karsten Harries, 'Building and the terror of time', *Perspecta, The Yale Architectural Journal*, New Haven 1982, pp.59-69.

20 — J.H. van den Berg, *The Phenomenological Approach in Psychology*. Charles C. Thomas, Springfield, Illinois 1955, p.61. As quoted in Bachelard, *The Poetics of Space*, XXIV.

21 — Maurice Merleu-Ponty, *Signs*, as quoted in Richard Kearney, "Maurice Merleau-Ponty', *Modern Movements in European Philosophy*, Manchester University Press, Manchester and New New York 1994, p.82.

22 — Sartre, *op. cit.*, p.4.

[78 / Juhani Pallasmaa / The lived image]

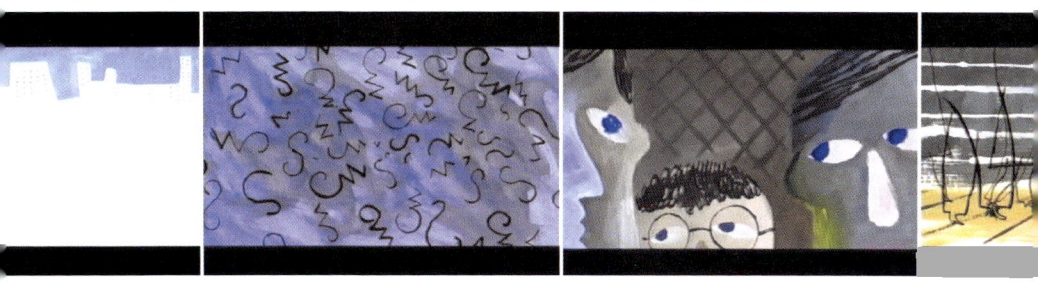

11 — La naturalesa dinàmica i al·lusiva a la imateria poètica està ben expressada per Gaston Bachelard: "Sempre pensem en la imaginació com sent una facultat de *formar* imatges. Al contrari, ella *deforma* allò que percebem, i això significa, sobretot, la facultat d'alliberar-nos de les imatges immediates i de *canviar-les*. Si no es produeix aquest canvi o la fusió d'imatges inesperades, no hi ha acte *imaginatiu*. Si la imatge que es presenta no ens fa pensar en quelcom d'absent, si la imatge no ens determina una abundor, una explosió d'imatges inusuals, llavors és que no hi ha imaginació... El valor de la imatge es mesura en l'extensió de la seva aura *imaginària*... En els somieigs humans, el món s'imagina a si mateix" (les cursives són de l'autor). Gaston Bachelard, *Air and Dreams: An Essay On the Imagination of Movement*, The Dallas Institute of Humanities and Culture, Dallas, Texas, 1988, 1, pàg.14.

12 — Rainer Maria Rilke, *The Notebooks of Malte Laurids Brigge* (traducido al inglés por M.D. Herter Norton), WW Norton & Co, Nova York i Londres 1992, pàgs.26-27.

13 — Noël Arnaud, *L'état d'ébauche* en Bachelard, *The Poetics of Space*, Beacon Press, Boston 1969, 137.

14 — Calvino, *op. cit.*, pàg.124.

15 — "Quan el poeta comparteix més d'un d'aquests microcosmos, és com quan els pintors ajunten els colors sobre el llenç. Hom podria pensar que està component una frase, però tan sols és la seva apariència. Està creant un objecte Jo no és una significació, sinó una substància... L'emoció s'ha tornat cosa" Jean-Paul Sartre, *What is Literature?*, Meter Smith, Gloucester, Mass, 1978, pp.10,12 y 13.

16 — Benjamin, *op. cit.*, pàgs.217-251.

17 — Gilles Deleuze fa un comentari semblant al de Benjamin en relació a allò que hi ha de tàctil i d'obscur en la visió. "La mirada descobreix en si mateixa una funció de tocar que li pertany —només a ella— i que és independent de les seves funcions òptiques". Gilles Deleuze, *Logique de la Sensation*, Editions de la Différence, 1981, pàg.79.

18 — Al contrari de la visió de Benjamin, la qualitat de la pintura també està basada en l'evocació d'experiències tàctils. Bernard Berenson suggereix que, en mirar una pintura o una escultura estem, en realitat, experimentant sentiments genuïnament físics. A aquestes sensacions, les anomena "sensacions ideades": (...) "sempre que una representació visual es reconegui com a obra d'art i no com a senzill artefacte, sense tenir en compte la seva elaboració, elegància o lluminositat, llavors és que té valors tàctils". B. Berenson, *Aesthetics and History*, Panteón, Nova York 1948, pàgs.66-70.

19 — Karsten Harries, "Building and the terror of time", *Perfecta, The Yale Architectural Journal*, New Haven 1982, pàgs.59-69.

20 — J.H. van den Berg, *The Phenomenological Approach in Psychology*, Charles C. Thomas, Springfield, Illinois 1955, pàg.61. Citat a Bachelard, *The Poetics of Space*, XXIV.

21 — Maurice Merleau-Ponty, *Signs*, citat a Richard Kearney, "Maurice Merleau-Ponty", *Modern Movements in European Philosophy*, Manchester University Press, Manchester i Nova York 1994, p.82.

22 — Sartre, *op. cit.*, pàg.4.

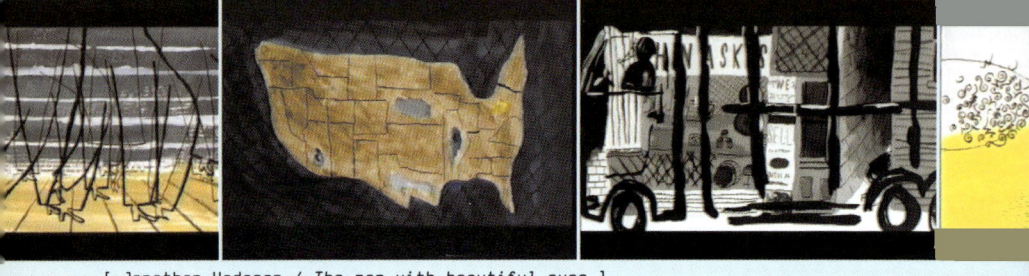

[Jonathan Hodgson / *The man with beautiful eyes*]

Synthetic images:
artistic exploration, simulation and animation

A text by
Maria Grazia Mattei

Maria Grazia Mattei is an expert in new telecommunications technology. In 1995, she founded MGM Digital Communication, a research centre for the promotion of digital culture. She has conceived and curated several events related to art, technology and communications. She has also been a jury member for international events, such as Milia and Imagina. She is also a member of the International Siggraph Committee, USA.

Imatges sintètiques:
exploració artística, simulació i animació

Un text de
Maria Grazia Mattei

Maria Grazia Mattei és experta en telecomunicacions. L'any 1985, fundà MGM Digital Communication, un centre d'investigació per a la difusió de la cultura digital. Ha concebut i comissariat nombroses activitats relacionades amb l'art, la tecnologia i les comunicacions. Així mateix, ha estat membre del jurat d'esdeveniments internacionals tals com Milia i Imagina. És membre del Comitè Internacional Siggraph (EUA).

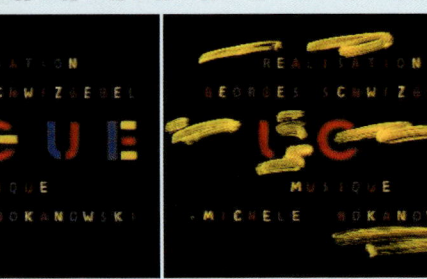

[Georges Schwizgebel / *Fugue*]

Animated images, generated by computer to simulate reality or to represent a new imagery, the final frontier in the world of animation, is slightly over thirty years old. However, in the course of this brief period, a true revolution has taken place within the world of representation, comparable in certain aspects to the discovery of photography itself. Not only is it now possible to represent reality, at the same time it is possible to go beyond that, employing a disconcerting degree of realism due to the fact that the objects described by computer are truly three-dimensional representations. And in this case also, as occurred with photography, we are witnessing an unstoppable expansion of the technique in all fields of communication, from films to television, while at the same time an original language is also being defined, different from cinematographic language or any other form of expression, and which is increasingly influencing our tastes.

The history of computer-assisted design got off the ground in 1962 at the American company Boeing. William Fetter, a computer engineer working for the company, was the first to realise the importance that the new medium, the computer, was going to have in the world of visual representation. As an aeronautics design company, Boeing was interested in experimenting with a technology that would allow them to scientifically visualise a series of calculations, one that would, therefore, "simulate" a project in a scientifically correct way. The first image elaborated by Fetter was of two pilots in the control cabin. Strangely enough, a few years later in 1968, this image ended up in one of the most important exhibitions dedicated to the recently created Digital Art: "Cybernetic Serendipity", organised by Jasia Reichardt at the Museum of Contemporary Art in London, and was exhibited alongside works of classical artists such as Jean Tinguély or technologists, such as the acknowledged father of international video art, Nam June Paik, as well as the first computer generated images, both static and animated, produced by those who are now considered the true pioneers of *Digital Art*, from Michaell Noll to Ken Knowlton, Larry Cuba and John Whitney Sr.

In this period the debate about the relationship between Art, Science and Technology, which began in the fifties as a consequence of the interest in a new discipline called Cybernetics, received a major boost through the impact of the new computer technologies on the market and the use of the computer itself as an instrument for visualisation. In those same years there a development of artistic currents also took place, such as

Les imatges animades, generades per ordinador per tal de simular la realitat o per representar un nou imaginari, última frontera en el món de l'animació, encara no tenen trenta anys. Tanmateix, en el transcurs d'aquest breu període, en el món de la representació s'ha produït una vertadera revolució, comparable en alguns aspectes a el que ha passat amb el descobriment de la fotografia: no només és possible representar la realitat, sinó que al mateix temps és pot anar més enllà, amb un grau de realisme desconcertant provinent del fet que els objectes descrits per ordinador són representacions veritablement tridimensionals. I també en aquest cas, com ha passat amb la fotografia, assistim a una expansió imparable d'aquesta tècnica en tots els camps de la comunicació, del cinema a la televisió, i que alhora, es defineix com un llenguatge original, diferent del cinematogràfic o de qualsevol altra forma expressiva, que influeix cada cop més sobre els nostres gustos.

La història del disseny assistit per ordinador s'inicia el 1962 en la companyia americana Boeing. William Fetter, enginyer informàtic que treballava per a la companyia, fou el primer en adonar-se de la importància que el nou mitjà, l'ordinador, tindria en el món de la representació visual. Com a companyia de disseny aeronàutic, la Boeing estava interessada en experimentar amb una tecnologia que li permetés visualitzar científicament una sèrie de càlculs que "simulessin" un projecte de forma correcta i científica. La primera imatge elaborada per Fetter fou la de dos pilots en la cabina de comandament. Curiosament, aquesta imatge va acabar uns anys més tard, el 1968, en una de les exposicions més importants dedicades al recentment nascut Art Digital: "Cybernetic Serendipity", organitzada per Jasia Reichardt en el Museu d'Art Contemporani de Londres, que exposava, junt amb les obres d'artistes clàssics com Jean Tinguély, o tecnològics com el pare reconegut del videoart internacional Nam June Paik, les primeres imatges tant estàtiques com animades creades per ordinador, produïdes per aquells que a hores d'ara són considerats els veritables pioners de l'Art Digital: de Michaell Noll a Ken Knowlton, a Larry Cuba, a John Whitney Sr.

Durant aquest període, el debat sobre la relació entre Art, Ciència i Tecnologia, que començà els anys cinquanta com a conseqüència de l'interès per aquesta nova disciplina que era la Cibernètica, estava rebent un fort impuls provinent de l'impacte que les noves tecnologies informàtiques tenien en el mercat, i de l'ús de l'ordinador com a instrument de visualització. A més, en el curs d'aquests anys es desenvoluparen uns corrents artístics com ara Fluxus, el moviment nascut a Alemanya i difós als Estats

[83 / Maria Grazia Mattei / Imatges sintètiques]

[Georges Schwizgebel / *Fugue*]

Fluxus, a movement that came into being in Germany and spread to the United States through the performances of artists such as Yoko Ono or Vostell, who proposed to turn the rules of official art upside down and debunk the world of the media (above all television) by inventing new expressive linguistic codes. The Fluxus artists distorted the analogue image of the small screen with rudimentary devices, they treated and manipulated it using handicraft methods, creating a style that would be fully developed later using more sophisticated technologies such as computers.
By the end of the fifties *Programming Art* had also come into being, theorising about the new modalities of artistic creation based on the concept of the democratisation of art, with its redefinition of the role of artist and spectator it proposed dynamic works put together on a mathematical base and, in their own way, interactive with the public. This movement had a significant influence, throughout the sixties, in the research of those that experimented with computers as a technique of visual representation.
The first computer generated animation was the work of Edward E. Zajac, in 1963 for Bell Telephone Labs, the New Jersey telephone company. It simulated the movement of a satellite around the Earth, with a clock counting off the orbits. This caused a sensation, above all because by then there was a sense of the development of computers as instruments for scientific visualisation. In effect, this aspect had become one of the most interesting and innovative fields of application of synthetic animated images.
In the first decade of computer-assisted design computer technicians and engineers worked in close collaboration with artists from the world of the visual arts, such as Lillian Schwartz, a painter and well known figure on the alternative New York scene, or Vera Molnár, the female exponent of the Parisian *Programming Art* group, Grav. It was no accident that Ken Knowlton, who together with Ken Harmon was commissioned in 1967 to create a mural for the Bell Telephone offices, should think of producing something "in the idiom of a modern art", i.e. computer art. Knowlton created a mural, over three metres in length, using alphanumeric characters, thus showing the way forward for a series of visual investigations based on the rules of perception: textures, depth effects and movement by means of expressly designed software. The new grammar of the synthesis of images was beginning to take shape. "It is possible to experience new visual forms... The computer allows for an exploration of certain

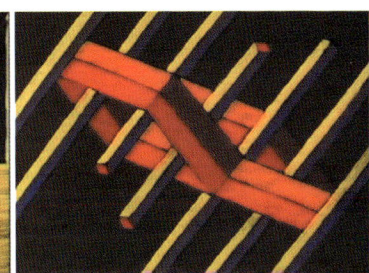

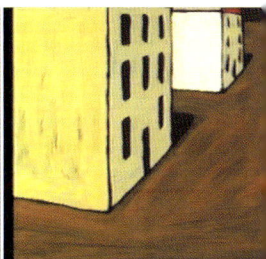

Units a través d'intervencions d'artistes com Yoko Ono o Vostell, que s'havia proposat embogir les regles de l'art oficial i desmitificar el món dels mitjans de comunicació (sobretot la televisió), inventant uns nous codis lingüístics expressius.
Els artistes de Fluxus distorsionaven amb dispositius rudimentaris la imatge de la petita pantalla, la tractaven i manipulaven de manera artesana, creant així un estil que més tard trobaria el seu ple desenvolupament en tecnologies més sofisticades com ara la informàtica.
Cap a la fi dels anys cinquanta nasqué també el *Programming Art*, que en teoritzar sobre les noves modalitats de la creació artística basades en el concepte de democratització de l'art, amb la redefinició del paper de l'artista i de l'espectador, proposava obres construïdes matemàticament, dinàmiques, a la seva manera interactives amb el públic. Tot al llarg dels anys seixanta, aquest moviment va influir en gran manera les investigacions d'aquells que experimentaven amb la informàtica com a tècnica de representació visual.
La primera animació creada per ordinador va ser realitzada el 1963 per Edward E. Zajac per a Bell Telephone Labs, la companyia telefònica de Nova Jersey. Simulava el moviment d'un satèl·lit al voltant de la Terra. Un rellotge en contava les òrbites. Va causar sensació, sobretot perquè ja llavors s'intuïa el desenvolupament de la informàtica com a instrument de visualització científica. I, en efecte, ja ha quedat com un dels camps d'aplicació més interessants i innovadors de les imatges animades de síntesi.
En la primera dècada del disseny assistit per ordinador, enginyers i informàtics treballaven plegats amb artistes provinents de l'art visual, tal com Lillian Schwarts, pintora i personatge de renom en l'escena alternativa novaiorquesa, o Vera Molnár, exponent femení del *Programming Art* del grup parisenc Grav. No fou una casualitat el fet que Ken Knowlton, que junt amb Ken Harmon varen rebre l'any 1967 l'encàrrec de crear un mural per als despatxos de Bell Telephone, pensés en produir quelcom "en l'idioma d'un art modern", és a dir, l'informàtic. Knowlton va realitzar un mural de més de tres metres de llargària utilitzant caràcters alfanumèrics, i obrí així el camí a un seguit d'investigacions visuals fundades en les regles de la percepció: textures, efectes de profunditat i de moviment mitjançant software expressament elaborat. Començava a prendre forma la nova gramàtica de les imatges de síntesi. "És possible d'experimentar noves formes visuals... L'ordinador permet d'explorar alguns aspectes nous de la

[Georges Schwizgebel / *Fugue*]

new aspects of human perception", wrote Knowlton, who often collaborated with artists such as Lillian Schwartz. In this period the bases of man-machine interaction were also founded, either through technological innovation (the famous studies by Ivan Sutherland, the well known computer technician who refined the development of interface systems such as the optical pencil or the first Virtual Reality Headset) or through research of a more cultural kind. The Computer Technic Group, for example, was active in Japan during those years, with a series of interactive installations such as "Computer painting machine N1", which allowed the public to create a synthetic image on a giant screen just by moving around within the space of the gallery.

The first decade was characterised by a strong current of aesthetic linguistic experimentation, developed alongside technological evolution and, as opposed to what happened in the eighties, technicians and artists dedicated themselves equally to the original writing of the programmes. In this period it is difficult to trace the line that separated computer-assisted design developed for industrial or scientific ends from that which was designed for aesthetic ends. One of the most active centres in the field of computer-assisted design and computer animated films was the Art Department of Ohio State University, which in 1970 celebrated its centenary with an exhibition dedicated to interactive audiovisual systems. Charles Csuri, one of the most active defenders of expressive research with computers, and one of the first to develop animation programmes, was the driving force behind this exhibition. As in the later case of Peter Földes in Canada, by the early seventies Csuri was already concentrating on animation techniques such as interpolation, the transforming of one image into another: still famous is his *Hummingbird* (1968), the transformation of a chaotic drawing into a hummingbird, the first morphing in history. Yet Csuri was also busy with the aspect of three-dimensional computer-assisted animation, which at that time had begun to interest the world of science and industry as well as the communications sector.

Computer animation techniques have passed through many phases. In the seventies a series of recordings were made by Bell Telephone, initially using microfilm techniques. The language was Fortran, yet Beflix (Bell Flicks) was to become the best known in this field. It was a programme written by Ken Knowlton to generate images in Mosaic by means of a series of points in different gradations of greys, calculating numbers

percepció humana", va declarar Knowlton, que col·laborà sovint amb artistes com Lillian Schwartz. També va ser en aquest període que es fundaren les bases d'interacció persona-màquina, ja fos a través de la innovació tecnològica (són famosos els estudis d'Ivan Sutherland, l'informàtic de renom que va posar a punt sistemes d'interfases com el llapis òptic o el primer casc de Realitat Virtual), o bé a través d'una investigació més cultural. Al Japó, per exemple, en aquells moments estava actuant el Computer Technic Group, que realitzà una sèrie d'instal·lacions interactives com ara la "Computer painting machine N1", que permetia al públic crear una imatge sintètica en gran pantalla, movent-se simplement per l'espai de la galeria.

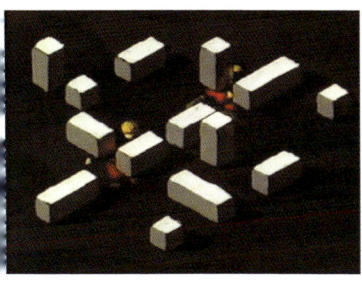

El primer decenni es caracteritzà per un fort corrent d'experimentació lingüística estètica, desenvolupada en paral·lel amb l'evolució tecnològica; i, contràriament a allò que succeïa als anys vuitanta, tècnics i artistes es dedicaren de la mateixa manera a l'escriptura original dels programes. Es fa difícil traçar en aquest període una línia divisòria entre el disseny assistit per ordinador desenvolupat per a finalituts industrials o científiques i aquell altre disseny creat per a finalitats estètiques. Un dels centres més actius en el camp del disseny assistit per ordinador i de les pel·lícules animades amb ordinador, ha estat també el Departament d'Art de la Ohio State University, que el 1970 celebrava el seu centenari amb una exposició dedicada als sistemes interactius audiovisuals. L'artífex d'aquest esdeveniment fou Charles Csuri, un dels defensors més actius de la investigació expressiva amb ordinador i un dels primers en dur a terme programes d'animació. Com passà anys més tard al Canadà amb Peter Földes, Csuri es concentrà, ja als principis dels anys setanta, en tècniques d'animació com la interpolació, la transformació d'un signe en un altre, d'una imatge en una altra: encara ara és famós el seu *Hummingbird*, 1968, transformació d'un dibuix caòtic en un colibrí, primer *morphing* de la història. Tot i això, Csuri estava també ocupat en la vessant de l'animació assistida per ordinador tridimensional, que en aquells anys ja començava a interessar tant el món científic i industrial com el de la comunicació.

Les tècniques d'animació per ordinador han passat per diferents etapes. En els anys setanta, utilitzant inicialment la tècnica del microfilm, es realitzà per a Bell Telephone una sèrie de gravacions. El llenguatge de Fortran però, es convertí en el més famós en el camp Beflix (Bell Flicks), un programa escrit per Ken Knowlton que generava imatges en mosaics mitjançant un seguit de punts de diferents gradacions de gris,

[Georges Schwizgebel / *Fugue*]

from 0 to 7 that indicated the intensity of the light. Beflix was not based on a complex mathematical language; it could do operations that might even have been done manually, yet it allowed images to be modified and handled more rapidly. A film using Beflix costed an average of 500 dollars per minute. Using this software Ken Knowlton and Stan Vanderbeek made a dozen experimental films, characterised by their pulsating colours and cascades of rapidly mutating points. One of these, *The Man and His World*, was shown at the Montreal Expo in 1967.

All of the synthetic images from those years came into being as a translation of man's creativity in computerised terms (through instructions given to a computer). Thus Michael Noll, a computer engineer and the author of the first stereoscopic films constructed on the basis of mathematical rules, reinterpreted the art of Mondrian with his computer and directed research into both static and animated images, often underlining how computerisation could be seen as a technology that allowed for results to be obtained that were comparable to the experiences of *Programming Art* and *Op Art* or, in any case, all of those experiences that were based on mathematical language. In the meantime, authors such as Bela Julez applied themselves to the study of perception, making a series of films based on "noises" generated by the *random* functioning of the computer. Others, for example Larry Cuba, engaged in precise studies, experimenting in the movement of abstract forms. Audiovisual rhythm, one of the most interesting veins produced by the artistic *avant-gardes* of the 20th century, encountered a new impulse in these computerised writings — in which sign, rhythm and sound are found in the search for digital harmony.

Although figurative exercises were also being produced, the scene was dominated by abstract tendencies. John Whitney Sr. was the acknowledged father of this tendency. His research followed in the path of *avant-garde* experiments from the turn of the century, with their desire to achieve Total Art, in which shape, colour and sound were harmonically expressed. His most significant work was *Arabesque* (1975), a rigorous and poetic study of the digital combination of signs, colours and music.

Stan Vanderbeek, the New York scene's eclectic director tested his hand with a series of abstract, musical films under the tile *Poemfield* (1964-1968); followed by *Moirage* (1966-1968) the first study on the illusion of three-dimensionality and finally, in 1979,

calculant números del 0 al 7 que indicaven la intensitat de la llum. Beflix no es basava en un llenguatge matemàtic complex; les seves operacions s'haguessin pogut seguir fins i tot manualment. Però permetia modificar les imatges, i manipular-les més de pressa. Amb Beflix, una pel·lícula costava una mitjana de 500 dòlars per minut. Ken Knowlton i Stan Vanderbeek realitzaren en aquest software una dotzena de pel·lícules experimentals, caracteritzades per colors polsants i cascades de punts que mudaven ràpidament. Un d'entre ells, *The Man and His World*, fou projectat durant l'exposició de Montreal el 1967.

Tota imatge sintètica d'aquells anys naix com a traducció de termes informàtics (mitjançant instruccions donades a l'ordinador) de la creativitat de l'ésser humà. Així, Michael Noll, enginyer informàtic, autor de les primeres pel·lícules estereoscòpiques construïdes sobre regles matemàtiques, reinterpreta amb la computadora l'art de Mondrian, i dirigeix investigacions sobre la imatge, tant si és estàtica com animada, subratllant sovint la manera en què la informàtica pot ser vista com una tecnologia que permet d'obtenir resultats comparables a les experiències del *Programming Art* i de l'Op Art, o en qualsevol cas, a totes les experiències basades en el llenguatge matemàtic. Mentrestant, autors com Bela Julez s'apliquen en l'estudi de la percepció, realitzant un seguit de pel·lícules basades en "sorolls" generats per la funció *random* de la computadora. D'altres, com ara Larry Cuba, experimenten, mitjançant estudis precisos, el moviment de formes abstractes. El ritme audiovisual, un dels filons més interessants produïts per les avantguardes artístiques del segle XX, troba en aquestes escriptures informàtiques —en les quals el signe, el ritme i el so estan a la recerca d'una harmonia digital— un nou impuls.

Tot i que també es produeixen exercicis figuratius, l'escena és dominada per les tendències abstractes. John Whitney Sr. és el pare reconegut d'aquesta tendència. La seva investigació segueix el camí de les experimentacions de les avantguardes de principi de segle, amb el seu anhel d'art total en què forma, color i so fossin expressats de manera harmònica. La seva obra més significativa és *Arabesque* (1975), un estudi rigorós i poètic sobre la combinació digital de signes, de colors i música. Per la seva banda, Stan Vanderbeek, director eclèctic de l'escena novaiorquesa, es posa a prova amb una sèrie de pel·lícules abstractes i musicals amb el títol de *Poemfield* (1964-1968); posteriorment *Moirage* (1966-1968) fou el primer estudi sobre la il·lusió de la tridimensionalitat, fins que finalment, l'any 1979, realitza *Euclidean*

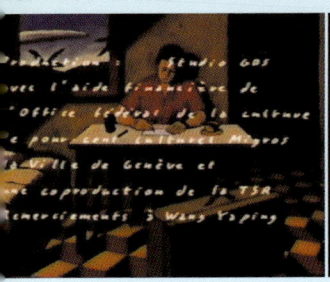

Piotr Sapegin
One day a man bought a house

[Georges Schwizgebel / *Fugue*]

he made *Euclidean Illusion*, a computer created fantasy that shows the infinite possibilities of the creative use of computerisation. Like Vanderbeek, the other main authors in those years developed a completely internal investigation of the trajectory of the new *avant-gardes*, which cannot be directly classified as animated film. However, the case of Peter Földes, a well-known figure in the world of independent animated film making, is different. He made two shorts for the ONF in Canada – *Metadata* (1971) and *La faim* (1974) – turning to computers with an interpolation programme, which he fine-tuned himself. However other computer animation procedures introduced abstraction into the figurative images themselves. *Sunstone* (1979) by Ed Emshwiller is a film of chromatic transformations and continuous variations. It used a dynamic animation programme that allowed for the tonal changing of colours and the simulation of weaves, allowing the director to vary these two surface attributes by simply varying the parameters. Through works such as these we are able to enter into the more conceptual field of computer animation, in which the technique used influences the artist, even in terms of the elaboration and development of his theme.

It was only during the seventies that a second aesthetic tendency, the search for realism, became linked to the above. Little by little, propelled forward by the computer industry (in 1976 Steve Wozniak and Steve Jobs founded Apple and Bill Gates founded Microsoft), the realist tendency became predominant. There are far more films with these stylistic characteristics than there are abstract films. The search for realism has its roots in the artistic context in general, but it was made possible by the manufacture of new systems that would allow for the modelling and animating of three-dimensional images on the screen. The functions of rendering and animation soon became standard functions proposed by all computer systems manufacturers, in this way indicating the start of the major spread of commercial exploitation techniques, which was to reach a maximum stage of development in the following decade.

In the first half of the eighties a notable increase was registered in the number of users. Research left the centres dedicated to experimenting and the major public and private laboratories that, in the United States at least, were particularly active in terms of technological development. The language of the images of synthesis became connected with the markets and democratised. Apple was partly responsible for this

Illusion, una fantasia creada per ordinador que demostra les infinites possibilitats d'ús creatiu de la informàtica. Igual que ell, els principals autors d'aquells anys desenvolupen una investigació totalment interna en el trajecte de les noves avantguardes, que no es pot classificar pròpiament de cinema d'animació. El cas de Peter Földes és diferent. Aquest famós personatge del món del cinema d'animació d'autor, realitza per a ONF al Canadà dos curtmetratges —*Metadata* (1971) i *La faim* (1974)—, recorrent a la informàtica amb un programa d'interpolació posat a punt per ell mateix. D'altres procediments d'animació per ordinador introdueixen, tanmateix, l'abstracció de les pròpies imatges figuratives. *Sunstone* (1979) d'Ed Emshwiller, és una pel·lícula de transformacions cromàtiques i variacions contínues. Empra un programa d'animació dinàmica que permet el viratge de colors i la simulació de les trames; el director pot variar aquests dos atributs de la superfície només canviant els paràmetres. Per tant, amb obres com aquestes, entrem en el camp més conceptual de l'animació per ordinador, en què la tècnica utilitzada influeix els artistes fins en l'elaboració i configuració del seu tema.

Fou a partir dels anys setanta que una segona tendència estètica es va unir a l'anterior: la recerca del realisme. De mica en mica, sota l'impuls de la indústria informàtica (el 1976 Steve Wozniak i Steve Jobs funden Apple i Bill Gates funda Microsoft) la tendència realista es transforma en la predominant. El nombre de pel·lícules que segueixen aquestes característiques d'estil supera de llarg el de pel·lícules abstractes. La recerca del realisme té les seves arrels en el context artístic general, per bé que la facilità la fabricació de nous sistemes que permeteren de modelar i animar imatges tridimensionals en la pantalla. Les funcions de *rendering* i d'animació es converteixen molt aviat en funcions estàndards proposades per tots els fabricants de sistemes informàtics i marquen, d'aquesta forma, l'inici d'una difusió més gran de les tècniques per a la seva explotació comercial, que tindria un desenvolupament màxim en el decenni posterior.

A mitjan anys vuitanta es registra un notable increment del nombre d'usuaris; la investigació prové dels centres dedicats a l'experimentació, dels grans laboratoris públics i privats, particularment actius sobretot als Estats Units, almenys des d'un punt de vista de desenvolupament tecnològic. El llenguatge de les imatges de síntesi connecta amb el mercat i es democratitza. En certa manera, Apple és l'artífex d'aquest progressiu apropament al públic; l'any 1984 surt del mercat amb Macintosh, mentre que l'any

[Piotr Sapegin / One day a man bought a house]

progressive coming closer to the public; in 1984 the Mac was released on the market, while the following year Commodore launched Amiga, a very flexible PC with high image quality. Amiga became a phenomenon, selling extensively among young people who discovered in this medium a simple, user friendly instrument, above all in comparison with the complexity of the first workstations (Jim Clark founded Silicon Graphics in 1982), or again software such as that which was proposed by Wavefront (1984) for the creation of three-dimensional effects.

Let us not forget that the youth public had, by this time, become used to the artificial images projected by videogames. In 1981 the pioneers Pac-Man, by Namco, and Donkey Kong and Mario, by Nintendo, soon became classics. The first videogames were solely two-dimensional, but proved to be an optimum laboratory for technical experimenting, and also served to spread the taste for such pastimes. On one hand this contributed to the growth of the PC market, while on the other it opened the doors to interactive digital production.

The world of three-dimensional computer animation advanced in parallel with the research done by computer laboratories, above all at the universities, concentrated on the fine-tuning of algorithms for animated representation. The definition of synthesis language, stage by stage, was chalked up: lights, shades, surfaces, natural elements... Siggraph, the world's largest trade fair in this sector, acted as a sounding board, monitoring the evolution of this language from both technical and expressive points of view. Siggraph was founded in 1974, in Boulder Colorado, for a restricted public of amateurs (600 as compared with the present figure of 40,000 from all around the world), under the auspices of the Institute of Technology of the University of New York, which also set up its own Computer Lab, directed by the pioneer Ed Catmull. At the same time Myron Krueger, an Artificial Reality researcher and theoretician, launched himself on the virtual world with "Videoplace", a digital interactive world that would serve as a prototype for the development of the most natural and intuitive man-machine interactivity of recent years. Siggraph registered an impressive growth in the eighties, when three-dimensional images represented mainly geometric shapes: spheres, abstract exercises in colour, light and movement. Year after year systems, programmes and algorithms were fine-tuned. Goals that appeared unachievable were

següent, Commodore llança Amiga, un ordinador personal molt flexible amb una qualitat d'imatge molt alta. Amiga es converteix en un fenomen de gran difusió entre els joves, que troben en aquest mitjà un instrument amigable, senzill, si se'l compara amb la complexitat de les primeres estacions de treball [*workstation*] (Jim Clark funda la Silicon Graphics el 1982) o a la del nou software, com el proposat per Wavefont (1984) per a la creació d'efectes tridimensionals.

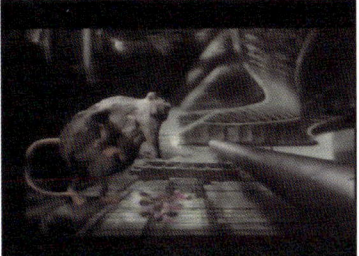

El públic jove, no ho hem d'oblidar, ja està habituat a la imatge artificial dels videojocs. L'any 1981 sorgeixen els pioners Pac-Man de Namco i Donkey Kong i Mario de Nintendo, que molt aviat es converteixen en uns clàssics. Els primers videojocs només són bidimensionals, tot i que es revelen com un òptim laboratori d'experimentació tècnica i de difusió del gust; això comporta per una banda el creixement del mercat dels ordinadors personals i de l'altra, obre les portes a la producció digital interactiva. El món de l'animació per ordinador tridimensional avança de forma paral·lela. La investigació dels laboratoris informàtics, sobretot els universitaris, es concentra en la posada a punt d'algoritmes per a la representació animada. S'apunta a la definició del llenguatge de síntesi, etapa rere etapa; llums, ombrejats, superfícies, elements naturals... Fa de caixa de ressonància Siggraph, la fira mundial més gran dedicada a aquest sector, que continua l'evolució d'aquest llenguatge des del punt de vista tecnològic i expressiu. Siggraph naix el 1974 a Boulder, Colorado, per a un públic restringit d'aficionats (600, davant dels actuals 40.000 procedents d'arreu del món) sota els auspicis de l'Institute of Technology de la Universitat de Nova York, que funda el seu Computer Lab dirigit pel pioner Ed Catmull; mentrestant, Myron Krueger, investigador i teòric de la Realitat Artificial, es llança al món virtual amb Videoplace, un món interactiu digital prototipus d'allò que serà el desenvolupament de la interacció persona-màquina més natural i intuïtiva d'aquests darrers temps. Siggraph enregistra un creixement impressionant els anys vuitanta, quan les imatges tridimensionals representen formes, especialment les geomètriques: esferes, exercicis abstractes sobre el color, sobre la llum i el moviment. Any rere any, es posen a punt sistemes, programes, algoritmes, s'apunten fites que semblaven inabastables: la representació de la naturalesa, del món animal i de l'ésser humà. S'enllesteix una gramàtica del nou sistema visual que involucra progressivament la publicitat, el cinema i el propi art. Les primeres animacions en 3D són en realitat proves que mostren els resultats obtinguts en investigacions específiques. Es tracta normalment de produccions molt breus,

[Piotr Sapegin / One day a man bought a house]

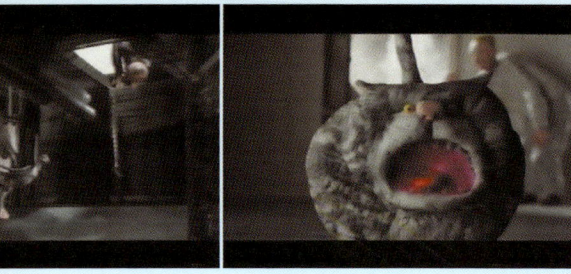

reached: the representation of nature, the world of animals and humans. A grammar of this new visual system was also fine tuned, and crept progressively into advertising, films and art itself.
The first 3D animations were, in reality, tests that demonstrated the results achieved by specific investigations. Normally they were cases of very brief shorts that required a lot of time and a large investment to shoot. In 1975 Benoit Mandelbrot presented himself at Siggraph, which was growing fast, with a book that was the fruit of twenty years of study, *A Theory of Fractal Sets*. His fractal calculations served to represent clouds and mountains, to sketch mountainous landscapes or intricate forests. The results of these investigations are shown in the first short from Pixar, at that time still a division of LucasFilm, *André and Wally B.* (1984), another product that did not aim to be an animated film as such, rather a final demonstration of the representative capacity of fractals.
At Siggraph it was also possible to find artists like John Whitney Sr., with his highly emotional abstract animations. Even Japan was quick to jump on the virtual bandwagon, with the simulation of the first synthesised animal which moved itself sinuously in a brief science fiction short (*Bio Sensor*, 1984). Yoichiro Kawaguchi, a well-known artist of archetypal worlds and primordial aquatic visions, in 1982 showed his animations, created using Metaballs a system that was based on morphological studies of nature, anticipating a seam of artificial reality that would be developed later, above all in the nineties. These were the years of Bob Abel, who amazed audiences with his marble tigers, which suddenly leapt of their pedestals, or with the famous, sensual and unsettling artificial creature, *Sexy Robot*. By 1985 Abel and his studio opened their doors to the world of advertising, which in the United States responded rapidly to the possibilities of the new medium. The first ads based on digital trickery began to appear, with their fast paced rhythms and sounds, and their disconcerting camera movements. Abel, the great artificer of synthetic images, worked on the fascination that these images exercised through their allusion to possible futures. An unprecedented vision was presented of a rather dreamlike reality, ambiguously oscillating between the naturalness of shapes in movement accompanied by an aspect that was clearly artificial. This represented the triumph of American graphics, although Europe,

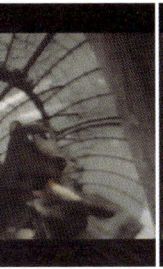

"curts" que precisen encara molt de temps per a realizar-se, així com importants inversions. L'any 1975, Benoit Mandelbrot s'apropa d'un Siggraph en creixement amb un llibre fruit de vint anys d'estudi, *A Theory of Fractal Sets*, i els seus càlculs fractals serveixen per representar núvols i muntanyes, per esbossar paisatges muntanyosos o boscos intricats. Els resultats d'aquestes investigacions apareixen en el primer curtmetratge de Pixar, llavors encara una divisió de LucasFilm: *André and Wally B.* (1984), un dels altres productes que no pretén tant ser un dibuix animat com la demostració final de la capacitat representativa dels fractals.

A Siggraph hi ha també artistes com John Whitney Sr., amb les seves animacions abstractes d'un gran impacte emotiu. Fins i tot el Japó s'endinsa molt aviat en l'escena virtual, amb la simulació del primer animal de síntesi que es mou, sinuós, en una breu ciència-ficció (*Bio Sensor*, 1984). Yoichiro Kawaguchi, cèlebre artista de mons arquetípics i de visions aquàtiques primordials, mostra el 1982 les seves animacions creades amb Metaballes, un sistema basat en estudis morfològics de la naturalesa, anticipant així un filó que s'aniria desenvolupant sobretot a partir dels anys noranta, el de la vida artificial. Són els anys de Bob Abel, que deixa estupefacte el públic amb els seus lleons de marbre que de sobte salten dels seus pedestals, o amb la famosa *Sexy Robot*, sensual i inquietant criatura artificial. Ja l'any 1985, Abel obre les portes al món de la publicitat amb el seu estudi, a la qual cosa els Estats Units responen d'immediat a favor dels suggeriments del nou mitjà. Apareixen els primers anuncis amb trucs digitals, en un ritme trepidant d'imatges i de sons, i amb uns moviments de càmera desconcertants. Abel, gran artífex de l'imaginari de síntesi, juga amb la fascinació que aquestes imatges exerceixen amb la seva al·lusió a un futur possible. Es presenta una visió inèdita de la realitat, una mica onírica, que oscil·la de manera ambigua entre la naturalitat de formes en moviment i un senyal clarament artificial. És el triomf del grafisme americà, per bé que molt aviat Europa, i sobretot França, respon amb una sèrie d'empreses d'una capacitat creativa semblant, de Thomson Digital Image a Fantôme, de BSCA a Ex Machina. A més, l'Institut National de l'Audiovisuel (INA) crea el 1982 el festival Imagina el qual, únic a Europa, desenvolupa l'important paper de fòrum sobre l'estat de l'art i de les tendències més inèdites de les noves imatges. El debat arriba fins a Itàlia.

Siggraph es manté tanmateix com la cita internacional més important per a tota la família dels informàtics, per als pioners de les primícies i per als nous valors. Entre

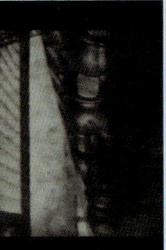

[Piotr Sapegin / One day a man bought a house]

and in particular France, soon responded with a series of equally capable and creative companies, from Thomson Digital Image to Fantôme, from BSCA to Ex Machina. Furthermore, in 1982, the Institut National de l'Audiovisuel (*INA*) created the Imagina Festival, the only one in Europe to play an important role as forum on the state of the art and the most unprecedented tendencies of the new images.

Yet Siggraph continued to be the major international event for the whole family of computer engineers and technicians, for both early pioneers and new stars. Outstanding among them were John Lasseter and Bill Kroyer, two major figures who have centred their work on the use of computers in the magical world of animated cartoons. John Lasseter's debut at Siggraph was with *Luxo Jr.* (1986), and from the very opening dialogues of the little lamp boy, a character that confronts a ball that is much bigger than he is, you can sense that an immense creative ability accompanied by a notable narrative capacity had already become condensed in these first computer animated sequences. If it had not been for the incredible scenographic depth and the impression of being right in there amongst the objects, which only three-dimensional representation can give, it could have been thought that the characters had been born from the creative pen of a talented classical cartoonist. With this first short, produced by Pixar, John Lasseter, who had been trained in the Disney school, demonstrated that *character animation* could be perfectly achieved even using "cold" technologies, such as the computer. His work signposted a crucial moment in the history of computer-assisted design and animated cartoons: demonstrating that the time had finally arrived for the world to take a leap forward in the development of an art which, through him, had arrived at the frontiers of narrative fantasy, experimenting with techniques that were constantly new.

On the other hand the whole of Bill Kroyer's production, his debut in computer generated work came in 1980 with the creation of a number of sequences for *Tron* (1982), seems to have been inspired in a single principle, that of camouflaging the use of digital techniques in animated cartoons, i.e. moving the characters by relying on an effective blend of both computer and traditional techniques. The full length film *Ferngully, A Tale of the Rain Forest* (1990) is an example of this posture: an apparently traditional 2D animation hides the painstaking techniques and computerised manage-

aquests, John Lasseter i Bill Kroyer, dues excel·lents personalitats que se centren en l'ús de l'ordinador en el món màgic dels dibuixos animats. John Lasseter debutà precisament en Siggraph amb *Luxo Jr.* (1986) i des dels primers diàlegs de la petita làmpada-infant, personatge que s'enfronta amb una pilota més gran que ell, es pot intuir que en aquelles primeres seqüències animades per ordinador ja hi havia condensada una gran habilitat creativa i una notable capacitat narrativa. Si no fos per aquella increïble profunditat escenogràfica i per la sensació d'estar enmig dels objectes que només la representació tridimensional pot donar, els seus personatges semblarien sorgir del llapis d'un bon animador clàssic. Amb aquell primer curtmetratge produït per Pixar, Johan Lasseter, format a l'escola de Disney, demostrà que la *character animation* podia ser perfectament realitzada fins i tot amb tecnologies tan "fredes" com l'ordinador. El seu treball marcà un moment crucial en la història del disseny assistit per ordinador i dels dibuixos animats: demostrà que els temps per fi havien madurat suficientment per tal que el món donés un salt en l'evolució d'un art mitjançant el qual s'arribava a les fronteres de la fantasia narrativa, tot experimentant contínuament noves tècniques.

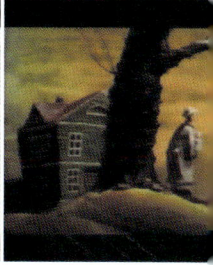

Amb tot, la producció completa de Bill Kroyer, que debutà amb l'ordinador el 1980 amb la creació d'algunes seqüències per a *Tron* (1982), sembla inspirar-se en un principi únic: amagar l'ús digital en els dibuixos animats, o sigui, moure els personatges tot recorrent a una bona mescla d'ordinador i de tècniques tradicionals. El llargmetratge *Ferngully, A Tale of the Rain Forest* (1990) és un exemple latent d'aquesta postura: al darrere d'una animació en 2D aparentment tradicional, hi ha acurades tècniques i solucions de gestió informàtica del moviment i de la perspectiva, provinents de resultats experimentats a partir del curt que el féu famós, *Technological Threat* (1988).

La línia de l'animació digital narrativa, i no solament una demostració d'objectes tecnicocientífics aconseguits, es prosseguix en diversos estudis, tant als Estats Units (Pacific Data Images, Rhythm & Hues) com a França (sobretot Fantôme). Entre els noms de l'escena de la primera meitat dels anys vuitanta, es podrien recordar genis informàtics com ara Loren Carpenter, que el 1980 firmà *Vol Libre*, el primer viatge virtual entre muntanyes generades amb càlculs fractals, i Jaron Lanier, que precisament en Siggraph llença la Realitat Virtual amb la històrica VPL (1985), entreobrint uns nous horitzons per a l'animació en temps real.

Sembla com si hagués passat un segle des d'aquell 1981 en què Nelson Max capturà

[Steffen Schäffler / The Periwig Maker]

ment of movement and perspective, merging from results first obtained in the making of the short with which he made his name, *Technological Threat* (1988).
The line of digital narrative animation, no longer a demonstration of achieved technical-scientific objects, was taken up again in a number of studios, both in the United States (Pacific Data Images, Rhythm & Hues) and in France (above all by Fantôme). Among the names on the scene in the first half of the eighties were computerisation geniuses such as Loren Carpenter, who made *Vol Libre* in 1980, the first virtual journey among mountains generated using fractal calculations and Jaron Lanier who, also at Siggraph, launched Virtual Reality with the historic *VPL* (1985), going a long way towards opening up new horizons for animation in real time.
Now it seems almost a century ago that Nelson Max, in 1981, captured the attention of audiences for a few minutes with his virtual representation of a desert island recorded during the course of one day (*Carla's Island*), or when the first synthetic figure, animated by Rebecca Allen (1982) made its television appearance. *Tron* (1982), the first film to make massive use of 3D graphics, was also released in this same period, the work having been entrusted to four young visual effects companies that were set to make computer animation history: Robert Abel Associates, MAGI, Digital Effects, III. Following along these lines, and as a consequence of the new technologies in which the market was immersed, the second half of the eighties was to witness the explosion of computer-assisted design in the film world. By this time the techniques were no longer pioneering, progress in the application of realism in show business had begun to advance in giant strides, and the business still had some authentic surprises in store, even for audiences unaware of the technical aspects. Over previous years simulation of light, matter, physical properties and the behaviour in space of the most varied objects had been achieved, and by the mid eighties efforts were going into hyperrealism in terms of movement, skin, muscles, expression and even the human body. To be honest, in this race to create a world parallel to our own the full achievement of the human figure was still some way ahead, although by this time an extensive portfolio of synthetic actors had been built up.
The end of this stage, the first half of the eighties, was marked by the founding of the young Canadian company Softimage (1986), set up by Daniel Langlois, author, while

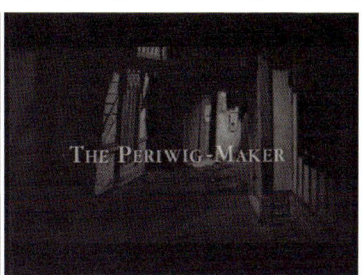

l'atenció del públic durant uns minuts davant de la seva representació virtual d'una illa deserta gravada durant el curs d'un dia (*Carla's Island*), o quan va fer la seva aparició a la televisió la primera figura humana de síntesi animada per Rebecca Allen (1982). En el mateix període apareix *Tron* (1982), primera pel·lícula que fa un ús massiu de gràfics en 3D, confiada a quatre joves companyies d'efectes visuals que farien història en l'animació per ordinador, Robert Abel Associates, MAGI, Digital Effects, i III. Seguint el mateix camí, i com a conseqüència de les noves tecnologies en què el mercat està immers, la segona meitat dels anys vuitanta va contemplar l'explosió del disseny assistit per ordinador en el món del cinema. En aquell moment, les tècniques ja no són pioneres i s'avança a grans passes cap a l'aplicació del realisme en el negoci de l'espectacle. La indústria de l'espectacle reserva encara autèntiques sorpreses fins i tot per a un públic no entès. En els anys anteriors s'havien simulat les llums, la matèria, les propietats físiques i el comportament en l'espai dels objectes més diversos; en aquests darrers anys, s'apunta cap a l'hiperrealisme en el moviment, en la pell, en els muscles, en l'expressió i fins en el cos humà. En aquesta cursa de la creació d'un món paral·lel al nostre, la figura humana, per ser sincers, encara és a hores d'ara una fita a atènyer, tot i que comptem amb un àlbum força fornit d'actors de síntesi.

El final d'aquesta etapa, la primera meitat dels anys vuitanta, està marcat pel naixement de la joveníssima canadenca Softimage (1986) de Daniel Langlois, autor, sent estudiant, dels primers dibuixos animats amb figura humana *Tony de Peltrie* (1985). De fet, aquesta companyia estava orientada al desenvolupament del software propi del món dels efectes especials. Mentrestant, Walt Disney crea el seu primer departament de disseny assistit per ordinador, tot i que s'haurà d'esperar alguns anys abans que als famosos estudis de Burbank els sigui reconegut el dret de ciutadania del disseny assistit per ordinador, malgrat que tots els llargmetratges animats de Disney a partir de Basil recorren al disseny tridimensional en seqüències senceres. Només amb *Toy Story* de John Lasseter, el primer llargmetratge completament de síntesi que el 1995 guanyava un òscar pels efectes, Disney entra de ple, gràcies a un acord amb Pixar, en el disseny de dibuixos animats tridimensionals.

La televisió, que des del debut de les imatges per ordinador semblava ser el mitjà de difusió més natural ja que, en efecte, havia emès més vegades anuncis publicitaris farcits de trucs digitals com ara titulars d'animació per ordinador per als mateixos programes, contràriament a les previsions es limita en l'ús dels gràfics de síntesi,

[Steffen Schäffler / The Periwig Maker]

still a student, of the first animated cartoons with a human figure, *Tony de Peltrie* (1985). This company was, in fact, engaged in the development of software for the world of special effects. In the meantime Walt Disney had set up its own computer-assisted design department, although it would still be several years before computer assisted design would have its rights of fellow citizenship acknowledged at the famous Burbank Studios, despite the fact that all full-length animated Disney films after Basil would rely on the three-dimensional design of entire sequences. It was not until *Toy Story* by John Lasseter, a totally synthesised full-length film, which won the Oscar for special effects in 1995, that Disney became fully involved, thanks mainly to an agreement with Pixar, in the design of three-dimensional animated cartoons.

Since the debut of computerised images, television had seemed the most likely medium for their diffusion, and effectively has been the one that has most often broadcast both ads based on digital trickery as well as computer animated title sequences for its programmes, although, contrary to forecasts, it has limited itself to the use of synthesis graphics, and only introduced the new technology gradually. The film industry, however, responded enthusiastically to the new born digital industry, setting in motion a period that was rich in completely digital special effects. How much time has passed since the mythical 1977 film *Star Wars*, in which Larry Cuba included a short computer-assisted animation scene, or since Georges Lucas, in 1979, asked Ed Catmull to create the first computer-assisted design department for LucasFilm? New Hollywood studios have come into being since then (James Cameron's Digital Domain and Steven Spielberg's DreamWorks), and films have been produced that have relied on computer-assisted design, not merely as a costly special effects extra but as an integral part of the story itself and as an element of language through which to renew cinematography.

American show business is fully prepared to pick up the gauntlet, and not only limited to special effects, but also through the use of animation in the real time of the actors, to the fusion of cinema and games, and to the development of interactive stories. M.G.M.

introduint la nova tecnologia de forma gradual. La indústria cinematogràfica, però, respon amb gran impuls a la invitació de la recent nascuda indústria digital i posa en marxa una època rica en efectes especials totalment digitals. Quant de temps ha passat des que en *Star Wars*, el mític film del 1977, Larry Cuba incloïa una petita escena d'animació assistida per ordinador? O quan fa que George's Lucas, el 1979, va demanar a Ed Catmull crear el primer departament de disseny assistit per ordinador a LucasFilm? De llavors ençà, han nascut els nous Estudis d'Hollywood (Digital Domain de James Cameron i DreamWorks de Steven Spielberg), i han estat produïdes pel·lícules que han recorregut al disseny assistit per ordinador ja no com un costós afegit d'efectes especials, sinó com a part integrant de la història, com a element de llenguatge mitjançant el qual es renovava el relat cinematogràfic.

La indústria americana de l'espectacle està plenament preparada per a afrontar el repte. No es limita als efectes especials, sinó que apunta cap a l'ús de l'animació en temps real dels actors, a la fusió entre cinema i joc, al desenvolupament d'històries interactives. M G M.

[Steffen Schäffler / The Periwig Maker]

Hollywood's animated films: Is there no end to the tyranny of realism?

A text by
Áurea Ortiz Villeta

Áurea Ortiz teaches History of Cinema at the Art History Department of Universitat de València (Spain) and is Head of Extension and Communication at Institut Valencià de Cinematografia "Ricardo Muñoz Suay". She is a regular contributor to specialised magazines and collective publications on cinema. She is author of *La arquitectura en el cine. Lugares para la ficción* and co-author of *La pintura en el cine. Cuestiones de representación visual* and *Fotografías de boda: testimonio público de una historia íntima*.

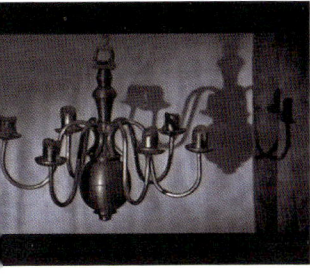

El cinema d'animació d'Hollywood: Quan acabarà la tirania del realisme?

Un text de
Áurea Ortiz Villeta

Áurea Ortiz és professora d'Història del Cinema en el Departament d'Història de l'Art de la Universitat de València i Cap d'Extensió i Comunicació a l'Institut Valencià de Cinematografia "Ricardo Muñoz Suay". Publica regularment en revistes especialitzades i en publicacions col·lectives sobre cinema. És l'autora de *La arquitectura en el cine. Lugares para la ficción* i coautora de *La pintura en el cine. Cuestiones de representación visual* y *Fotografías de boda: testimonio público de una historia íntima*.

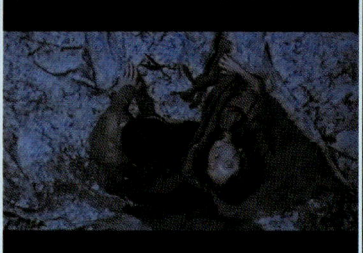

[Steffen Schäffler / *The Periwig Maker*]

The great privilege of film animation is that it can put on screen whatever the minds of its creators can invent. Future worlds, insect inhabited microcosms, beings that do not exist, improbable spaces... When all is said and done it is a question of drawing, line and colour (and this is true when working with either pencil and paper or computers). Many animators have demonstrated how far this creative freedom can be taken. If we look at the field of non-commercial animation, the stuff that hardly ever reaches cinema or television screens, there is absolute freedom. Spurning representative realism of any kind, and using animation's immense possibilities for plastic experimentation, artists such as: Jan Svankmajer, Jan Lenica, Raoul Servais, Jiri Barta, Norman McLaren, the producers of the Barrandov studios or the Zagreb school, and many others, have reached artistic peaks that were unimaginable when, Émile Cohl, the pioneer, first started to produce his simple line drawings. We can also find great artists with fertile imaginations in the field of commercial film, capable of experimenting with space-time logic. We need look no further than the work of Chuck Jones or *The Pink Panther* series, where the laws of gravity, the physical integrity of bodies or spatial logic are blown to smithereens, on occasions even arriving at surprising levels of abstraction and experimentation from which not even the frame or the edge of the still escapes, becoming yet another element of the animation. Yet it is not this experimental heritage that triumphs in the, made in Hollywood, commercial films of today, but the tradition of pure imitation imposed by Disney.

It is shocking to discover the obstinacy and immense energy that animators expend these days in order to achieve the most perfect imitation of ordinary reality. The computer and its extraordinary possibilities are used almost exclusively to make copies of the visible world, true enough, in an astonishingly perfect way but only that, a copy. The film *AE* (Don Bluth, Gary Goldman, 2000) springs to mind, set in a more or less distant future, what it has to offer is an effective representation of what space ships, alien life-forms or the landscapes of other planets might be like. Nothing that cannot be seen in any real-image science fiction film, which, on the other hand, would use the same computerised tools to create the sets. The same thing happens in *Final Fantasy, the Spirits within* (Hironobu Sakaguchi and Moto Sakakibara, 2001),

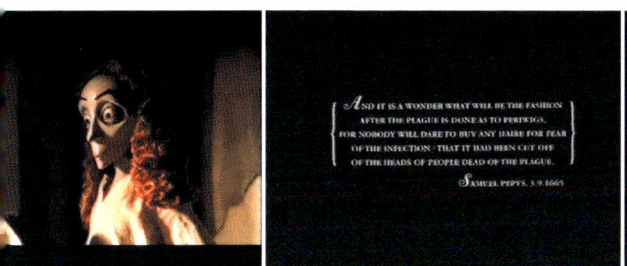

Yasmine Ramli
Naked

El gran privilegi del cine d'animació és que pot posar en pantalla qualsevol cosa que la ment dels seus creadors inventi. Móns futurs, microcosmos d'insectes, éssers que no existeixen, espais inversemblants... dibuixos, al cap i a la fi, de línia i de color (tant pel que fa els treballs amb llapis i paper, com els d'ordinador). Molts animadors han demostrat fins on pot arribar la llibertat creativa. Si ens fixem en l'animació no comercial, aquella que arriba rarament a les pantalles del cinema o de la televisió, la llibertat és total. Artistes com Jan Svanmakjer, Jan Lenica, Raoul Servais, Jiri Barta, Norman McLaren o realitzadors dels estudis Barrandov o de l'escola de Zagreb i tants d'altres, han rebutjat tot realisme en la representació i emprat les immenses possibilitats d'experimentació plàstica de l'animació, aconseguint situar-se en unes cimes artístiques insospitades quan el pioner Émile Cohl va començar a dibuixar figuretes d'una sola línia. Així mateix, també en el camp del cinema comercial ens trobem a grans artistes de fèrtil imaginació, capaços d'experimentar amb la lògica d'espai temporal. Només ens hem de fixar amb l'obra de Chuck Jones o en la sèrie *The Pink Panther* per veure com les lleis de la gravetat, la integritat dels cossos o la lògica espacial exploten en mil bocins fins a arribar, en algun cas, a uns sorprenents nivells d'abstracció i d'experimentació dels quals no se salven ni l'enquadrament, ni el bord del fotograma, convertit en un objecte més de l'animació. Tanmateix, no és aquesta herència experimental la que triomfa en l'actual cine comercial fet a Hollywood, sinó la tradició de la pura imitació de la realitat, imposada per Disney. Resulta desconcertant de constatar quina obstinació i quina immensa energia molts animadors dediquen a la realització de la més perfecta imitació de la realitat. L'ordinador i les seves extraordinàries possibilitats s'utilitzen gairebé de manera exclusiva per a copiar el món visible... d'una perfecció sorprenent, això sí, però copiada, al cap i a la fi. Pensem en una pel·lícula com *Titan AE* (Don Bluth, Gary Goldman, 2000). Ambientada en un futur més o menys llunyà, el que ens ofereix és una recreació prou encertada de com podrien ser les naus espacials, els éssers extraterrestres o els paisatges d'uns altres planetes. Res que no puguem veure en qualsevol film de ciència-ficció d'imatges reals, que, par altra banda, per a crear el decorat se serveix de les mateixes eines informàtiques que la pel·lícula d'animació. Un cas semblant passa amb *Final Fantasy, the Spirits within*, (Hironobu Sakaguchi i Moto Sakakibara, 2001), generada íntegrament per ordinador. En ambdues hi ha objectes i éssers inexistents en el nostre món, sorgits de la imaginació dels dibui-

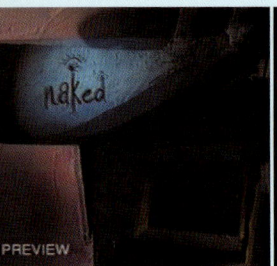

[Yasmine Ramli / *Naked*]

which is completely computer generated. In both cases there are objects and beings that do not exist in our world, born out of the artists' imaginations. Yet these beings and objects are made to look real; their texture, movement, weight and volume makes us believe that if they did exist they would be like this. Iron looks like iron, earth like earth, water like water, what goes up must come down and the landscapes and architecture of the backgrounds make every effort to be absolutely realistic. The illusion of three-dimensionality is strictly adhered to, as well as the space-time logic inherited from classical narration.

The creation of an inhabitable and realistic three-dimensional space is one of the foundations on which this illusion of reality is built. Far behind us now are the times when Tom chased Jerry through a room that went on for ever, and in which we could see a table and a lamp, or a cupboard with four drawers that would pass before our eyes over and over again, endlessly. Or those stylised backgrounds for many of the Warner cartoons, or those of Hannah Barbera, in which four geometric strokes and a splotch of colour created the illusion of a house. Today the backgrounds or, as the case may be, the space that surrounds the characters, recreates landscapes and architecture with immense detail and realism. Depending on the technique used this recreation can lead to many problems of visual coherence. Returning to *Titan AE*, many of the sets are done in 3D while the figures are not. The relationship between figures and backgrounds is a problem, to put it lightly. The human figures, so evidently drawn and flat, are encrusted or superimposed on superb virtual sets possessing three-dimensionality and volume, provoking a rather irritating visual distortion. This is a constant of many animated cartoons on television and a great deal of the work produced by Disney, such as *Beauty and the Beast* (Gary Trousdale and Kirk Wise, 1991). It is as if they were distinct visual codes, juxtaposed but not integrated. The problem is gradually being resolved in films that are exclusively computer generated, such as *Toy Story* (John Lasseter, 1995), *Shrek* (Andrew Adamson and Vicky Jenson, 2001) or *Monsters Inc.* (Pete Docter, David Silverman and Lee Unkrich, 2001). The technique is the same for creating the backgrounds and the figures, to the extent that the figures are immersed in a determined space, while this is only valid when the figures are not, or do not pretend to be, representations of

xants. Però aquests éssers i objectes estan fets de manera que semblin reals; la textura, el moviment, el pes i el volum ens fan creure que, d'existir, serien així. El ferro sembla ferro, la terra sembla terra, l'aigua sembla aigua, si un personatge s'eleva, cau, i els paisatges i arquitectures dels fons s'esforcen en ser absolutament creïbles. Es manté completament la il·lusió de la tridimensionalitat i la lògica espacio-temporal, heretera de la narració clàssica.

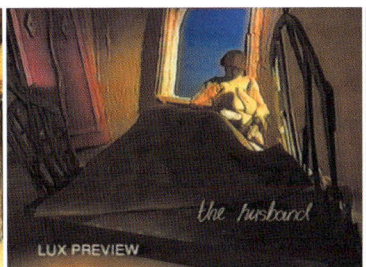

La recreació d'un espai tridimensional, habitable i creïble, és una de les bases d'aquesta il·lusió de realitat. Quedaren força enrera aquells temps en què Tom perseguia a Jerry per tots els racons d'una habitació que mai s'acabava i en la qual vèiem una tauleta amb una làmpada i una còmoda de quatre calaixos que passaven davant dels nostres ulls una i altra vegada, infatigablement. O, també, aquells fondos estilitzats de mols dibuixos de la Warner, o de Hannah Barbera, en els quals quatre traçats geomètrics i una taca de color, deslligada del seu contorn, creaven la il·lusió d'un carrer o d'un habitatge. A hores d'ara, els fons o, segons el cas, l'espai que envolta els personatges, recreen amb gran minuciositat i veracitat paisatges i arquitectures. Segons la tècnica que s'empra, aquesta recreació provoca un seguit de problemes pel que fa a la coherència visual. Tornem, però, a *Titan A.E.* Molts dels decorats són realitzats en 3D, mentre que no ho són les figures. La relació entre figura i fons, és, si volem ser generosos, com a mínim, problemàtica. Les figures humanes, dibuixades amb gran presència i volum, es veuen com sent incrustades o sobreexposades en uns esplèndids decorats visuals que tenen tridimensionalitat i volum, fet que provoca una distorsió visual força desagradable. És un fet que podem observar en moltes sèries de dibuixos animats de la televisió i en gran part de la producció de Disney, com ara *Beauty and the Beast*, (Gary Trousdale i Kirk Wise, 1991). Són com dos codis visuals diferents que es juxtaposen sense integrar-se. El problema es resol cada vegada més satisfactòriament en les pel·lícules realitzades exclusivament per ordinador, com *Toy Story* (John Lasseter, 1995), *Shrek* (Andrew Adamson i Vicky Jenson, 2001) o *Monsters Inc.* (Pete Docter, David Silverman i Lee Unkrich, 2001).

La tècnica és la mateixa quant a la creació dels fons i de les figures, de manera que les figures estan realment immerses en un espai determinat. És clar que això només és vàlid quan les figures no són, o no pretenen ser, cap representació d'éssers humans. En *Final Fantasy*, l'experiència més radical en aquest sentit, tot i reconeixent

[Yasmine Ramli / *Naked*]

human beings. In *Final Fantasy*, the most radical experience in this sense, and even acknowledging the extraordinary technical skill in the representation of the humans, the backgrounds surpass the figures, which do not always achieve the desired illusion of reality, although they will surely get their in the end.
Toy Story, Monsters, Inc. or *Shrek* are, undoubtedly, good films that have been liked by both children and adults, mainly because of the quality of the story and the screenplay, even more so than the evident professional skill of the animators. Yet they remain slaves to "realism". OK, in reality there are no blue furry monsters, but the fur looks like real fur and their movements must perfectly simulate those of a being of that weight and volume. Rational logic imposes its law, mercilessly. And what, to begin with, was a field fertilised with illusion and irrationality becomes a territory irrigated by the most prosaic realism. We all know that rabbits are not like Bugs Bunny, that it is impossible for the mountain to fall away and for the peak to remain suspended in the air, as happens more often than not to the loveable Coyote, or that ducks cannot take their beaks off and put then back on, that it is impossible to be smashed to bits and then come back together again afterwards. And who gives a dam whether or not these characters and their stories obey the laws of physics? Aren't they cartoons?
Fortunately not all of the animation films that reach our screens are slaves to reality. *Tim Burton's Nightmare before Christmas* (Henry Selick, 1993), *South Park, longer and uncut* (Trey Barker, 1999) and, from the Disney empire, *Hercules* (John Musker and Ron Clemens, 1997), show that, in animated films, life can be breathed into anything and achieve something original and attractive. The stylisation of *Hercules* is of particular interest, with its delirious and distorted vision of the Greek world, the fruit of gloriously untrammelled cartooning (the problem is that the screenplay does not even come close to the quality of the visual achievements). Yet this freedom to create reality is not the norm and cases such as *South Park*, with its marvellously effective geometric schematisation, are the exception.
These animated films are subject to the same impositions as real-image commercial films, and also to the visual and narrative conservatism that reigns over current Hollywood production. In a significant part of the films that come from Hollywood the

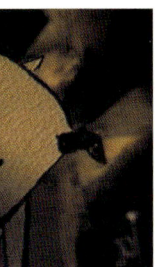

l'extraordinària perícia tècnica en la representació humana, els fons s'imposen a les figures, que no sempre superen la pretesa il·lusió de realitat. Però tot arribarà.
Toy Story, Monsters Inc., o *Shrek* són, sense cap mena de dubte, unes bones pel·lícules que han aconseguit agradar tant als nens com als adults, particularment perquè la història i el guió són de qualitat, a més de l'evident habilitat professional dels animadors. Tanmateix, aquests films no deixen de ser esclaus del "realisme". D'acord: no hi ha monstres peluts de color blau, però el seu cabell ha de semblar cabell de veritat i els seus moviments han de simular perfectament els que tindria un ésser amb aquest pes i volum. La lògica racional imposa, malauradament, la seva llei. I allò que en principi és un terreny abonat per a la il·lusió i la irracionalitat, es converteix en un territori regit per un realisme d'allò més prosaic. Tots sabem que els conills no són com Bugs Bunny, que és impossible que s'esllavissi la muntanya i quedi aquell penyal que sobresurt suspès en l'aire, com li ocorre tan sovint a l'entranyable Coiot, i que els ànecs no es treuen i es posen el pic, com tampoc no és possible desfer-se en bocins i tornar-se a recompondre. Però, a qui li importa que aquests personatges i les seves històries no compleixin les lleis físiques? Que potser no són dibuixos?
Per fortuna, no totes les pel·lícules d'animació que arriben fins a les nostres pantalles són esclaves de la realitat. *Tim Burton's The Nightmare before Christmas* (Henry Selick, 1993), *South Park bigger, longer & uncut* (Trey Barker, 1999) i, dins de l'imperi Disney, *Hercules* (John Musker i Ron Clemens, 1997), demostren que en el cine d'animació es pot insuflar vida a qualsevol cosa i aconseguir quelcom d'original i d'atractiu.
L'estilització d'*Hèrcules* és particularment interessant, amb la seva visió delirant i distorsionada del món grec sorgit d'un dibuix sortosament lliure (el problema és que el guió no està, ni de lluny, a l'alçada de les troballes visuals). Però aquesta llibertat en la recreació de la realitat no és la norma i, casos com *South Park*, amb el seu esquematisme geomètric tan eficaç, són excepcions.
Aquestes pel·lícules d'animació són sotmeses a les mateixes imposicions que el cine comercial d'imatge real i al conservadorisme visual i narratiu que impera en l'actual producció d'Hollywood. En gran part del cine procedent d'allà, l'espai s'imposa sobre els actors i els protagonistes de les pel·lícules són els decorats. Els actors gairebé només són un atrezzo i la seva única funció és de dotar d'una dèbil continuïtat narrativa la successió d'espectaculars decorats i efectes especials.

[Yasmine Ramli / Naked]

space overcomes the actors and the true stars of the film are the sets. The actors, almost, become the props, and their only purpose is to provide a fragile narrative thread for a succession of spectacular sets and special effects. Artistic direction is the true artifice of works such as *Star Wars Episode I. The Phantom Menace* (George Lucas, 1999), *Pearl Harbour* (Michael Bay, 2000), *Event Horizon* (Paul Anderson, 1997), *Gladiator* (Ridley Scott, 2000) or *Volcano* (Mick Jackson, 1997). This, in itself, is no bad thing. Artistic direction also reigns in European films such as *Vidocq* (Pitof, 2001) or *Amélie (Le fabuleux destin d'Amélie Poulain*, Jean-Pierre Jeunet, 2001), only the results are much more imaginative and freer, rather than mere optical illusions, unlike the majority of the films that come out of Hollywood. Furthermore, is there any reason why we should not consider *The Phantom Menace* to be animation? The preponderance of computer generated effects and virtual sets almost obliges us to do so. They are created in exactly the same way as what we call animated films, and the images of the actors are merely encrusted onto them like a game of cutout figure. If the characters were cybernetic beings instead of flesh and bone, as in *Final Fantasy*, Would anybody be able to tell the difference?

In *Titan AE, Final Fantasy, Toy Story* (Ash Brannon, Lee Unkrich and John Lasseter, 1999) or in *Shrek*, spectators are amazed by the technical perfection, the immaculate imitation of reality. As before antique works of art, we exclaim with admiration: "But it looks so real!" The impressive technical paraphernalia of these works, and the immense talent of their creators, is exclusively at the service of an illusion of reality, as were the flamboyant historical paintings of the 19th century, or the discredited works of hyperrealism. The experimentation is only in technical terms, not in narrative or plasticity. And the inevitable question is: What is all the fuss about? When you get right down to it the perfect imitation of the visible world was achieved by painters and sculptors in the 19th century. Is there no end to the tyranny of realism? A.O.V.

La direcció artística és el veritable artífex d'obres com *Star Wars episode one. The Phantom Menace* (George Lucas, 1999), *Pearl Harbor* (Michael Bay, 2000), *Even Horizon* (Paul Anderson, 1997), *Gladiator* (Ridley Scott, 2000) o *Volcano* (Mick Jackson, 1997). En si mateix, aquest fet no és dolent. La direcció artística també regna en pel·lícules europees com ara *Vidocq* (Pitof, 2001) o *Le fabuleux destin d'Amélie Poulain*, (Jean-Pierre Jeunet, 2001); això sí, el resultat, molt més imaginatiu i lliure, no és un simple enganyatall com passa amb la major part del cine d'Hollywood. I, si volem anar més lluny, no hauríem de considerar *The Phantom Menace* com sent cine d'animació? La preponderància dels efectes generats per ordinador i els decorats virtuals, gairebé ens hi obliguen. Són creats exactament igual que en les anomenades pel·lícules d'animació, i en ells s'hi incrusten les imatges dels actors com en un joc de paper retallable. Si en comptes d'actors de carn i os els protagonistes fossin éssers cibernètics, tal com passa en *Final Fantasy*, qui notaria la diferència?

A *Titan A.E., Final Fantasy, Toy Story 2* (Ash Brannon, Lee Unkrich i John Lasseter, 1999) o a *Shrek*, els espectadors ens quedem meravellats davant de tanta perfecció tècnica, d'una tan pulcra imitació de la realitat. Tal com passava amb la pintura de temps passats, diem amb admiració: "Però, si semblen de veritat!" L'impressionant desplegament tècnic d'aquestes obres i el gran talent dels seus creadors estan exclusivament al servei de la il·lusió de la realitat, com ho foren les aparatoses pintures històriques del segle XIX, o els desprestigiats quadres hiperrealistes. L'experimentació només és d'ordre tècnic, però no narratiu, ni plàstic. I sorgeix la inevitable pregunta: tant d'enrenou només per això? Al cap i a la fi, els pintors i escultors del segle XVII ja aconseguiren la perfecta imitació del món visible. Quan acabarà la tirania del realisme? A.O.V.

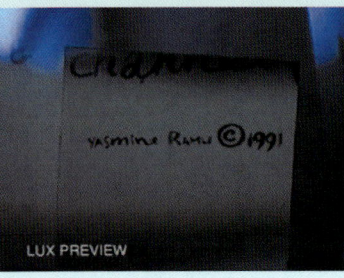

[Yasmine Ramli / Naked]

Katarina Llilqvist
The Bucketrider

Spaces within spaces

A text by
Alicia Guerrero Yeste

Alicia Guerrero Yeste is graduated in History of Art. She writes together with architect Fredy Massad since 1996. Their work appears regularly in architectural magazines in Europe and South America. Along with this dedication to the research on contemporary architecture, she has conceived and managed events related to animation film.

Espais dins d'espais

Un text de
Alicia Guerrero Yeste

Alicia Guerrero Yeste és llicenciada en Història de l'Art. Escriu conjuntament amb l'arquitecte Fredy Massad des de l'any 1996. El seu treball apareix regularment en publicacions sobre arquitectura a Europa i a Amèrica del Sud. De forma paral·lela a l'estudi sobre arquitectura contemporània, ha concebut i gestionat diverses activitats relacionades amb el cinema d'animació.

[Katarina Llilquist / *The Bucketrider*]

"... an invisible fight for the eye ..." Danilo Kis / "The eye it cannot choose but see" William Wordsworth / "Dreams are the oldest aesthetic activity" Jorge Luís Borges / "Your mind manufactures spaces within spaces. It requires a lot of work. A lot of very laborious spaces" Andy Warhol / "... elaborate a method of delirium ..." Marguerite Yourcenar

Cathedral, a Raymond Carver story, ends with the first person narration, evoked as something absolutely fantastic, of how a man meets the challenge of drawing a cathedral, guiding the hand of a blind man. The narrator lacks any artistic skill and, furthermore, as time passes closes his eyes while drawing. The story ends with the narrator wishing to keep his eyes closed a little longer and answering the blind man, who asks him if he is looking at the drawing, says that "It's absolutely extraordinary". The narrator answers in this way because he can see the cathedral —in his mind. The mind can see things that eyes cannot see, and can bring before the eyes things that are invisible (for whatever reason) to them.
Carver narrates an extremely complex process of creation and perception, in which the drawer feels perplexity about his capacity to recreate an element, of which he has visually memorised only the most basic features and, in continuation, discovers himself immersed in the aesthetic contemplation of an artistic work that has its presence within his own mind.
Pier Paolo Pasolini finished *Il Decameron* by asking himself why man has the need to materialise a work if it is possible to dream it. The need of art is due, undoubtedly, to the complexity of mental processes (thought, dream, wakefulness, memory, effort in the resolution of exercises, the decoding of sensorial stimuli...). The master painter of *Il Decameron* rises swiftly from his bed, wakes his apprentices and starts to paint the image that he has dreamt. Mental activity —if it is to be carried through- is too immense and powerful to remain trapped inside your skull, and demands to be released, to be felt, to become perceptible in any of its many forms. And this is the surprise that the narrator of *Cathedral* comes up against, the realisation of a mental power that he was absolutely unaware he possessed, and which allows him not only to do a complex drawing but also to mentally transport himself into a virtual space.

"... una lluita invisible a l'ull ..." Danilo Kis / "L'ull no pot fer altra cosa que mirar."
William Wordsworth / "Els somnis són l'activitat estètica més antiga." Jorge Luís Borges
/ "La teva ment fabrica espais dins d'espais. Suposa molt de treball. Tot un seguit
d'espais molt laboriosos." Andy Warhol / "...elaborar un mètode per al deliri ..."
Marguerite Yourcenar

Catedral[1], un dels contes de Raymond Carver, acaba amb la narració en primera
persona, evocada com un fet absolutament fantàstic, de com una persona s'enfronta a
la confecció del dibuix d'una catedral amb l'ajuda d'un cec. El protagonista és mancat
de tota mena de do artístic i, a més, tanca els ulls mentre executa. El conte conclou
amb un narrador que desitja continuar una mica més amb els ulls tancats i responent
al cec, que li pregunta si està mirant el dibuix: "És veritablement extraordinari". El
protagonista està veient nítidament —a l'interior de la seva ment— la catedral.
La ment pot veure allò que els ulls no veuen i pot fer que davant dels ulls es presenti
allò que per als ulls (per una raó qualsevol) és invisible.
Carver narra un procés especialment complex de creació i de percepció, en el qual
el dibuixant experimenta la seva perplexitat davant de la capacitat de recrear un
element que visualment només ha memoritzat en els seus traços més bàsics, i, a
continuació, es veu immers en la contemplació estètica d'una obra artística el suport
de la qual està dins de la seva pròpia ment.
Pier Paolo Pasolini concloïa *Il Decameron* tot demanant-se per què existeix en l'ésser
humà l'anhel de dur a terme una obra si és possible somniar-la. La necessitat de l'art
es deu, sense cap mena de dubte, a la complexitat dels processos mentals (pensament,
somni, vigília, record, esforç per a la resolució d'exercicis, descodificació dels estímuls
sensorials...). El mestre pintor de *Il Decameron* s'alçava precipitadament del llit, des-
pertava els seus aprenents i es posava a pintar la imatge que havia somniat. L'activat
mental —si és que es porta a terme— és massa gran i potent com per quedar-se
retinguda dins del crani i exigeix sortir i fer-se sentir, fer-se perceptible, sota qualsevol
de les seves múltiples formes. Aquesta és la sorpresa amb la qual topa el protagonista
de *Catedral*: percebre un potencial mental que no tenia la més mínima consciència de
posseir, que li permet no sols elaborar un dibuix complex sinó alhora transportar-se
mentalment cap a un espai virtual. La realització i contemplació d'una obra suposa dur
a terme un exercici de càlcul aproximatiu a la mesura de les possibilitats mentals.

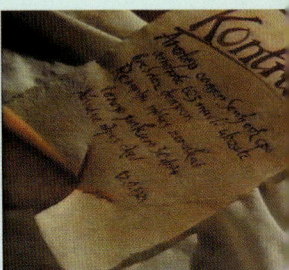

[Katarina Llilquist / *The Bucketrider*]

The materialisation and contemplation of a work signifies the materialisation of an exercise of rough calculation, tailor made to mental possibilities.
The title of this text has been taken from an article written by Andy Warhol[1], which refers to both memory and memories, and which I personally extend to the sphere of individual psychological mechanisms that, not only make up the private/intimate self (the complexity of the EGO in other words), but also constitute the vital sphere in which we can imagine (ourselves) and, through these acts of imagination, consider our identity. Because, as I see it, imagination is, in fact, a variant of reflection essentially based on fiction.
"Manufacturing spaces within spaces" might well be an expression that describes the materialisation of a work that, fixed on the mental support (original, virtual) that is our brain, is transferred in order to materialise it in another form, thus creating a space — the art work — with both entity and identity within the empty space of the new support.
Speaking of *spaces within spaces* in this article I wish to refer to two factors: a) that we are, intrinsically, the bearers of one or more virtual spaces in which we make our consciousness live (who we are, what we feel, what we think, what we want, what we remember, what we perceive, what we believe in...) and, b) that the comprehension of the creative act, the act of representation, as the materialised extract of a portion of that space within our minds, is a (mental) space contained within another space (the limits of the dimensions of the work materialised).
We can take film as an example of how a fragment of something that resides within a space in the mind can be transferred to the field of what can be perceived by human sensory capacities.
Virginia Woolf, in the twenties, wrote an article titled *The Movies and Reality*[2] in which she stated that the shape had shown itself to be a much more effective medium than the word for transmitting thought. It is also significant that Woolf, a writer, should complain in the same article of the scarce interest that she had for the numerous filmed adaptations of literary works, while at the same time stating her enthusiasm for the expressive possibilities of film imagery, after having attended a projection of *Das Kabinett des Doktor Caligari* (Robert Wiene, 1920), in which this expressionist setting makes visible the perverse psychological universe of the lunatic Caligari.

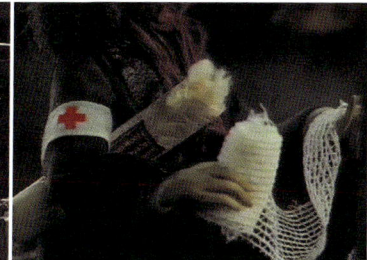

He agafat l'expressió que titula aquest text d'un escrit d'Andy Warhol[1], que fa referència a la memòria i al record i que, personalment, faig extensiu a l'àmbit dels mecanismes psicològics individuals que no conformen només un jo privat / íntim (la complexitat del JO, en d'altres paraules), sinó que constitueixen l'àmbit virtual en el qual podem imaginar-(nos) i, mitjançant aquests actes d'imaginació, ser una variant de la reflexió que es basa, essencialment, en la ficció.

"Fabricar espais dins d'espais" pot ser una expressió que descrigui el fet de dur a terme una obra que, col·locada sobre el suport mental (primigeni, virtual) que és el nostre propi cervell, es trasllada per a materialitzar-se sobre un altre suport, creant d'aquesta manera un espai —l'obra— amb entitat i identitat dins de l'espai buit que conforma aquest suport.

Quan en aquest escrit parlo d'*espais dins d'espais*, tinc en compte dos factors: a) el fet que de manera intrínseca som portadors d'un o de més espais virtuals en els quals fem viure la nostra consciència (el que som, el que sentim, el que pensem, el que desitgem, el que recordem, el que percebem, allò en què creiem...) i b) la comprensió de l'acte creatiu, de l'acte de representació, com l'extracte materialitzat d'una porció de l'espai de la nostra ment: un espai (mental) contingut en un altre espai (els límits de les dimensions de l'obra realitzada).

Podem agafar el cinema com a exemple de com es trasllada en el camp de la percepció de les capacitats sensorials humanes, un fragment de quelcom que resideix en un espai de la ment.

Virginia Woolf escrigué als anys vint un article titulat *The Movies and Reality*[2], en el qual manifestava de quina manera la forma (*shape*) demostrava ser un mitjà més efectiu que la paraula per a transmetre el pensament. És força significatiu el fet que Woolf, escriptora, es queixés en aquest escrit de l'escàs interès que les nombroses adaptacions al cinema d'obres literàries revestien per a ella, tot i que manifestava, així mateix, el seu entusiasme envers les possibilitats expressives de la imatge fílmica, després d'assistir a una projecció de *Das Kabinett des Doktor Caligari* (Robert Wiene, 1920), en la qual el pervers univers psicològic del llunàtic Caligari esdevenia visible per a l'espectador mitjançant una posada en escena expressionista.

Nicholas Mirzoeff apunta en el seu assaig *What is visual culture?*[3] que la cultura de la postmodernitat es pot entendre i imaginar-se visualment. La necessitat de "visualitzar" imatges, que d'alguna manera caracteritza la cultura contemporània —denomi-

[Katarina Llilquist / *The Bucketrider*]

Nicholas Mirzoeff, in his essay *What is visual culture?*[3], notes that the culture of postmodernity is better understood and imagined visually. The need to "visualise" images that would characterise contemporary — so-called western — culture would not be a substitute for oral and textual discourse, although it can ensure that such discourse is more understandable, faster and more effective. The author points out that one of the most outstanding features of this "*new visual culture*" is the fact that "*things are visualised that are not, in themselves, **visual***". To me this appears to be evidently true. Woolf's phrase represents a kind of prediction of the course that our eyes and our brains would take during the century.

I would like to approach animated film as a medium that today - with our eyes that have been seasoned through being surrounded by all kinds of images in movement to the extent that it would appear absolutely impossible to carry out the romantic exercise of contemplating a film with perplexed and enthusiastic eyes and to understand with purity the absolute fascination experienced by the avant-garde artists at the beginning of the 20th century, when they first came into contact with film - is shown as a perfect, experimental artistic form that maintains its filmic language, open to the continual development of aesthetic and expressive possibilities, to the ultimate degree. Generating new spaces, appealing to spaces.

Animated film allows the director almost absolute freedom to transform whatever comes into his head into images. The aesthetic audacity of the films made by avant-garde artists found its ideal space for continuation in this medium, in particular in independent films not specifically made for commercial distribution but only for the exhibition circuit (festivals, museums, art galleries, internet...). Each of these films is, *par excellence*, a work that experiments with modes of representation[5], redefining them through individual vision. An animated film builds a subjective vision. It is the other side of Alice's mirror.

"By employing the widest range of elements, from paint to dolls, from collage to cut-out, oil paints to objects, photos to photocopies (...), the animator **reveals** or **invents** worlds that represent themselves and offer alternative models of perception and experience."[6]

Peter Kaboth
The Goner

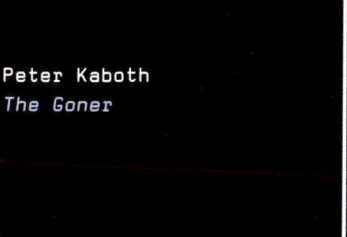

nada "occidental"— no és que sigui un substitut del discurs oral i textual, però sí que pot fer que un discurs resulti més entenedor, més àgil i més efectiu. L'autor remarca que un dels trets més destacats d'aquesta "nova cultura visual" és el fet que "es visualitzen coses que no són pròpiament *visuals*". La qual cosa em sembla indubtablement certa. La frase de Woolf representa una mena de vaticini de la via per on s'encaminarien els nostres ulls i el nostre cervell en el transcurs del segle.

Vull abordar el cinema d'animació[4] com un mitjà que a hores d'ara, amb els nostres ulls avesats a viure envoltats de tota mena d'imatges en moviment, de tal manera que sembla absolutament impossible dur a terme l'exercici romàntic de contemplar una pel·lícula amb els mateixos ulls perplexos i entusiasmats i comprendre amb puresa el grau absolut de fascinació que els avantguardistes de principi del segle XX experimentaren en encarar-se al cinema, es manifesta com una forma artística experimental perfecta que manté el llenguatge fílmic propens a continuar desenvolupant les seves possibilitats estètiques i expressives fins a l'infinit. Tot generant nous espais, apel·lant espais.

El cinema d'animació proporciona al realitzador una llibertat gairebé absoluta de transformar en imatges qualsevol producte del seu cap. L'audàcia estètica del cine produït per artistes avantguardistes va trobar el seu espai ideal de prossecució en aquest mitjà, particularment en les realitzacions de caràcter independent i no específicament produïdes per a la seva difusió comercial, sinó en circuits d'exhibició (festivals, museus, galeries d'art, internet...) Cadascun d'aquests films és, per antonomàsia, una obra que experimenta amb els modes de representació[5], definint-los de nou mitjançant una visió individual. El film d'animació construeix la visió subjectiva. És l'altre costat del mirall d'Alícia.

"És emprant la més àmplia varietat d'elements, des de la pintura fins als ninots, del collage al cut-out, olis o objectes, fotos o fotocòpies (...), que l'animador **revela** o **inventa** móns que es representen a si mateixos i ofereixen models alternatius de percepció i d'experiència[6]".

No estableixo diferències jeràrquiques que considerin el valor més o menys artístic de les produccions d'animació concebudes específicament com a forma d'entreteniment comercial, i les que són produïdes per una motivació aplicable d'una manera més ortodoxa a allò que entenem per "artístic", atès que percebo els productes audiovisuals

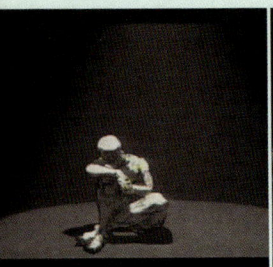

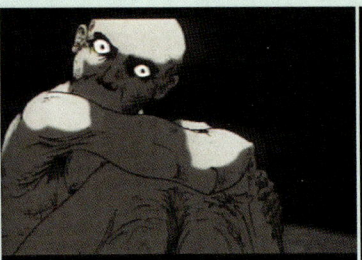

[Peter Kaboth / The Goner]

I will not establish hierarchical differences based on the consideration of any greater or lesser artistic value between animated productions specifically conceived as a form of commercial entertainment and those produced for reasons of more orthodox applicability to what we understand as "artistic", given that I see all audiovisual products based on animation techniques as works in which the complex synthesis of relationship between the individual and the culture to which he belongs is made evident: a period, denominated postmodern, saturated with visual images that constitute, at the same time, a reference for the generation of new images (always holders of aesthetic, expressive and dialectical values) into new works, in different mediums.

An animated film may be a revision of reality, a study of our perceptions, an exploration of the possibilities of an image in movement and a technical rehearsal. Furthermore there is no need to mention the fact that it has also been shown to be a perfect medium for savage social criticism, ably skirting round political correction and censorship.

And so, as well as the power of the resources at the disposal of the medium itself from a technical point of view, from an aesthetic perspective animated films also provide a support from which continual experimentation takes place, involving all artistic movements, tendencies and currents, not only those of the 20th century, but from the whole of History, enriching our visual culture in an unsuspected way. By way of example, we could consider the following series: *The Jetsons*, *The Simpsons* or *The Powerpuff Girls* as *Pop Art*; or see artistic works such as *The Tower of Babel* by Pieter Brueghel naturally incorporated into the aesthetic and expressive structure of a film[7] in such a way that a present time validity is transferred to this 16th century painting (disassociating it from its character as a historic object) and a new possible interpretation/reading; or verifying that through an adequate manipulation of such disparate materials as ground coffee or sand, it is possible to create beautiful expressions of movement that suggest a sensual and dreamlike ambience.

And so, why do I believe that animate films can be of interest to an architect? Because the maintenance of a sterile relationship with visual images is not admissible. We live in an age in which it is not possible to concede more respect to one

realitzats mitjançant tècniques d'animació com a obres en les quals es posa de manifest la complexa síntesi de la relació de l'individu amb la cultura a la qual pertany: un període, denominat postmodern, saturat d'imatges visuals que constitueixen, per la seva banda, una referència per a la generació de noves imatges (sempre portadores de valors estètics, expressius i dialèctics) en noves obres, en mitjans diferents.

Un film d'animació pot ser una revisió de la realitat; un estudi de les nostres percepcions; una exploració de les possibilitats de la imatge en moviment i un assaig tècnic. No cal dir de quina manera s'ha revelat, també, com un mitjà perfecte de fer crítiques socials despietades esquivant netament censures i repressions polítiques.

D'altra banda, a més del potencial de recursos dels quals el propi mitjà disposa des d'un punt de vista tècnic, des d'un punt de vista estètic, les pel·lícules d'animació constitueixen un suport des del qual es continua experimentant amb tots els moviments, les tendències i els corrents artístics, no sols del segle XX sinó de la Història, tot enriquint la nostra cultura visual d'una forma insospitada. A manera d'exemple: és interessant plantejar les sèries The Jetsons, The Simpsons o The Powerpuff Girls com a Pop Art; o veure obres artístiques com La Torre de Babel de Pieter Brueghel que s'incorpora naturalment en l'estructura estètica i expressiva d'un film[7] de tal manera que es transfereix a aquesta pintura del segle XVI una vigència dins del temps present (desvinculant-la del seu caràcter d'objecte històric) i una nova interpretació / lectura possible; o comprovar com, a través de la manipulació adequada de matèries tan diverses com el cafè mòlt o la sorra, esdevé possible la creació d'uns gests de moviments bellíssims que suggereixen un sensual ambient oníric.

Així doncs, per què crec que el cinema d'animació pot interessar un arquitecte? Perquè no és lícit mantenir una relació estèril amb les imatges visuals: vivim en una època en què no és possible concedir més respecte a una imatge que a una altra en funció de la seva naturalesa o origen, i el cinema d'animació —amb el qual, d'altra banda, mantenim una relació de familiaritat que ens porta a no qüestionar la versemblança dels seus esquemes estètics, narratius...—, constitueix, com ja he manifestat abans, un dels mitjans artístics mitjançant els quals se sintetitza la cultura del nostre temps, i un efectiu mitjà artístic per visualitzar sense restriccions tot allò que som capaços d'imaginar.

En concretar la naturalesa de les escenografies en les quals es materialitzen els universos fantasiejats per algun racó de la nostra ment, veurem com l'arquitectura

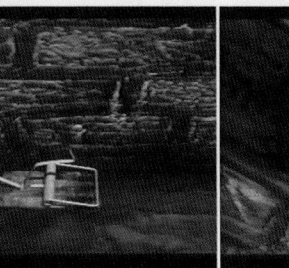

[Peter Kaboth / *The Goner*]

image than to any other on the basis of its nature or origin, and animated films —with which, on the other hand, we maintain a relationship of familiarity that leads us not to question the credibility of their schemes of narrative, aesthetics...-, as I have attempted to state above, they are one of the artistic mediums through which the culture of our age is synthesised and a highly effective artistic medium for the unrestricted visualisation of what we are capable of imagining.

Once we begin to be specific about the nature of the settings, in which the fantasy universes taken from some part of our minds are materialised, we see that the architecture that is erected in animated films is a subjective vision, an architecture of completely undetermined nature and location. It may represent an environment, a limited and materialised space in which to set the action, as is done in orthodox reality yet, in this case, constituting a virtual space; or revealing itself as the confines within which the visual metaphors, that determined directors know how to employ to great effect[8], can be elaborated. It is architecture erected on virtual ground, built to the same plans of his architecture projected before our eyes when we dream. The analysis that the architect-spectator makes of an animated film can secure him a re-approximation to his own knowledge, by calling on spheres of the mind that do not come into operation because they are not conveniently stimulated, and which are essential for the construction of knowledge.

For me the most important and attractive aspect is to extract something from the invisible world, not from the palpable world that I already know, but to extract something unknown in order to find out what the elements are and what can be obtained from it. To achieve this, I possibly establish a hypothesis and introduce myself into this hypothetical world.[9]

Our minds need to manufacture spaces within spaces. And to feel them. Revealing and inventing them through the functioning of a rigorous imagination. A.G.Y.

For my family: Martina and Fredy

que es construeix en els films d'animació és una visió subjectiva; una arquitectura de naturalesa i ubicació totalment indeterminades. Pot representar un entorn, un espai de límits i de matèria per a situar acció, tal com ho fa en la realitat ortodoxa, però en aquest cas, constituint un espai virtual; o es revela com un cabal per elaborar metàfores visuals que determinats realitzadors saben utilitzar de manera molt eficaç[8]. És arquitectura erigida sobre un sòl virtual, construïda segons els mateixos plans que la que veiem projectar-se davant dels nostres ulls quan somniem.

L'anàlisi que l'arquitecte-espectador realitzi sobre el film d'animació li pot aportar una re-aproximació als seus propis coneixements, pel fet d'apel·lar àmbits de la ment que no entren en joc si no és essent convenientment estimulats i que són essencials per a la construcció del coneixement.

"Per a mi, allò més important i atractiu és extreure quelcom del món invisible, no del món palpable que ja conec, sinó extreure alguna cosa desconeguda per tal de saber quins elements hi ha i què se'n pot obtenir. Per aconseguir-ho, és possible que estableixi una hipòtesi i m'introdueixi dins d'aquest món hipotòtic." [9]

La nostra ment necessita fabricar espais dins d'espais. I sentir-los. Revelar-los i inventar-los a través del funcionament d'una imaginació rigorosa. A.G.Y.

Per a la meva família: Martina i Fredy

[Peter Kaboth / The Goner]

NOTES

1 — Andy Warhol, *The Philosophy of Andy Warhol: from A to B and Back Again*, published in Spain by Tusquets, Barcelona, 1998 (1st edition 1981), p.151.

2 — The original text was published in *The New Republic* on 8th April 1926.

3 — Nicholas Mirzoeff, "*What is visual culture?*" in N. Mirzoeff (ed.), *The Visual Culture Reader*, Routledge, London, 1998.

4 — Defining *animation* is not a simple matter, thus in the context of animated films, apparently, it alludes to the artificial generation of movement of inanimate shapes and lines, which have not been recorded by means of conventional photography. This definition is imprecise, insofar as although it is applicable to work done using techniques such as animated drawing or the frame by frame animation of objects or materials, it does not serve as a description of other forms of animation, in particular work that is done using the new technologies.
For a wider definition of this concept and the historical origins of animated film, see Paul Wells, *Understanding Animation*, Routledge, London, 1998 (Ch. 1: "Thinking about animated film").

5 — See. Paul Wells, "*'Animation is the most important art form of the 20th Century' Discuss*", in P. Wells (ed.), *Art and Animation, Art and Design*, 53, Academy Group, London, 1997.

6 — Paul Wells, *op. cit.*, 1997. The words in bold have been highlighted by the author.

7 — The film quoted as an example is *Édifice,* by Frank Magnant, produced in 1997 using digital techniques.

8 — As an example, the Czech director Pavel Koutsky bases the action of some of his films, lacking any dialogue, on subjecting the characters and objects to a constant metamorphosis in order to construct the discourse of the film by means of effective visual metaphors. The short *Kavárna* is also an interesting example of how Koutsky uses architectonics to precisely transmit information about the psychology of a character.

9 — Toyo Ito, in F. Massad & A. Guerrero Yeste, "Entrevista a Toyo Ito", *Experimenta*,24, Madrid, Spain.

[124 / Alicia Guerrero Yeste / Spaces within spaces]

NOTES

1 — Andy Warhol, *Mi Filosofía de A a B y de B a A*, Tusquets, Barcelona, 1998 (1º ed. 1981), pàg.151.
2 — El text original fou publicat a *The New Republic* el 8 d'abril del 1926.
3 — Nicholas Mirzoeff, "What is visual culture?" a N.Mirzoeff (ed.), *The Visual Culture Reader*, Routledge, Londres, 1998.
4 — Definir el terme *animació* no és fàcil, per la senzilla raó que aparentment, en el context del cinema d'animació fa referència a la generació artificial de la il·lusió de moviment en formes i línies inanimades i que no ha estat gravada mitjançant el procés fotogràfic convencional. Aquesta definició és imprecisa, ja que si bé és aplicable a les obres realitzades en tècniques com ara el dibuix animat o l'animació d'objectes o materials fotograma a fotograma, no serveix per a descriure altres tipus d'animació, en particular els generats per les noves tecnologies.
Per a una definició àmplia sobre aquest concepte i els orígens històrics del cinema d'animació vid. Paul Wells, *Understanding Animation*, Routledge, Londres, 1998 (Cap.1: "Thinking about animated film").
5 — Vid. Paul Wells, "'Animation is the most important art form of the XXth Century' Discuss", a P. Wells (ed.),*Art und Animation, Art and Design*, 53, Academy Group, Londres, 1997.
6 — Paul Wells, *op.cit*, 1997. Les paraules en negreta han estat destacades per l'autora.
7 — El film citat com a exemple és *Édifice* de Frank Magnant, realitzat l'any 1997 mitjançant tècniques digitals.
8 — Com a exemple, el realitzador txec Pavel Koutsky basa l'acció d'alguns dels seus films, mancats de diàleg, en sotmetre als personatges i objectes a unes metamorfosis constants per tal de construir el discurs del film mitjançant unes eficients metàfores visuals. El curtmetratge *Kavárna* representa un exemple interessant de la manera en què Koutsky empra tipologies arquitectòniques per a transmetre de forma precisa la psicologia d'un personatge.
9 — Toyo Ito a F.Massad & A.Guerrero Yeste, "Entrevista a Toyo Ito", *Experimenta*, no.24, Madrid.

[125 / Alicia Guerrero Yeste / Espais dins espais]

[Peter Kaboth / The Goner]

Building a building: Animation as the architecture of 'modernity'

A text by
Paul Wells

Paul Wells is the Head of the
Media Portfolio at the University
of Teesside (UK). He has published
*Understanding Animation, Animation and
America*. His latest book is *Animation:
Genre & Authorship*.

Karen Kelly
Stressed

Building a building: L'animació com a arquitectura de la 'modernitat'

Un text de
Paul Wells

Paul Wells és Cap del Media Portfolio a la Universitat de Teesside (Gran Bretanya). És l'autor de *Understanding Animation, Animation and America.* El seu darrer llibre és *Animation : Genre & Authorship.*

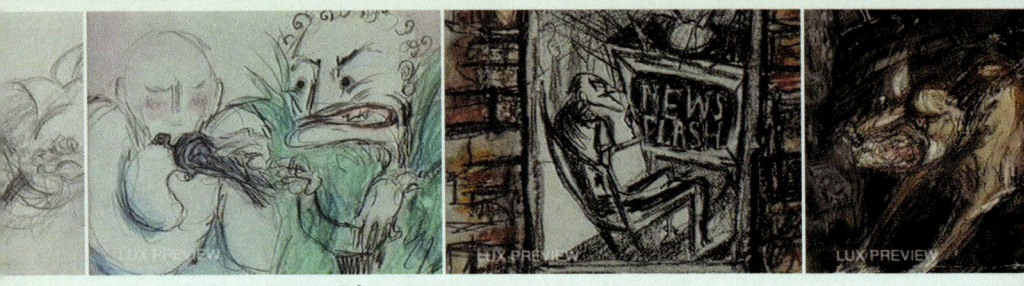

[Karen Kelly / Stressed]

In 1933, the Walt Disney Studio made a 'Silly Symphony' called *Building a Building*, featuring Mickey and Minnie Mouse, and their melodramatic adversary, Pegleg Pete. Taking its cue from the slapstick antecedents of the silent comedians, Charlie Chaplin, Buster Keaton and Harold Lloyd, the cartoon is a riff upon the chase narrative, as Pegleg Pete pursues Minnie's affections only to be foiled by Mickey's ingenuity. Inevitably, the chase is played out through the infrastructure of the building that Mickey, here playing the role of a builder, is involved in constructing, though, by the time the chase has concluded the building is in a state of collapse. The chase offers a ready example, though, of the ways in which animation may be viewed as a distinctive language of expression and visualisation, while also suggesting a mechanism by which 'change', and the 'modernity' of the pre-World War Two era in the United States could be reconciled with folk values and traditions. At the very moment, when Mickey balances precariously on the girders which constitute a new skyscraper — steeped in its role as the symbol of aspiration for the new America, and literally 'reaching for the skies' in the desire to be closer to Godhead — he is imbued with an old style faith as he defies gravity, hanging in mid-air after he saws planks, climbs ropes and runs out beyond the steel skeleton of the building. This is the faith that comes, of course, from 'the art of the impossible' — animation — as it enjoys the simultaneity of re-inventing the rules, re-interrogating reality and re-imagining the world while at the very same time, seemingly re-assuring the audience of the world's innocence and self-belief. Mickey escapes the pursuit of Pegleg Pete, but literally rises and falls in the effort, his descent through the blueprint of the building, leaving a trademark cartoonal 'Mickey-shape', an apt metaphor for the ways in which the modernity of animation imposes upon the architecture of the imagination, the proposed infrastructures of newly configured environments, and the desire to produce the concrete from the ephemeral; the future from the past. This 'modernity' embued in the animated form insists upon *metamorphosis* — the ability to literally evolve from one form into another, seamlessly and by process of dissolution and re-combination — reconciling change in the aesthetic act of continuum. This kind of progression signals the movement from one idea to another; from one state to another; one perspective to another; one second to another. It revises time and space, and invites the viewer

L'any 1933, els estudis de Walt Disney van compondre una *silly simphony* anomenada *Building a Building*, els protagonistes de la qual eren Mickey i Minnie Mouse, i Pegleg Pete el seu melodramàtic adversari. Aquesta animació, que reprèn la trama de les paròdies dels comediants del cinema mut tal com Charlie Chaplin, Buster Keaton i Harold Lloyd, es compon d'una persecució repetitiva: Pegleg Pete vol aconseguir l'estimació de Minnie i es troba contínuament frustrat davant de la ingenuïtat de Mickey. Com era de suposar, la persecució té lloc en l'estructura d'un edifici que Mickey —que interpreta el paper d'un obrer— ha de construir, per bé que, en acabar la persecució, l'edifici queda col·lapsat. Tot i això, la persecució dóna un clar exemple dels modes en què pot ser vista l'animació, com un llenguatge diferenciat d'expressió i de visualització, alhora que suggereix un mecanisme mitjançant el qual el "canvi" i la "modernitat" de l'era prèvia a la Segona guerra mundial als Estats Units es podien reconciliar amb els valors populars i les tradicions. Quan Mickey es gronxa precàriament en les bigues d'un nou gratacel, es troba immers en el seu paper de símbol de les aspiracions de la nova Amèrica del Nord ("tocant el cel", literalment, en el seu desig d'apropar-se a déu), però també està imbuït d'una fe d'estil antic que li fa desafiar la gravetat, penjat al buit després d'haver serrat taulons, d'haver escalat cordes tot fugint a través de l'esquelet de metall de l'edifici. Evidentment, aquesta fe és la que sorgeix de l'"art de l'impossible": de l'animació, que gaudeix de la simultaneïtat de poder reinventar regles, de replantejar la realitat i de re-imaginar el món, així com —en aparença— de la capacitat de reassegurar a l'audiència la innocència del món i la creença en si mateix. Mickey escapa de la persecució de Pegleg Pete, però en aquest esforç s'aixeca i cau (literalment), baixa pel mig dels pisos de l'edifici plasmant una "forma-de-Mickey" (marca registrada de l'animació), que constitueix una metàfora apta per entendre els modes en què l'animació moderna s'imposa a l'arquitectura de la imaginació: les infraestructures proposades dels nous ambients que s'han anat configurant i el desig de produir alguna cosa concreta a partir de l'efímer, el futur a partir del passat. Aquesta "modernitat", inherent a la forma animada, es recalca en una metamorfosi (l'habilitat de desenvolupar-se d'una manera o altra), sense salts i en processos de dissolució i recombinació, tot reconciliant el canvi amb l'acte estètic del continuum. Aquesta mena de progressió apunta el moviment d'una idea a l'altra, d'un estat a l'altre, d'una perspectiva a l'altra, d'un segon a l'altre. Revisa el temps i l'espai i invita l'espectador a comprometre's amb el món, com un acte de proposta continuada, sempre a la recerca

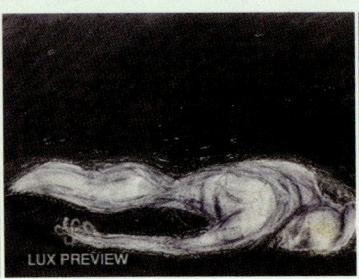

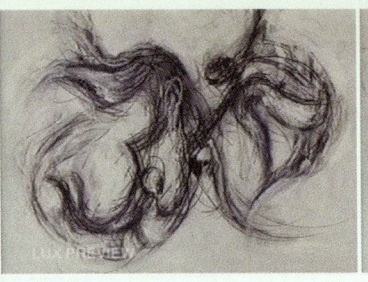

[Karen Kelly / Stressed]

to engage in the world as an act of perpetual proposition, continually in search of a constant and a point of reconciliation. Animation embraces the very concept of change – there is no sense of the once and forever – yet at the same time its attention to the histories imbued in images and signifying systems of representation, inscribes its processes of change with the significance of association. In *condensing* the images in its texts, animation promotes the maximum of suggestion from the minimum of imagery, and seeks recourse to synonym, metaphor and other forms of underpinning associativeness which engage not merely with the propagation of meaning, but the retention of historically determined signification. *Building a Building* suggests that a building is at one and the same time permanent and unstable; a cogent outcome of communal labour and progressive endeavour and yet a playground and theme park; an example of artisanal intensity but modern ambition. It is fair to say that the virtual architecture used in the animated film is both the promise of building and its denial; at once, a vision of process, an apprehension of 'before' and the suggestion of 'after'.

Two other Disney cartoons, both made in 1937, also offer a perspective on the ways in which the Studio sought to reconcile the needs of antiquity with the demands of modernity. *Clockcleaners* and *The Old Mill* show a tower and a windmill, respectively, at the moment where their 'pastness' is recognised in their state of decline – the clock, an extraordinary tower, and a stately mechanism, ready for maintenance; the windmill under siege from a brutal storm. As each regulates its own space, it reveals its longevity. The clock tower houses a sleeping stork, while the mill is home to a whole range of animal and birdlife. Mickey, Goofy and Donald clean the clock, but simultaneously become part of its mechanism; Donald fights the mainspring; Goofy is knocked near unconscious by the ringing of the hour bell, and along with Mickey engages in a hair-raising balancing act across a variety of precipices. The symbols in the clock are telling. The stork – the promise of 'birth'; an old father time figure with scythe, the 'reaper', which rings the clock bell, recalling 'death'; and a second bell-ringer, the figure of Liberty, representing the freedoms of the American Constitution. Here implicitly is a metaphor for a particularly American anxiety about the impact of 'modernity'; a United States in transition, fearful of conformity and regulation, yet

d'allò constant i del punt de reconciliació. L'animació engloba el propi concepte de "canvi" —no existeix un sentit d'"una vegada per sempre"— però, alhora, se centra en històries imbuïdes d'imatges i de sistemes representacionals de significació, i inscriu els seus processos de canvi dins del sentit de l'associació. En *condensar* les imatges en textos, l'animació promou un màxim de suggeriments des d'un mínim d'imatgeria, i cerca recursos als sinònims, a les metàfores i a d'altres formes de sostenir les associacions que no estiguin només compromeses amb la propagació del significat, sinó amb la retenció, determinada històricament, de la significació. *Building a Building* suggereix que un edifici és, alhora, permanent i inestable, el resultat evident del treball comunitari i de l'esforç progressiu, així com un lloc de jocs i un parc temàtic, un exemple d'intensitat artesanal, però també de moderna ambició. Seria just reconèixer que l'arquitectura virtual emprada en la pel·lícula animada és, a la vegada, una promesa de l'edifici i la seva negació, alhora que la visió de tot el procés, la comprensió de l'"abans" i el suggeriment del "després".

Dues altres historietes de Disney, realitzades el 1937, ens ofereixen una perspectiva dels modes en què l'estudi buscava reconciliar les necessitats antigues amb els requeriments de la modernitat. *Clockcleaners* i *The Old Mill* mostren una torre i un molí de vent —respectivament— en el moment en què el seu "passat" es pot endevinar pel seu estat decadent: el rellotge és una torre extraordinària i té un mecanisme estàtic preparat per a ser reparat; el molí es troba malmès per una tempesta brutal. Cadascun d'ells regula el seu propi espai, que ens revela la seva longevitat. La torre del rellotge aixopluga una cigonya que dorm, mentre que el molí és el recer de tota una gamma d'animals i d'ocells. Mickey, Goofy i Donald netegen el rellotge i, simultàniament, es converteixen en una part del seu mecanisme; Donald se les heu amb l'agulla principal i Goofy cau gairebé inconscient pel toc de campana que marca les hores i, junt amb Mickey, es veuen immersos en un terrorífic acte de balanceig al damunt d'una gran varietat de precipicis. Els símbols del rellotge són eloqüents: la cigonya (promesa d'un "naixement"); una antiga figura de la falç (la mort) que toca la campana del rellotge; i una segona figura que toca la campana, la imatge de la Llibertat, en representació d'una de les llibertats de la Constitució d'Amèrica del Nord. D'una manera implícita, hi trobem la metàfora de la particular preocupació nord-americana pel que fa a l'impacte de la "modernitat"; uns Estats Units en transició, temorencs davant la conformitat i la regulació, però, tot i això, optimistes davant del progrés. La pròpia "hilaritat" de l'ani-

[Karen Kelly / Stressed]

optimistic about progress. It is the very 'playfulness' of animation which enables this symbolism to work unobtrusively, and in a persuasively innocent way. Significantly, as with much Disney material of this period there remains an interactivity between the characters and their environment; a perpetuation of a resistance to the machine age, or rather a cautionary preservation of its 'humanity' even while there is a tacit acceptance of its necessity.

The Old Mill is perhaps even more symbolically charged in this way, though no less implicitly, as the key aspect here is in the way that the Disney studio made the film as much as its content. The film is the first to fully and comprehensively use the multi-plane camera to sustain and enhance perspective illusionism, and with it the representational effects of realism. As the ramshackle windmill is torn asunder by the thunderstorm in the film there is a graphic verisimmilitude which only enhances the sense of change and transition. As Disney's work advances technologically, and invests both the geography and choreography of the scenes with a greater degree of architectural veracity, the very images of antiquity are seen to offer resistance, their implicit romanticism, even in the face of an almost gothic onslaught, a recognition of old ways and folk idioms. What we are therefore seeing as the art of animation finds its most representative style – namely the Disney aesthetic – is a tension between the ways in which the modernity of mechanism, and its newly affiliated cultural formations and frameworks, meets the determinacy of the past, represented by the last remnants of a romantic or gothic sensibility, that seeks to preserve the rural, pastoral or simply the craft orientation of the past as an opposition to urbanity, and chiefly, the threat of the city.

Gilbert Adair has noted,

"Nothing if you think about it, is so like the city as the cinema. Just as there exist impersonal, characterless cities – notably, the slung together jumbles of filling stations, fast-food outlets and motel bungalow courts dotting the American hinterland, which resemble each other as much as most average American movies resemble each other. By contrast, just as there are *films d'auteur*, so there are what might be called *villes d'auteur* – Paris, Venice, New York – each of which has its own very

mació permet que aquest simbolisme vagi avançant sense obstacles i d'una manera innocentment persuasiva. És forà significatiu que, en gran part del material de Disney d'aquest període, hi hagi una interactivitat entre els personatges i el seu medi ambient, una perpetuació de resistència davant l'era de les màquines, o potser una preservació preventiva de la seva "humanitat", per molt que hi hagi, també, una acceptació tàcita de la seva necessitat.

The Old Mill potser és, en aquest sentit, la que té més càrrega simbòlica —noció que també hi és implícita— i la raó rau possiblement en la manera en què l'estudi Disney va realitzar aquest film, a més del seu contingut. Fou la primera pel·lícula que emprà de manera completa la càmera múltipla per a sostenir i incrementar la il·lusió de la perspectiva, així com els efectes de representació de realisme. En el moment en què el molí destrossat s'esllavissa a causa de la tempesta, hi ha una autenticitat gràfica en el film que reforça el sentit de canvi i de transició. Com més avança en sentit tecnològic el treball de Disney i més inverteix en versemblança arquitectònica en la geografia i la coreografia de les escenes, més resistència ofereixen les imatges d'allò antic; i el seu romanticisme implícit, fins i tot oposat a una càrrega gairebé gòtica, és un reconeixement de velles formes i de parles tradicionals.

Llavors, al mateix temps que l'art de l'animació troba el seu estil més representatiu (l'anomenarem l'estètica Disney), es pot entreveure una tensió en la manera en què la modernitat del mecanisme (junt amb les seves formacions culturals associades i les seves estructures) ha de resoldre la determinació del passat, representat per les escorrialles d'una sensibilitat gòtica o romàntica, que busca preservar allò rural, pastoral o simplement l'orientació artesanal del passat com a oposició a la urbanitat i, en general, a l'amenaça de la ciutat.

Gilbert Adair ha remarcat:

"Si t'ho mires bé, res no s'assembla tant a una ciutat com el cinema. Hi ha ciutats impersonals, sense caràcter, una notòria barreja desordenada d'estacions de servei, de locals de menjar ràpid i de motels de carretera espargits per les terres de l'interior de l'Amèrica del Nord; s'assemblen tant les unes amb les altres com una pel·lícula nord-americana mitjana s'assembla a una altra. En contrapartida, així com existeixen films d'auteur, també n'hi ha que es poden titllar de villes d'auteur —París, Venècia, Nova York— cadascuna d'elles tenint un segell estilístic propi (la Torre Eiffel, els canals, els

[Vuk Jevremovic / Tagebuch]

stylistic trademark (the Eiffel Tower, the canals, the skyscrapers) just as the classic films of René Clair, [Federico] Fellini and [Martin] Scorsese."[1]

Adair's assimilation of the concept of the 'auteur' played out across both a cinematic and geographic agenda is an attractive conceit, and helpfully demonstrates how Disney may be understood as a anti-*ville d'auteur*, privileging a model which predominantly had its source in the work of Swiss-born designer, caricaturist and animator, Albert Hurter. Robin Allen suggests 'Hurter had a profound influence on the work of the studio; of the seventy-five *Sillies* [Silly Symphony Cartoons] produced between 1929 and 1939 – when they ceased – fifty-two are based on European stories or ideas. *Babes in the Woods* and *Santa's Workshop* (both 1932) show the influence of Hurter's gothic fantasy and love of the droll'.[2] John Russell Taylor adds, 'His influence is visible in many of Disney's shorts and features up to (his) death at the time of *Pinocchio*, particularly those aspects of the gothic and the grotesque which relate most closely to European book illustration of the period and look back towards art nouveau and symbolism. Hurter indeed seems to have been responsible almost single-handed for grafting this strain on to Disney's original homegrown American'.[3] Crucially, Hurter's gothic romanticism, humour of the grotesque, and use of intrinsically *European* symbolic forms created an aesthetic that resisted the very model of *American* 'modernity' that Disney's own production process had embraced. Even though Disney had insisted upon technological innovation, his creative and ideological approach was literally backward-looking, drawing upon European 'antiquity' and aestheticism as the currency of culture in the work. There is considerable irony, here, as Disney's working process chimed with some European modernist perspectives which suggested that to be non-bourgeois, art needed to be machine-made, and should embrace functionalism. Disney's pragmatic innovations were intrinsically functional but in the service of work which had the deep contradiction of embracing romantic and gothic folk culture while nevertheless representing modernity in the discipline. Animation too, especially in the American cartoonal tradition, enjoyed the congruity of the two dimensional 'flatness' and simultaneity of perception and perspective promoted by Cubists like Braque and Picasso. These new visual codes found

gratacels), com en el cas, també, de les pel·lícules clàssiques de René Clair, de Federico Fellini i de Martin Scorsese[1]."

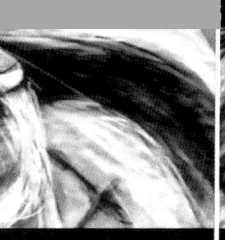

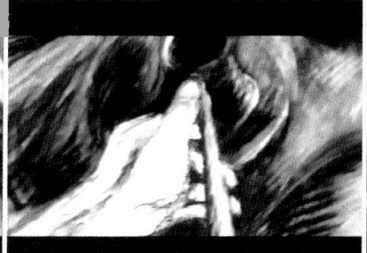

La manera en què Adair assimila el concepte d'*auteur* en els àmbits cinematogràfics i geogràfics és una idea atractiva, que ajuda a demostrar com Disney pot ser interpretat com anti-*ville d'auteur*, ja que privilegiava un model influït principalment pel treball del dissenyador suís Albert Hurter, caricaturista i animador. Robin Allen suggereix que "Hurter va influir profundament en el treball de l'estudi. De les seixanta cinc *Sillies*, [*Silly Symphony Cartoons*] produïdes entre el 1929 i el 1939 (any en què es deixaren de fer) cinquanta-dues estaven basades en històries o idees europees. *Babes in the Woods* i *Santa's Workshop* (ambdues del 1932) mostren la influència de la fantasia gòtica de Hurter i la seva inclinació envers tot allò rar i divertit"[2]. John Russel Taylor afegeix: "La seva influència es fa visible en molts dels curts i llargmetratges de Disney fins a la [seva] mort –contemporània de *Pinocchio*–, particularment en els aspectes del gòtic i del grotesc que més s'aproximen al llibre d'il·lustració europeu d'aquella època i que miren enrere, cap a l'*art nouveau* i el simbollisme. Sembla que Hurter fou realment l'únic responsable d'implantar aquest sentit en el local nord-americà original de Disney"[3]. D'una manera crucial, el romanticisme gòtic de Hurter, l'humor grotesc i l'ús intrínsecament *europeu* de les formes simbòliques crearen una estètica que es contraposava al model de la "modernitat" *nord-americana* incorporada pel propi procés de producció de Disney. Per bé que Disney insistia en la innovació tecnològica, el seu apropament creatiu i ideològic mirava cap enrera, dibuixant segons l'"antiguitat" i l'estètica europea, com a forma de cultura del seu treball. Aquí hi ha una considerable ironia, ja que el procés de treball de Disney s'acordava amb algunes perspectives modernes europees que suggerien que, per evitar ser titllat de burgès, l'art havia de ser fet a màquina i havia d'incorporar el funcionalisme. Les innovacions pràctiques de Disney eren bàsicament funcionals, per bé que al servei d'un treball que tenia la profunda contradicció d'incorporar cultura romàntica i gòtica tradicional, però que alhora, en la seva disciplina, representava la modernitat. L'animació, (especialment la tradició d'animació nord-americana), també emprava la congruència del pla de dues dimensions i la simultaneïtat de la percepció de la perspectiva, promoguda per cubistes com Braque i Picasso. Aquests nous codis visuals varen trobar la seva expressió més explícita i comuna –per bé que desconeguda– en l'era de l'animació popular nord-americana

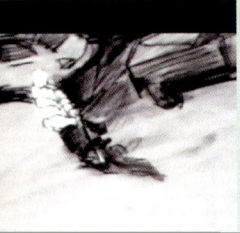

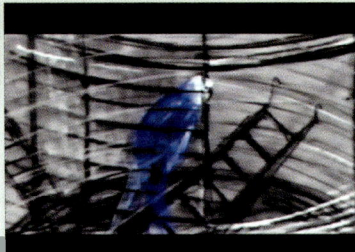

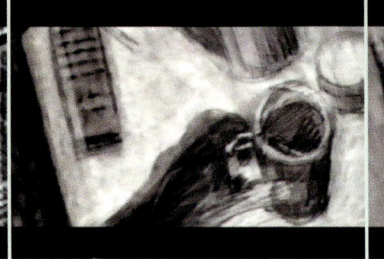

[Vuk Jevremovic / Tagebuch]

their most obvious, common, but unacknowledged expression in the pre-*Snow White* era of the popular American cartoon. On screen, Disney arrested this modernity, however, seeking the anthropomorphism imbued in gothic design and the decorative gestures in architectural styles to embellish his mise en scène, flying in the face of the newly institutionalised 'International Style' championed by the European modernists, which had been the new standard in the arts since the opening of the Museum of Modern Art in New York in 1929. Unlike Disney, though, the Fleischer Brothers, embraced urbanity and the new functionalism, moving on from their own conception of what Mark Winokur has called the 'eccentric mise en scène'[4] in their *Betty Boop* cartoons to the more formal work in *Mr Bug Goes to Town* (1941).

The Fleischer Brothers — Max, Dave, Joe and Lou — fascinated by 'cartoons', 'science' and 'mechanics', created the rotoscope; made the hour long, *Einstein's Theory of Relativity* (1923); the *Song Car-Tune* sing-along cartoons (1924-1927), using live accompaniment and a 'bouncing ball' following the lyrics; and the half-animated, half-live action 'Out of the Inkwell' series, featuring Ko-Ko, the clown, all before the end of the 1930s. Their most famous characters included Betty Boop, Popeye, and Superman, but throughout their careers they either lived in the technical and aesthetic shadow of the Disney Studio, or found less favour with their characters than the popular icons of the Warner Bros. Studio, like Bugs Bunny, Daffy Duck and Porky Pig. Nevertheless, it was they who fully engaged with the new style, the urbanity of the work, and the genuinely modernist credentials of 'the city'. Indeed, it was they who saw that animation could not merely use the environment as a setting, but necessarily, pragmatically, and aesthetically, could use it as a set. Architect-artist, Bob Little created a three-dimensional miniature set of New York for use in the opening scenes of *Mr Bug Goes To Town*, constructed with a distorted perspective to ensure the illusion of three dimensionality when conventional hand-drawn two dimensional characters were placed in front of it. It included over 16,000 panes of glass in the scaled down wood and plastic skyscrapers. The animation, too, was to speak to contemporary aesthetic approaches. As Leslie Cabarga has pointed out, '*Snow White, Gulliver's Travels* and *Pinocchio* were all based on classic stories and drawn in a rich and heavily shaded style. *Mr Bug* was the first feature-length

prèvia a *Snow White*. Tanmateix, en la pantalla, Disney contrarestava aquesta modernitat cercant l'antropomorfisme inherent al disseny gòtic i en els gestos decoratius dels estils arquitectònics, per tal d'embellir la *mise en scène*, desafiant així el recentment institucionalitzat *International Style*, tan lloat pels moderns europeus que s'havia convertit en el nou estàndard artístic des de l'obertura del Museu d'Art Modern de Nova York l'any 1929. D'altra banda, i en contraposició a Disney, els Germans Fleischer introduïren la modernitat i el nou funcionalisme desplaçant-se, des de la seva pròpia concepció d'allò que Marc Winokur anomena l'excèntrica *mise en scène*[4] en les seves animacions de *Betty Boop*, cap a un treball més formal com fou *Mr Bug Goes to Town* (1941).

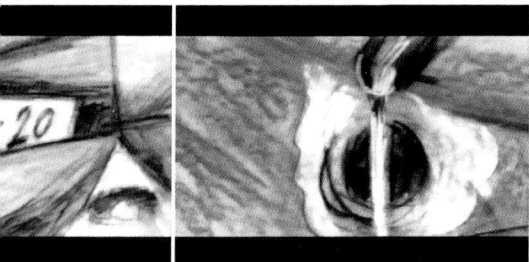

Els Germans Fleischer –Max, Dave, Joe i Lou–, fascinats pels *cartoons*, la "ciència" i la "mecànica", crearen el rotoscopi; varen filmar la pel·lícula d'una hora de durada *Einstein's Theory of Relativity* (1923), els musicals animats Song Car-Tune (1924-1927) tot emprant acompanyament en viu i "dansa activa" que seguia les lletres; i les sèries meitat-animades, meitat reals, *Out of the Inkwell*, en les que actuava el pallasso Ko-Ko; tot això, abans del final de la dècada del 1930. Els seus personatges més famosos incloïen Betty Boop, Popeye i Superman, però en les seves carreres varen viure en l'ombra tècnica i estètica dels estudis Disney, o bé trobaren, per als seus personatges, una aprovació menor que no les de les icones populars del Warner Bros Studio, tal com Bugs Bunny, Daffy Duck i Porky Pig. Tanmateix, varen ser ells qui es comprometeren totalment amb el nou estil, amb la urbanitat del treball i amb les credencials genuïnament modernes de "la ciutat". De fet, foren ells qui varen intuir que l'animació podria emprar el medi no simplement com un ambient, sinó que d'una forma necessària, pràcmatica i estètica podia ser utilitzat com a escenari. L'artista-arquitecte Bob Little creà una miniatura en tres dimensions de Nova York per tal d'usar-la en les escenes d'obertura de *Mr Bug Goes To Town*, basada en una perspectiva distorsionada que assegurava la il·lusió de la tridimensionalitat en el moment en què tenia al davant els dibuixos fets a mà de personatges en dues dimensions. Va haver d'incloure més de 16.000 panels de vidre en els gratacels a escala, fets de fusta i plàstic. L'animació també s'havia de pronunciar sobre els apropaments estètics contemporanis. Tal com ho ha remarcat Leslie Cabarga, *Snow White*, *Gulliver's Travels* i *Pinocchio* estan basats en històries clàssiques i dibuixats dins d'un estil ric i realment velat. Mr Bug fou el primer llargmetratge d'animació basat en una història original i dibuixada en un estil

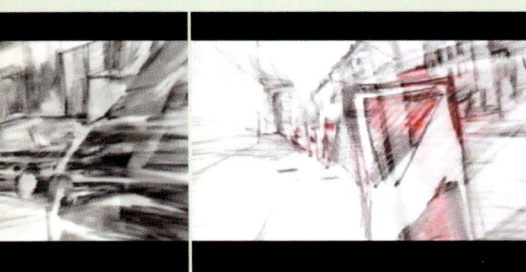

[Vuk Jevremovic / *Tagebuch*]

cartoon based on an original story and drawn in a modern style'.[5] The film includes extraordinary perspectives from the skyscrapers, and though, the bug community who populate the film ultimately find solace and comfort in a rooftop cottage of a young songwriter and his wife, this is emphatically the city; the very struggle with 'modernity' right at the heart of the narrative; the specific architecture of New York used as a metaphor for the primacy of a real United States having to move away from the conservatism of the old world. Again, animation works as a vehicle that can develop from its picturesque and expressionist tendencies in order to embrace the iconoclasm of what Mies Van der Rohe would later call the industrial vernacular. The Fleischers, like the animators of Warner Bros. 'Termite Terrace' studio, become the *ville d'auteurs* of the urban city, as Disney retreated to the comforts of small town America, or old world Europe.

The Warner Bros. animators, among them, Chuck Jones, Tex Avery, Bob Clampett and Frank Tashlin, worked with the knowledge of the city – its noise, its conflict, its scepticism, its immigrant mix – but were less concerned with its infrastructures. If Disney's characters continued to try and interact with the environment, Warner Bros. characters were essentially preoccupied with each other, constantly at odds, but ironically, intrinsically playing out the tensions of inner-city life *and* aesthetically constructing a *cartoonal* space which strongly reflected some of the necessity to move beyond architectural 'functionalism' and embrace the infrastructural consequences of material culture. Effectively, the Warner Bros. animators intuitively knew that the environment was a series of symbolic facades, often inherently at odds with a constructivist model of modernity. Their cartoons, like the architecture itself, were systems of space, structure and allusion, often *dis-*located into a symbolic form. The artists of United Productions of America (UPA) took this to its logical conclusion, largely negating building and concrete environment altogether. Warner Bros. animators essentially explored form, space, and structure through the capacities of animation, and consequently saw all constructions and 'architecture' as a means towards socio-cultural and psychological commentary, but primarily, as a vehicle to enunciate 'animation' itself. The 'facade' of contemporary architecture becomes the hyper-illusionism of the animated space.

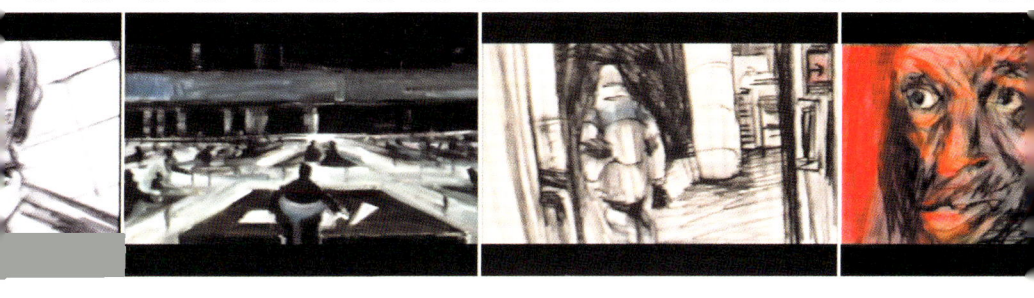

modern"[5]. La pel·lícula inclou unes extraordinàries perspectives des dels gratacels, i així i tot, la comunitat d'insectes que habiten el film no troba calma ni confort fins que no arriba al sostre d'una cabana d'un jove compositor de cançons i de la seva esposa: vet aquí el que és, emfàticament, la ciutat, una lluita amb la "modernitat" al cor mateix de la narrativa; és l'arquitectura específica de Nova York usada com a metàfora de la primacia dels Estats Units reals, que s'havia de distingir del conservadurisme del vell món. Una vegada més, l'animació treballa com a transmissor de quelcom que es pot desenvolupar des de les tendències viscudes i expressionistes, per abraçar la iconoclàstia d'allò que Mies Van der Roche anomenaria més tard, el vernacle industrial. Els Fleischers, així com els animadors de l'estudi "Termite Terrace" de la Warner Bros, es convertiren en *ville d'auteurs* de la ciutat urbana, mentre que Disney es decantava cap al confort del petit poble nord-americà o cap al vell món europeu.

Els animadors de la Warner Bros (entre altres Chuck Jones, Tex Avery, Bob Clampett Frank Tashlin) treballaren amb el coneixement de la ciutat —el seus sorolls, conflictes, escepticismes, mescla d'immigrants— tot i que les seves infraestructures els preocupaven menys. Si els personatges de Disney continuaven experimentant i interactuant amb l'ambient, els personatges de la Warner Bros estaven particularment preocupats l'un de l'altre, constantment en desacord però, irònicament, representant de manera intrínseca les tensions de la vida ciutadana i construint estèticament un espai de *caricatura* que reflectia en gran manera la necessitat d'escapar del "funcionalisme" arquitectònic per abraçar les conseqüències estructurals de la cultura material. Atès que, efectivament, els animadors de la Warner Bros intuïen que l'ambientació era formada per una sèrie de façanes simbòliques, sovint profundament en desacord amb un model constructivista de la modernitat. Les seves historietes animades —com l'arquitectura— eren sistemes d'espai, estructures i al·lusions, generalment *des*col·locades de manera simbòlica. Els artistes de la United Productions of America (UPA) van portar-ho fins a la darrera conseqüència lògica, tot negant simultàniament l'edifici i l'ambient concret. Els animadors de la Warner Bros exploraren essencialment la forma, l'espai i l'estructura mitjançant les possibilitats de l'animació i, en conseqüència, veieren les construccions i l'"arquitectura" com a mitjans per a fer interpretacions socioculturals i psicològiques, però, principalment, com a vehicle per enunciar l'"animació" en si mateixa. La "façana" de l'arquitectura contemporània es converteix en un hiperil·lusionisme de l'espai animat.

[Vuk Jevremovic / Tagebuch]

The 'city' in animation is always an imaginary city. As Chuck Jones suggested in relation to the landscape of *Duck Dodgers of the 24½ Century* (1953) — highly influential on the dramatic spaces of Hanna Barbera's *The Jetsons*, and later Gendy Tartakovsky's 'Townsville' in *The Powerpuff Girls* — that 'we could go way beyond the clutching bonds of the earthbound live-action camera and what were then the miniature cities of the Future. We do this because we *can*, because we have that great and imaginative designer, Maurice Noble, to create the city of the future, a city that, even with today's advances in technology, still stands as the city to stimulate live-action directors such as George Lucas and Steven Spielberg'.[6] This context enabled the animation itself to speak to the concerns of time, space, and the negotiation of dimension, so that the implied depth in the image facilitates the idea of a place that must be managed and organised; an 'architecture' of presence and absence in the planes of action which offer the possibiliy of habitability, or simply, a place to play out difference. This is, of course, where the characters are determined, and the expressionistic interface between the identity of the characters and the spaces they occupy is one of the defining and distinctive characteristics of the cartoonal form. As Celia Lury has suggested, 'In short, the cartoon character — a figure existing on the border between person and non-person, as exemplified by the 'cartoon animal' — personifies itself through its relation to space or its environment, a mode of identification which, whilst characteristic of most comedy, is highlighted in the cartoon as a disparity between 'actual' surface and diegetic depth'.[7] This suggests an important aspect of the cartoon as it suggests the effacement of the difference between context and character, and promotes an ontological view of the architectural space. It is a key aspect which has been readily taken up by the major figures working in contemporary Japanese animé, who not merely replace the ambivalent 'cartoon animal' with the ambiguous and contradictory graphic human, but often submerge or immerse such figures in architectural contexts which both operate as characters in themselves, or refute the fixity of hierarchical 'structures' — ideologically and materially — in which they exist as inherently maleable and mutable forms. I have written elsewhere that the social and historical context in which Japanese artistic practice takes place is predicated on a range of differing principles, which

En termes d'animació, la "ciutat" sempre és una ciutat imaginària. Tal com suggeria Chuck Jones en relació al paisatge de *Duck Dodgers of the 24 ½ Century* (1953) –que influiria molt en els dramàtics espais ficticis de *The Jetsons*, de Hanna Barbera i més tard en el "Townville" de *The Powerpuff Girls* de Gendy Tartakovsky– "podríem anar molt més enllà dels amarratges tibants de la càmera en viu (que no pot evitar continuar enganxada al terra) i del que eren en aquells moments les ciutats en miniatura del futur. Fem això perquè *podem fer-ho*, perquè tenim a aquest gran i imaginatiu dissenyador, Maurice Noble, per a crear la ciutat del futur; una ciutat que, fins i tot amb els avenços tecnològics d'avui dia, es manté com la ciutat per a estimular els directors d'acció en viu com George Lucas i Steven Spielberg"[6]. Aquest context va fer possible que l'animació parlés de temes actuals, de l'espai i de la negociació de la dimensió, ja que la profunditat implicada en la imatge ens aporta la idea d'un lloc que ha de ser manipulat i organitzat, una arquitectura de la presència i absència en els plans d'acció en els quals s'ofereix la possibilitat d'habitabilitat o, senzillament, un lloc per a representar la diferència. Aquest lloc és, sens dubte, allà on es determinen els personatges, tot sent una de les característiques definitòries i distintives de la forma del dibuix animat, l'encontre expressionista entre la identitat dels personatges i els espais que ocupen. Tal com ho ha suggerit Celia Lury: "En resum, el personatge de dibuix animat –una figura que existeix entre el límit de la persona i la no-persona, com ja va ser evidenciat pel *cartoon animal*– es personifica mitjançant la relació amb l'espai i amb el seu medi ambient, un mode d'identificació que, si bé caracteritza la majoria de les comèdies, en la historieta animada ressorgeix com una mena de disparitat entre la superfície "real" i la profunditat diegètica"[7]. Aquest fet suggereix un aspecte important de la historieta animada: el desdibuixament de la diferència entre el context i el personatge, i promou una visió ontològica de l'espai arquitectònic. Aquest és un aspecte clau que ha estat adoptat per les més grans figures que treballen en l'animació japonesa contemporània, els quals no solament substitueixen l'ambivalent *cartoon animal* pel contradictori i ambigu humà gràfic, sinó que sovint submergeixen o introdueixen aquestes figures en uns contextos arquitectònics que intervenen en tant que personatges en si mateixos o refusen la fixació de les "estructures" jeràrquiques –ideològicament i materialment– en les quals existeixen com a formes inherents de mal·leabilitat i mutació.

He escrit en alguna part que el context social i històric en què es realitza la pràctica artística japonesa és el resultat d'una gamma de diferents principis, que de forma

Kai Zhang
Ship of Dream

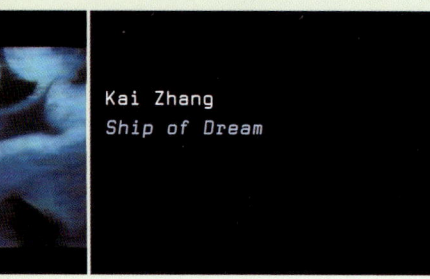

[Kai Zhang / Ship of Dream]

coincidentally speak directly to the openness of the vocabulary in animation, and the ontological equivalence that I have noted underpins the imagery of the two dimensional cartoon.[8] Two key aspects of this of the ways in which Japanese aesthetics are informed by the re-circulation of a variety of 'signs' which have in themselves a material reality in Japanese culture, and the idea that Japanese art does not move in a pattern that sees 'succession' in the artworks, but rather the 'super-imposition' and simultaneity of artistic and historically determined forms. Historical periods and styles freely and incongruously mix, their architectures and environments at once an eclectic reminder of the mutuality of structures and functions, but equally, a re-invention of space, time and received knowledge.

Hayao Miyazaki's *Laputa, the Flying Island* (1986) is but one example of this. Miyazaki creates a historically indeterminate world. A rain-washed late nineteenth century terrain, based on mining towns in Wales, overflown by Jules Verne-style airships, also hints at post-war technologies; the industrial revolution sitting alongside an imagined machine age, partially driven by magic as well as mechanism. The anticipated parallel world which in dystopic animé is often populated by vengeful demons is here represented as an idyllic flying island; a lost Eden of organic plenitude and advanced technology. This is the architecture of the natural world as it survives the ruin of former places and spaces, and contextualises the determinist power and effect of new technologies, denying the urban in a retreat to the ultimate in pastoral restoration – a floating world divorced from the rise of the metropolis. Arguably, this is an escapist agenda, and a denial of 'modernity', but rather it points up that to deny humanity and history in the literal re-construction of the world is to mistake the very purpose of change, and the aesthetic and spiritual integrity which must inform 'progress'. Such 'progress' has largely been made in the name of commerce, and does not take sufficient account of the ways in which bulidings and enviroments are created to embody a 'symbolic' as well as 'pragmatic' function, serving a model of *representation*. Again, this is where the animated form chimes readily with the dictats of architectural development in that its very space is an interrogation and revision of representational norms in a spirit of recovering human experience lost in the orthodoxies of the codes and conventions of realism, and the acceptance of

coincident parlen d'aperturisme dins del vocabulari de l'animació, i l'equivalència onto-
lògica que he notat reforça la imatgeria de la historieta animada en dues dimensions[8].
Dos aspectes centrals d'això foren el mode en què l'estètica japonesa es caracteritza en
la re-circulació d'una varietat de "signes", que són continguts en la realitat material de
la cultura japonesa; i la noció que l'art japonès no es mou dins dels patrons que respec-
ten la "successió" en els treballs artístics, sinó que "sobreimposen" de manera simultà-
nia les formes artístiques històricament acceptades. Períodes històrics i estils barrejats
de manera lliure i incongruent, les seves arquitectures i ambientacions es constitueixen
també en recordatori eclèctic de les mútues estructures i funcions, tot i ser també una
reinvenció de l'espai, del temps i del coneixement adquirit.
Laputa, the Flying Island (1986) de Hayao Miyazaki n'és un bon exemple. Miyazaki crea
un món històricament indeterminat. Un territori esborrallat en les acaballes del segle
XIX, inspirat en els pobles miners de Gal·les, sobrevolats per unes naus a l'estil de
Jules Verne; ens suggereix així mateix tecnologies de postguerra; la revolució industrial
unida a una era mecànica imaginada, dirigida parcialment tant per la màgia com per
la mecànica. El món paral·lel anticipat —que en l'animació antiutòpica està en general
repleta de diables venjatius— és representada aquí com una idíl·lica illa voladora, un
edèn perdut de plenitud orgànica i d'avançada tecnologia. Aquesta és l'arquitectura del
món natural que sobreviu a la destrossa dels espais i dels indrets passats, i contextua-
litza el poder i l'efecte determinista de les noves tecnologies, tot negant allò urbà en
una concessió envers la restauració rural i idíl·lica extrema —un món flotant divorciat de
l'adveniment de la metròpolis. Es podria dir que és un afer escapista i una negació de la
"modernitat", però de fet recalca que negar la humanitat i la història en la reconstrucció
del món seria equivocar el propòsit del canvi en si mateix, i la integritat estètica i
espiritual que ha de caracteritzar el "progrés". Aquest progrés ha estat àmpliament
desenvolupat en nom del comerç, i no explicita suficientment els modes en què es
creen les construccions i els ambients per a corporificar tant la seva funció "simbòlica"
com "pragmàtica", sotmeses a un model de *representació*. De nou, és aquí on la forma
animada s'acorda amb els dictats del desenvolupament arquitectònic, ja que el seu
propi espai és un interrogant i una revisió de les normes representacionals amb el
propòsit de reconquerir l'experiència humana perduda, dins les ortodòxies dels codis
i convencions del realisme i l'acceptació d'allò "concret", de manera material i meta-
física. El treball de Miyazaki s'oposa a aquest estat de fet i ofereix perspectives a

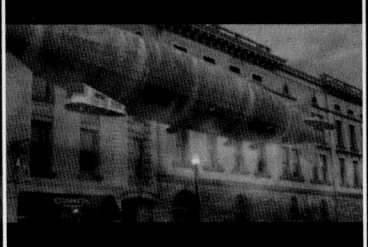

[Kai Zhang / Ship of Dream]

the 'concrete', materially and metaphysically. Miyazaki's work resists this, and offers alternative perspectives on the material environment which use animation to insist on the organic, on continuum, and on the necessity to perpetually engage in work which seeks revelation and redemption.

Similarly, Mamoru Oshii constantly seeks to constantly draw attention to the context — the city — as a character in itself, and in recognition of it as a de-humanising agent in worlds, which though demonstrating 'advances', have nevertheless challenged, and ultimately, lost sight of what it is to be human. His *Patlabor* films (1990 and 1993), and most specifically, *Ghost in the Shell* (1995) suggest that there is little stability in any one context. The city is omnipresent and oppressive, but ultimately indifferent. An on-looker whose presence is neither sacred or profane; merely a consequence of humankind's best efforts to accommodate its people, and their disparateness. In environments which suggest uniformity, conformity, and the insularity bred of fear, and left to police conflict and corruption with cyborgs and robots, human value seems lost. Even a computer 'virus' which gains sentience seems to have as much claim to humanity as those enhanced humans who seek to engage with the hacker who produced it. The animation points up this 'representational' difference, most self-evidently in the construction of the body as an arbitrary and 'empty' vessel, and in the isolationist contexts within the urban milieu, not merely to enunciate the particularity of animation in illustrating 'unimaginable' forms and transitions, but to point up the desperation of humankind in a world ironically, overwhelmed by its communication and information technologies. Though Oshii suggests a new lifeform in the synthesis of a de-stabilised human — wrestling with the notion that 'memory' may be the only evidence of human identity and survival — and the computer, in a cyber-being composed only of increasing amounts of digital information referents, it is only to point up that humankind has no literal or matrial 'location' anymore. In this model animation shows the illusion of absence and presence not as the subject of 'play' but as a philosophical observation.

In three-dimensional animation, of course, the idea of the architectural process changes to a more literal form. As the Fleischer Brothers did for *Mr Bug Goes to Town* the animator can build the miniature town or city, providing a physical context for

ntys Academy for
chitecture and Urban
sign: Jan Hubert
sschops, Edgar Claa-
n, Joris Dekkers, Frank
erks, Iwan Westerveen

A cinematographical
becoming of the staged
landscape to a redoubling
of the meaningless image

l'ambientació material, emprant l'animació per insistir en allò orgànic, en el continuum
i en la necessitat de comprometre's de manera perpètua en un treball que cerca la
revelació i la redempció.

De manera semblant, Mamoru Oshii busca constantment cridar l'atenció sobre el
context —la ciutat— com si es tractés d'un personatge, i reconèixer-la com un agent
deshumanitzador en uns móns que, tot i mostrant avenços, han desafiat (i en darrera
instància, perdut) la visió d'allò que és l'ésser humà. Les seves pel·lícules Patlabor
(1990 i 1993) i, més concretament Ghost in the Shell (1995), suggereixen l'escassa
estabilitat present en qualsevol dels contextos. La ciutat és omnipresent i opressiva i,
en últim terme, indiferent. La ciutat és un espectador la presència del qual no és ni
sagrada ni profana, sinó tan sols una conseqüència del més gran esforç de la humanitat
per tal d'acomodar la seva gent i la seva disparitat. El valor humà sembla perdre's
en ambients que suggereixen uniformitat, conformitat i tossuderia engendrada per la
por, deixant en mans de policies, cyborgs i robots, el conflicte i la corrupció. Fins
i tot un "virus" d'ordinador que evoca sentiments sembla tenir un dret humà tan
definit com aquests humans "superdotats" que miren de contactar amb el hacker
que l'ha creat. L'animació remarca aquesta diferència "representacional", que esdevé
més autoevident en la construcció del cos com un recipient arbitrari i "buit" en els
contextos aïllacionistes de l'ambient urbà; no tan sols per a enunciar la particularitat de
l'animació en formes i transicions il·lustrades "inimaginables", sinó també per a mostrar
la desesperació de la humanitat en un món irònicament sobresaturat per les seves
tecnologies de comunicació i d'informació. Per molt que Oshii apunti una nova forma de
vida en la síntesi d'un humà desestabilitzat (lluitant amb la noció que la "memòria"
pot ser l'única evidència de la identitat i supervivència humana), i d'una computadora
(un ésser cibernètic compost només d'un nombre cada vegada en augment de referèn-
cies d'informació digital), ho fa tan sols per destacar que la humanitat ja no té un
"lloc" material o literal. En aquest sentit, l'animació mostra la il·lusió d'absències i de
presències no com a tema de l'obra, sinó com a una observació filosòfica.

És clar que en l'animació en tres dimensions la noció del procés arquitectònic s'inclina
vers una forma més literal. Tal com ja ho havien fet els germans Fleischer en Mr Bug
Goes to Town, l'animador pot edificar una ciutat o un poble en miniatura per aportar un
context físic a l'acció. En molts sentits, això representa un gran respir en la relació amb
els contextos d'acció en viu, pel fet de demostrar la contínua mutabilitat de l'ambient.

[Fontys Academy / A cinematographical...]

the action. In many senses this brings the relation to live-action contexts into greater relief, by demonstrating the continuing mutability of the environment. *Nightmare Before Christmas* (1993) directed by Henry Selick, is an excellent example of different models of architecture played out through the four different landscapes in the story – 'Christmas Town', 'Halloweenland', 'The Real World' and the 'Oogie-Boogie's lair'. Art Director Deane Taylor stresses the praagmatics of this: 'Technical considerations are major. You have to think about getting the lights where you need them to be, about access for the animator. It's easy to to draw a beautifully lit character, but if you can't get into the set to put the light there, you've lost your look'.[9] This initial observation is fundamental in the sense that it immediately re-configures how the architecture 'functions' and most significantly, how it can be seen to function. Two dimensional animation can re-define functionalism and re-position representational orthodoxies; three dimensional animation recalls the physical premises, and the particularly artisanal requirements of illusionism. In this case, the sets had to properly represent the designs by Tim Burton, and the particular vision of Selick, a kindred aesthetic spirit to Burton in embracing gothic eccentricity allied to modernist economy. Crucial was the way in which the three dimensional set had to have a two dimensional look, betraying the influence of Robert Wiene's German Expressionist masterpiece, *The Cabinet of Dr Caligari* (1919). The sense of distortion and instability inherent in *Caligari*, translates into *Nightmare Before Christmas* in many forms, but for example, a ramshackle treehouse, perched precariously on a tree, only seems stable by virtue of the ways in which it seems to organically cling to its branches. The whole of 'Halloweenland' is based on unusual angles, off-kilter structures, sharp angles, and haphazard forms. 'Christmas Town', by contrast, is 'soft and sloppy. It's Dr Seuss and bright colours, like candy', notes another senior Art Director, Kendal Cronkhite, adding 'The Real World is a little bit Bauhaus, as well as 1950s to 1960s, very rigid, designed isometrically'.[10] Once more a context is played out through a tension between 'Romanticism' (Christmas Town), the 'Gothic' (Halloweenland) and the Modern as represented by 'the International Style', each rendering the other as a metacommentary on 'pastness'. The primary colours and pastel shades in the rigidly determined Real World, for example, cast

[146 / Paul Wells / 'Building a building']

Nightmare Before Christmas (1993), dirigida per Henry Selick, és un excel·lent exemple dels diferents models d'arquitectura mostrats a través de quatre diferents paisatges en la història: *Christmas Town, Halloweenland, The Real World* i *Oogie-Boogie's lair*. La directora d'art Deane Taylor n'emfatitza la seva utilitat: "Les consideracions tècniques són molt importants. S'ha de fer atenció en posar les llums allà on es necessitin, i s'ha de pensar en l'accés per a l'animador. És força fàcil dibuixar un personatge il·luminat de manera escaient i bella, però si no es pot entrar dins del *set* per a posar-hi llum, vet aquí que has perdut la teva mirada"[9]. Aquesta observació inicial és fonamental, en el sentit que reconfigura d'immediat el "funcionament" de l'arquitectura i, particularment, l'objectiu del seu funcionament. L'animació en dues dimensions pot redefinir el funcionalisme i reposicionar les ortodòxies representacionals; l'animació en tres dimensions recorda les premisses físiques i els requeriments particularment artesanals de l'il·lusionisme. En aquest cas, el *set* havia de representar de manera escaient els dissenys de Tim Burton i la visió particular de Selilck, una estètica propera a la de Burton que abasta l'excentricitat gòtica junt amb l'economia moderna. La manera en què un *set* de tres dimensions s'havia de veure com sent de dues dimensions va ser crucial, i va revelar la influència de l'obra mestra de l'expressionisme alemany de Robert Wiene, *The Cabinet of Dr Caligari* (1919). El sentit de la distorsió i de la inestabilitat, inherents en *Caligari*, es va traduir de diverses maneres en *Nightmare Before Christmas*; posarem com exemple el de la casa destruïda que penjava precàriament d'un arbre que només demostrava la seva estabilitat pel mode en què s'aferrava orgànicament a les seves branques. *Halloweenland* fou creat completament a base d'angles inusuals, d'estructures precàries i formes desordenades. En contrapartida, *Christmas Town* resultava "suau i bleda; és com una barreja de Dr Seuss[10] i de colors brillants, una mena de caramel", destacava un altre gran director d'art, Kendal Cronkhite, tot afegint que The Real World és una mica Bauhaus i una mica 1950-60, molt rígida, de disseny isomètric"[11]. Un cop més, el context es mostra mitjançant la tensió entre el "Romanticisme" (*Christmas Town*), el "Gòtic" (*Halloweenland*) i el "Modern", tal com es representa en l'*International Style*, cadascun d'ells referint-se a l'altre, com a metacomentari del "passat". Els colors primaris i les ombres pastel de *Real World*, determinats de forma rígida, li atorguen un paper una mica repressiu en el seu "funcionalisme"; el paral·lelisme isomètric i els angles rectes forçats del disseny creen una manca de perspectiva que fan que l'espai es "distorsioni" i es buidi d'una forma estranya. D'alguna

[Fontys Academy / A cinematographical...]

'functionalism' as repressive; the isometric parallelism and forced right angles in the design creating a lack of perspective, making the space oddly 'skewed' and empty. This, in a sense, echoes the ways in which post-war suburbia became an adjunct to the established eclecticism of the accumulative city-scapes across Europe and the United States, and came to symbolise a small town America much satirised by film-makers such as Joe Dante and David Lynch, which seems to oppress and insist on conformity, while supposedly embodying the benefits of consumer culture. Peter Gössel and Gabriele Leuthäuser have suggested,

"In the mood of post-war Europe, nostalgically looking back, modern buildings often appeared too sudden, too violent. Restorations and careful reconstructions of historical edifices, using traditional, skilful craftsmanship were considered more valuable than the new buildings of the day. In the absence of clear city contours, contemporary architecture searched desperately for identity alongside the sentimental populist motifs of arcades, oriels and gables".[11]

Nightmare Before Christmas works as a ready metaphor for this perspective, both in its execution as an animated film, and as a perspective on contemporary culture as it is expressed through its architectural environments. The Real World as it is rendered in the film seems alienatory, distanciated, perversely clean and uncluttered. Walter Gropius' concept of starting from zero is perhaps epitomised in this construction, but Gropius' leftist agenda has no currency in post-war America as this was not a model of re-construction, nor a resistance to a self-evident bourgeoisie, nor further a ready context for the blue collar classes. Divorced from this highly politicised perspective, the environment is literally 'hollowed out' in its meaning; a 'shell' representing the material comfort of late capitalism. Selick and Burton merely heighten its utilitarian qualities, and render it strangely inhuman. Little wonder that the 'sentimentality' of Christmas Town is affecting; its squat, gaily coloured, sense of old world confection, plays out consumption in the spirit of optimism and re-assurance. This is the 'populism' not merely of nostalgically charged architectural motifs — a circulation of re-assuring signs of a Christmas Past — but the Populism of Frank Capra, and 30s America. The soft curvature and glutinous quality of the buildings represent the very

manera, això és congruent amb els modes en què els suburbis de postguerra s'apuntaren a un eclecticisme determinat pels paisatges urbans acumulatius en tota Europa i Estats Units, que arribaren a simbolitzar el "petit poble nord-americà", molt sovint satiritzat per cineastes com Joe Dante i David Lynch,
els quals semblava que volien remarcar-ne la conformitat, alhora que hi incorporaven els suposats beneficis de la cultura de consum. Peter Gössel i Gabriele Leuthäuser creuen que:

"En l'estat d'ànim de l'Europa de la postguerra, que mirava enrera amb nostàlgia, els edificis moderns solien aparèixer massa de cop, massa sobtadament. Les restauracions i les reconstruccions acurades dels edificis històrics, que empraren artesanies tradicionals d'innegable habilitat, foren considerades més valuoses que els edificis nous. En absència de contorns definits de la ciutat, l'arquitectura contemporània buscava desesperadament la seva identitat a través d'uns motius populistes sentimentals d'arcades, de finestres i frontispicis [12]."

Nightmare Before Christmas actua com una clara metàfora d'aquesta perspectiva, tant en la seva execució com a film d'animació com en la mirada de la cultura contemporània expressada a través de les seves ambientacions arquitectòniques. El Món Real [*Real World*], com ho exposa el film, sembla alienant, distanciat, perversament net i ordenat. El concepte de Walter Gropius que comença de zero, potser es veu exemplaritzat en aquesta creació. Tanmateix, l'agenda d'esquerres de Gropius no tenia ressò en l'Amèrica del Nord de la postguerra, ja que no era un model de reconstrucció ni tampoc de resistència enfront de la burgesia, ni un context enllestit per a les classes treballadores. Allunyat de la seva més gran perspectiva politizada, l'ambient és literalment "buidat" del seu significat. Una petxina representa el confort material del capitalisme tronat. Selick i Burton només es proposen engrandir les seves qualitats utilitàries i deixar-lo estranyament deshumanitzat. No hi ha cap dubte que el sentimentalisme de *Christmas Town* ens afecta; el seu buit i el seu sentit insensiblement acolorit en confeccions d'un món antic, consumeixen l'esperit d'optimisme i de retrobament confiat. I no sols és un "populisme" de motius arquitectònics carregat de nostàlgia (una munió de signes reasseguren el *Christmas Past* sinó que es tracta del populisme de Frank Capra i de l'Amèrica del Nord dels anys 30. La suau curvatura i l'aspecte melindrós dels edificis representen el mateix confort que les caricatures concèntriques del *squash'n'stretch* de

[Fontys Academy / A cinematographical...]

same comforts as the 'squash 'n' stretch' concentric caricatures of Disney animation, and the overall juvenilisation of the cartoon canon. Such re-assurance was always challenged by an admission of a darker underbelly to contemporary culture — a set of excesses, indulgences, and less conformist sensibilities that demanded their own aesthetic. Expressionism's fragmented, distorted and brutalist stylings, while no less ornate or crafted, carried a quasi-gothic charge that informed post-war *noir* and the whole currency of resisting misrepresentative sentimentalies and equally, the uniform comforts implied in the domesticised, commercially oriented new suburbias. This whole symbolic agenda finds considerable purchase in the *restorative* and *reconstructive* powers in animation, which attunes its artisanal imperatives to the re-determination of tradition and modernity using its very own architectural necessity to re-interpret the world afresh, and offer new perspectives on past, and new 'realities'. This is the very culture of animation, perhaps best epitomised in *King Kong* (1933), which has successfully sustained the illusion that a giant ape scaled the Empire State Building only to fall to its tragic death. It was stop-motion animation which succeeded in bringing a primal creature together with one of America's greatest landmarks — the ancient imperative meeting the modern world in the frame by frame architecture of the imagination. P.W.

Disney, així com el cànon infantilitzat de la historieta. Un convenciment d'aquesta mena sempre fou desafiat pel taló d'Aquil·les de la cultura contemporània: una col·lecció d'excessos, d'indulgències i sensibilitats menys conformistes que denunciaven la seva pròpia estètica. Els estils fragmentats, distorsionats i brutals de l'Expressionisme —i no per això menys ornats o treballats artesanalment—, arrossegaven una càrrega gairebé gòtica que caracteritzava el *noir* de la postguerra i la resistència als sentimentalismes no representatius i, alhora, el confort uniforme implicat en els nous suburbis domesticats i comercialment enfocats.

Tota aquesta agenda simbòlica troba matèria considerable en la capacitat de *restauració* i de *reconstrucció* de l'animació, que uneix els seus imperatius artesanals amb la re-determinació d'allò tradicional i modern, utilitzant la seva pròpia necessitat arquitectònica per a reinterpretar el món una vegada més, i oferir noves perspectives del passat i noves "realitats". Aquesta és la cultura de l'animació, potser més ben exposada a King Kong (1933), que va sostenir amb gran èxit la il·lusió del simi gegant escalant l'edifici de l'Empire State, per caure en la seva tràgica mort. Fou l'animació del *stop-motion* la que va aconseguir unir aquesta criatura primària amb un dels paisatges nord-americans més importants, congregant, en una arquitectura de la imaginació anant de quadre a quadre, l'imperatiu antic i el món modern. P.W.

Quay Brothers
In Absentia

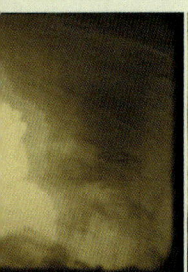

[Fontys Academy / A cinematographical...]

NOTES

1 — Gilbert Adair, 'Bright Lights, Big Cities', *The Independent*, 17/5/1991, p.19.
2 — Robin Allan, *Walt Disney and Europe*, London: John Libbey, 1999, p.30.
3 — John Russell Taylor, *The Artists of Disney*, London: Victoria & Albert Museum, 1976, Introduction (unpaginated).
4 — Mark Winokur, *American Laughter*, London & Basingstoke: Macmillan, 1996, p.154.
5 — Leslie Cabraga, *The Fleischer Story*, New York: Da Capo, 1988, p.185.
6 — Chuck Jones, *Chuck Amuck*, London : Simon & Schuster, 1989, p.149.
7 — Celia Lury, *Prosthetic Culture*, London & New York: Routledge, 1998, p.203.
8 — Paul Wells, 'Hayao Miyazaki - Floating Worlds, Floating Signifiers' in Paul Wells (ed), *Art and Animation*, Academy Group / John Wiley, 1997, pp.22-25.
9 — Quoted in Frank Thompson, *Tim Burton's Nightmare Before Christmas ; The Film, The Art, The Vision*, London: Boxtree, 1994, p.103.
10 — Ibid, p.106.
11 — Peter Gössel and Gabriele Leuthäuser, *Architecture in the Twentieth Century*, Cologne: Taschen, 1991, p.225.

NOTES

1 — Gilbert Adair, "Bright Light, Big Cities", *The Independent*, 17/5/1991, pàg.19.

2 — Robin Allan, *Walt Disney and Europe*, Londres: John Libbey, 1999, pàg.30.

3 — John Russell Taylor, *The Artists of Disney*, Londres: Victoria & Albert Museum, 1976, Introduction (sense pàgines).

4 — Mark Winokur, *American Laughter*, Londres i Basingstoke: Macmillan, 1996, pàg.154.

5 — Leslie Cabraga, *The Fleischer Store*, Nova York: Da Capo, 1988, pàg.185.

6 — Chuck Jones, *Chuck Amuck*, Londres: Simon & Schuster, 1989, pàg.149.

7 — Celia Lury, *Prosthetic Culture*, Londres i Nova York: Routledge, 1998, pàg.203.

8 — Paul Wells, "Hayao Miyazaki - Floating Worlds, Floating Signifiers" a Paul Wells (ed), *Art and Animation*, Academy Group/John Wiley, 1997, pàgs.22-25.

9 — Citat a Frank Thompson, *Tim Burton's Nightmare Before Christmas; The Film, The Art, The Vision*, Londres: Boxtree, 1994, pàg.103.

10 — (1904-) Escriptor nord-americà del qual les històries còmiques, els poemes i els quadres són molt populars entre els nens d'aquest país. (N.de la T.)

11 — *Ibid*, pàg.106.

12 — Peter Gössel i Gabriele Leuthäuser, *Architecture in the Twentieth Century*, Colònia: Taschen, 1991, pàg.225.

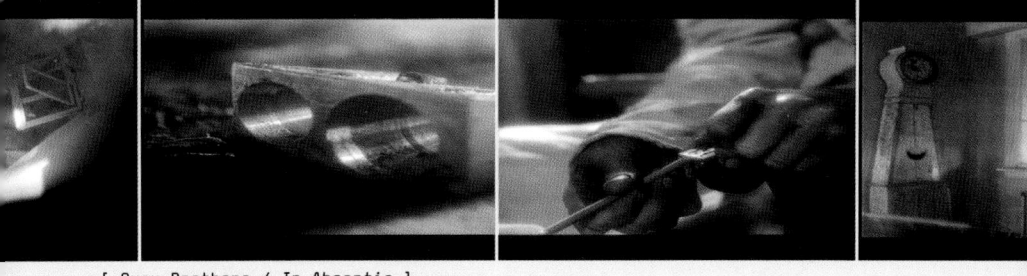

[Quay Brothers / In Absentia]

Do architects dream of electric shadows?
Some brief remarks on a long history

A text by
Andres Janser

Andres Janser, a historian of both architecture and film, teaches at the Zurich School of Design and at the University of Zurich. A former editor of *archithese*, he has published widely on architecture, film and new media. His is co-editor of *Hans Richter: New Living. Architecture. Film. Space.*

Els arquitectes somien amb ombres elèctriques?
Breus comentaris sobre una llarga història

Un text de
Andres Janser

Andres Janser, historiador del cinema i de l'arquitectura, és docent en la Hochschule für Gestaltung und Kunst de Zuric i la Universitat de Zuric. Antic editor de *archithese*, ha publicat nombrosos treballs sobre arquitectura, cinema i nous mitjans. És coeditor de *Hans Richter: New Living. Architecture. Film. Space.*

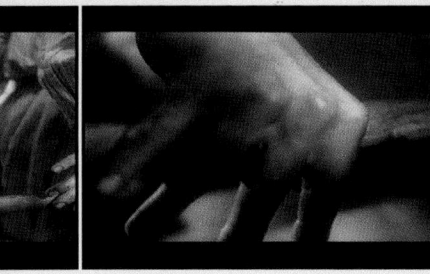

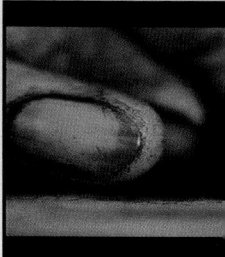

[Quay Brothers / In Absentia]

A historical outline of the approach of architects to the moving image has to span a long and heterogenous period of time: since its beginnings about ninety years ago, the intensity of the architects' interest for the dynamic medium was not stable, but the interest itself never really stopped. Whereas a complete history still has to be written, I will attempt in the following to identify some "rhetorical figures" within the past decades, at least tentatively. Some of these figures, which are not presented here in a strictly chronological order, may be traced back until the early days of animated architecture.

CATEGORIES OF INTENTION 
We probably will never know the whole range of ideas that emerged when architects occasionally began to go to the movies. And when exactly this happened for the first time. But it is remarkable that when film was actually introduced to the world of architecture, it soon was thought to be useful for fairly disparate categories of intention. Already in the 1910s, after in different countries architects — as well as entrepreneurs in the field of building — had seized upon the new medium, having recognised the specific capacity and potential of the moving image and the mobilized gaze.
In the USA, a "motion picture campaign" was launched in 1915, in order to disseminate the ideas proposed by Daniel H. Burnham's and Edward H. Bennett's Plan of Chicago. Commissioned by the Chicago Plan Commission, the two-reeler *A Tale of One City* contrasted Plan proposals with existing conditions. Six years after the Plan had first been published in print, the film was reportedly screened to more than 150'000 people.[1] In Germany, the public at the International Building Fair in Leipzig in 1913, was addressed by films about new building methods, commissioned by the Federation of Steel Companies together with the Federation of Bridge and Iron Builders. These technically oriented films, which are presumably lost, were probably similar to *The*

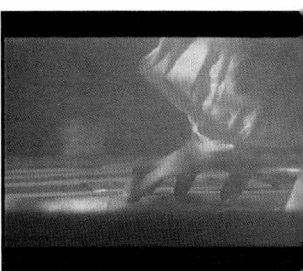

Un resum històric de l'acostament dels arquitectes a la imatge en moviment ha de cobrir un període de temps llarg i heterogeni: en els inicis, fa prop de noranta anys, la intensitat de l'interès dels arquitectes pel mitjà dinàmic no era estable, encara que l'interès en si mateix mai no va desaparèixer. Si bé encara se n'ha d'escriure la història completa, aquí intentaré identificar algunes "figures retòriques", en les dècades passades, almenys de forma temptativa. Algunes d'aquestes figures, que no es presenten aquí en un ordre estrictament cronològic, poden ser rastrejades retrospectivament fins als primers dies de l'arquitectura animada.

CATEGORIES D'INTENCIÓ

Probablement mai no coneixerem la varietat completa d'idees que van sorgir quan els arquitectes van començar a anar ocasionalment al cinema, ni quan exactament va passar per primera vegada. Però és notable que, quan el cinema va ser introduït realment en el món de l'arquitectura, se'l va concebre com un element útil per a una gran varietat de categories d'intenció. Ja a la dècada de 1910 arquitectes de diferents països, com també empresaris del camp de la construcció, s'havien aferrat al nou mitjà després de reconèixer la capacitat específica i el potencial de la imatge en moviment i de la mirada organitzada.

Als Estats Units es va llançar, al 1915, una "campanya del cinema" amb l'objectiu de disseminar les idees proposades en el *Plan of Chicago* per Daniel H. Burnham i Edward H. Bennett. El curtmetratge *A Tale of One City*, encarregat per la Chicago Plan Commission, contraposava els plànols proposats amb les condicions existents. Sis anys més tard que el *Plànol* s'hagués publicat per primera vegada, es va projectar la pel·lícula a suposadament més de 150.000 persones[1]. A Alemanya, es van projectar films sobre nous mètodes constructius al públic de la Fira Internacional de la Construcció de Leipzig al 1913, seguint els designis de la Federation of Steel Companies i de la Federation of Bridge and Iron Builders. Aquests films, orientats a la tècnica, que es creuen perduts, eren probablement similars a *The Skyscrapers in New*

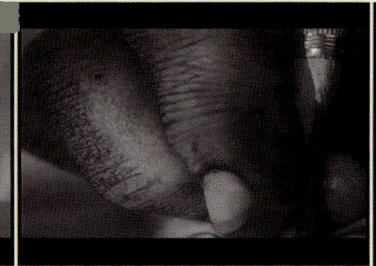

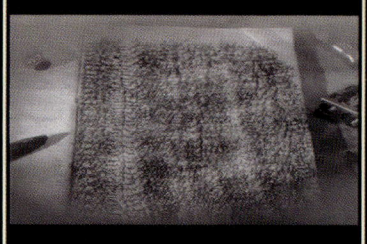

[Quay Brothers / In Absentia]

Skyscrapers in New York (1906) which, among others, shows the infill of brickwork to a balloon frame – one of the earliest examples of an intended architectural film. In all these cases of publicity – or maybe even: propaganda – the public was given the up-to-date medium it was supposed to expect to experience. Be the public a specialised one as in Leipzig or merely urban society in general as in Chicago.

To the German architect and theorist Herman Sörgel, film was the ideal instrument for the visual instruction in architectural training. For the nature of architecture itself is not visual, but its perception is essentially visual. Compared to static media such as photography, film's dynamic images promised to provide a deeper insight, namely into the spatial principles of any architectural conception.[2] Almost simultaneously, Bruno Taut, the designer of the Monument of Iron in Leipzig, where in 1913 the German films were shown, suggested to use the medium for the critical evaluation of architecture. In his positivist view, a tracking shot captures the atmosphere of a particular building and nearly replaces the guided tour of it.[3]

Rethinking the use of animated images in architecture today, the intention remains a fundamental aspect. Not only because of the difference between critical evaluation and, for instance, propagandist affirmation. But also because, as a "produced" reality, film does not represent architecture. It rather presents images alongside of architecture. And it does this in a controlled manner. Whereas Bruno Taut was convinced that film may represent reality in an objective way, Herman Sörgel stressed the fact – and his emphasis is significant – that "a sequence of images can never fully replace the real artistic impression of a space", for several reasons: in film, the order of the sequences is predetermined; physical aspects such as colours and surfaces differ from those in reality; finally, the eye of the viewer is fixed and the space is mobile, whereas in the perception of a real space, the eye is mobile and the space is fixed.[4] Since then, the technology of the image has been improved. But as any image is open to manipulation, its use remains closely related to ethical issues.

Today, a large proportion of non-fiction films animating architecture or (post-)modern architectural visions utilize comments of the architect in order to introduce the spectator to the world of builders. They present architecture as a conceptual art – which is not always the case – that can only be understood through the aid

Benita Raphan
Within/Without

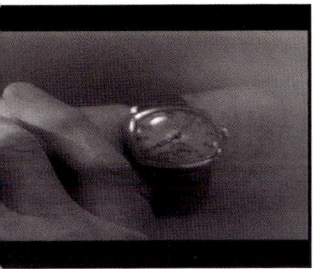

LUX PREVIEW

York (1906) que, entre altres, mostrava l'aplicació de totxanes en un *balloon frame*, un dels exemples més primerencs d'un prometedor cinema arquitectònic.
En tots aquests casos de publicitat —o fins i tot de propaganda— es donava al públic el mitjà més actualitzat, que se suposava que esperava, per experimentar, ja fos el públic especialitzat, com a Leipzig, o mera societat urbana general, com a Chicago. Per a l'arquitecte i teòric alemany Herman Sörgel, el cinema era l'instrument ideal per a la instrucció visual en l'entrenament arquitectònic, pel fet que la naturalesa de l'arquitectura en si mateixa no és visual però sí que ho és, essencialment, la seva percepció. Comparat amb mitjans estàtics com la fotografia, les imatges dinàmiques de les pel·lícules prometien fornir una mirada més profunda en els principis espacials de qualsevol concepció arquitectònica[2]. Gairebé simultàniament, Bruno Taut, el dissenyador del Monument of Iron de Leipzig (el lloc on es van mostrar les pel·lícules alemanyes al 1913), suggeria l'ús del mitjà per a l'avaluació crítica de l'arquitectura. En la seva visió positivista, una presa capturava l'atmosfera d'un edifici particular i gairebé reemplaçava la visita guiada[3].
En repensar l'ús de les imatges animades en l'arquitectura d'avui, la intenció queda com un aspecte fonamental. No tan sols per la diferència entre avaluació crítica i, per exemple, l'afirmació propagandística, sinó també perquè al ser una realitat "produïda", el film no representa l'arquitectura. Més aviat presenta imatges de l'arquitectura i ho fa d'una manera controlada. Mentre Bruno Taut estava convençut que el film podia representar la realitat d'una manera objectiva, Herman Sörgel emfatitzava el fet —i el seu èmfasi és significatiu— que "una seqüència d'imatges mai no pot reemplaçar completament la impressió artística real de l'espai" per diverses raons: en el film, l'ordre de les seqüències està predeterminat; els aspectes físics com els colors i les superfícies difereixen dels de la realitat, i, finalment, l'ull de l'espectador és fix i l'espai és mòbil, mentre que en la percepció de l'espai real l'ull és mòbil i, l'espai, fix[4]. Des d'aleshores, la tecnologia de la imatge s'ha millorat. Però com que qualsevol imatge és susceptible de ser manipulada, fer-ne ús està molt lligat als temes ètics. Avui, una gran proporció de pel·lícules no fictícies que animen arquitectura o visions (post)modernes de l'arquitectura utilitzen comentaris de l'arquitecte per introduir l'espectador al món dels constructors. Presenten l'arquitectura com un art conceptual —cosa que no sempre és certa— que només pot ser entès amb l'ajuda d'aclariments fets per qui ho practiquen. La col·laboració entre el director i l'arquitecte —que implica

[Benita Raphan / Within/Without]

of clarifications made by those who practice it. The collaboration between director and architect, which such an approach implies, sometimes ends in a result lacking in critical distance: these empathetic views from the inside, often favor specific interpretations. This aspect of the matter has some importance, above all when the works of an architect are not always of equal quality. It is in those films, namely the ones addressed to a large, non-specialist audience, that one would sometimes like to see more distinctive visions, with more openness and independence in their lines of argument.

NARRATIVIZING ARCHITECTURE

Stories in buildings are also stories about buildings. And telling stories with the help of architecture, as almost any fictional film does, often results in a symbolic approach towards architecture. Narrativizing architecture in that sense was the most prominent and influential step, namely after the fiction film had achieved its full length. Luis Buñuel's optimistic conviction, that the cinema would become the most truthful mediator of architecture's most daring dreams,[5] was inspired by Fritz Lang's *Metropolis*. However, already in *A Tale of One City* elements of purely entertaining value had been added, for rhetorical purposes. Luis Buñuel based his enthusiasm regarding *Metropolis* on the phantasy displayed therein and on the importance of visual perception – and thus on the photogenic quality of architecture. Architecture as a phenomenized, visible object also became the basis of much of the documentary film-making on modernist architecture.[6]

Significantly, fiction films were in the early days often met with scepticism by the architectural profession. Namely overtly architectural ones, such as *Metropolis* or, later on, King Vidor's *The Fountainhead*, were critizised in the specialised press for the stories they told – a point still valid today, in both these cases –, but also precisely for their architecture.[7]

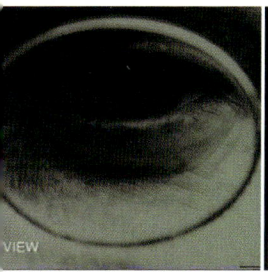

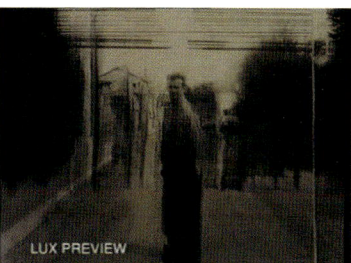

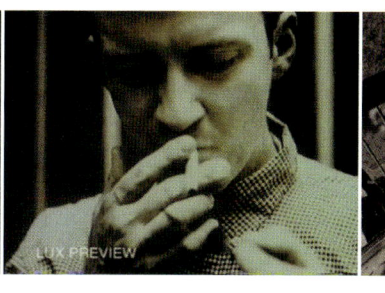

tal visió– a vegades acaba en una falta de distanciament crític: aquestes visions empàtiques des de dins sovint afavoreixen interpretacions específiques. Aquest aspecte té força importància, sobretot quan els treballs d'un arquitecte no són sempre de la mateixa qualitat. És en aquestes pel·lícules que es dirigeixen a una gran audiència no especialitzada en què a hom li agradaria veure més varietat de visions, amb més obertura i independència en les seves línies argumentals.

NARRATIVITZANT L'ARQUITECTURA

Les històries en edificis són també històries sobre els edificis. I contar històries amb l'ajuda de l'arquitectura –com fan gairebé tots els films de ficció– sovint resulta un acostament simbòlic cap a l'arquitectura. Narrativitzar l'arquitectura en aquest sentit va ser el salt més prominent i influent, sobretot després d'haver assolit la durada de llargmetratge de ficció. La convicció optimista de Luis Buñuel que el cinema es convertiria en el mitjancer més veraç dels somnis més gosarats de l'arquitectura[5] estava inspirada en *Metropolis*, de Fritz Lang. Tot i això, ja a *A Tale of One City* s'hi havien agregat els elements de valor purament d'entreteniment amb propòsits retòrics.

Luis Buñuel basava el seu entusiasme amb relació a *Metropolis* en la fantasia que hi havia disposada i en la importància de la percepció visual –i per tant, en la qualitat fotogènica– de l'arquitectura. L'arquitectura com a objecte visible, fenomenitzat, també es va convertir en la base de molts dels documentals sobre l'arquitectura moderna[6].

De manera significativa, la professió arquitectònica s'enfrontava amb escepticisme als films de ficció. Les pel·lícules obertament arquitectòniques, com *Metropolis* o, més endavant, *The Fountainhead* de King Vidor, van ser criticades a la premsa especialitzada per les històries que contaven –un punt que és vàlid avui en dia, en ambdós casos–, però també precisament per la seva arquitectura.

En els anys 20, alguns arquitectes van fer dissenys per a pel·lícules. Després d'un breu període d'entusiasme, els regnes del disseny cinematogràfic i de l'arquitectura

[Benita Raphan / Within/Without]

In the twenties, some architects made designs for feature films. After a brief period of enthusiasm, the two realms of set-design and architecture were separated. And they still are: there are contemporary designs by notable architects for the stage, but the film-set has not been rediscovered. The fact, that Jean Nouvel's unbuilt project for the "Tour sans fin" appears in one take of the ordinary science-fiction *Until the End of the World*, is a notable exception which, however, seems to be rather a personal hommage by the director Wim Wenders than a serious reflection of contemporary architectural debates. Thus, rather than to the tradition of *Metropolis*, cases like *Until the End of the World* may be related to a significant expansion of the spectrum of films taken into consideration from the realm of architecture. A process which was well under way in the 1960's. In a contribution to a conference, Giulio Carlo Argan stressed the fact, that practically any film may provide informations about urban issues. While others refered to art cinema films by Michelangelo Antonioni or Jean-Luc Godard, he refered to small works from "unspectacular" genres such as the gangster film, in which the figures move through urban settings, thus enabling the viewer to participate in an essentially spatial experience.[8] At a time, when Archigram, Superstudio, or Robert Venturi and his companions, developed new approaches to popular culture, Argan combines the psychology of modern man and the aesthetics of the real, resulting in an open-mindedness towards ordinary films, and the ordinary in film, which is still valid today.

TOWARDS A VIDEATIC ARCHITECTURE?

The reverse perspective, the idea of a cinematic architecture has been occasionally suggested since the eighties. Thus, the idea appeared relatively late, namely when the medium again enjoyed a certain popularity in many countries, through the generally increased interest in film history and the establishment of film studies. Significantly, the idea spread after the coming of video, which made the history as well

es van separar. I encara continuen així: existeixen dissenys contemporanis per als escenaris, realitzats per notables arquitectes; però el set de filmació encara no ha estat redescobert. El fet que el projecte no construït de Jean Nouvel per al *Tour sans fin* aparegués en una presa de la gens especial pel·lícula de ciència-ficció *Until the End of the World* és una notable excepció que, tanmateix, sembla més un homenatge personal del director Wim Wenders que una reflexió seriosa sobre els debats arquitectònics contemporanis.

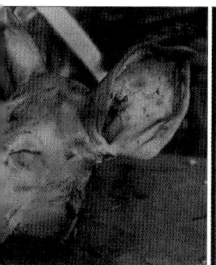

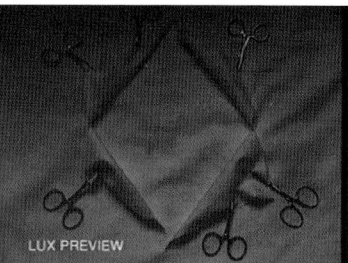

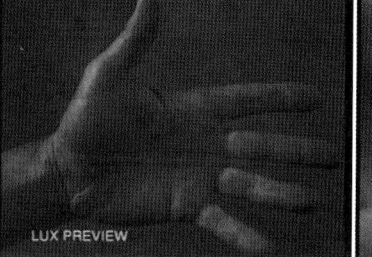

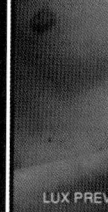

Aleshores, més que amb la tradició de *Metropolis*, els casos com *Until the End of the World* poden relacionar-se amb la significativa expansió de l'espectre dels films tinguts en compte des del regne de l'arquitectura. Un procés que ja estava tenint lloc en els anys 60. En una contribució a una conferència, Giulio Carlo Argan emfatitzava el fet que pràcticament qualsevol pel·lícula podria informar sobre afers urbans. Mentre uns altres es referien a les pel·lícules de cinema artístic de Michelangelo Antonioni o Jean-Luc Godard, ell es referia als treballs petits de gèneres "no espectaculars" com els films de gàngsters, en què les figures es mouen a través d'ambientacions urbanes, cosa que permet a l'espectador participar en una experiència essencialment espacial[7]. Simultàniament, quan Archigram, Superstudio o Robert Venturi i els seus companys desenvolupaven nous acostaments a la cultura popular, Argan combinava la psicologia de l'home modern i l'estètica d'allò real, que reverteix en una obertura mental cap a les pel·lícules comunes, i al comú en les pel·lícules, cosa que encara avui és vàlida.

VERS UNA ARQUITECTURA VIDEÀTICA?

La perspectiva inversa, la idea d'una arquitectura cinemàtica, ha estat suggerida ocasionalment des dels 80. Per tant, la idea va aparèixer relativament tard, quan el mitjà gaudia d'una certa popularitat en molts països gràcies a l'interès creixent general en la història del cinema i en l'establiment d'estudis sobre cinema. De manera significativa, la idea es va esbarriar després de l'arribada del vídeo, que va possibilitar la disponibilitat tècnica de la història i de l'estètica del cinema. El que havia estat somiat en la primera dècada del segle xx —que les audiències poguessin entrar als

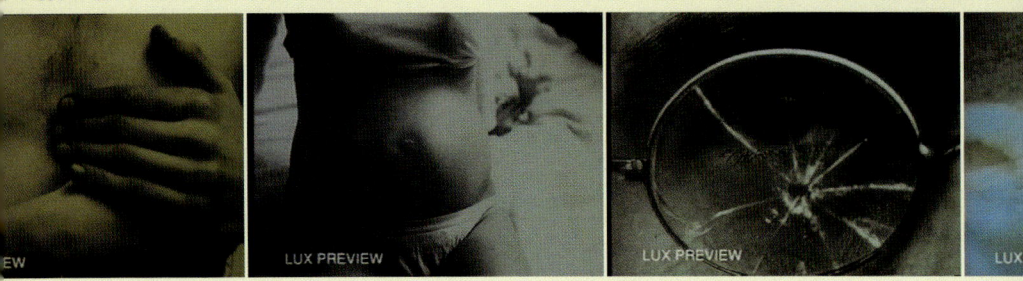

[Benita Raphan / Within/Without]

as the aesthetics of film technically available. What was dreamed of already in the first decade of the XXth century, that audiences might pour into cinemas to see architecture, has thus become even more concrete in another form of media, so that one might risk provisionally refuting the parentage of architecture and cinema established by Walter Benjamin, according to which the reception of the two art forms takes place as diversion.

Even if it seems more appropriate to think of a videatic than of a cinematic architecture, this rethinking of architecture – in the cinema hall or "by remote control" – has not developed into any kind of "style". Inherently speaking, because the possibilities of metonymic displacements of architecture by cinema are too numerous and varied to make it possible to deduce a dominant principle. Overtly, individual architects – as diversely oriented ones such as Aldo Rossi, Bernard Tschumi, Jean Nouvel, Fumihiko Maki, Jacques Herzog, or Rem Koolhaas – each have a different cultural notion of film and video. (And: we would have to look at non-Western culture as well, where the notion of the moving image – or the electric shadows, as the chinese word says – has its own implications.)

In Samira Gloor-Fadel's *Working Title: Berlin-Cinéma* (1997), an essay about the changing metropolis after the fall of the wall, Jean Nouvel and Wim Wenders wander through the construction site of the Galeries Lafayette in Berlin, talking about similarities and dissimilarities among their respective professions: both, in their own way, produce images, make of the unexpected a quality, and must answer to economic constraints. Ideally, the result reflects its era, which is in any case – and they agree on this – easier to attain by means of film.

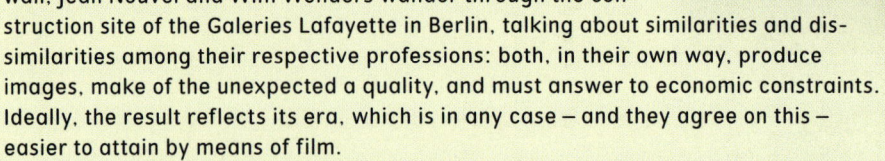

Or, in the words of Jean-Luc Godard, which are also part of Gloor-Fadel's film: the cinema is not an instrument of vision alone, but also of reflection. Thus, if it is true that filmic montage results in creating a mental space, seeing and discerning may go hand in hand. A.J.

[164 / Andres Janser / Do architects dream of electric shadows?]

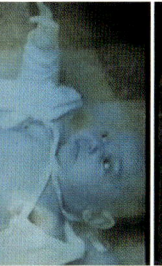

Oliver Harrison
Spirit of Place

cinemes per veure arquitectura–, esdevenia alguna cosa molt més concreta en una altra forma de mitjà, de manera que es podria refutar provisionalment el parentiu entre l'arquitectura i el cinema establert per Walter Benjamin, que diu que la recepció de les dues formes d'art té lloc com a diversió.

Fins i tot si sembla més apropiat pensar en arquitectura videàtica més que en cinemàtica; aquest repensar de l'arquitectura, ja sigui en el cinema o "per control remot", no ha desenvolupat cap "estil". Especialment a causa del fet que les possibilitats dels desplaçaments metonímics de l'arquitectura pel cinema són massa nombroses i variades per fer possible la deducció d'un principi dominant. Obertament, si ens fixem en arquitectes individuals –com els diversos Aldo Rossi, Bernard Tschumi, Jean Nouvel, Fumihiko Maki, Jacques Herzog o Rem Koolhaas– veurem que cadascun té una noció cultural del cinema i del vídeo diferent. (I: hauríem de mirar també a la cultura no occidental, on la noció d'imatge en moviment, o d'ombres elèctriques –com diu el proverbi xinès– té les seves pròpies implicacions).

A *Working Title: Berlin-Cinéma* (1997), de Samira Gloor-Fadel, un assaig sobre la metròpolis canviant després de la caiguda del mur, Jean Nouvel i Wim Wenders passegen pel lloc on es construeixen les Galeries Lafayette a Berlín, parlant sobre les similituds i de les diferències entre les seves respectives professions: ambdós, cadascun a la seva manera, produeixen imatges, fan d'allò inesperat una qualitat i han de respondre davant els constrenyiments econòmics. Idealment, el resultat reflecteix el seu temps, que en qualsevol cas és –i ells concorden en això– més fàcil d'arribar per mitjà del cinema.

O, en paraules de Jean-Luc Godard, que també són part del film de Gloor-Fadel: el cinema no és només un instrument de visió, sinó també de reflexió. Així, si és cert que el muntatge fílmic desemboca en la creació d'espai mental, veure i destriar poden anar de la mà. A.J.

[Oliver Harrison / Spirit of Place]

NOTES

1 — Walter D. Moody, *What of the City? America's Greatest Issue – City Planning. What It Is and How to Go About It to Achieve Success*, Chicago: A.C. McClurg, 1919, p.108.

2 — Herman Sörgel, *Einführung in die Architektur-Aesthetik. Prolegomena zu einer Theorie der Baukunst*, Munich (1914) 1918, p.255.

3 — Bruno Taut, "Mitteilung", in *Der Städtebau*, no. 2/3, 1917, pp.32-33. Cf. Andres Janser, "Architecture in motion: the Kulturfilm and the idea of architectural reform in Germany", in *The tenth muse. Cinema and other arts*, ed. Leonardo Quaresima and Laura Vichi, Udine 2001, pp.627-633.

4 — Sörgel (1918), p.255.

5 — Luis Buñuel, "Metropolis", in *La Gaceta Literaria*, no. 9,1927.

6 — Andres Janser, "Only Film Can Make the New Architecture Intelligible. Hans Richter's 'Die neue Wohnung' and the Early Documentary Film on Modern Architecture," in François Penz, Maureen Thomas (eds.), *Cinema & Architecture – Méliès, Mallet-Stevens, Multimedia*, London 1997, pp.34-46.

7 — Walter Riezler, "Der Metropolis-Film", in *Die Form*, 1927, pp.63-64. Ted Criley, "The Fountainhead", in *Journal of The American Institute of Architects*, 1949, pp.28-31.

8 — Giulio Carlo Argan, *Lo spazio visivo della città: "urbanistica e cinematografo"*, Verrucchio 1969, pp.11f.

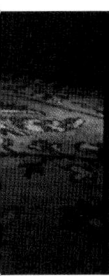

NOTES

1 — Walter D. Moody, *What of the City? America's Greatest Issue – City Planning. What It Is and How to Go About It to Achieve Success*, Chicago: A.C. McClurg, 1919, pàg. 108.

2 — Herman Sörgel, "Einführung in die Architektur-Aesthetik", *Prolegomena zu einer Theorie der Baukunst*, Munich (1914) 1918, pàg. 255.

3 — Bruno Taut, *Mitteilung, in Der Städtebau*, nos. 2/3, 1917, pàgs.32-33. Cit. Andres Janser, "Architecture in motion: the Kulturfilm and the idea of architectural reform in Germany", a *The tenth muse. Cinema and other arts*, ed. Leonardo Quaresima i Laura Vichi, Udine 2001, pàgs.627-633.

4 — Sörgel (1918), pàg.255.

5 — Luis Buñuel, "Metropolis", a *La Gaceta Literaria*, no.9, 1927.

6 — Andres Janser, "Only Film Can Make the New Architecture Intelligible, Hans Richter's 'Die neue Wohnung' and the Early Documentary Film on Modern Architecture", a François Penz, Maureen Thomas (eds.), *Cinema & Architecture* – Méliès, Mallet-Stevens, Multimedia, Londres 1997, pàgs.34-46.

7 — Walter Riezler, *Der Metropolis-Film, in Die Form*, 1927, pàgs.63-64. Ted Criley, "The Fountainhead", a *Journal of The American Institute of Architects*, 1949, pàgs.28-31.

8 — Giulio Carlo Argan, *Lo spazio visivo della città: "urbanistica e cinematografo"*, Verrucchio 1969, pàg.11 i ss.

[Oliver Harrison / Spirit of Place]

Around the clock

A text by
Amanda Schachter, Alexander Levi

Amanda Schachter and Alexander Levi began collaborating in 1996, founding *aandacht loop* in 2001, dedicated to incursions in the public realm. Projects and writing have appeared in *Quaderns, A+U, Fisuras, Circo, ViA, Flaneur*, and at the *100% Design Show*, London. *aandacht* operates in Madrid.

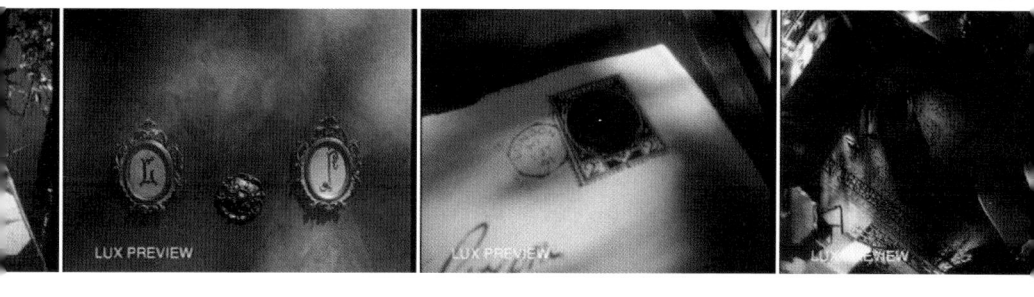

Les vint-i-quatre hores

Un text de

Amanda Schachter, Alexander Levi

Amanda Schachter i Alexander Levi començaren a treballar plegats el 1996, fundant l'any 2001 *aandacht loop*, dedicat a efectuar incursions en l'àmbit públic. Els seus projectes i escrits han aparegut a *Quaderns, A+U, Fisuras, Circo, ViA, Flaneur,* i *100% Design Show,* Londres. aandacht té la seva base a Madrid.

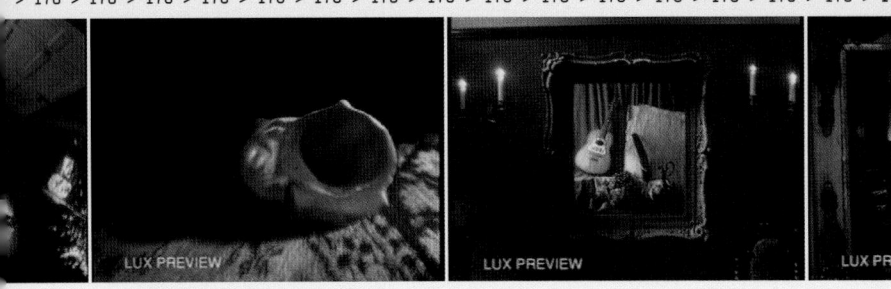

[Oliver Harrison / Spirit of Place]

http://www:surface.yugop.com, 03: *INDUSTRIOUS CLOCK*: with your click, time-telling begins. The clock's handwritten digits appear on the screen, calibrated to your computer. To mete out the seconds, each penciled number is erased and the subsequent number is written in its place, over the ghost of the previous one. Too much work for the allotted time, the action is accelerated to fit within the span of each second, unfolding a cycle of frantic erasing and rewriting. At ten seconds the tens-place digit is erased and rewritten, and so on, through the minutes, hours, days, months, and years, the second's hand all the while keeping up its furious motion. *Industrious Clock* works assiduously towards the goal of telling time, or keeping up with it, in a frenetic state of production running within its own base-ten-sampled loop. The clock disturbingly joins the passing of actual seconds with the real time of writing that is digitally accelerated and sampled in order to keep up what a human scribe would have to leave off under natural conditions. Trying to outpace and compress actual time, the mediated hand becomes enslaved by it. The clock pokes fun at the current bodily obsession with superhuman speed within a society largely stripped of opportunities to be grounded in direct, hands-on experience, while suggesting how time can be stretched and compressed subjectively by a virtual medium.

Among the animated art of the web, time-pieces abound. From Yugo Nakamura's *Industrious Clock*, *Clockblock*, and *Clocksphere*, to the Swatch Company's *Internet Time*, and John Maeda's *Calendar Series*, animation of the clock comes to transform time, the very medium in which it operates. And while time itself continues to elapse unawares, animation extemporaneously interprets time and influences new perceptions, both figurative and experiential. Nakamura's clocks use a curious combination

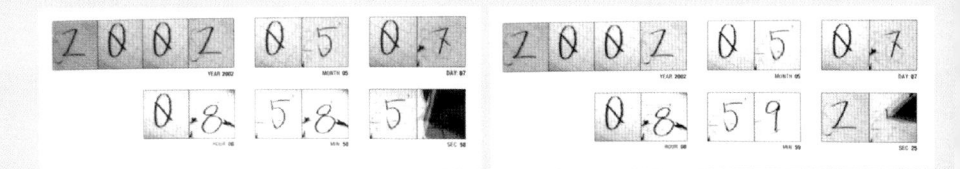

[170 / Amanda Schachter, Alexander Levi / Around the clock]

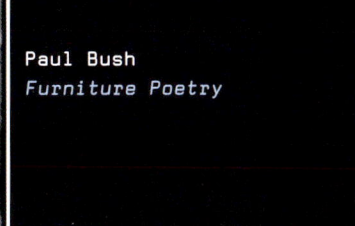

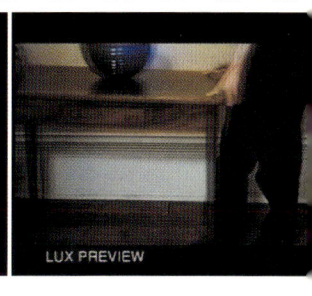

Paul Bush
Furniture Poetry

LUX PREVIEW

LUX PREVIEW

http://www.surface.yugop.com, 03: *INDUSTRIOUS CLOCK*: amb el seu *clic*, comença a desencadenar-se el temps. Els dígits manuscrits del rellotge apareixen en la pantalla, calibrats amb el seu ordinador. Per a mesurar els segons, s'esborra cada número manuscrit i s'inscriu en el seu lloc el número subsegüent, damunt del fantasma de l'anterior. Massa feina pel temps assignat, l'acció s'accelera per encabir-se en l'extensió de cada segon, posant al descobert un cicle frenètic d'esborrat i de reescriptura. Passats deu segons, el dígit del lloc de les desenes s'esborra i es reescrit, i així successivament, a través dels minuts, de les hores, dels dies, dels mesos i dels anys, la busca que marca els segons prossegueix sense parar el seu furiós moviment. *Industrious Clock* treballa amb assiduïtat per aconseguir marcar el temps, o atrapar-lo, en un estat frenètic de producció que avança corrent en la seva pròpia repetició *[sampling]* en base de deu. Curiosament, el rellotge comparteix el pas dels segons reals amb el temps real d'escriptura, que s'accelera i verifica digitalment, per a sostenir allò que, en condicions normals, un escrivent humà no podria suportar. En mirar de superar i de comprimir el temps real, la mà mediatitzada es converteix en la seva esclava.
El rellotge introdueix la comicitat en l'actual obsessió material per la velocitat sobrehumana, en una societat profundament expropiada de les oportunitats d'ancorar-se en experiències directes, aprehensibles, mentre va suggerint com es pot estirar i comprimir, de manera subjectiva a través d'un mitjà virtual, el temps.
En l'art animat de la web, proliferen els rellotges. Des de *Industrious Clock, Clockblock i Clocksphere* de Yugo Nakamura, fins a *Internet Time* de la Swatch Company i *Calendar Series* de John Maeda, l'animació del rellotge arriba a transformar el temps, el propi medi en què opera. I mentre que el temps en si mateix continua passant desinteressadament, l'animació interpreta de forma extemporània el temps, i influeix les noves percepcions, tant figuratives com experiencials. El rellotge de Nakamura empra una curiosa combinació d'apropaments premecànics, imprecisos i immediats, per donar

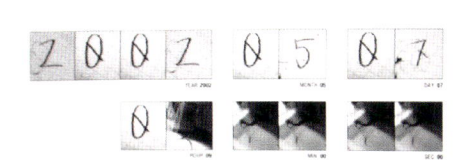

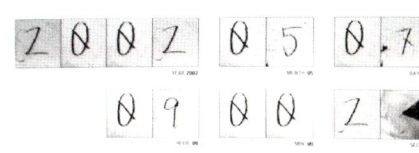

[Paul Bush / Furniture Poetry]

of pre-mechanical, imprecise, immediate approaches to telling time – handwriting, erasure and rewriting, or block stacking – with digital sampling and distortion, a conflation that causes the manual to vibrate with new, post-mechanical mediation. The *Industrious Clock* parodies our time-enslaved society. As Pekka Himanen argues, our present culture is fixated on the Protestant Ethic[1] of time's optimization and organization in order to accomplish work and amass money. He shows how we have moved from the symbiosis of task and leisure in the Middle Ages to a mechanized, modern-day model in which labor is undertaken through the efficient use of time units, orienting the economy of every thought and action. While the medieval worker moved at his/her own natural pace, taking a moment to chat with a friend over a mid-morning drink, the industrial and post-industrial worker subdivide the day into clearly defined time-blocks based on modes of mass production. This mentality has come to encompass both work and free time. The entire week has come to be based on a corporate model where the "leisure time" of the week's end "is planned as tightly as work time" of the weekday.[2] Paradoxically, while information technologies such as cell phones and personal computers can help make the use of time more responsively flexible to human creativity, they instead have allowed work to colonize the whole day and shut out the active questioning and redefining of life on individual terms.
Himanen reveals how the emerging hacker[3] model posits a more fluid and fulfilling way of life that puts time in the service of passionate, ethical pursuits, virtually causing time to slow down and speed up. He portrays Linus Torvalds – the founder of Linux – and other hackers as individuals who recognize, feel, and enjoy the abstract, intrinsic value of what they are accomplishing.
Hackers are far less obsessed with their performance, as it might adhere to the prescribed time of the short-term, than they are in trying to reach more complex goals over longer periods. Each day is different for the hacker – where a day might be three hours long, or thirty-three – and follows his/her own personal rhythm.
The hacker can think and work creatively because time itself ceases to be tied to mechanical efficiency. The hacker may work straight from midnight to midnight one day and prepare and enjoy a three-hour meal at three in the morning on another. Time is no longer broken down into clear, ritually repeated and assembled units

l'hora (escriptura a mà, esborrat i reescriptura, o fent piles de blocs) i de reconfiguració digital i distorsió, una combinació que fa que allò manual vibri amb el nou amidament postmecànic.

Industrious Clock parodia la nostra societat esclavitzada pel temps. Tal com argumenta Pekka Himanen, la nostra cultura present està lligada amb l'Ètica Protestant[1] de l'optimització i organització del temps, per tal de complir amb el treball i amassar fortuna. Ens mostra com hem passat de la simbiosi de la tasca i del plaer característic de l'Edat Mitjana a un model modern mecanitzat, en què el treball es garanteix mitjançant l'ús eficient de les unitats temporals, orientant l'economia de cada pensament i de cada acció. Mentre el treballador medieval es movia al seu propi ritme natural, prenent-se el temps de conversar o de beure amb un amic en una recreació de mig matí, el treballador industrial i postindustrial subdivideix el dia en blocs temporals clarament definits i basats en els modes de la producció en massa. Aquesta mentalitat ha arribat a inserir-se tant en el treball com en el temps de lleure. La setmana completa ha passat a basar-se en un model corporatiu en què el "temps de lleure" del final de setmana es planeja amb tanta cura com el temps laboral del dia hàbil[2]. De manera paradoxal, mentre les tecnologies de la informació, els telèfons mòbils i els ordinadors personals podrien contribuir a fer que l'ús del temps sigui més flexible en les seves aportacions a la creativitat humana, el que realment han aconseguit és que el treball colonitzés el dia i tanqués el plantejament actiu i la redefinició de la vida en termes individuals.

Himanen revela com el model del hacker[3] emergent postula un mode de vida més fluid i ple, que posa el temps al servei de les recerques ètiques apassionades, fent de manera virtual que el temps s'acceleri i es desacceleri. Retrata a Linus Torvals —el creador de Linux— i a d'altres hackers com a individus que reconeixen, senten i frueixen el valor intrínsec abstracte d'allò que estan duent a terme.

Els hackers estan molt menys obsessionats pel seu rendiment —que podria inscriure's en el temps fix de curt terme— que per mirar d'aconseguir fites més complexes en períodes més llargs. Per al hacker, cada dia és diferent —un dia pot tenir tres hores de durada o bé tenir-ne trenta-tres— i segueix el seu propi ritme personal. El hacker pot pensar i treballar de manera creativa, perquè el temps en si mateix deixa d'anar lligat a l'eficiència mecànica. El hacker pot treballar un dia sense parar des de mitjanit fins a la mitjanit del dia següent, i preparar i gaudir d'un àpat de tres hores cap a les tres de la matinada d'un altre dia. El temps ja no es fracciona en unitats clares,

[173 / Amanda Schachter, Alexander Levi / Les vint-i-quatre hores]

[Paul Bush / Furniture Poetry]

determined by industry or the church, but becomes a seamless flow to be shaped freely by the unfolding relationship between each individual and his/her calling. Unlike the mainstream present-day worker, who is a slave to idleness or drudgery, the hacker orients him/herself to the overarching freedom of an open creative process that obviates the work-play dichotomy, and, consequently, the quantification of time. As Nakamura's timepiece implies, each second within each minute, each minute within each hour — and so on in widening loops — is inscribed with equal urgency, with the insistent, ubiquitous second as the only irreducible unit. The extreme limit of commodified time, Nakamura's clock corrupts the subdivided industrial, Protestant time of the clock tower, church bell, and factory whistle by 'chiming' absurdly each and every scribbled-and-erased second.

Architecture since the onset of Modernism has certainly modeled the conception of space on mechanisms of space-time efficiency. The Bauhaus notion of form following function is the aesthetic of the streamlined machine that speaks of no extraneous form and thus no lost time. Adolf Loos believed that utility would supplant ornament from architecture to fashion and should reflect the ability of the individual to engage in productive employment. He argued that the engineer would supplant the leisure class. Le Corbusier called his villas of the 1920's 'machines for living', or as Beatriz Colomina has described, 'machines for viewing'. His five points of architecture stress a spatial economy of means, where the virgin ground beneath the building is conserved by being displaced to the roof. *"L'Architecture d'Aujourd'hui"* narrates the promenade through the *Villa Savoie* as an animate series of film-stills, from ground to roof, framed efficiently by the apparatus of the building-camera for its visiting viewer.[4] The machine model of architecture would later influence subsequent movements such as Abstraction — a functionalism divested of function[5] — and Postmodernism, where the application of motifs becomes a reductive, systematic language conveying the building's easily legible period, status, or cultural affiliation.

ritualment repetides i relacionades, determinades per la indústria o l'església, sinó que es converteix en un corrent sense obstacles per a ser modelat lliurement per les relacions emergents entre cada individu i la seva convocació. Al contrari del treballador contemporani mitjà, esclau de la indolència o de l'avorriment, el hacker s'orienta vers la llibertat mal·leable d'un procés creatiu obert, que obvia la dicotomia joc-treball i, en conseqüència, la quantificació del temps. Tal com es mostra implícit en el rellotge de Nakamura, cada segon s'inscriu en cada minut, cada minut en cada hora –i així en repeticions cada vegada més àmplies– amb la mateixa urgència, amb el segon omnipresent i insistent, com a única unitat reductible. El rellotge de Nakamura –al límit extrem del temps comodificat– corromp el temps protestant industrial subdividit de la torre del rellotge, de la campana de l'església i de la sirena de la fàbrica, "sonant" absurdament en cadascun dels segons escrits-i-esborrats.

Des dels inicis del Modernisme, l'arquitectura ha modelat realment la concepció de l'espai, en base a uns mecanismes d'eficiència espacial-temporal. La noció de la Bauhaus que diu que la forma segueix a la funció, és l'estètica de la màquina alineada que no menciona la forma estranya i per tant tampoc el temps perdut. Adolf Loos creia que la utilitat suplantaria l'ornament, des de l'arquitectura a la moda, i reflectiria l'habilitat dels individus d'inserir-se en treballs productius. Argumentava que l'enginyer desplaçaria la classe ociosa. Le Corbusier anomenava les seves vil·les de la dècada del 1920 "màquines d'habitar", o com ha descrit Beatriz Colomina, "màquina de mirar". Els seus cinc punts d'arquitectura emfatitzen una economia de sentits, en els quals la terra verge sota els edificis es conserva en el seu desplaçament fins al sostre. "*L'Arquitecture d'Aujourd'hui*" narra la passejada a través de la *Villa Savoie* com si fossin sèries animades de preses de pel·lícula, que van des del terra fins al sostre, emmarcades de manera eficient per la maquinaria de l'edifici –càmera per al seu visitant-espectador[4]. El model mecànic de l'arquitectura influiria més tard els moviments subsegüents com ara l'Abstracte –un funcionalisme desproveït de funció[5]–, i el Postmodernisme, en el qual l'aplicació de motius es torna un llenguatge sistemàtic i reductiu que comunica el període –fàcilment llegible– de l'edifici, el seu estatus o la seva afiliació cultural.

[Paul Bush / Furniture Poetry]

BEDFORD SQUARE, LONDON, CLOCK/THE COLLAPSE OF TIME: With this counter-clock, John Hejduk displaces Modern architecture's ideals of anonymity and industrial homogeneity.[6] Constructed temporarily in London's Bedford Square in 1986, the clock tower was originally conceived as one of the *masques* of Hejduk's *Vladivostok*, to be viewed in itinerant performance alongside a *Security* structure, a pulleyed chair and pole, and a reading booth. *Clock/The Collapse of Time* tells time aloud by recounting its own story — of a nomadic present that erases past and future. A series of wooden cubes labeled on one face with digits from one to thirteen — where the number twelve is covered — is vertically stacked in ascending order, and hinge-mounted to one end of a timber caisson that rests on five pairs of train wheel-axles. The apparatus runs on steel rails and is rolled into a town square. Once there, a townsman is hoisted by pulley up a pole, while sitting in a chair, to view the clock tower at "eye level." As the clock tower gradually falls back from vertical to horizontal over a twenty-four hour period, the man witnesses time vertically, as elevational time; at diminishing degrees, as isometric time; and then horizontally, as perspectival time. Meanwhile, a townswoman sits in a nearby reading booth and recites a poem, "The Sleep of Adam," repeatedly throughout the clock tower's fall. At the end of the clock's own day, all the items move on to perform time telling once again somewhere else.[7]

Clock/The Collapse of Time is a time-piece gone awry with perfect precision. The clock conflates the real duration of a twenty-four-hour lapse with its own subjective time that can begin at any given moment. It threatens to appear "from time to time," and from place to place, unpredictably and menacingly imposing its will with the help of two locals who make the subjective time-tale a collaborative neighborhood event. The

BEDFORD SQUARE, LONDRES, *CLOCK/THE COLLAPSE OF TIME:* Amb aquest contrarellotge, John Hejduk desplaça els ideals de l'Arquitectura Moderna d'anonimat i d'homogeneïtat industrial[6]. Construïda temporalment en el Bedford Square de Londres el 1986, la torre del rellotge fou originàriament concebuda com una de les màscares del *Vladivostok* de Hejduk, per a ser vista en una actuació itinerant al llarg d'una estructura de *Seguretat,* una cadira alçada per una politja i una botiga de llibres. *Clock/The Collapse of Time* marca el temps en veu alta a través del recompte de la seva pròpia història —d'un present nòmada que esborra el passat i el futur. Una sèrie de cubs de fusta etiquetats en una de les cares amb dígits que van de l'un al tretze —el número dotze està tapat— es troben fixats verticalment en ordre ascendent, i muntats com a frontissa d'un dels extrems d'un cofre de llauna que descansa sobre cinc parells d'eixos de rodes de tren. L'aparell corre sobre unes vies d'acer i es va fent rodar fins a una plaça d'un poble. Un cop allí, tirant d'una politja, alça un home del poble que està assegut en una cadira, per tal que vegi el rellotge de la torre a "nivell de l'ull". Mentre la torre del rellotge va caient gradualment des de la seva posició vertical fins a una d'horitzontal en un període de vint-i-quatre hores, l'home presencia el temps verticalment, com a temps elevacional; en graus decreixents, com a temps isomètric; i després, horitzontalment, com a temps perspectiu. Mentrestant, una dona del poble s'asseu en una llibreria propera i recita un poema *"The Sleep of Adam",* de manera repetida durant tota la caiguda de la torre del rellotge. Al final del dia particular del rellotge, tots els ítems se'n van, per tal de poder activar una altra vegada el còmput del temps en algun altre lloc[7].

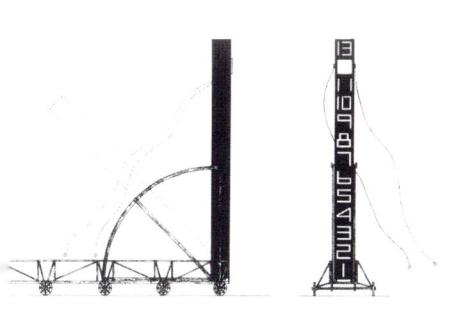

Clock/The Collapse of Time és un rellotge desmanegat de precisió perfecta. El rellotge combina la durada real d'un lapse de vint-i-quatre hores amb el seu propi temps subjectiu, que pot començar en qualsevol moment. Amenaça en aparèixer "de temps en temps" i de lloc en lloc, de manera imprevisible i imposant, amb una voluntat amenaçadora, amb l'ajuda de dos locals que fan que la faula-temporal subjectiva sigui un

[Paul Bush / Furniture Poetry]

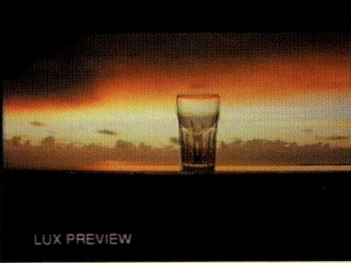

Matt Hulse
Hotel Central

clock tower is a war-machine that invades the square and takes the townspeople hostage in order to keep time — in a collapse of authority and author, of intimate subject and public object.

Hejduk's *Clock/The Collapse of Time* embodies the authoritarian and inscrutable imposition of industrial timekeeping on society. It is a mechanism to obliterate all mechanisms; like Nakamura's *Industrious Clock*, it is a literally and figuratively self-effacing machine, flawlessly unproductive, winding down all other clocks. Both are as performative and ritualistic as the mechanical figures of traditional town-square clocks that emerge hourly from their booths to strike bell-chimes, or as mechanistic as a military changing of the guard. These precision performances thinly mask the timepieces' transformative irrationality, of a surrealism revealed though digital or spatial animation.

Animation is architecture's time machine. Just as the seemingly small and unassuming cell phone and laptop computer can invade and transform anywhere into an office, animation can hinder the latent narratives of architectural experience when employed as a corporate tool of visualization. In much the same way that canned laughter and applause-tracks accompanying the TV sit-com have become the surrogate participants of the already passive television viewer, 3D models and walk-throughs can predetermine one passage and one object, thereby obstructing true experience. While the unbuilt virtually writhes and digests the viewer, there is nothing left to do but stare "in pure amazement."[8]

In the interminable struggle to escape from their own ticking, Nakamura's and Hejduk's clocks affirm subjective time — a universal hacker time. Both clocks are diaries recounted by a scribbling hand or the town crier who turns to a blank page. They signal that all intelligible time is relative because it is experienced by a sentient being acting in space. Where the *Industrious Clock* repeats closed gesture-loops that bring time to a metaphysical standstill, *Clock/Collapse of Time* is an entropic loop that accumulates more down-time between destinations than it ultimately marks while engaged.

Animation, as the accretion of subjective time-tellings, can erect the interior space of the diary and turn it outward onto the world at large. Within the multitude of

[178 / Amanda Schachter, Alexander Levi / Around the clock]

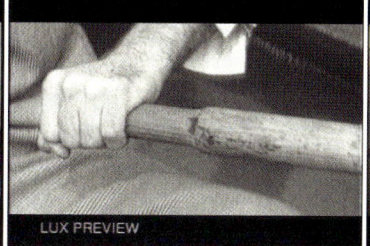

esdeveniment col·lectiu de la comunitat. La torre del rellotge és una màquina de guerra que envaeix la plaça i agafa per ostatges la gent d'aquell indret per marcar l'hora —en un col·lapse de l'autoritat i de l'autor, del subjecte íntim i del públic aliè.
Clock/The Collapse of Time de Hejduk encarna la imposició autoritària i inescrutable de la forma de portar el temps de la indústria sobre la societat. És un mecanisme que oblitera tots els mecanismes; com *Industrious Clock* de Nakamura, és una màquina literal i figurativament evasiva, perfectament improductiva, que desajusta tots els altres rellotges. Ambdues són tan ritualistes i convencionals com les figures mecàniques dels rellotges tradicionals de les places dels pobles, que emergeixen cada hora dels seus caus per fer sonar les campanades, o tan mecàniques com un militar fent el canvi de guàrdia. Aquestes actuacions precises emmascaren lleugerament les irracionalitats transformatives dels rellotges, d'un surrealisme revelat mitjançant l'animació digital o espacial.
L'animació és la màquina del temps de l'arquitectura. Així com els aparentment petits i modests telèfons mòbils i ordinadors portàtils poden envair i transformar qualsevol racó d'un despatx, l'animació pot obstruir les narratives latents de l'experiència arquitectònica quan se la utilitza com a eina corporativa de visualització. De la mateixa manera que els riures enllaunats i els aplaudiments preenregistrats que acompanyen les comèdies de televisió s'han convertit en participants substitutius del ja passiu espectador televisiu, els models de 3D i els assaigs poden predeterminar un corredor i un objecte, obstruint d'aquesta forma la veritable experiència. Mentre la virtualitat no construïda doblega i absorbeix l'espectador, no hi ha altra cosa a fer que mirar "en plena estupefacció [8]".
En la lluita inacabable per escapar dels seus propis tics, els rellotges de Nakamura i de Hedjuk afirmen el temps subjectiu —un hacker universal del temps. Ambdós rellotges són diaris recomptats per una mà escriventa o pel portaveu que torna a una pàgina en blanc. Assenyalen que tot el temps intel·ligible és relatiu, perquè s'experimenta a través d'un ésser conscient que actua en l'espai. Allà on *Industrious Clock* repeteix gests tancats que porten el temps fins a detencions metafísiques, *Clock/Collapse of Time* és una repetició entròpica que acumula més temps quan roman apagat entre destins que, en darrera instància, marca quan està funcionant.
L'animació, com a conjunt de rellotges subjectius, pot agafar l'espai interior del calendari i girar-lo al revés cap al món sencer. En la multitud d'experiències, com un estira i arronsa de trajectòries temporals, les narratives poden impregnar l'arquitectura.

[Matt Hulse / Hotel Central]

experience, as a weaving of time-trajectories, narratives can impregnate architecture, and the passions gestating within that space become architecture's meta-ornament, found in the individual or collective mind of the building's occupants. Narratives return to inform us of the space, tugging and releasing the perception of time through all anticipated action-sequences, always as one of many simultaneous, crossed readings by an engaged, interacting public.
Ultimately, time can physically become as still as architecture. Despite the high-speed dynamics of flows, counter-flows, and stimuli that animation might seem to promise, its multiple narratives can make time thick and slow. Danny Hillis designed and built the *Clock of the Long Now* because he felt that the future was shrinking.[9] The clock is a 10,000-year mechanism that ticks only once annually. "[T]he century hand advances once every 100 years, and the cuckoo comes out on the millennium."[10] The gears are designed to move as slowly as the time telling, resulting in a timepiece that moves at the same speed, if not slower than the wind force or earth's shift affecting any building.
Ben van Berkel and Caroline Bos's *Möbius House* is an architectural timepiece with no moving parts, a still-clock. It knits all the home's surfaces into a programmatically seamless Möbius strip that diagrams twenty-four hours of family life. With such an uninterrupted continuity of envelope, only the inhabitants' actions themselves can serve to count out the twenty-four-hour cycles' duration. *Expoparc*, where computer animation has been integral to the design process, is literally a column- and transparency-free buildingscape. With little grounding reference within the architecture to rhythms that might let the inhabitant mete out the space, *Möbius House* and *Expoparc* paradoxically seem to thicken, coagulate, and scar, rather than race. It is this seamless sameness, without beginning or end, which either induces a disorienting time-space shock akin to jetlag and casino-fatigue, or can become the hacker's model for inventive reorientation.

[180 / Amanda Schachter, Alexander Levi / Around the clock]

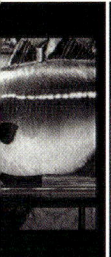

i les passions que es gesten en aquest espai es converteixen en metaornamentació de l'arquitectura, recollida en la ment individual o col·lectiva dels ocupants de l'edifici. La narrativa ens parla de nou de l'espai, empenyent i alliberant la percepció del temps mitjançant totes les accions-seqüències anticipades, sempre com una de les moltes lectures simultànies fetes per un públic interactiu i compromès.

En últim terme, el temps pot convertir-se físicament en quelcom de tan rígid com l'arquitectura. Més enllà de la seva dinàmica de corrent, contracorrent i estímuls a la imaginació que podria semblar prometedora, les seves múltiples narratives poden fer del temps quelcom d'espès i de feixuc. Danny Hills ha dissenyat i construït *Clock of the Long Now* [el Rellotge del Llarg Present], ja que sentia que el futur s'estava encongint[9]. El rellotge és un mecanisme de 10.000 anys que només marca el tic una vegada cada any. "La busca del segle avança un cop cada 100 anys i el cucut surt en el mil·lenni"[10]. Els mecanismes es dissenyaren per tal que es moguessin tan lentament com el mateix temps que compten, i formaren un rellotge que es mou a la mateixa velocitat, o fins i tot més lent, que la força que necessita el vent o la rotació de la terra per afectar algun edifici.

Möbius House de Ben van Berkel i Carolina Bos és un rellotge quiet. Teixeix totes les superfícies de la casa en una cinta de Möbius programàtica sense obstacles que diagrama vint-i-quatre hores de vida familiar. Amb una continuïtat ininterrompuda de cobertura, només les accions dels habitants poden servir per comptar els cicles de vint-i-quatre hores de durada. *Expoparc*, en què l'animació computacional ha estat integrada en el procés de disseny, és un paisatge edifici literalment desproveït de columnes i transparències. Amb poques referències en arquitectura envers els ritmes que podrien conduir els habitants a administrar l'espai, *Möbius House* i *Expoparc* semblen paradoxalment espessir-se, coagular-se i cicatritzar, més que no pas fluir. Aquesta correspondència sense fissures, sense principi ni fi, pot induir al xoc desorientador de l'espai-temps (semblant a la malaltia dels avions o a la fatiga de casino) o pot convertir-se en el model per a la reorientació inventiva del hacker.

[181 / Amanda Schachter, Alexander Levi / Les vint-i-quatre hores]

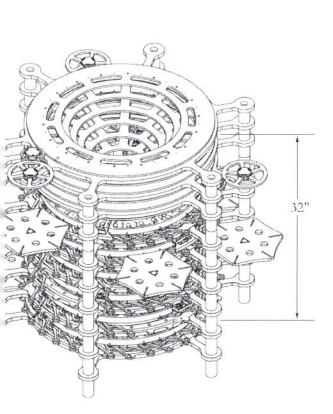

[Matt Hulse / Hotel Central]

When animation encourages the widest exposure to time-scapes — creative-time; thick-time[11]; cinematic-time; and smooth, still-time — time can be experienced as it becomes architecture. The hacker's open interchange of discovery animates social relationships that in turn create new space. A.S./ A.L.

NOTES
1 — Himanen defines the Protestant Ethic as a phenomenon as universal to the human condition as Platonic Love. Just as to use the term Platonic Love today would hardly imply a love based directly on Platonic Ideals, the Protestant Ethic applies to values embedded in cultures as non-Protestant as Japan and India. Himanen, Pekka, *The Hacker Ethic, A Radical Approach to the Philosophy of Business*, Random House Trade Paperbacks, New York, 2001, p.11.
2 — *Ibid.*, p.27.
3 — *Hacker* refers to someone who "programs enthusiastically," a term defined by a few MIT "passionate programmers" in the 1960's, and should not be confused with virus writers and system intruders called *crackers*. *Ibid.*, pp.vii-viii.
4 — Colomina, Beatriz, "Domestic Voyeurism, Dividing Walls, " in *Sexualitat I Espai* Edicions UPC, Barcelona, 1997, pp.77-78 (originally, *Sexuality and Space,* Princeton Architectural Press, 1992.)
5 — Wells, Paul, *Raiding the Icebox.*
6 — See Somol, R.M.
7 — Skapich, Kim, ed., *Vladivostok, a work by John Heyduk*, Rizzoli, New York, 1989, p.72.
8 — Jean Baudrillard, *America*, 1986, from Himanen, p.107
9 — Hillis, Danny, www.longnow.com/10kclock/clkpurpose, first published in Wired Magazine's "Scenarios" issue.
10 — *Ibid.*
11 — Hays, K. Michael, ed., Hejduk's Chronotope, "An Introduction," quoting Mikhail Bakhtin's concept of the 'chronotope', Princeton Architectural Press and the Canadian Centre for Architecture, 1996, p.10.

Quan l'animació estimula una més gran exposició vers paisatges-temporals (temps creatiu, temps àlgid[11], temps cinemàtic i temps quiet i encalmat), el temps es pot experimentar com si es transformés en arquitectura. L'intercanvi obert de descobriments del hacker anima les relacions socials, que a la vegada creen un nou espai. A.S. / A.L.

NOTES

1 — Himanen defineix l'Ètica Protestant com un fenòmen tan universal per a la condició humana com l'Amor Platònic. Així com l'ús del terme Amor Platònic no implicaria avui dia un amor basat directament en els Ideals Platònics, l'Ètica Protestant s'aplica a un valors inherents a cultures no protestants com ara la japonesa o l'Índia. Himanen, Pekka, *The Hacker Ethic, A Radical Approach to the Philosophy of Business*, Random House Trade Paperbacks, Nova York, 2001, pàg.11.

2 — *Ibid.*, pàg.27.

3 — *Hacker* fa referència a algú que "programa amb entusiasme", un terme definit per alguns "programadors apassionats" del MIT, als anys seixanta, i no s'han de confondre amb els escriptors de virus i els intrusos de sistemes anomenats *crackers. Ibid.* pàgs. vii-viii.

4 — Colomina, Beatriz, "Domestic Voyeurism, Dividing Walls" a *Sexualitat I Espai*, Edicions UPC, Barcelona, 1997, pàgs.77-78 (originalment *Sexuality and Space*, Princeton Architectural Press, 1992).

5 — Wells, Paul, *Raiding the Icebox*.

6 — Veure Somos, R.M.

7 — Skapich, Kim, ed., *Vladivostok, a work by John Heyduk*, Rizzoli, Nova York, 1989, pàg.72.

8 — Jean Baudrillard, *America*, 1986, de Himanen, pàg.107.

9 — Hillis, Danny, www.longnow.com/10clock/clkpurpose, primera publicació en l'exemplar "Scenarios" de *Wired Magazine*.

10 — *Ibid*.

11 — Hays, K. Michael, ed., *Hejduk's Chronotope*, "An Introduction", que cita el concepte de "chronotope" de Mikhail Bakhtin, Princeton Architectural Press i Canadian Centre for Architecture, 1996, pàg.10.

[Matt Hulse / Hotel Central]

The Information Technology Revolution in Architecture

Selection of excerpts from books of *The Information Technology Revolution in Architecture* series, edited by

Antonino Saggio

Antonino Saggio teaches Architectural Design at
Università La Sapienza (Rome). He is the editor of
the collection "The IT Revolution in Architecture"
edited both by Testo & Immagine and Birkhäuser,
a prolific author of essays and articles and a
relentless instigator of the debate on architecture.

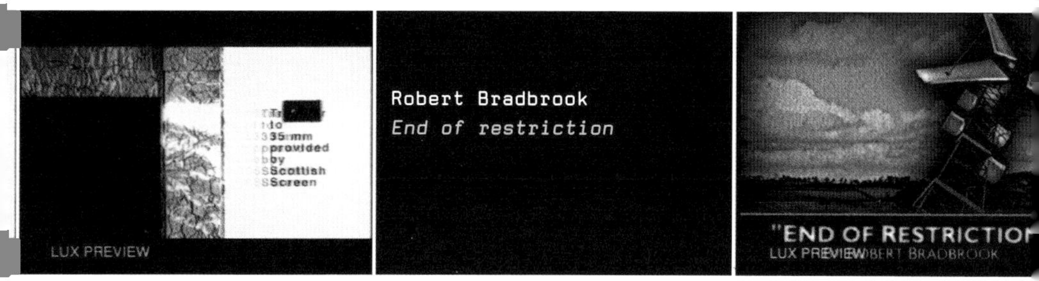

La revolució de la tecnologia de la informació en arquitectura

Una selecció d'extractes de llibres de la col·lecció
The Information Technology Revolution in Architecture, editada per
Antonino Saggio

Antonino Saggio és docent de Disseny a la Universitat
La Sapienza de Roma. És director de la col·lecció "The IT
Revolution in Architecture", editada per Testo & Immagine
i Birkhäuser; un prolífic autor d'assaigs i d'articles
i un incansable instigador del debat sobre arquitectura.

[Robert Bradbrook / *End of restriction*]

The IT Revolution in Architecture
view from the point of animation
by Antonino Saggio

Information Technology has established itself as the central paradigm for a new phase in all of architecture. During the 1970s, the few architects who worked with a computer were seen as a group of strange, determined utopians. During the 1980s, they were looked upon as specialists who spoke a language incomprehensible to most. But during the 1990s – parallel to the widespread growth of computer use in design studios – the understanding also grew that those Utopian or specialist architects were following lines of research that would be fertile ground for new developments for everyone. Along with the great founding fathers of the use of CAD in architecture (Chuck Eastman, Nicolas Negroponte, Bill Mitchell and the group of younger fathers, Chris Yessios, Gerhard Schmitt and John Gero), a new generation made itself known of architects "Born with the Computer".

Mine was the last generation to straddle the old and the new, and I approached this field with a progressively complex understanding of animation. Animation became inspirational even in my way to address architectural writing. But it is not my own story of interest here.

Today, we face an even younger generation who see the computer as not just an extra device but quite simply the main tool for designing and building; yes, even building, because the first constructions have now been created of buildings and spaces conceived using this new digital sensibility. These buildings are not only "designed and built with the computer" but also aim at being significant signs for identifying the contemporary lines of orientation, the new information phase in architecture.

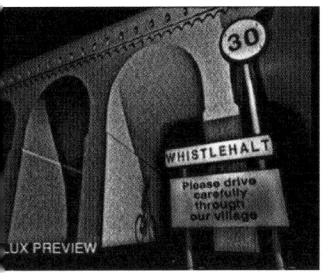

La revolució de la TI en arquitectura, vista des de l'animació
per Antonino Saggio

La Tecnologia de la Informació ha esdevingut el paradigma central d'una nova fase de l'arquitectura. En els anys setanta, els escassos arquitectes que treballaven amb un ordinador, se'ls veia com a un grup apartat d'utòpics estranys. En els vuitanta, ens els miràvem com especialistes que parlaven un llenguatge enigmàtic per a la majoria de la gent. Però en els noranta —de manera paral·lela amb l'increment de l'ús d'ordinadors als estudis de disseny— progressà la idea que aquests utòpics, arquitectes especialitzats, seguien línies d'investigació que s'anirien estenent en terres fèrtils d'uns nous mitjans per a tots. Juntament amb els grans pares fundadors de l'ús dels CAD en arquitectura (Chuck Eastman, Nicolas Negroponte, Mill Mitchell i el grup de pares més joves tal com Chris Yessios, Gerhard Schmitt i John Gero), una nova generació es donà a conèixer, anomenant-se ella mateixa com els "nascuts amb l'ordinador".

La meva generació fou la darrera que es trobà enmig d'ambdues, entre la vella i la nova, i em vaig anar aproximant a aquest camp a través d'una comprensió cada vegada més complexa de l'animació. L'animació es convertí en una font d'inspiració, fins i tot en la forma en què em relacionava amb l'escrit arquitectònic. Però no és la meva història personal que ens interessa.

A hores d'ara, ens enfrontem amb una generació encara més jove, que no només es mira l'ordinador com un dispositiu extra, sinó bàsicament com una eina fonamental per a dissenyar i construir: sí, fins i tot construir, perquè ja han estat creades les primeres obres d'edificis i espais concebuts mitjançant l'ús de la nova sensibilitat digital. Aquests edificis, no només són "dissenyats i construïts per ordinador", sinó que alhora volen ser uns signes importants per tal d'identificar les línies d'orientació contemporànies, la nova fase de la informació en arquitectura.

[Robert Bradbrook / End of restriction]

THE INFORMATION TECHNOLOGY (IT) REVOLUTION

In order to understand what we mean, attention must obviously be focused on the term "information" and before this on better understanding what is meant by the "IT Revolution in Architecture" that has lent its name to the series of books that carries this name.

The definition "Information Technology Revolution" is used to underline an implicit parallelism. During the 1920s, architects such as Walter Gropius or Le Corbusier or Mies van der Rohe "completely" reformulated architecture under the influence of the new mechanical, industrial world. Their architecture was revolutionary because it modified all the operating parameters of the era, absorbing the serial, rational, uniform and standardizeable processes of industrial production. Architecture performed these processes both by internalizing them as work methods as well as assuming them as "objective" parameters to evaluate whether or not new qualities had been achieved. In other words, the more architecture was efficient, functional, and free from any reference to anything other than its own mechanism, the more it was praised.

We are now in another era. We are undergoing the Information Technology Revolution. The key words of architects have changed. They no longer think in terms of "standardization" but "personalization"; no longer via processes of "division into cycles" or "assembly lines" but of "unity among differences". The city is no longer conceived in monofunctional zones (work here, live here, play here) but as an interactive whole of uses and functions, no longer considering the idea of the "repeatable model" (the Black Ford or Unité d'Habitation) but rather the concepts of Adaptability and Individualization.

We could continue expanding further on this "Third Wave" but the significant fact is this change is starting to have a real impact on architecture.

INFORMATION AND INTERACTIVITY

The network, the information systems for designing and planning buildings, construction materials and even methods themselves are changing the essence of architecture. Spaces tend toward being more and more multifunctional and are created

LA REVOLUCIÓ DE LA TECNOLOGIA DE LA INFORMACIÓ
Per tal d'entendre el que diguem, ens hem de fixar per força en el terme "informació", i, abans, entendre què vol dir "revolució de la TI en arquitectura", terme que ha cedit el seu nom a tota una sèrie de llibres que duen aquest títol.
La definició "Revolució Tecnològica de la Informació" s'empra per a remarcar un paral·lelisme implícit. En els anys vint, arquitectes com Walter Gropius, Le Corbusier o Mies van der Rohe varen formular de nou i "completament" l'arquitectura, pressionats per la influència del nou món mecànic i industrial. La seva arquitectura era revolucionària, perquè modificava tots els paràmetres operatius de l'època, absorbint els processos serials, racionals, uniformes i estandarditzats de la producció industrial. L'arquitectura dugué a terme aquests processos tot interioritzant-los com a mètodes de treball i alhora, assumint-los com a paràmetres "objectius" capaços d'avaluar si s'havien aconseguit o no les noves qualitats. Dit d'una altra manera, com més eficient, funcional i lliure de referències —tret de les del seu propi mecanisme— fos l'arquitectura, més se la tenia en compte.
Ara vivim en una altra era. Estem experimentant la Revolució de la Tecnologia de la Informació. Les paraules clau dels arquitectes són unes altres. Ja no pensen en termes d'"estandardització" sinó de "personalització"; no parlen de processos de "divisió en cicles" o de "línies d'assemblatge", sinó de la "unitat entre les diferències". La ciutat ja no es concep en zones monofuncionals (treballar aquí, viure aquí, jugar allà), sinó com un tot interactiu d'usos i funcions; la idea del "model repetible" (el *Black Ford* o la *Unité d'Habitation*) ha estat substituïda pel concepte d'adaptabilitat i d'individualització.
Ens podríem continuar esplaiant sobre aquesta "tercera ona", però el fet significatiu és que aquest canvi comença a tenir un impacte real en l'arquitectura.

INFORMACIÓ I INTERACTIVITAT
La xarxa, els sistemes d'informació per a disseny i planejament d'edificis, els materials de construcció i fins i tot els propis mitjans, estan canviant l'essència de l'arquitectura. Els espais tendeixen a ser cada vegada més funcionals i es creen tot usant complexos geomètrics visualitzats a través de l'ordinador.
La construcció es realitza a través d'una mena d'"artesania d'ordinador", i les peces especials poden ser modelades emprant tallants guiats per dissenys digitals. Per bé que, al cap i a la fi, és la informació la que s'està convertint en un component especial

[Robert Bradbrook / End of restriction]

using complex geometry visualized by computers. Construction is realized with a sort of "computerized craftsmanship" so that special pieces can be made using cutters guided by digital designs. But it is information above all that is becoming an essential component of the new architecture and new urban environment. In fact, information in the architectural field plays at least three fundamental roles simultaneously.
First and foremost there is "communication" that either educates, entertains or advertises (it is no coincidence that today's buildings go back to narrating stories); in addition, information also makes up the "production infrastructure" for the multi-disciplinary development of projects and the future management of buildings. But most importantly the presence of information in today's society is so great that it has become an "esthetic challenge". Forward-looking architects around the world are attempting to create a generation of buildings and spaces that are "conscious" of the changes in the operational and social framework caused by information technology and capable of expressing this revolution.
This "esthetic challenge" contains three final points, centered around the concept of interconnectivity. Current research into information technology attempts to understand how an interface can be created between computer and user (and no longer between user and computer as it was for decades). Attempts are being made to make the computer interact with us and the environment by using various types of sensors: mechanical and quantitative ones that measure air, light or temperature; more complex ones able to interpret facial expressions or a tone of voice; and others even more sophisticated that manage to formulate hypotheses about what we might emotionally "feel". For a small, but essential, group of pioneer architects, this frontier is also a fundamental attempt at understanding how to make architecture *change interactively with changing situations and desires.*
This point brings us directly to a possible understanding of the role of animation techniques in the architecture. In a first phase the use of animation had the scope to *illustrate* architecture "as it is" (or as "it could it be") – either in the case of future or past projects). In a second phase the scope was to illustrate "the processes of design's conception" with the integration of animation with the support of Hypertext functions and Hierarchical (therefore inertly dynamic) architectural models. The

Pete Gomes
Scape

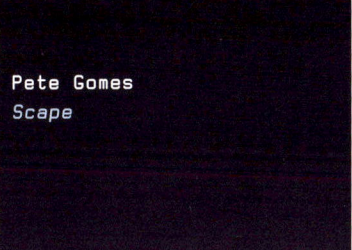

de la nova arquitectura i del nou àmbit urbà. De fet, la informació en el camp de l'arquitectura juga, de manera simultània, com a mínim tres papers fonamentals. El primer i principal és el de la "comunicació", a través del qual s'educa, s'entreté o es fa propaganda (no és una simple coincidència que els edificis actuals tornin a les històries narratives); a més, la informació també inventa la "infraestructura de la producció", per al desenvolupament de projectes pluridisciplinaris i per a la gerència futura dels edificis. Tanmateix, encara és més important la presència de la informació en la societat contemporània; tant és així, que s'ha convertit en un "desafiament estètic". Si mirem cap endavant, veurem que els arquitectes d'arreu del món estan mirant de crear una generació d'edificis i d'espais que siguin "conscients" dels canvis en les estructures operatives i socials, produïts per la tecnologia de la informació, i que siguin capaços d'expressar aquesta revolució. Aquest "desafiament estètic" conté tres punts finals, centrats en el concepte d'interconnexitat.

La investigació actual de la tecnologia de la informació mira d'entendre com es pot crear una interfase entre ordinador i usuari, i no entre usuari i ordinador, com va ocórrer durant dècades. S'estan duent a terme uns intents per aconseguir que l'ordinador interactuï amb nosaltres i amb l'ambient, tot usant diversos tipus de sensors: mecànics i quantitatius per mesurar l'aire, la llum o la temperatura; uns altres de més complexos, capaços d'interpretar les expressions facials o els tons de la veu, i encara uns altres de més sofisticats que puguin formular hipòtesis sobre allò que podríem "sentir". Per a un petit grup d'arquitectes pioners, petit però essencial, aquesta fita representa un intent fonamental de preguntar-se com fer-ho perquè l'arquitectura *canviï interactivament davant d'unes situacions i desitjos inestables*.

Aquest punt ens porta directament cap a una explicació del paper que juguen, en l'arquitectura, les tècniques d'animació. En un primer moment, l'ús de l'animació tenia com a tasca principal la d'*il·lustrar* l'arquitectura, saber "com era" (o com "podria ser", tant en el cas de projectes futurs com en passats). En una segona etapa, es tractava d'il·lustrar "els processos de concepció del disseny", mitjançant la integració de l'animació amb el suport de les funcions de l'Hipertext i dels models d'arquitectura Jeràrquics (i, així doncs, dinàmics de manera inherent). La tercera fase va invertir aquest apropament. Una nova generació d'arquitectura es caracteritzà en la utilització de formes manipulables concebibles només a través de les tècniques de l'animació, amb programes d'ordinador molts especialitzats. Fou una veritable revolució, que

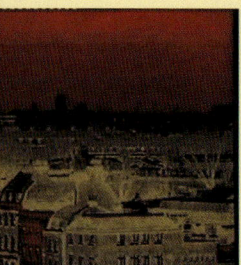

[Pete Gomes / Scape]

third phase inverted the approach. A new generation of architecture was indeed conceived using a manipulation of forms conceivable only through animation techniques in very dedicated computer programs. It was a revolution, and we have the new heroes of this approach, because animation from a technique of representation became a "technique of architectural conception". We are now living in a fourth phase. In this phase animation and movement exactly through Interactivity is becoming "a key feature of a new phase of architecture". This phase will allow all the fourth level leaving together to arrive to a new paradigm of architecture that through actual and physical movements of materials, elements, colors, and even spaces will adhere to the change of the situation and, again, *desires*. A.S.

Inverted retina
by Derrick De Kerckhove

The screen is the point of coincidence where the physical space of the hardware, the mental space of the user's mind and cyberspace coincide. The screen is also the terminal display area where all networking reaches its end. just as paper, pens and books were accelerators for information processing in private minds, screens are connectors and accelerators for connected minds.
In the architecture of nodes, the screen is "where the action is". Its content is both cognitive and the object of cognition. Marcos Novak makes a useful distinction between screens of *projection* (as in "display"), of *protection* (as in "screening somebody from the press"), and of selection (filters, biases). While code handles protection and *selection* in cyberspace, the screens of projection unite the three basic spatial environments, they impart a new bias in architecture. To begin with, they change its definition.
When it gives access to the web, the screen (in whatever shape it comes) is a window on the cognitive contents of the world. Its role could be likened to that of the human

ens integrà els nous protagonistes d'aquest apropament, fent que l'animació sortís d'una tècnica de representació per arribar a ser una "tècnica de concepció arquitectònica". A hores d'ara, ens trobem en la quarta fase. En ella, l'animació i el moviment a través de la Interactivitat s'està convertint en un "dispositiu clau de la nova fase de l'arquitectura". Aquesta fase ens permetrà de sortir de la quarta i arribar tots plegats al nou paradigma de l'arquitectura, el qual, mitjançant moviments reals i físics dels materials, dels elements i dels colors –i fins i tot de l'espai–, se sumarà al canvi de la situació i, una vegada més, dels desitjos. Aquesta conferència de Barcelona haurà d'explorar, també, aquest futur i imprescindible camí. A.S.

La retina invertida
per Derrick De Kerckhove

La pantalla és el punt en què coincideixen l'espai físic de l'hardware, l'espai mental de l'usuari i el ciberespai. La pantalla també és l'àrea de dispositiu terminal en la qual tot treball en la xarxa troba la seva finalitat: de la mateixa manera que el paper, els bolígrafs i els llibres varen ser els acceleradors del processament de la informació en les ments privades, les pantalles són els connectors i acceleradors de les ments vinculades.
En l'arquitectura de nodes, la pantalla és "allà on es troba l'acció". El seu contingut és alhora cognitiu i objecte de la cognició. Marcos Novak fa una distinció encertada entre pantalles de *projecció* (com a "dispositiu"), de *protecció* (com "amagar algú de la premsa a través d'alguna pantalla") i de *selecció* (filtres, supòsits). Mentre que els codis ens proporcionen protecció i selecció en el ciberespai, les pantalles de projecció uneixen els tres ambients espacials bàsics i imparteixen un nou supòsit en arquitectura. D'un bon principi, canvien la seva definició.
Quan la pantalla dóna accés a la web, (en qualsevol de les seves formes), és una finestra cap als continguts cognitius del món. El seu paper es podria vincular al de

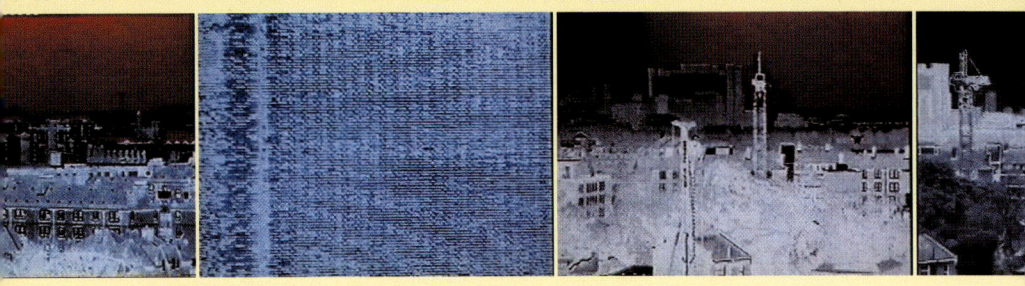

[Pete Gomes / Scape]

retina because it too allows the building of images that reflect both the recording of visual evidence and the processing of strategies of perception and interpretation. just as images are not simply reflected in our minds but always built in our brains, the images on the screen are the result of a continuous stream of processing. The human retina is made of brain cells, which are located within the eye at the periphery of the body. Thus the rods and cones that receive and process vision are the most externalized of brain cells. Likewise, the photons or pixels that display the contents of screens are the most externalized elements of the hugely complex and ever-changing organization of cyberspace. The parallel between screens and retinas is made more pertinent by the new field of "vitrionics" or "retinal scanning displays", that is video display systems that project images into the human retina either from eyeglasses or even via contact lenses.

EYE VERSUS SCREEN DOMINANCE
"Without spatialisations, topological structure data are almost impossible for humans to interpret" Martin Dodge and Rob Kitchin, 2001

In Microvision's words: "Horizontal and vertical scanners 'paint' an image on the eye by rapidly moving the light source across and down the retina, in a raster pattern" (http://www.mvis/com/1-hiwork.htm). Sitting in front of our screens, we establish a kind of retinal communication. from screen to eye. Millions of screens around the globe provide quasi "synaptic" connections with millions of minds exchanging infornation. The interval between the screen and the eye is the area of flexibility and interpretation. One obvious difference between passive and interactive relationships with our screens is that interactive systems make full use of this interval for innovation and self-affirmation. By pushing the same content in the mind of huge groups of people at once and at the same time, TV does not allow much flexibility of interpretation. Interactive systems do because they establish a dialogue between each individual user and the system. Innovation arises from the details of our dialogues with programs and people.
Word-processing is a simple example of detailed interaction with the externalized

la retina humana, ja que també permet de construir imatges que reflecteixen tant la gravació de l'evidència visual com el processament d'estratègies de percepció i d'interpretació.

Així com les imatges no es reflecteixen simplement en les nostres ments sinó que sempre es formen en el nostre cervell, les imatges en la pantalla són el resultat d'un flux continu de processament. La retina humana es compon de cèl·lules cerebrals localitzades en l'ull, en la perifèria del cos. Així doncs, els pals i els cons que la visió rep i processa, són la part més exterioritzada de les cèl·lules cerebrals. I és així com els fotons i pixels que exposen els continguts de les pantalles són els elements més exterioritzats de la gegantina, complexa i canviant organització del ciberespai. El paral·lel entre pantalles i retines es torna més pertinent en el nou camp del "*vitrionics*" o "*retinal scanning displays*", un sistema de vídeo que projecta imatges en la retina humana, mitjançant unes ulleres o fins i tot lents de contacte.

L'ULL VERSUS LA DOMINACIÓ DE LA PANTALLA

"Sense especialitzacions, als humans els és gairebé impossible d'interpretar la informació de l'estructura topològica" Martin Dodge i Rob Kitchin, 2001

En paraules de Microvisió: "Els escànners horitzontals i verticals "pinten" una imatge en l'ull gràcies al moviment ràpid de la font de llum al llarg i ample de la retina, en un patró *raster*[1]" (*http://www.mvis/com/1-hiwork.htm*). Quan ens asseguem davant les nostres pantalles, establim una mena de comunicació retinal que va des de la pantalla fins a l'ull. Milions de pantalles d'arreu del món subministren connexions quasi "sinàptiques" amb milions de ments que intercanvien informació. L'interval entre la pantalla i l'ull constitueix l'àrea de flexibilitat i d'interpretació. Una diferència òbvia entre les relacions passives i les interactives amb les nostres pantalles és que els sistemes interactius fan un ús complet d'aquest interval, per a la innovació i la autoafirmació. En introduir el mateix contingut en la ment de grups gegantins de gent d'un sol cop i simultàniament, la TV no permet molta flexibilitat d'interpretació. En canvi, els sistemes interactius sí que ho fan, perquè estableixen un diàleg entre cada usuari individual i el sistema. La innovació prové dels detalls dels nostres diàlegs amb els programes i la gent.

El processament de paraules és un exemple senzill de la interacció detallada amb els

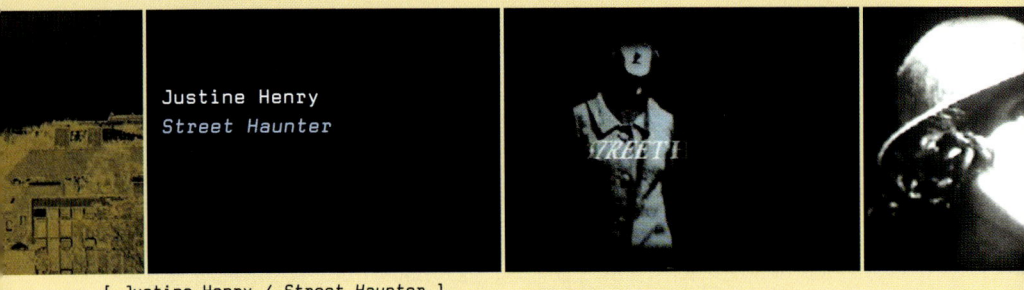

[Justine Henry / Street Haunter]

contents of our minds on the screen. Each change entails a creative process. The same goes for desktop editing or graphic design on screen. Of course, there is a kind of dialogue going on between the pen and paper and the writer, but it isn't quite so flexible, nor does it give access to other resources such as databases or even humbler tools such as word count, spell check, formatting and the like. What you write on the screen is already a kind of "publication" by the fact that it is there, fully formatted, presentable as a printed page and ready to post on line if you care to do so. And, as soon as it is on line, it is not only "published", but also available everywhere at once.
It may be the connective quality of screen-based information exchange that reveals the deeper purpose of screen technology in general. Indeed, information processing before the relatively recent development of interactive systems was limited to the space of the mind. That space is entirely private. Screens, apart from face-to-face meetings, of course, are the only devices that allow this meeting of minds literally, to say nothing of the archiving support systems, which enable people to store and retrieve the patterns of their collaboration.

EMIGRATION OF MIND FROM HEAD TO SCREEN
"For cyborgs [...] the border between interiority and exteriority is destabilized. Distinctions between self and other are open to reconstruction"
William Mitchell, 1995

The impact of cyberspace on mental space is that whereas mental activities were internalized and privatized by the literate bias, the screen is externalizing them. This began to happen long before the invention of the Internet since the first computers which were already dedicated to a major mental process that is calculation. Computation, a primary function of the brain was to be implemented in computers for many secondary elaborations such as simulating, designing, rendering, morphing, combining, sorting, classifying, storing, retrieving and reorganizing information. The other factor that continues to encourage this externalization process is the shift of

continguts exterioritzats de les nostres ments en la pantalla. Cada canvi permet un procés creatiu. Passa el mateix amb l'editor de l'escriptori o amb el disseny gràfic en pantalla. És clar que hi ha un cert diàleg entre el llapis, el paper i l'escriptor, però no és tan flexible ni ens permet d'accedir a altres fonts com les bases de dades, o fins i tot a eines més humils com el comptador de paraules, el corrector gramatical, la formatació, etc. Allò que s'escriu a la pantalla, d'alguna manera ja és una "publicació", pel sol fet que està allà, totalment formatat, presentable com una pàgina impresa i enllestida per a ser enviada *on line* si es volgués. I, tan aviat com estigués *on line*, no solament estaria "publicat" sinó que alhora estaria disponible arreu i de manera instantània.

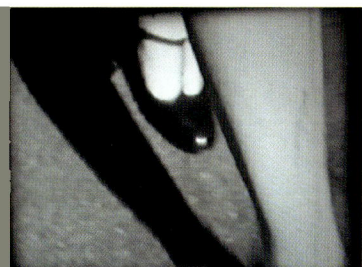

Allò que revela el propòsit més profund de la tecnologia de la pantalla en general, pot ser la qualitat connectiva de l'intercanvi d'informació basada en la pantalla. De fet, el processament de la informació anterior en el relativament recent desenvolupament dels sistemes interactius, estava limitat a l'espai de la ment. Aquest espai és totalment privat. Les pantalles, a més de possibilitar els encontres cara a cara, són —evidentment— els únics dispositius que permeten aquest encontre literal de les ments, per no citar els sistemes de suport d'arxius, que permeten que la gent emmagatzemi i recuperi els esquemes de la seva col·laboració.

EMIGRACIÓ DE LA MENT DES DEL CAP A LA PANTALLA

"Per als cyborgs [...] el límit entre interioritat i exterioritat està desestabilitzat. Les distincions entre l'ésser i allò altre estan obertes a la reconstrucció." William Mitchell, 1995

L'impacte del ciberespai en l'espai mental suposa que sempre que s'internalitzin i es privatitzin les activitats mentals mitjançant els prejudicis intel·lectuals, la pantalla els està exterioritzant. Això va començar a ocórrer molt abans de la intervenció d'internet, des dels primers ordinadors, que ja estaven dedicats a un procés mental més gran, com és el càlcul. La computació, una funció primària del cervell, havia de ser implementada en els ordinadors, per tal d'aconseguir un gran nombre d'elaboracions secundàries com ara la simulació, el disseny, el *rendering*, el *morphing*, la combinació, l'ordenació, la classificació, l'emmagatzematge, la recuperació i la reorganització de la informació. L'altre factor que continua incentivant aquest procés d'exteriorització és el canvi de dominació d'allò visual per allò tàctil.

[197 / Derrick De Kerckhove / La revolució de la tecnologia de la informació]

[Justine Henry / Street Haunter]

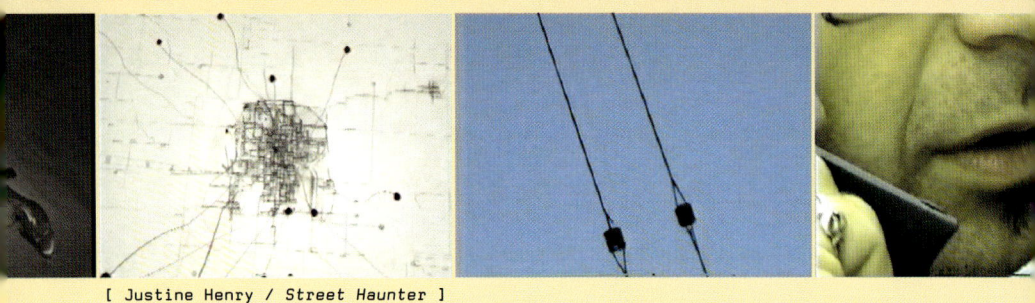

dominance from the visual to the tactile.
The difference between perspective and 3-D is as dramatic as the difference between the α and the ϵ-principles. The dominance of the visual bias in the literate world pushes reality, the world, away from the self, keeping the world at a safe and reasonable distance so to speak. Perspective puts the spectators outside the spectacle, while 3D drags them back in. Indeed, the world seen from the point of view begins to spread out optically from the surface of the eye outwards. This excludes the body of the spectator from the spectacle. This distancing act has been critical to afford a critical stance to the observer. The contemporary visualizing technique during the Baroque era introduced *trompe-l'oeil* as the conversion of touch into vision, precisely to maintain the distance between the spectator and the spectacle, hence rendering unnecessary the verification by the hand of what was presented to the eye. The insistence of providing a privileged point-of-view to the spectator was to endow people with a greater physical and psychological autonomy, but it also amounted to a kind of "expulsion" from the realm of action to one of theory and contemplation. D.K.

Excerpt from *The Architecture of Intelligence*, collection The Information Technology Revolution in Architecture (ed. Antonino Saggio), Birkhäuser, Basel, 2001.

La diferència entre la perspectiva i el 3D és tan dramàtica com ho és la diferència entre els principis α i ε. La dominació dels supòsits visuals en el món lletrat aparta l'ésser de la realitat i del món, mantenint-lo a una distància "segura" i "raonable". La perspectiva situa els espectadors fora de l'espectacle, mentre que el 3D se'ls torna a emportar cap a dins. En realitat, el món observat des del punt de vista comença a espargir-se òpticament des de la superfície de l'ull cap a fora. Això exclou de l'espectacle el cos de l'espectador. Aquest acte de distanciament ha estat central per proveir l'observador d'una actitud crítica. La tècnica de visualització contemporània va introduir, durant l'època barroca, el "trompe-l'oeil", com una mena de conversió d'allò tàctil en visual, precisament per a mantenir la distància entre l'espectador i l'espectacle, convertint d'aquesta forma en innecessària la verificació, per part de la mà, d'allò que es presentava davant de l'ull. La insistència en proveir l'espectador d'un punt de vista privilegiat va permetre a la gent d'obtenir una autonomia física i psicològica més àmplia, per bé que significà alhora una mena d'"expulsió" del regne de l'acció envers un altre, el de la teoria i de la contemplació. D.K.

Extret de The Architecture of Intelligence, col·lecció The Information Technology Revolution in Architecture (ed. Antonino Saggio), Birkhäuser, Basilea, 2001.

NOTA
1 — Raster: patró de línies paral·leles, la intensitat del qual es controla per tal de formar la imatge de televisió en la pantalla. (N. de la T.)

[Justine Henry / Street Haunter]

Rethinking traditional architectural assumptions
by Christian Pongratz and Maria Rita Perbellini

The implementation of digital techniques indicates another important paradigm shift in architecture after Modernism. With the introduction of Computer-Aided Design into early conceptual phases within architectural practice through innovative modeling and visualization tools, complex mathematical equations can be used to describe space and develop form. The algorithms of the computational processes allow the visualization of complex organizations and, with the help of design software, the conception of previously un-thinkable, non-orthogonal geometry such as emergent, often unexpected topological forms constituted of multiple different variables, or virtual environments that emerge from *non-linear systems*. The computer should not be conceived only as an aid to design but as an evolutionary accelerator and a generative force, applied to complexities associated with built and virtual environments. Used in architectural space perception, the computer enables "a complete overthrow of many traditional and static architectural assumptions, from the typology of organizational structures, to the hierarchical order of planning a structure, ending with the details" (Van Berkel 1998).
Virtuality involves the replacement of all existing architectural constants with variables. The computing tool initiates a sudden change in the way of conceiving spatial modalities and allows architecture to overcome its limitations, to supply rules and patterns unknown to its classical language. The machine cannot refer to an existing historical canon. It does not think critically about multiple variables, it does not imply an architectural hierarchical organization: all data is equal. C.P. / M.R.P.

Except from *Natural Born CAADesigners. Young American Architects*, collection The Information Technology Revolution in Architecture (ed. Antonino Saggio), Birkhäuser, Basel, 2000.

Repensar els supòsits tradicionals de l'arquitectura
per Christian Pongratz i Maria Rita Perbellini

La implementació de tècniques digitals indica un nou canvi important i paradigmàtic en l'arquitectura posterior al modernisme. A partir de la introducció del Disseny Assistit per Ordinador en les fases conceptuals primerenques de la pràctica arquitectònica —mitjançant el modelatge innovador i les eines de visualització—, les complexes equacions matemàtiques es poden utilitzar per tal de descriure l'espai i desenvolupar-ne la forma. Els algoritmes dels processos computacionals permeten de visualitzar organitzacions complexes i, amb l'ajut del software de disseny, concebre allò que abans era inimaginable: la geometria no ortogonal com emergent, sovint formes topològiques inesperades constituïdes per múltiples i diferents variables o ambients virtuals que sorgeixen de sistemes no lineals. El concepte d'ordinador no solament hauria de concebre's com una eina d'ajut al disseny, sinó com un accelerador de l'evolució i una força generativa, aplicada a les complexitats associades amb les construccions i els ambients virtuals. Utilitzat en la percepció arquitectònica de l'espai, l'ordinador permet de "descartar absolutament molts dels supòsits tradicionals i estàtics de l'arquitectura, des de les tipologies de les estructures organitzacionals, passant per l'ordre jeràrquic de planejament de les estructures, fins als detalls". (Van Berkel 1998).

La virtualitat implica la substitució de totes les constants arquitectòniques existents per variables. L'eina computacional inicia un canvi accelerat en el mode de concebre les modalitats espacials i permet a l'arquitectura superar les seves limitacions, tot proporcionant regles i patrons desconeguts en el seu llenguatge clàssic. La màquina no pot referir-se a un cànon històric existent. No pensa de forma crítica pel que fa a les múltiples variables i no implica una organització jeràrquica de l'arquitectura: tota la informació li és igual. C.P. / M.R.P.

Extret de *Natural Born CAADesigners. Young American Architects*, col·lecció The Information Technology Revolution in Architecture (ed. Antonino Saggio), Birkhäuser, Basilea, 2000.

[Justine Henry / Street Haunter]

Structuring data
by Mirko Galli and Claudia Mühlhoff

The study of a work of architecture always follows a conscious or unconscious process of analysis. The accomplishmerit of this process is a complex intellectual operation: the simple application of a method to the initial situation is not enough to guarantee that a result will be achieved. The researcher, his intuition, his personatity, the constant confrontation with the methodological process, the initial hypotheses and the results achieved, all play a central role and form a vital part of this process. The researcher comes into contact with a vast amount of information that must be given a structure, and he too produces information: hypotheses, intermediate results and conclusions, all of which must be communicated and organized for subsequent use.
Computer technology offers an easy method for managing large quantities of data, which can be modified infinitely. However, the most important possibility offered is that of defining relationships between the data, structuring them, making them interdependent, in a way that is convenient for their intended use. For example, if we modify the computer representation of a window set in a wall — by lengthening it, for instance — all the related data, if structured accordingly, will be automatically modified, as will the quantity of light penetrating the room, the perimeter of the joints, and so on.
Architectural research too uses data structures in which the data may come in any number of forms: the history of the project, its components, and archive materials are just a few examples. This information is gradually interconnected by the researcher, usually at a purely mental level (with the enormous drawback that the data cannot preserve these relationships if another researcher works on them). This is why it would be interesting to apply the systems of data interconnection used by information technology to the study of architecture.
The structure of data is sometimes defined by the software application because the person who has developed the package has ensured that the data input will be struc-

Estructurar la informació
per Mirko Galli i Claudia Mühlhoff

De manera conscient o inconscient, l'estudi d'una obra arquitectònica segueix sempre un procés d'anàlisi. El fet de poder dur a terme aquest procés requereix una operació intel·lectual complexa: la simple aplicació d'un mètode en la situació inicial no és suficient per a garantir cap resultat. L'investigador, la seva intuïció, la seva personalitat, la confrontació constant amb el procés metodològic, les hipòtesis inicials i els resultats obtinguts, juguen tots un paper cabdal i formen una part vital d'aquest procés. L'investigador entra en contacte amb una gran quantitat d'informació, que ha d'estructurar i que, alhora, també és productora d'informació: hipòtesis, resultats parcials i conclusions; tot ha d'estar intercomunicat i organitzat per tal de permetre la seva utilització subsegüent.

La tecnologia computacional ofereix un mètode prou fàcil per a manejar grans quantitats d'informació, una informació que pot ser modificada tantes vegades com volem. Tanmateix, la possibilitat més important que ens dóna és la de definir les relacions entre la informació, tot estructurant-les, fer-les interdependents, en el sentit adequat a l'ús que se li vulgui donar. Per exemple, si modifiquem la representació computacional d'una finestra col·locada en una paret —engrandint-la, posem per cas— tota la informació relacionada, si està estructurada convenientment, serà modificada de forma automàtica, com també ho serà la quantitat de llum que entri a l'habitació, el perímetre de les juntes, etc.

Així mateix, la investigació arquitectònica utilitza estructures d'informació que li permeten transformar-se infinitament: la història del projecte, els seus components i els materials d'arxiu, en són alguns exemples. L'investigador va interconnectant gradualment aquesta informació, en general en un camp purament mental (amb el gran desavantatge que la informació no podria preservar aquestes relacions si fos un altre investigador qui les manipulés). Aquesta és la raó principal per la qual seria interessant d'aplicar a l'estudi de l'arquitectura els sistemes d'interconnexió d'informació emprats per la tecnologia de la informació. De vegades, l'estructura de la informació es defineix a través del software, perquè la persona que l'ha desenvolupat s'ha assegurat que la informació que se l'hi afegeixi s'estructuri d'un mode particular, que serà consistent

[Tim McMillan / Ferment]

tured in a particular way that is consistent with the possible operations to be performed by the user. At other times, the structure must be painstakingly built up, because the operations available are not suited to the type of data input, or do not allow the required interconnections. The purpose of interconnecting data is to allow simulations.

SIMULATION AND THE MODEL

Simulation is a fundamental process in architecture and it is achieved using the *model*. Constructing a model is a method of simulation: as certain data are changed, the model shows the repercussion of changes on the entire system, consistent with the links between the data, namely the *structure*. 3D models, drawings, but also calculations or project lists, thermal or static tests are all commonly used models that simulate the various aspects of the construction to which they refer.
By exploiting the advantages of data structure offered by the computer, a computer model built to analyze a work of architecture will not only provide a 3D representation of the work, but it will also allow simulations to be performed, changing the data or the relations between them as we would do in any other model using economic, climate or social data. If the structure of the data is suitable for the simulation, we can then check hypotheses, propose scenarios and variations, acting on the parameters defined in the model.
The construction of a computerised 3D model is a rigorous process. The computer does not allow approximation. The construction process itself provides an opportunity to acquire an in-depth knowledge of the project studied. This is all the more important for a computerized model as it compels the user to obtain a precise understanding of the geometric characteristics of each element in order to create it. The use of *solid modeling* to realise the model usually provides a choice of methods for the construction of every desired 3D component; it is left to the researcher to choose the method that leads, through a series of operations, to the realization of complex geometric components. The result of this process is a 3D model of the project being studied, obtained by simply assembling the parts, like an architectural model-maker would do. Often the software application used provides a series of basic geometric

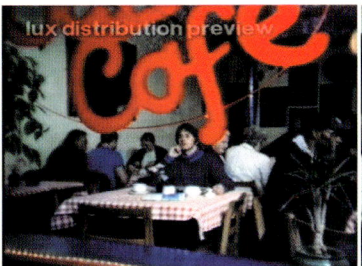

amb les eventuals operacions que pugui dur a terme l'usuari. En altres ocasions, l'estructura haurà de ser creada amb gran esforç, perquè les operacions disponibles no encaixen amb el tipus d'informació ingressada o no permeten realitzar les interconnexions volgudes. L'objectiu d'interconnectar informació és de permetre les simulacions.

SIMULACIÓ I MODEL
La simulació és un procés fonamental de l'arquitectura i s'obté mitjançant la utilització del *model*. Crear un model és un mètode de simulació: quan hi ha algun canvi en una informació, el model mostra les repercussions d'aquest canvi en el sistema complet, coherent amb els enllaços entre la informació –que anomenaren *estructura*. Els models de 3D, els dibuixos, així com els càlculs o els llistats de projectes, els tests tèrmics o estàtics, són tots models emprats habitualment per a simular diversos aspectes de les construccions a les quals es refereixen.
A través de l'explotació dels avantatges de l'estructuració de la informació que ofereixen els ordinadors, un model d'ordinador concebut per analitzar el treball de l'arquitectura no només ens donaria representacions del treball en 3D, sinó que també permetria dur a terme simulacions, canviant la informació o les relacions entre elles, tal com ho faríem amb qualsevol altre model que proposés variacions econòmiques, climàtiques o socials. Si l'estructura de la informació és aplicable a la simulació, llavors podem contrastar hipòtesis, proposar escenaris i variacions, tot actuant sobre els paràmetres definit en el model.
La construcció de models computaritzars en 3D és un procés rigorós. L'ordinador no permet les aproximacions. La construcció del procés en si mateix ens atorga l'oportunitat d'adquirir un coneixement en profunditat del projecte estudiat. Això és el més important per a un model computaritzat, atès que, per a crear-lo, obliga l'usuari a obtenir una comprensió precisa de les característiques geomètriques de cada element.
L'ús del *modelat sòlid* per a realitzar models, ens permet d'elegir habitualment entre els diferents mètodes per a la construcció de cada component desitjat en 3D. Es deixa escollir l'investigador el mètode que emprarà per a la realització de components geomètrics complexos, mitjançant una sèrie d'operacions. El resultat d'aquest procés és un model en 3D del projecte que es troba en estudi, aconseguit senzillament per l'assemblatge de les parts, com ho faria un confeccionador de maquetes en arquitectura. Sovint, el

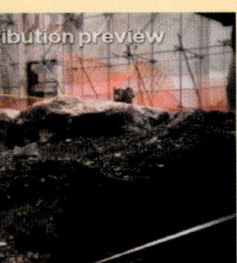

[Tim McMillan / Ferment]

solids that can be used to build more complex 3D structures using simple assembly or *Boolean operations:* the new solid is defined as the intersection or union of the other two solids, or as the product of subtracting the volume of one solid from the other. For example, in this way it is possible to obtain a "doughnut" by subtracting a cylinder from a sphere. Solids can be also be created from 2D forms using *extrusion operations* (the 3D element is generated by sliding a flat figure consisting of any number of sides – an open or closed polygon – along a spatial vector) or *rotation operations* (the 3D element is generated by rotating an open or closed polygon around an axis).

The model is usually characterized by a level of *abstraction,* which is set at the start of the modeling process. The operator modeling the various 3D parts decides what detail to use when modelling a particular component. This enables him to exclude from the model parts that are not required by the planned simulation, thus restricting the level of detail needed. Once the model has been assembled, it is possible to alter data or modify their relationships using *tools* that, by changing the previously set parameters (e.g. position, size, colour, etc.), display the results and therefore enable the simulation.

Models constructed using this procedure consist of a series of 3D components simply combined. Relations between the (basically geometric) project data are therefore purely positional: the model simulates the reciprocal position that the elements would occupy in reality (even if freed from construction constraints and related to the initial level of abstraction). The level of simulation allowed is therefore predominantly 3D: we can visualize the project being studied, we can understand its spatial organization, check the effects of light (if the application allows us to set these parameters), check the spatial transparency, for example, or explore it by moving the elements (namely, changing the relationships between them). However, were we to decide that all vertical load-bearing elements must be red when building the model, and the non-load-bearing ones transparent (in order to highlight the flexibility of the structure), we would also establish a conceptual relationship (within the model, through the presence of two colours), as well as exploring the spatial relationships between load-bearing and non-load-bearing elements.

This relationship can be visualized using a model constructed by means of the

software aporta una sèrie de sòlids geomètrics bàsics que poden ser emprats per a construir unes estructures més complexes en 3D, mitjançant l'assemblatge o les *operacions Booleanes*: el nou sòlid es defineix com la intersecció o la unió d'uns altres dos sòlids, o com el producte de la sostracció del volum d'un sòlid des d'un altre. D'aquesta manera, es pot obtenir, per exemple, un "donut" sostraient un cilindre d'una esfera. Els sòlids també es poden crear a partir de formes de 2D usant les *operacions d'extrusió* (l'element de 3D es genera per l'esmunyiment d'una figura plana que és composta per un número determinat de costats —un polígon obert o tancat— al llarg d'un vector espacial) o per *operacions de rotació* (l'element de 3D es genera per la rotació d'un polígon obert o tancat al voltant d'un eix). De costum, el model es caracteritza per un nivell d'*abstracció* que es fixa al començament del procés de modelat. L'operador que modela les parts de 3D decideix el detall a emprar quan modela un component en particular. Això li permet excloure del model les parts que no fan falta en la simulació planificada, restringint d'aquesta manera el nivell de detall
que es necessita. Una vegada articulat el model, es pot alterar la informació o modificar-ne les seves relacions utilitzant *eines* que, a força de canviar els paràmetres imposats prèviament (la posició, la talla, el color, etc), mostren els resultats i permeten la simulació.
Els models creats mitjançant aquest procediment consisteixen tan sols en una sèrie de components de 3D combinats. Llavors, les relacions entre la informació del projecte (bàsicament geomètrica) són purament posicionals: el model simula la posició recíproca que els elements ocuparien en la realitat (fins i tot si se'ls alliberés de les restriccions de la construcció i se'ls relacionés amb el nivell inicial d'abstracció).
El nivell de simulació permès és en aquest cas predominantment de 3D: podem visualitzar el projecte en estudi, en podem entendre la seva organització espacial, verificar els efectes de la llum (si les aplicacions ens permeten d'establir aquests paràmetres), revisar la transparència espacial per exemple, o bé explorar-la desplaçant els elements (o sigui, canviant les relacions entre ells). Tanmateix, així com hem estat nosaltres qui hem decidit que els elements verticals portants havien de ser vermells quan vàrem construir el model, i que els quins no eren portants havien de ser transparents (per tal de realçar la flexibilitat de l'estructura), podem igualment establir una relació conceptual (en el model, amb la presència d'un parell de colors) i explorar les relacions espacials entre els elements portants i els no portants.

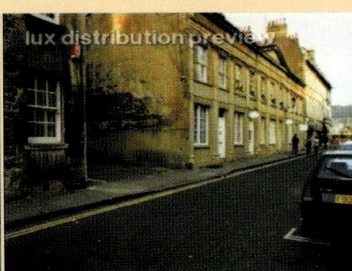

[Tim McMillan / *Ferment*]

simple spatial combination of components, but we cannot execute any simulation that involves it. This is why each load-bearing element remains individual and separate, nothing except its colour links it to the group of other elements. For example, it would not be possible to select and move all the load-bearing elements in the project simultaneously, unless one of the software tools enabled us to select only those of a particular colour. Therefore, in this case the data are organised using a *flat structure* (technically known as a Flat File – a simple list, without any interconnections or internal structure). However, structural patterns do exist that can establish complex relationships between data, identical to those established by the researcher between the different parts of a project during analysis, by identifying and grouping together certain elements (even if they are very different from one another) by function, material and *compositive meaning*. A model constructed in this way will not only provide a 3D representation of the work, but the structure of relationships between the data will contain a critical knowledge of the role, meaning and function of its elements. M.G. / C.M.

Excerpt from *Virtual Terragni*, collection 'The Information Technology Revolution in Architecture' (ed. Antonino Saggio), Birkhäuser, Basel, 2000.

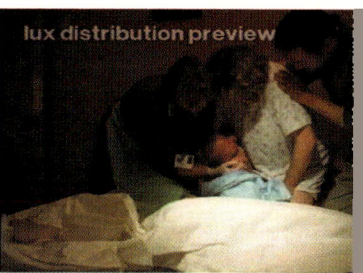

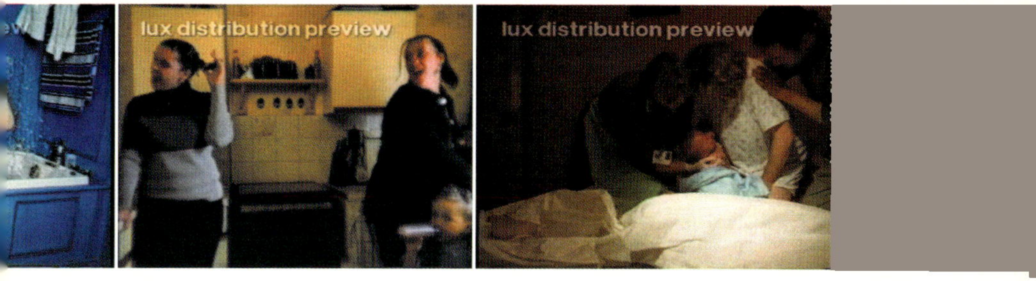

Aquesta relació es pot visualitzar en un model creat a través d'una simple combinació espacial dels components, però no poden executar una simulació que la inclogui. Aquesta és la raó per la qual cada element portant roman com quelcom d'individual i separat, i, tret del seu color, res no el relaciona amb el grup dels altres elements. No seria possible, per exemple, seleccionar i moure tots els elements portants del projecte simultàniament, si no és que alguna eina del software ens permetés seleccionar-los en un color particular. Així doncs, en aquest cas la informació s'organitza usant una *estructura plana* (tècnicament coneguda com Arxiu Pla, una simple llista sense cap interconnexió o estructura interna). Tanmateix, els patrons estructurals existeixen i poden establir relacions complexes entre la informació, idèntiques a les establertes per l'investigador entre les diferents parts d'un projecte durant l'anàlisi, a través de la identificació i l'agrupació de certs elements (així i tot, són molt diferents els uns dels altres) per funció, material i *sentit compositiu*. Un model construït d'aquesta forma no només ens proveirà d'una representació de 3D del treball, sinó que l'estructura de les relacions entre la informació contindrà també un coneixement fonamental del paper, del significat i de la funció d'aquests elements.

Extret de *Virtual Terragni*, col·lecció 'The Information Technology Revolution in Architecture' (ed. Antonino Saggio), Birkhäuser, Basilea, 2000.

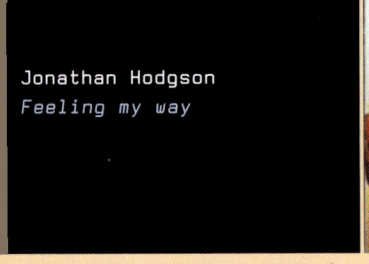

[Jonathan Hodgson / Feeling my way]

'From within'
Revealing architectonic ideas in virtual reality

A text by
Maia Engeli

Maia Engeli is an architect, specialized in the design of information access and exchange. She combines digital networks, computer graphics and artificial intelligence to create information and communication environments that supplement human talent and cognitive skills. Her work focuses on dynamic qualities of online information environments, their structural conception as well as their visual representation. She currently works as an independent researcher; she was Assistant Professor for Architecture and CAAD at the ETH (Zurich) between 1996 and 2002; and the head of the ETH World Centre from 2001 to 2002.

'Des de dins'
Revelant les idees arquitectòniques en la realitat virtual

Un text de
Maia Engeli

Maia Engeli és arquitecta, especialitzada en disseny d'accés i intercanvi d'informació. Combina xarxes digitals, gràfics digitals i intel·ligència artificial per a crear entorns d'informació i de comunicació que complementen el talent humà i les capacitats cognitives. El seu treball se centra en les qualitats dinàmiques dels entorns d'informació on-line, la seva concepció estructural i representació visual. Actualment, treballa com a investigadora independent; ha estat Professora Agregada d'Arquitectura i CAAD a ETH (Zuric) entre el 1996 i el 2002, i responsable del ETH Worl Center entre el 2001 i el 2002.

[211]

[Jonathan Hodgson / *Feeling my way*]

Looking at ways to reveal architectonic ideas with new media and ITC (information and communication technologies) has become a major focus of the Architecture and CAAD group at ETH Zurich. We took inspiration from narratives and from the ways linear narratives develop into hyperstories in cyberspace. We looked at film to study a media, in which messages are presented visually over time, in order to develop design strategies for presenting ideas in a construct that evolves spatially over time. We looked at architecture and the ways people are guided through spaces, confronted with architectonic sensations, and enclosed by very intentionally designed 3D environments. Architecture – as a visionary theory – also reflects on the paradigm shifts that result from new technologies and new media. Architecture is perpetually trying to respond to changes in the cultural and social context, to integrate advanced technological possibilities, and to adapt to the new needs that result from new technologies. This is true for physically built architecture and its virtual representations as well as purely digital architecture.

The viewer of architectonic representations has progressed from a spectator to a user. The history of architectonic representations begins with flat drawings: plans, sections, and elevations. At the beginning of the Renaissance the laws of perspective drawing were discovered leading to representations that allowed the viewer to get a bit more immersed because of the possibility to identify with a realistic viewpoint. And then, as Giedion describes in his book *Space, Time, and Architecture* (1954) "Cubism breaks with Renaissance perspective. It views objects relatively: that is, from several points of view ... thus, to the three dimensions of the Renaissance ... there is added a fourth one – time." In the 20th century movies and videos allow for animated representations, mostly done by filming of mock-ups. As adequate computing power and software became available computer animations were made possible. At first with animated line drawings and then with more and more realistic looking representations. Another path allowed for interactivity within 3D simulations. The two paths – animation and interaction – have converged to what is now generally denoted as VR (virtual reality) with computer games as its most wide spread form. The viewer of drawings has become a player within virtual spaces.

Intellectually as well as creatively it is most interesting to discover the potential of

Estudiar les formes de revelar idees arquitectòniques a través dels nous mitjans i de les TIC (tecnologies d'informació i comunicació) s'ha convertit en el punt més important del grup *Architecture and CAAD* a l'ETH de Zuric. Ens inspirem en les narratives i en les maneres en què les narratives lineals evolucionen en hiperhistòries al ciberespai. Mirem el cine per estudiar un mitjà en què es presenten missatges visualment a través del temps i desenvolupar estratègies de disseny per presentar idees en un constructe que es desenvolupi espacialment a través del temps. Mirem l'arquitectura i les maneres en les quals es guia la gent a través dels espais, se la confronta amb les sensacions arquitectòniques i se la tanca en dissenys d'ambients de 3D fets intencionadament. L'arquitectura —com una teoria visionària— també reflecteix en el paradigma canvis que resulten de les noves tecnologies i dels nous mitjans. L'arquitectura tracta contínuament de respondre als canvis en el context cultural i social, d'integrar les possibilitats tecnològiques avançades i d'adaptar les noves necessitats que resulten d'aquestes noves tecnologies. Això és així per a l'arquitectura físicament construïda, per a les seves representacions virtuals i també per a l'arquitectura purament digital.

L'espectador de representacions arquitectòniques ha canviat de ser espectador a ser usuari. La història de les representacions arquitectòniques comença amb els dibuixos plans: plantes, seccions i elevacions. Al començament del renaixement es van descobrir les lleis de la perspectiva, cosa que va derivar en la realització de representacions que permetien a l'espectador d'estar-hi una mica més immers gràcies a la possibilitat d'identificar-se amb un punt de vista realista. I així, com descriu Giedion al seu llibre *Space, Time, and Architecture* (1954), "el cubisme trenca amb la perspectiva renaixentista. Mira els objectes relativament, és a dir, des de diferents punts de vista... així, a les tres dimensions de renaixement... se n'hi agrega una quarta: el temps". Al segle xx, les pel·lícules i els vídeos prenen en consideració les representacions animades, la majoria fetes de filmacions de rèpliques. Les animacions de computació es van fer possibles quan va ser accessible assolir el poder computacional i el programari adequats. Primer amb els dibuixos animats lineals i després amb representacions cada vegada més realistes. Un altre camí va permetre la interactivitat a les simulacions de 3D. Els dos camins (animació i interacció) van convergir en el que avui s'anomena generalment RV (realitat virtual), amb els jocs de computació com la seva forma més estesa. L'observador de dibuixos s'ha tornat un jugador en espais virtuals.

Tant intel·lectualment com creativament, és molt interessant descobrir el potencial de

[Jonathan Hodgson / Feeling my way]

the new technologies, regarding new technical possibilities and mainly regarding changes in the way content can be revealed. How can the new technologies be used to communicate ideas about spaces? This questions is important because there has to be a deliberate emphasis to reveal more than highly realistic simulations can communicate. Ideas include feelings, beliefs, moods, or memories; aspects that can be formulated in VR as will be demonstrated with the following examples.

The earlier examples of our work (1996-1999) [Engeli, 2001] are designed as hyper-linked structures of multimedia information, i.e. *fake.space* [Hirschberg, 2001;Schmitt, 1999] or *Raumgeschichten* (stories of spaces) [Engeli, 2000], with a 2D web-interface. Later examples use 3D interfaces that allow a fluid motion through space, but may also include hyperlinks to jump from one scenery to the next, similar to a cut in film. In the following, two kinds of examples will be presented, the first ones use a VRML (virtual reality modelling language) interface and the second ones are built within Ego-Shooter environments.

[ROOMZ] & [CONNECTIONZ] http://alterego.arch.ethz.ch/

[roomz]&[connectionz] is an online environment and a course about formulating ideas with new media. A digital model of Georges Vantongerloo's sculpture, *"Rapport des Volumes"* (1921), provided the spaces for the scenarios. This sculpture is composed of eleven L-shaped volumes with different proportions. The students had to select three adjacent volumes as the geometry for their scenario. Working with abstract spaces that lack scale and orientation led to a freer interpretation of the spaces and the definition of their architectonic qualities by the scenarios themselves [Strehlke, 2001].

A 3D interface was provided to allow the students to design the scenarios in a playful, intuitive way from within the volumes; it allowed embedding VR elements and behaviours, movies, images, and sounds to formu-

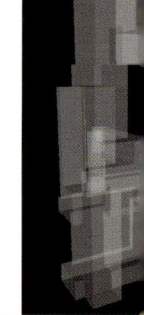

1: The sculpture *Rapport des Volumes* (Vantongerloo, 1921), the digital model, the nodes of

les noves tecnologies tenint en compte les noves possibilitats tècniques i sobretot, els canvis en les formes en què es pot revelar el contingut. Com poden utilitzar-se les noves tecnologies per comunicar idees sobre espais? Aquesta pregunta és important perquè hi ha d'haver un èmfasi deliberat a revelar una cosa més que el que les simulacions altament realistes poden comunicar. Les idees inclouen sentiments, creences, estats d'ànim o records; aspectes que es poden formular en RV com es demostrarà en els exemples que segueixen.

Els exemples més primerencs del nostre treball (1996-1999) [Engeli, 2001] són dissenys d'estructures hipervinculades d'informació multimèdia, per exemple *fake.space* [Hirschberg, 2001; Schmitt, 1999] o *Raumgeschichten* (històries d'espais) [Engeli, 2000], amb una interfície web de 2D. Exemples més tardans utilitzen les interfícies 3D que permeten un moviment fluid a través de l'espai, però també poden incloure hipervincles per saltar d'un escenari al següent, de manera similar al tall en el cine. Aquí es presentaran dos tipus d'exemples: el primer utilitza interfície *VRML* (*virtual reality modelling language*), i els segons estan construïts en ambients *ego-shooter*.

nodes dels ítems de [roomz] i els nodes i connexions de [connectionz] (Kai Strehlke).

[ROOMZ] & [CONNECTIONZ] http://alterego.arch.ethz.ch/

[roomz] & [connectionz] és un ambient en línia i un curs sobre formulació d'idees amb els nous mitjans. Un model de l'escultura de Georges Vantongerloo "*Rapport des Volumes*" (1921), va proveir els espais per als escenaris. Aquesta escultura es compon d'onze volums en forma de L de proporcions diferents. Els estudiants han d'elegir tres volums adjacents com a geometria per al seu escenari. Treballar amb espais abstractes que no tenen escala i orientació ha derivat en una interpretació més lliure dels espais i en la definició de les seves qualitats arquitectòniques per als escenaris en si mateixos [Strehlke, 2001]. Es va fornir una interfície en 3D per permetre als estudiants de dissenyar els escenaris en una forma lúdica i intuïtiva a partir dels volums; això va possibilitar la inserció d'elements de RV i comportaments, pel·lícules, imatges i sons per formular missatges sensibles. També es van

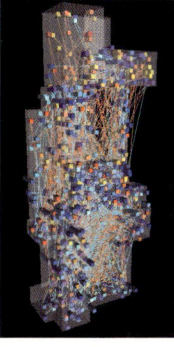

[Jonathan Hodgson / *Feeling my way*]

late very sensitive messages. Also, the path and pace for the navigation was designed as part of the single scenarios. "Gates" were introduced to create links between the different scenarios, allowing the viewer to navigate freely among the scenarios and the different spaces of the sculpture.

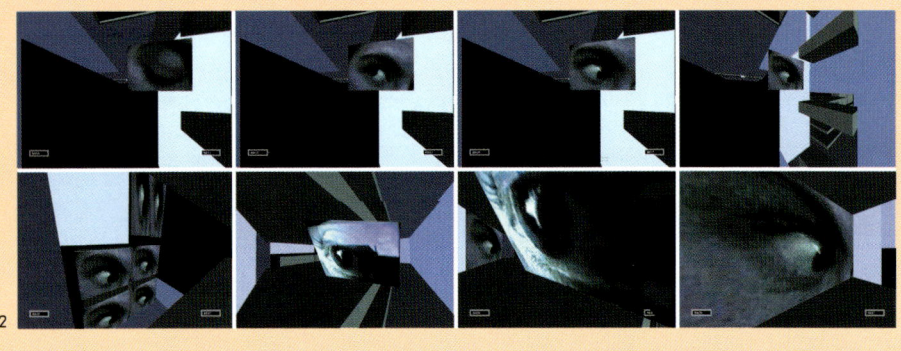

2: Animated eyes anticipate the path to be taken

Design strategies that could be identified in the examples included among others: Using a "tromp d'oeil" to emphasize the real in contrast to the fake; acceleration towards a culmination point (Image 3); filling of spaces with images, videos, and voices to create a populated ambience (Image 4), inclusion of metaphors to create references to known environments (i.e. a machine of a cave); references to poetry or political themes to provoke reflection on a theme; a change of perspective (i.e. an ant perspective) to trigger a new, enhanced awareness.

3: Acceleration from simple black and white to powerful.

LEVELS FOR EGO-SHOOTER GAMES

Using ego-shooter environments to explore architectonic themes leads to a subversion of both the ego-shooter game as well as the architectural discourse. Qualities as well as conflicts can arise. Ego-shooter game levels have a particular aesthetic; they often have a "medieval" look because of the rough stone textures and sparse, low-energy light source that are generally applied to the environments. The aes-

4: Populating the spaces with images, videos, and voices

dissenyar el camí i el pas per a la navegació com a part d'escenaris individuals. Es van introduir "portes" per crear vincles entre els diferents escenaris, cos que va permetre a l'espectador de navegar lliurement entre els escenaris i els diferents espais de l'escultura.

Les estratègies de disseny que es van poder identificar en els exemples incloïen, entre d'altres, l'ús del *trompe-l'oeil* per emfatitzar allò real en contrast amb allò fingit; l'acceleració cap a un punt culminant (imatge 3); l'ompliment d'espais amb imatges, vídeos i veus per crear una atmosfera habitada (imatge 4), la inclusió de metàfores per crear referències d'espais coneguts (per exemple, una cova electrònica); referències a la poesia o a temes polítics per provocar la reflexió sobre algun tema; un canvi en la perspectiva (per exemple, la perspectiva d'una formiga) per provocar una consciència nova i més àmplia.

NIVELLS PER ALS JOCS *EGO-SHOOTER*

Usar ambients *ego-shooter* per explorar temes arquitectònics deriva en una subversió del joc *ego-shooter* com també del discurs arquitectònic. Poden sorgir qualitats però també conflictes. Els nivells de joc *ego-shooter* tenen una estètica particular, en general tenen un aspecte "medieval" gràcies a les textures aspres de pedres i a les fonts de llum de poca intensitat, disperses, que en general s'apliquen als ambients.

[217 / Maia Engeli / Des de dins]

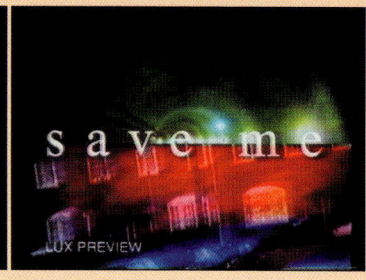

[Stuart Hilton / Save me]

thetic possibilities are restricted to allow for fast graphics, but there is still a lot possible regarding form, textures and illumination. The level "count" (Image 5) demonstrates a way to overcome known ego-shooter aesthetics by introducing a countdown as an animated texture.

5

In an ego-shooter environment that is used for an architectural representation shooting is not an important action and has actually disappeared as a primary design focus when thinking about possible experiences and challenges for the player – a fact that is heavily criticized by hard-core players. On the other hand shooting is part of such environments and may as well be integrated as a possible action in the design of a level.

Ego-shooter games depend on a community: people that play games together and against each other and exchange information. For designers the interesting aspects of the gaming community are: 1) the people that produce free levels, skins (game figures) or shareware level editors, 2) online discussions on new features, technical questions and new hardware, and 3) the possibility to invite players into a level that one has created

Our examples cover a number of approaches to level design each focussing on exploring a specific issue. In Level5 we explored visual and behavioural architectonic qualities. "Through the Looking Glass" focussed on the implementation of a hyper-environment, with spaces linked beyond physical geographic possibilities. The "Hobbit" example is the replication of a story using the ego-shooter level as a new narrative media. Zound Garden uses the ego-shooter editor as a tool to create space through sounds. Coming projects will focus on interaction design and further exploring the behavioural capabilities of ego-shooter environments.

[218 / Maia Engeli / From within]

Les possibilitats estètiques estan restringides per tal de permetre la rapidesa gràfica, però encara hi ha força possibilitats amb relació a la forma, les textures i la il·luminació. El nivell *count* (imatge 5) demostra una manera de superar la coneguda estètica *ego-shooter* introduint-hi un compte regressiu com a textura animada.

En un ambient *ego-shooter* utilitzat per a la representació arquitectònica, disparar no és una acció important, i certament ha desaparegut com a focus primari del disseny pensant en les possibles experiències i desafiaments per al jugador, un fet que és bastant criticat pels jugadors clàssics. D'altra banda, disparar és part d'aquests ambients i ha de ser integrat com una acció possible en l'àmbit del disseny.

Els jocs *ego-shooter* depenen d'una comunitat: gent que juga amb o contra una altra i intercanvia informació. Per als dissenyadors, els aspectes interessants de la comunitat de joc són: 1) la gent que produeix nivells lliures, *skins* (figures de joc) o editors de nivell programari de prova, 2) les discussions en línia sobre nous dispositius, preguntes tècniques i nou maquinari, i 3) la possibilitat de convidar els jugadors a un nivell que un ha creat.

Els nostres exemples cobreixen un nombre d'acostaments al nivell de disseny posant èmfasi en l'exploració d'un tema específic. A "Level5" explorem les qualitats arquitectòniques visuals i conductuals. A *Through the Looking Glass* [A través del mirall] vam focalizar la implementació d'un hiperambient, amb espais vinculats més enllà de les possibilitats geogràfiques físiques. L'exemple del hòbbit és la rèplica d'una història usant el nivell *ego-shooter* com a nous mitjans narratius. "Zound Garden" usa l'editor *ego-shooter* com a eina per crear espai a través dels sons. Els projectes que segueixen se centraran en el disseny d'interacció i en l'exploració més profunda de les capacitats conductuals dels ambients *ego-shooter*.

LEVEL5 http://caad.arch.ethz.ch/teaching/semwo/level5/
Setmana d'estudi, 1999, Eric van der Mark, Patrick Sibenaler, Benjamin Stäger i estudiants d'arquitectura de primer a quart curs.

A Level5 vam explorar el disseny i la percepció dels espais arquitectònics en els jocs de computació, incloent-hi elements conductuals. Els estudiants van treballar en parelles i van dissenyar nivells per estudiar les possibilitats com a parts mòbils, mapes de textura animada, ascensors invisibles, formes orgàniques i la remodelació de l'arquitectura

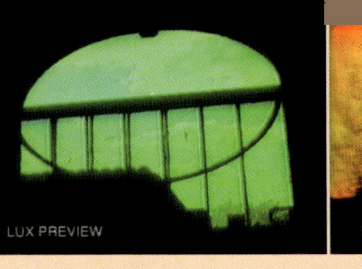

[Stuart Hilton / Save me]

LEVEL5 http://caad.arch.ethz.ch/teaching/semwo/level5/
Study week, 1999, Eric van der Mark, Patrick Sibenaler, Benjamin Stäger, and 1st to 4th year architecture students

In Level5 we explored the design and perception of architectural spaces in computer games including behavioural elements. The students worked in pairs and designed levels to look at possibilities like moving parts, animated texture maps, invisible elevators, organic forms, and the remodelling of real architecture. Each group focussed on one of the above themes in combination with a specific architectural aim.
The resulting levels were made accessible through an overall entrance level. After a few challenges the player arrives at the gallery from where the different contributions can be explored.
In this study week we used the shareware editor QuArK (Quake Army Knife) to create the levels for the Quake II ego-shooter environment. QuArK is easy to learn and offers a nice visual interface. It includes viewing of players, monsters and models in the level preview mode.

THROUGH THE LOOKING GLASS
http://caad.arch.ethz.ch/~patrick/LOCAL/research/playground/
Exhibition piece, 2000, Miriam Zehnder, Patrick Sibenaler, Eric van der Mark

This piece investigates the relationship between game, architecture and narratives. It is a reinterpretation of the novel "Through the Looking Glass" by Carroll Lewis. Alice, the story's main character, imagines different worlds for the different characters of the chess game. The design of the game level was not done as a direct translation of the novel, but "aiming at understanding the essence of the idea and then creating meaningful interpretations" [Zehnder, 2001]. The environment is hybrid and hyper-linked; it contains contrasts on the visual as well the behavioural level. This makes the journey through Alice's world a real adventure with unpredictable encounters, like: Gravity does not always function as expected; speed of movement is relative; or what seams to be an enemy may turn out to be one's own mirror image. The level was implemented with Unreal Tournament and the UnrealEd editor that is

6: Examples from the Level5/Nextlevel

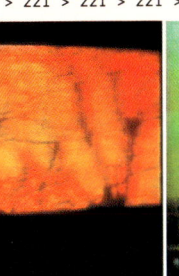

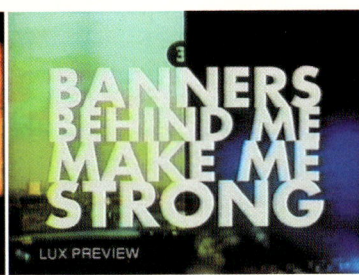

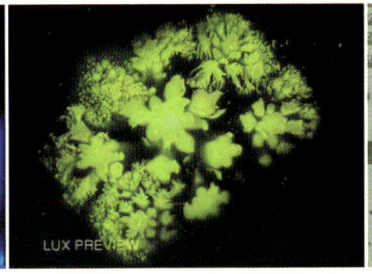

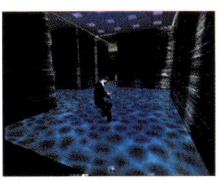

real. Cada grup es va concentrar en un d'aquests temes en combinació amb una fita arquitectònica específica.

Els nivells resultants es van fer accessibles a través d'una entrada comuna al nivell. Després de diversos desafiaments el jugador arriba a la galeria des d'on es poden explorar les diferents contribucions.

En aquesta setmana d'estudi vam usar l'editor de prova QuArK (Quake Army Knife) per crear els nivells per a l'ambient *ego-shooter* del Quake II. QuArK és fàcil d'aprendre i ofereix una interfície visual bonica. Inclou la visió de jugadors, monstres i models en el mode de vista prèvia.

A TRAVÉS DEL MIRALL
http://caad.arch.ethz.ch/~patrick/LOCAL/research/playground/

Peça d'exhibició, 2000, Miriam Zehnder, Patrick Sibenaler, Eric van der Mark
Aquesta peça investiga la relació entre joc, arquitectura i narratives. És una reinterpretació de la novel·la *Through the Looking Glass* de Lewis Carroll. Alícia, el personatge principal de la història, imagina diferents mons per a diferents personatges del joc d'escacs. El disseny del nivell de joc no es va fer com una traducció directa de la novel·la, sinó "apuntant a l'entesa de l'essència de la idea i creant, llavors, interpretacions significatives" [Zehnder, 2001]. L'ambient és híbrid i hipervinculat; conté contrastos en els àmbits visual i conductual. Això fa que el viatge a través del món d'Alícia sigui una aventura real amb trobades impredictibles com per exemple que la gravetat no sempre funciona com s'espera, que la velocitat del moviment és relativa o que el que sembla un enemic pot resultar en la pròpia imatge reflectida al mirall. El nivell es va implementar amb Unreal Tournament i amb l'editor UnrealEd, que és lliurat amb el programari del joc. La raó d'aquesta elecció va ser, principalment,

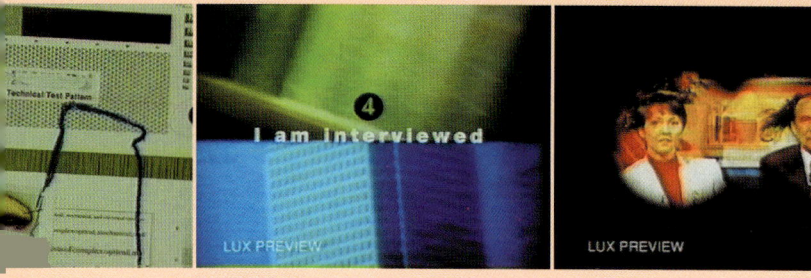

[Stuart Hilton / Save me]

delivered with the game software. The reason for this choice was mainly the better control of the influences on the player that are possible in Unreal Tournament as compared to Quake. A working strategy was chosen that allowed each of the team members to create 2-3 worlds and in the end combine them into one level with a chessboard as access plane. Other links between worlds were also introduced, to create the linked hyper-environment.

The level was shown at three exhibitions. In the installations the computer screens were surrounded by wall size projections of the levels from the perspectives of different players to multiply the prominent theme of the mirrors of the novel.

THE HOBBIT OR THERE AND BACK AGAIN
http://caad.arch.ethz.ch/teaching/nds/2000/chall/ch_unreal/
Postgraduate project, 2000, Silke Lang
The world of *The Hobbit* (J.R.R. Tolkien) is a collection of locations, emotions, and riddles which – when traversed – leads the viewer on a journey of discovery, both of place and self. "The purpose of this level is not the hyperkinetic frenzy of mayhem and destruction found in traditional Unreal Tournament Worlds. Just as Bilbo's adventure is of both place and time, the world created here is about experiencing the space and solving the riddles. The overall goal of the final world

7: In the story "Through the Looking Glass" Alice enters different imagined parallel worlds of the chess playing figures. Top row: Chess Board and the worlds

la de controlar millor les influències del jugador, possibles en l'Unreal Tournament comparades amb el Quake. Es va escollir una estratègia de treball que va permetre a cada membre de l'equip crear 2-3 mons i al final combinar-los en un nivell amb un tauler d'escacs com a plànol d'accés. Es van introduir altres vincles entre els mons per crear un hiperambient vinculat.

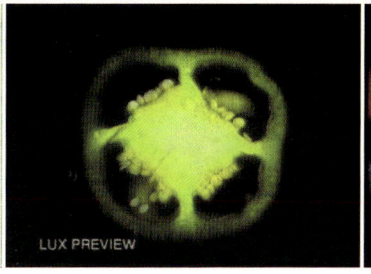

El nivell va ser presentat en tres exhibicions. Les instal·lacions de les pantalles d'ordinador van ser envoltades per projeccions de la mida d'una paret dels nivells de les perspectives de diferents jugadors per multiplicar el tema principal dels miralls de la novel·la.

EL HÒBBIT O AQUÍ I ALLÀ DE NOU
http://caad.arch.ethz.ch/teaching/nds/2000/chall/ch_unreal/
Projecte de postgraduat, 2000, Silke Lang
El món de *The Hobbit* (J.R.R. Tolkien) és una col·lecció de llocs, emocions i endevinalles que —quan se superen— porten l'espectador a un viatge de descobriment, tant del lloc com d'un mateix. "El propòsit d'aquest nivell no és el frenesí hipercinètic de confusió i destrucció que es troba als mons tradicionals de l'Unreal Tournament. Tant com l'aventura de Bilbo és de temps i espai, el món creat aquí és sobre l'experimentació de l'espai i de la resolució d'endevinalles. La meta principal del món final és la de recobrar el sentit d'aquest lloc, de la mateixa manera que Bilbo està tractant d'ajudar a recuperar la seva terra dels Nans" (Silke Lang).

Aquest també és un nivell de Unreal Tournament. Se centra en la creació de camins lineals per il·lustrar els llocs pels que viatja Bilbo. Al final, el jugador arriba a l'espai anomenat "Memories", ple amb una línia de caixes que permeten mirar enrere als diferents espais i revisitar-los.

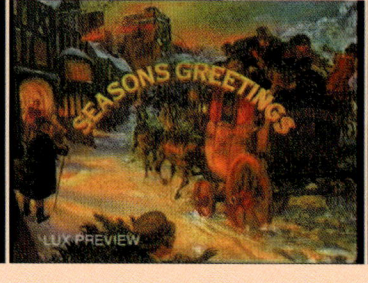

[Phil Mulloy / Season's Greetings]

is to recover a sense of this place, just as sympathizer Bilbo is trying to help recover the homeland for the Dwarfs." (Silke Lang)
This is also an Unreal Tournament level. It focuses on creating a linear path illustrating the places Bilbo is travelling through. At the end the player arrives in the space called "Memories", filled with a line of boxes that allow looking back into the different spaces and revisiting them.

ZOUND GARDEN
http://caad.arch.ethz.ch/teaching/nds/2000/prj2/pres_g3/
Postgraduate project, 2001, Richie Jindal, Johannes Nöldeke
Zound Garden is a space designed with sounds, where a person can challenge his or her sense of aural perception and use imagination to create a virtual space in mind. It provides recreation, provokes associations and is pure joy, just like a traditional Zen garden. It is essentially a Cartesian space composed wholly of sound and can be explored and experienced only by navigating through it.
The students describe the design process as 'carving space out of noise'. The result is not a game level, but an "aureality" that has to be experienced in a dark room. The editor and environment of Unreal Tournament were chosen because of the possibility to place sounds spatially and play them in a surround-sound environment. The ease of the implementation allowed concentrating on the design process and exploring the combination of different sounds and behaviours of the "aureal" environment.

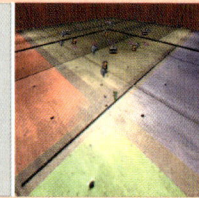

8: Different places of the "The Hobbit's" adventure through Middleearth have been modelled as an Unreal Tournament level. Top row: Mirkwood, Riverway, Lonely Mountains. Bottom row: Riddles in the Dark.

9: Zound Garden is an 'aureality' installation with no visual interface, the design was nevertheless done using the visual editor of Unreal Tournament. From left to right: Some of the design strategies like: Path and Guide,

[224 / Maia Engeli / From within]

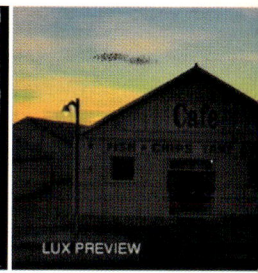

modelades com un nivell de Unreal Tournament. Línia superior: Mirkwood, Riverway, Lonely Mountains. Línia inferior: Riddles in the Dark, Dragon Smug i Memories.

tanmateix, el disseny es va fer utilitzant l'editor visual de l'Unreal Tounament. D'esquerra a dreta: algunes de les estratègies de disseny com a camí i guia, atmosferes, dinàmica i densitat i la vista del Zound Garden en un ambient Unreal.

ZOUND GARDEN
http://caad.arch.ethz.ch/teaching/nds/2000/prj2/pres_g3
Projecte de postgraduat, 2001, Richie Jindal, Johannes Nöldeke
Zound Garden és un espai dissenyat amb sons, on una persona pot desafiar el seu sentit de percepció sonora i l'ús de la imaginació per crear un espai virtual a la ment. Dóna recreació, provoca associacions i és pura diversió, just com el jardí Zen tradicional. És essencialment un espai cartesià compost majoritàriament per so que pot ser explorat i experimentat només a través de la navegació.
Els estudiants descriuen el procés de disseny com a "guanyar espai des del soroll". El resultat no és un nivell de joc sinó una "realitat sonora" que ha de ser experimentada en una habitació fosca. Es van escollir l'editor i l'ambient de l'Unreal Tournament a causa de la possibilitat d'ubicar els sons espacialment i de jugar-hi en un ambient embolcallador. La facilitat de la implementació va permetre la concentració en el procés de disseny i l'exploració de la combinació de diferents sons i comportaments de l'ambient de "realitat sonora".

[Phil Mulloy / Season's Greetings]

CONCLUSIONS

With the above examples I hope to have pointed out the incredible wealth of possibilities offered by New Media and ICT to reveal ideas in ways that go beyond simulations of imagined physical realities. To learn to use the language of imagery, animation, interaction, and VR to formulate and communicate architectonic ideas is most adequate, since it allows illustrating emotions in a spatial context. M.E.

BIBLIOGRAPHY

Engeli, Maia (ed.), *Bits and Spaces - Architecture and Computing for Physical, Virtual, Hybrid Realms - 33 Projects by Architecture and Caad, Eth Zurich*. Birkhäuser, Basel, Boston, Berlin, 2001.

Engeli, Maia, *Digital Stories - the Poetics of Communication*. Birkhäuser, Basel, Berlin, Boston, 2000.

Hirschberg, Ursi, Fake.Space. in *Bits and Spaces - Architecture and Computing for Physical, Virtual, Hybrid Realms*, Birkhäuser, Basel, Berlin, Boston, 2001, pp.56-65.

Schmitt, Gerhard, *Information Architecture - Basis and Future of CAAD*. Birkhäuser, Basel, Berlin, Boston, 1999.

Strehlke, Kai, [roomz] & [connectionz]. in *Bits and Spaces - Architecture and Computing for Physical, Virtual, Hybrid Realms*, Birkhäuser, Basel, Berlin, Boston, 2001, pp.88-99.

Zehnder, Miriam, Nextlevel. in *Bits and Spaces - Architecture and Computing for Physical, Virtual, Hybrid Realms*, Birkhäuser, Basel, Berlin, Boston, 2001, pp.198-201.

CONCLUSIONS

Amb els exemples anteriors espero haver assenyalat l'increïble valor de les possibilitats ofertes pels nous mitjans i les TIC per revelar idees en maneres que van més enllà de les simulacions de les realitats físiques imaginades. És més adequat per aprendre a utilitzar el llenguatge de la imatgeria, de l'animació, de la interacció i de la RV per formular i comunicar les idees arquitectòniques, perquè permet il·lustrar les emocions en un context espacial. M.E.

BIBLIOGRAFIA

Engeli, Maia (ed.), *Bits and Spaces. Architecture and Computing for Physical, Virtual, Hybrid Realms. 33 Projects by Architecture and Caad, ETH Zurich.* Birkhäuser, Basilea, Boston i Berlín, 2001.

Engeli, Maia, *Digital Stories. The Poetics of Communication.* Birkhäuser, Basilea, Berlín i Boston, 2000.

Hirschberg, Ursi, "Fake.Space", a *Bits and Spaces. Architecture and Computing for Physical, Virtual, Hybrid Realms.* Birkhäuser, Basilea, Berlín, Boston, 2001, pàgs.56-65.

Schmitt, Gerhard, *Information Architecture. Basis and Future of CAAD.* Birkhäuser, Basilea, Berlín i Boston, 1999.

Strehlke, Kai, "[roomz] & [connectionz]", a *Bits and Spaces. Architecture and Computing for Physical, Virtual, Hybrid Realms.* Birkhäuser, Basilea, Berlín i Boston, 2001, pàgs.88-99.

Zehnder, Miriam, "Nextlevel", a *Bits and Spaces. Architecture and Computing for Physical, Virtual, Hybrid Realms.* Birkhäuser, Basilea, Berlín i Boston, 2001, pàgs.198-201.

[Phil Mulloy / Season's Greetings]

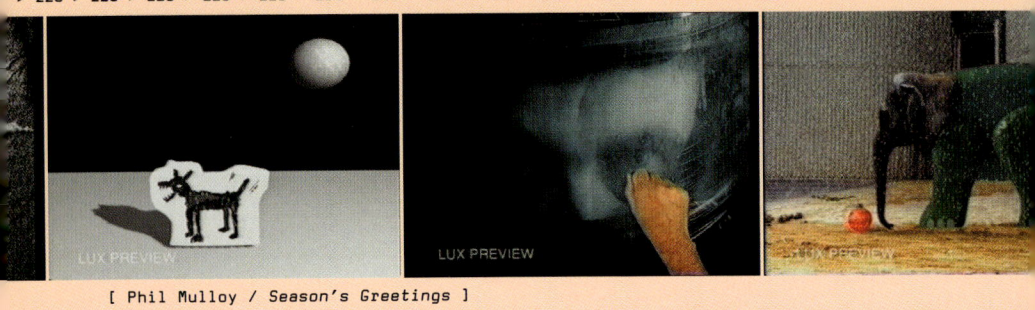

Architectural design process through animation

A text by
Linda and Mark Keane

Linda Keane is an architect, artist, and partner in STUDIO 1032, an architectural firm founded in 1987 in Milwaukee and Chicago. She has taught architecture at three universities, and currently teaches interior architecture, design, theory, and digital multi-media at the School of the Art Institute of Chicago where she serves as Department Chair.

Mark Keane is an architect, filmmaker and a partner in STUDIO 1032. He has taught architectural history, design and drawing at The School of the Art Institute of Chicago, the Illinois Institute of Technology and the University of Illinois at Versailles, France. He lectures on "Animated Architecture" and currently teaches design and drawing at the School of Architecture and Urban Planning at the University of Wisconsin, where he is Head of the Frank Lloyd Wright Initiative.

El procés de disseny arquitectònic mitjantçant l'animació

Un text de
Linda i Mark Keane

Linda Keane és arquitecta, artista i membre de STUDIO 1032, un estudi d'arquitectura fundat l'any 1987 a Milwaukee i Chicago. Ha estat professora d'arquitectura en tres centres universitaris i, a hores d'ara, exerceix com a docent d'Arquitectura Interior, Disseny, Teoria i *Digital multi-media* a l'Escola d'Art de l'Institute of Chicago, de la qual és Cap del Departament.

Mark Keane és arquitecte, realitzador cinematogràfic i membre de STUDIO 1032. Ha ensenyat Història de l'Arquitectura, Disseny i Dibuix a l'Escola d'Art del Institute of Chicago, Illinois Institute of Technology i a la University of Illinois a Versalles (França). Imparteix cursos sobre "Arquitectura Animada" i, actualment, és professor de Disseny i de Dibuix a la School of Architecture and Urban Planning a la University of Wisconsin, en la qual és Cap de la Frank Lloyd Wright Initiative.

Raoul Servais
Taxandria

LUX PREVIEW

[Raoul Servais / Taxandria]

ABSTRACT

The study of architecture has a strong relationship with the process of animation. Each deals with a visual product that is experienced by a perceiver. Each deals with design, both two-dimensional and three-dimensional. Each deals with a process of production that relies heavily on drawing. In both there is the process of virtual conception that is realized in a physical manifestation. In film, the perceiver is static and the image moves; in architecture, the image is static and the perceiver moves. Each is an art form of expression and experience. The design process incorporates complexities into an imaginative vision in which the projected experiential outcome is recorded in a frozen two-dimensional format. Both architecture and animation communicate process in their final production. Animation activates the intuitive with the rational in a simultaneous portrayal of thinking and exploring. The creative process of architecture and animation is a vital dialogue between static documentation and active participation in the birth of an idea.

Our work has intersected animation and architecture. We attempt to explore the fluid connection between thought and expression, between expression and experience and between experience and envisioning new ideas to create and communicate a greater understanding of potential architectural design processes. We are interested in the creative process as 'site' and in the material exchange between the physical and the virtual.

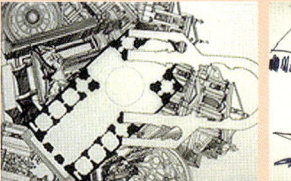

STATEMENT

The nature of teaching beyond 'learning to learn' is one of engagement in inquiry. Where does one begin? Which subjects should be researched? Which texts should be visualized? How should information be assimilated? How is experience studied and envisioned? How are probabilities and potentials achieved? How does a design

ABSTRACT

L'estudi de l'arquitectura té una profunda relació amb el procés d'animació. Tots dos conceptes tracten amb un producte visual que és experimentat per un receptor. Cadascun d'ells tracta amb el disseny, tant en dues dimensions com en tres dimensions. Cada un tracta amb un procés de producció que es recolza força amb el dibuix. En ambdós casos, hi ha un procés de concepció virtual que es torna real en la manifestació física. En el cinema, el receptor està estàtic i la imatge es mou; en arquitectura, la imatge està estàtica i el receptor es mou. Cadascun d'ells és una forma artística d'expressió i d'experiència. El procés de disseny incorpora les complexitats en una visió imaginativa en la qual l'experiència projectada resultant s'enregistra en un format congelat de dues dimensions. Tant l'arquitectura com l'animació comuniquen processos en la seva producció final. L'animació posa en funcionament l'aspecte intuïtiu amb el racional, en una representació simultània del pensament i de l'exploració. El procés creatiu de l'arquitectura i de l'animació és un diàleg vital entre la documentació estàtica i la participació activa en el naixement d'una idea.

El nostre treball ha passat per l'animació i l'arquitectura. Intentem explorar la connexió fluida entre el pensament i l'expressió, entre l'expressió i l'experiència i entre l'experiència i l'emergència de noves idees per a crear i comunicar una més gran comprensió del potencial dels processos de disseny arquitectònic. Ens interessa el procés creatiu en tant que "lloc" i en tant que intercanvi material entre l'aspecte físic i el virtual.

DECLARACIÓ

La naturalesa de l'ensenyament, més enllà de "ensenyant a aprendre", és el compromís amb la curiositat. Per on es comença? Quins són els subjectes que s'han d'investigar? Quins textos han de ser visualitzats? De quina manera s'ha d'assimilar la informació? Com s'estudia i es preveu l'experiència? Com es desenvolupa un projecte de disseny? En quin moment s'ha d'avaluar la qualitat? Quina és la mesura del disseny? L'estudi del disseny arquitectònic assumeix un cert grau de creativitat, i espera que flueixi

[Raoul Servais / Taxandria]

project develop? When does one evaluate quality? What is the measure of design? The architectural design studio assumes a certain degree of creativity and expects the generation of ideas to flow naturally in and around the student and studio community. Ideas are conceived, visualized and tested, mediating between assertion and reflection, proposition and reality.
What we see as problematic is the lack of introspection into the actual "process" of design and the inconsistent mediation of technological tools into the visual culture of the studio. What of the assertion that most designers have preconceived images in their heads and concepts are simply materializations of those images? We believe there is some mental image or emotional feeling that students intend to realize, but the image does not become materialized instantaneously. Designers move through multiple mediums exploring ideas and forms. In an animation process, each mark on the page is a thought in time that moves through time and emerges as expression of an idea, which is then translated to an audience as an experience. Students faced with the blank page, as site must initiate the unknown as they explore through graphic manipulation the adventure of an idea. The idea is never static and is always changing and being explored from multiple viewpoints. In the extended materialization of animation, ideas are studied not only in conceptual creation but also in real time experience when shared with an audience. This suspension of time to produce time is a learning experience for the student like no other. It is the fluid blur of concept to event, object to environment, and image to experience. It is here that the designer finds expression of ideas they had no mental image of when they began. Architecture as frozen music in lecture courses via static slide images limits the experiential information for the viewers. Introducing the study of historical references as subject matter to be analyzed, dissected, interpolated, and developed into alternative design languages, opens the experience to exploratory invention as a process for design. Utilizing film and video as the 'site' for architectural research and experimentation informs and records the exploratory process and unfreezes the music of the typical design studio. The 'site' of film allows for endless review and playback promoting ongoing discussion of architectural issues. Issues of contemporary artists and architects can be discussed point by point as to the foundations of

naturalment la generació d'idees a l'entorn i entre els estudiants i la gent de l'estudi. Les idees es conceben, es visualitzen i es contrasten, basculant entre l'asseveració i la reflexió, la proposició i la realitat.

Una de les coses que veiem com a problemàtica és la manca d'introspecció en el "procés" real del disseny i la mediació inconsistent de les eines tecnològiques en la cultura visual de l'estudi. Com afrontem el fet que la majoria dels dissenyadors també tenen imatges preconcebudes en les seves ments i que els conceptes són simples materialitzacions d'aquestes imatges? És cert que creiem que existeix alguna imatge mental o sentiment que els estudiants miren de comprendre, però la imatge no es materialitza instantàniament. Són molts els medis en què es mouen els dissenyadors tot explorant idees i formes. En un procés d'animació, cada senyal en la pàgina és un pensament que es mou a través del temps i emergeix com a expressió d'una idea, la qual, llavors, es transmet a una audiència com sent una experiència. Els estudiants enfrontats a la pàgina en blanc, en tant que lloc s'han d'iniciar en allò desconegut, mentre exploren l'aventura d'una idea a través de la manipulació gràfica. La idea no és mai estàtica, està en canvi continu i explorada des d'una multitud de punts de vista. En la materialització estesa de l'animació, s'estudien idees no solament en la creació conceptual, sinó també en l'experiència de temps real en el cas de compartir-los amb una audiència. Aquesta suspensió del temps per a produir temps és, per a l'estudiant, una experiència d'aprenentatge com cap altra. És la fluència del concepte a partir d'allò ocult fins a l'esdeveniment, de l'objecte fins al medi, i de la imatge fins a l'experiència. Aquí és on els dissenyadors troben l'expressió d'idees de les quals no tenien cap imatge mental en el moment de començar.

L'arquitectura —en tant que música congelada—, quan s'ensenya en cursos teòrics amb presentació de diapositives d'imatges estàtiques, limita la informació experiencial dels espectadors. La introducció de l'estudi de les referències històriques com a subjecte material per a ser analitzat, disseccionat, interpolat i desenvolupat en el disseny de llenguatges alternatius, amplia l'experiència i l'encara cap a la intervenció exploratòria com a procés de disseny. La utilització del cinema i del vídeo com a "lloc" per a la investigació i experimentació arquitectònica, informa i grava evidències pel que fa al procés exploratori, i descongela la música de l'estudi del típic disseny. El film, en tant que "lloc", permet d'efectuar una revisió i una repetició infinites tot esperant la discussió continuada sobre temes arquitectònics. Es poden debatre temàtiques d'artistes

[Raoul Servais / *Taxandria*]

design evolution while students can build new understandings of design principles through new interpretations.

It is the intent of an animated and digital process in architecture to produce multiple potentials inherent in the creative architectural process to further inform learning about design. At the same time that the process of utilizing the frame by frame format of film describes an open-ended visual field as a catalyst for design students, it also serves as a methodological model for the studio. Students utilize the immateriality of film to materialize ideas about architecture. They create films as part of their design process. Films are hand drawn and animated in black and white, or color, in a multitude of media. They are produced in 16mm and then transferred and duplicated in video, or created directly through digital video technology. The interest and enthusiasm for recording the step-by-step development of design ideas via drawing and digital animation has received national attention and encouragement through papers presented at architectural conferences, university lectures, and at the annual Association of Collegiate Schools of Architecture teacher's conferences in the 1990's. Animation as a studio tool has matured into an effective conceptual and developmental design experience for faculty as well as students at various levels in various design schools.

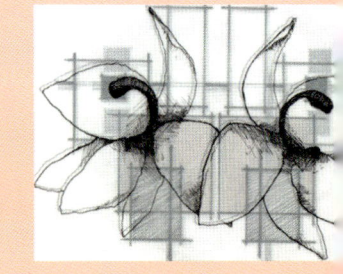

The once anti-traditional medium of film is the catalyst for initiating and exploring conceptual ideas at an increasing range of scales from simultaneous multiple viewpoints. Animated design research projects are anti-traditional in that they focus on the suspension of the beginning of the design process rather than on the end product. Animated design research projects also premise a 'virtual' site, which is two dimensional to propose a 'physical' three-dimensional materialization. The methodology parallels the traditional process of materializing a design, seamlessly engages the student with technology as a creative design tool, and expands opportunities for engagement with ideas as 'sites'. The films question where ideas are generated compositionally and how ideas are interrelated. Ideas themselves build on the screen,

i d'arquitectes contemporanis punt per punt, fins a les bases de l'evolució del disseny, mentre que els estudiants poden generar noves comprensions per als inicis del disseny a través d'unes noves interpretacions.

En arquitectura, la intenció dels processos animats i digitals és la de produir potencials múltiples inherents al procés creatiu arquitectònic, per a profunditzar la informació de l'aprenentatge del disseny. Així com el procés d'utilització del format de quadre per quadre de la pel·lícula descriu un camp visual infinit com a catalitzador per als estudiants de disseny, també serveix com a model metodològic per a l'estudi. Els estudiants utilitzen la immaterialitat del film per a materialitzar idees sobre l'arquitectura.

Creen films com una part dels seus projectes de disseny. Les pel·lícules es dibuixen a mà i s'animen en blanc i negre o en color, dins d'una gran varietat de mitjans. Es produeixen en 16 mm. i es transfereixen i dupliquen en vídeo, o bé es creen directament en tecnologia de vídeo digital. L'interès i l'entusiasme per gravar pas a pas el desenvolupament del disseny d'idees mitjançant el dibuix o l'animació digital ha rebut l'atenció i el suport nacional a través dels papers presentats en conferències d'arquitectura, de les classes teòriques universitàries i en les conferències anuals de professors de l'Association of Collegiate Schools of Architecture, donades l'any 1990. L'animació com a eina d'estudi ha madurat cap a una experiència de disseny conceptualment efectiva i en desenvolupament, tant en la facultat com en els diversos nivells d'estudis d'algunes escoles de disseny.

La pel·lícula —que fou alguna vegada un medi antitradicional— és un catalitzador per a iniciar i explorar idees conceptuals en un nivell creixent d'escales, des d'uns punts de vista múltiples i simultanis. Els projectes d'investigació de disseny animat són antitradicionals perquè posen la seva atenció en la suspensió de l'inici del procés de disseny i no en el producte final. Els projectes d'investigació de disseny animat pressuposen igualment un lloc "virtual" de dues dimensions, per a proposar-ne un de "físic", de materialització tridimensional. La metodologia iguala el procés tradicional de materialització d'un disseny, compromet directament l'estudiant amb la tecnologia com a eina de disseny creativa i expandeix les oportunitats de comprometre's amb les idees expressades com a "llocs". Les pel·lícules plantegen la qüestió de com es genera la composició de les idees i com s'interrelacionen entre elles. Les pròpies idees construïdes en la pantalla es divideixen, desapareixen i tornen a aparèixer en unes noves interpolacions i configuracions, en una expressió coreografiada de les influències del

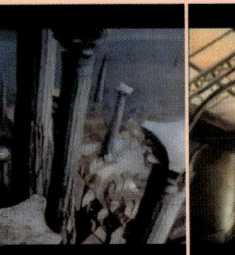

[Raoul Servais / *Taxandria*]

divide, disappear, and reappear in new interpolations and configurations in a choreographed expression of design influences. Ideas are connected even if in opposition or parallel relationships with each other. Compositions dissolve into conceptual gestures of spatial searching, through structural experimentation, to penetrative volume, objectification, detail development. Ever-evolving possibilities of what a design could look like or be like are authored by students searching for the exchange between ideas and experience. Engagement with an audience is implied as students choreograph view points, frame and unframe unfoldings, control the perception and speed of imagery, and celebrate the freedom of building meaning through generation of images in the filmic field of vision.

This paper presents work and teaching scenarios utilized over the last fifteen years exploring the relationship between time and space dynamics in architecture, film, and immersive environments. Suspending the design process through visual media has allowed for investigation into the cultural production and communication of architecture. The range of audio, spatial, and perceptual psychic dynamics of the spectatorship and user are exposed to and challenged by the student. Everyday encounters with media culture, buildings, cities, and environments are fluid sites for the many possibilities of an architectural practice which aims at communicating a diverse process to accomplish multiple ports for proposition and development of ideas. Recording layers of thinking and establishing the medium of the film and computer screen as an open dialogue forum for exploration, digestion, commentary and communication of spatial relationships influences our understanding and experience of envisioned realities. Animation is affirmation as critique and analysis of potentials.

disseny. Les idees es connecten les unes amb les altres, fins i tot si es troben en una situació de relació oposada o paral·lela. Les composicions es fonen en exemples conceptuals de la recerca espacial, a través de l'experimentació estructural, en un volum penetrant, una objectivació i un desenvolupament del detall. Les possibilitats, en contínua evolució, d'interpretar la manera en què el disseny es podria veure o en què es podria assemblar, són producte de la recerca per part dels estudiants, de l'intercanvi entre idees i experiències. S'inclou el compromís amb l'audiència, atès que els estudiants coreografien els punts de vista, revelen i amaguen, controlen la percepció i la velocitat de la imatgeria i celebren la llibertat del significat de la construcció mitjançant la generació d'imatges en el camp fílmic de la visió.

Aquest paper presenta els escenaris de treball i d'ensenyament utilitzats durant els darrers quinze anys en l'exploració de la relació entre la dinàmica del temps i de l'espai en l'arquitectura, en el cinema i en els ambients en els quals se submergeixen. Sostenir el procés de disseny a través dels mitjans visuals ha permès la investigació de la producció cultural i de la comunicació de l'arquitectura. La gamma de la dinàmica auditiva, espacial i física perceptiva de ser un espectador i un usuari, és exposada a l'estudiant i desafiada per ell. Es troba cada dia amb el fet que la cultura dels medis, dels edificis, de les ciutats i dels ambients són llocs oberts a les enormes possibilitats de la pràctica arquitectònica, que mira de comunicar un procés divers de creació de múltiples espais per a la proposta i el desenvolupament d'idees. Enregistrar les capes del pensament i establir el medi cinematogràfic i de la pantalla de l'ordinador com un fòrum de diàleg obert a l'exploració, l'assimilació, el comentari i la comunicació de les relacions espacials influeix en la nostra comprensió i en la nostra experiència de realitats previstes. L'animació s'afirma com a crítica i com a anàlisis de potencialitats.

[Raoul Servais / Taxandria]

TEACHING ARCHITECTURE THROUGH ANIMATION (1985-1995)

We seek to liberate the creative process in the design studio. This studio in animation and architecture proposes exercises to facilitate the beginning of that liberation in the student of architecture and design. The following describes the methodology and subsequent findings.

MODEL #1
In architecture studios, students are asked to select a twentieth century painting, and/or a twentieth century piece of architecture. Preparing written research on the artist/architect and the work of Art, the students study issues from which the piece originated its time period and its impact. The relationship of Fine Art to Architecture is discussed as a fluid influential exchange. The blank 8 1/2" x 11" page is used as the canvas: the site. From it, upon it, within it, through it, the studio is challenged to create space. Two-dimensional design language transfers to three-dimensional space, which then transfers to a fourth-dimension experience of architecture. Each student conceptually analyses their chosen piece and draws five to ten minute reactionary sketches aimed at understanding the essence of the vocabulary. These initial drawings deal with form, color, texture, spatial definition, balance, composition, and any other influence projected from the original work of Art/Architecture. In an active, engaged commentary, students analyze and critique existing models grasping the intangible aspects of design with the tangible. The sketches act as an interpolative guide through five tiers of design problems ranging in scale: a dinner plate, a table setting for the plate, furniture for the table setting, a pavilion for the furniture, and finally a garden for the pavilion. The actual designs for the plate or the pavilion are structured to generate interaction between scales of design vocabulary, small to large, large to small. Between each ascending scale, the complexities of design vocabulary are discussed, analyzed and evaluated. Two-dimensional to three-dimensional influences are explored, then three-dimen-

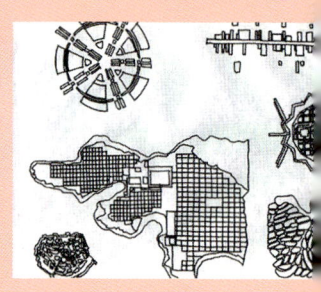

Virginie Guilminot
Styx

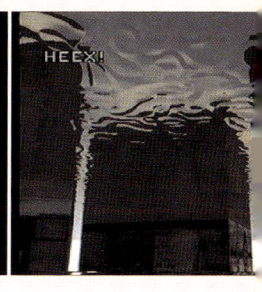

ENSENYAR ARQUITECTURA MITJANÇANT L'ANIMACIÓ
Cerquem l'alliberació del procés creatiu en l'estudi del disseny. Aquest estudi d'animació i d'arquitectura proposa exercicis encarats a facilitar l'inici d'aquest alliberament a l'estudiant d'arquitectura i de disseny. A continuació, descrivim la metodologia i els resultats obtinguts.

MODEL 1
En els estudis d'arquitectura, es demana als estudiants que seleccionin una pintura i/o una peça arquitectònica del segle vint. Mitjançant la preparació d'una investigació escrita sobre l'artista/arquitecte i l'obra d'art, els estudiants recullen informació l'origen de la peça, el seu període històric i l'impacte produït. Les relacions de les belles arts amb l'arquitectura es debaten com un intercanvi fluid d'influències. La pàgina en blanc de 8 ½'' x 11'' fa de tela: fa de lloc. Des d'ell, a sobre d'ell, dins d'ell, a través d'ell, es desafia l'estudi a crear espai. El llenguatge de disseny en dues dimensions es transfereix a l'espai de tres dimensions, que passa a transferir-se en una experiència d'arquitectura de quarta dimensió. Cada estudiant analitza conceptualment la peça escollida i dibuixa durant cinc o deu minuts esbossos espontanis enfocats a entendre l'essència del vocabulari. Aquests dibuixos inicials tracten amb la forma, el color, la textura, la definició espacial, el balanç, la composició i qualsevol altra influència projectada des de l'obra d'art/arquitectura original. En un comentari actiu i compromès, els estudiants analitzen i critiquen els models existents, confrontant els aspectes intangibles del disseny amb els tangibles. Els esbossos actuen com a guia interpolable mitjançant cinc sèries de problemes de disseny ordenats en un rànquing: un plat de menjar, una taula parada per al plat, mobiliari per parar la taula, un pavelló par al mobiliari i finalment, un jardí per al pavelló. Els dissenys reals per al plat o per al pavelló s'estructuren per a generar una interacció entre les escales del vocabulari de disseny, de petit a gran i de gran a petit. Enmig de cada escala ascendent es debaten, s'analitzen i s'avaluen les complexitats del vocabulari de disseny.

S'exploren les influències de les dues dimensions en les tres dimensions, per després passar a desenvolupar les interaccions entre les tres i les quatre dimensions. En la primera pàgina en blanc es debat el tema de l'origen de la idea. D'on vénen les idees?

[239 / Linda i Mark Keane / El procés de disseny arquitectònic]

[Virginie Guilminot / Styx]

sional to four-dimensional interactions are developed. On the first blank page the issue of idea origination is discussed. Where do ideas come from? How are they developed? Once drawing commences the design options expand and the students must continually choose to control the imaging or to let it create itself. Rational versus intuitive design directives are introduced. As each two dimensional image is created the students are challenged to begin to choreograph the development of their ideas simultaneous to designing their ideas. This duality of production eliminates the separation of design and final presentation because in the animation process, the two phases occur simultaneously.

As two-dimensional images accrue they are pinned up and critiqued for compositional development, content, and intent. It is in this overview of drawings that the notions of animated movement and sensory perception occur. In the traditional studio process each drawing is reviewed for individual strength of content and graphic communication. In this process, noting subtle differences between the generations of cells created to generate movement, build volume, firmly objectify forms, the potential of the design is studied and restudied many times over culminating in a critique of existing convention, a stronger commitment to new developments, and design direction. Archaeology of the site of the birth of an idea is constructed. Students accomplish hundreds of drawings that can be revisited endlessly to discern the nuances of direction in the design process. The animated evolution of the design idea frame by frame is a stop action analysis of movement, which can be realized in the viewing of the finished celluloid presentation.

The step-by-step creation of movement is the ultimate challenge of bringing life and volume to the two dimensional page. Two-dimensional composition becomes three-dimensional form that is perceived in a spatially visual experience. The study of the transition from two dimensions to three dimensions opens up the endless possibilities that exist between plan generation and sectional development. The actual animated build-up of the plan suggests structural, spatial, design vocabulary possibilities to the students. Unlike similar computer programs, the students control the movement and development of the volumetric process, further enhancing their understanding of spatial arrangements and exercising their manipulative skills. Once two-dimensional

Com es desenvolupen? Un cop iniciat el dibuix, les opcions de disseny s'expandeixen i els estudiants han d'escollir contínuament entre controlar la imatge o deixar-la que es creï tota sola. Es presenten les directrius de disseny racional envers l'intuïtiu. Al mateix temps que es van creant cadascuna de les imatges de dues dimensions, s'incita als estudiants a començar a coreografiar el desenvolupament de les seves idees, simultani al disseny de les mateixes. Aquesta dualitat de producció elimina la separació entre el disseny i la presentació final, ja que en el procés d'animació totes dues fases tenen lloc de manera simultània.

Mentre creixen les imatges en dues dimensions, se les exposa i critica en el seu desenvolupament compositiu, de contingut i d'intenció. En aquesta mirada dels dibuixos apareixen les percepcions sensorials i les nocions de moviment animat. En un procés tradicional d'estudi, es revisa cada dibuix per conèixer la seva força individual de contingut i comunicació gràfica. En aquest procés, tot detectant les subtils diferències entre les generacions de cel·luloides creats per a generar moviment, construir volum, objectivar formes fermament, s'estudia el potencial del disseny, que es reestudia moltes vegades més fins a arribar a una crítica de la convenció existent, a un compromís més fort amb els nous desenvolupaments i amb la direcció del disseny. L'evolució animada de la idea de disseny quadre per quadre és una anàlisi del moviment de l'acció detinguda, que pot ser entesa en la visió de la presentació final en cel·luloide.

La creació del moviment pas a pas és el darrer desafiament per donar vida i volum a la pàgina de dues dimensions. La composició bidimensional es converteix en la forma tridimensional que es percep en una experiència espacial visual. L'estudi de la transició des de les dues dimensions a les tres dimensions, ens mostra les infinites possibilitats existents entre la generació de la planta i el desenvolupament seccional. El desenvolupament animat de la planta suggereix als estudiants unes possibilitats estructurals, espacials i de vocabulari de disseny. A diferència dels programes semblants de computació, aquí els estudiants controlen el moviment i desenvolupament del procés volumètric, a més d'aprofundir la seva comprensió dels arranjaments espacials i d'exercitar les seves habilitats de manipulació. Un cop s'han avaluat les marques de dues dimensions i s'han transformat en supòsits espacials de tres dimensions, es debat la noció de les escales de disseny. Quins són els temes que es poden traduir des del disseny del detall fins al disseny a escala urbana? El procés animat condueix fins a aquest estudi i convida a anar més enllà dels vocabularis del disseny. El disseny de la

Frank Magnant
Édifice

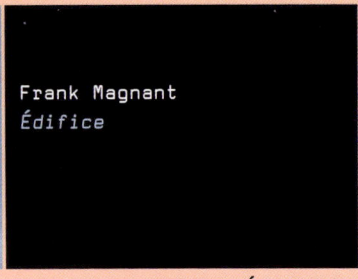

[Frank Magnant / Édifice]

markings have been evaluated and transformed into three-dimensional spatial statements, the notion of scales of design is discussed. What issues are translatable from the design of a detail to the design of an urban scale? The animated process is conducive to this study and overlapping of design vocabularies. How does the design of a door hinge inform the design of a floor pattern, a table, a wall elevation, a section, elevation, landscape plan, etc. Where does design start and where does it stop? What additional information is necessary at each enlarging scale? How does the simultaneous consideration of several scales influence the overall design process? As the tiers of drawings are produced students consider the element of time. How long does it take us to understand the design of a small object? How long does it take us to experience space (as viewed on the screen)? This introduction to the notion of time and how it influences our perceptions of design language and spatial experience is approachable in the studio setting through the method of animation.

This process produces between 150-300 drawings explored over a range of time from three days to three weeks. The studio as a whole is asked to suspend prior conceptions of what design language is, how it is generated, and how it permeates into a finished product. The suspension is critical to the exploratory nature of the process. This becomes evident as work is quickly produced in a constant battle: images from the right and left sides of the brain being transformed into drawn vocabulary on the page.

Individuals then interpolate the initial series of sketches creating a hybrid set of images. Each two original drawings are used to generate a third. The new hybrid is then interpolated with the two originals and so on until the tableau is complete. In-between sketches begin to assimilate the growth of a process, a path to discovery, or points for new departure. With each drawing complete in 7-10 minutes, the intent is to deal only with abstract vocabulary and the transformation of its expression from the paper to the public. As the drawings accrue, the work is laid out and discussed, much in the manner of the painter reflecting upon the canvas, the sculptor introspecting the sculpture, the walker the pleasure of the stroll. Each person's process unfolds differently with a variety of potential aesthetic and ideological premises. Only in the creation of work is the dialogue about work possible.

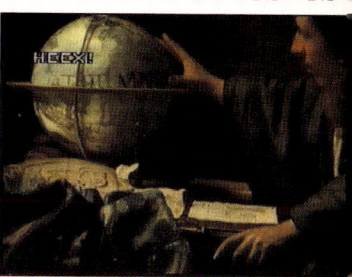

frontissa d'una porta, ¿de quina manera ens parla del disseny d'un patró del terra, d'una taula, de l'elevació d'una paret, d'una secció, d'una elevació, d'un plànol paisatgístic, etc.? On comença el disseny i on acaba? Quina informació addicional es necessita cada vegada que engrandim una escala? De quina manera influeix el fet de prendre en consideració simultània diferents escales en el procés de disseny general? Mentre es van produint les sèries de dibuixos, els estudiants consideren l'element del temps. Quant de temps ens cal per entendre el disseny de l'objecte petit? Quant de temps ens cal per experimentar l'espai (tal com es veu en la pantalla)? Aquesta introducció de la noció del temps i de com influeix en les nostres percepcions del llenguatge del disseny i de l'experiència espacial, és comparable al funcionament d'un estudi a través del mètode de l'animació.

Aquest procés produeix entre 150 i 300 dibuixos explorats en un durada de temps que va des dels tres dies a les tres setmanes. Es demana a l'estudi global que suspengui les seves concepcions preconcebudes d'allò que és el llenguatge de disseny, de com es genera i de com és permeable al producte acabat. Aquesta suspensió és fonamental en la naturalesa exploratòria del procés. Això s'evidencia fàcilment pel fet que el treball es produeix ràpidament i en una batalla constant: imatges des del costat esquerre i costat dret del cervell que es transformen en vocabulari dibuixat en la pàgina.

És llavors quan els individus interpolen les sèries inicials d'esbossos per a crear un conjunt híbrid d'imatges. Cada dos dibuixos originals en crea un tercer. El nou híbrid s'interpola llavors amb els dos originals i així successivament fins que es completa la composició. Els esbossos del mig comencen a assimilar el creixement del procés, un camí per al descobriment o uns punts per a noves partides. Amb cada dibuix complet en 7-10 minuts, la intenció és de lluitar només amb el vocabulari abstracte i amb la transformació de la seva expressió des del paper fins al públic. En anar creixent els dibuixos, el treball s'exposa i es debat, la qual cosa té a veure amb la manera en què el pintor reflexiona sobre el seu llenç, amb l'escultor que incorpora l'escultura, amb el caminant i el plaer de la vagabunderia. El procés de cada persona es desenvolupa d'un mode diferent amb una varietat de potencial estètic i de premisses ideològiques. Només en la creació del treball és possible el diàleg sobre el treball.

Les sèries finals de matrius de dibuixos s'animen en una pel·lícula de 16 mm. A una velocitat estàndard per segon. En un espai d'animació, els estudiants utilitzen una càmera amb pel·lícula de 16 mm i una altra de negatiu color d'alta velocitat per tal

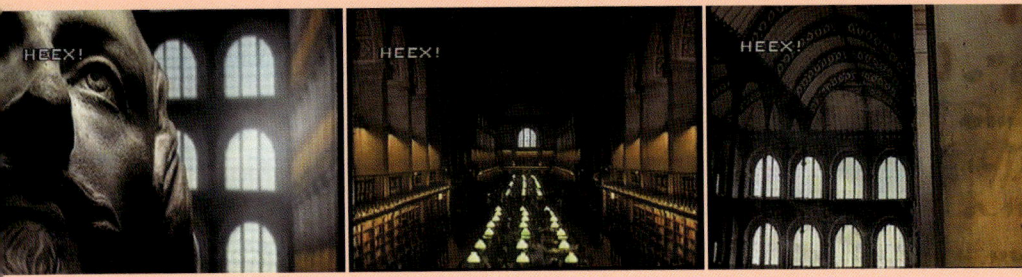

[Frank Magnant / Édifice]

The final series of matrix drawings are then animated on 16mm film at a relative rate per second. Students use a 16mm film camera on an animation stand and high-speed color negative film to document the drawings at a rate of 2-3 frames per image. Students additionally calibrate changes in speed to enhance certain areas and reveal nuances pertinent to the presentation of design language and experience by viewers. The produced film is then transferred to video for ease of dissemination. Video allows for color change and light density change from the original work. The completed video is the final resource for critique and discussion. Drawn images actualize into visual poetry that can be studied conceptually, compositionally, and communicatively.

Interfacing film, video, and the studio design process creates an open-ended resource for design vocabulary instead of closure and resultant singular product. The Media is not used to solely record and inform, but rather to generate and explore. The process of animation also establishes a direct interaction between the designer and the 'designed'. Animation also is an interface between the designer and the public. Breaking down stereotypical conceptions of design language and developing ideas about design language from contemporary references establishes an interactive and inventive relation with History. And taking history out of the lecture room and exercising its inherent visual information create a stronger relationship created between art, architecture, and current work within the Design Studio.

MODEL #2

In this film, students engage the language of major architects. Innovative precedent research is a fundamental exercise in architectural education and is accomplished at deeper levels by the addition of creation to critique. The overlay of animation allows an in-depth look at design language by the method of interpolating the images. In the example shared, the residences of Andrea Palladio, Ludwig Mies van der Rohe, Le Corbusier, and Robert Venturi were abstracted to provide a visual basis for design studies over a range of programmatic scales. The result is a kinetic study of plan type with inherent potential for interpolative plans.

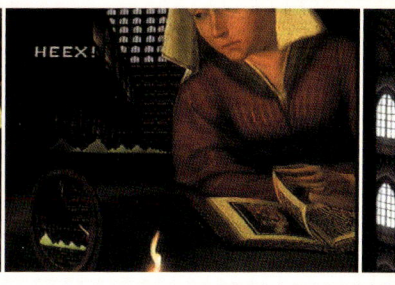

de documentar els dibuixos a una mitjana de 2-3 quadres per imatge. De manera addicional, els estudiants calibren els canvis en la velocitat per ressaltar certes àrees i revelar les petites diferències pertinents a la presentació del llenguatge de disseny i l'experiència dels espectadors. La pel·lícula es transfereix llavors a vídeo per a facilitar el seu estudi. El vídeo permet el canvi de color i el canvi de densitat de la llum a partir del treball original. El vídeo complet és la font final per a la crítica i el debat. Les imatges dibuixades es tornen realitat, com una poesia visual que pot ser estudiada conceptualment, composicionalment i comunicativament.

Quan superposem el film, el vídeo i el procés de disseny d'estudi es crea una font oberta per al vocabulari de disseny en comptes d'un producte tancat i singular. Els mitjans no només s'empren per a gravar i exposar sinó, sobretot, per a generar i explorar. El procés de l'animació estableix així mateix una interacció directa entre el dissenyador i "allò dissenyat". L'animació és, igualment, una interfase entre el dissenyador i el públic. Si trenquem les concepcions estereotipades del llenguatge de disseny i desenvolupem unes idees sobre aquest llenguatge a partir de referències contemporànies, s'estableix una relació interactiva i inventiva amb la Història. I, si fem sortir la història de la sala de lectura i exercitem la seva informació visual inherent, es crea una relació més profunda entre l'art, l'arquitectura i el treball actual en un estudi de disseny.

MODEL 2

En aquesta pel·lícula, els estudiants adopten el llenguatge d'arquitectes de renom. La investigació innovadora precedent és un exercici fonamental en l'educació arquitectònica i es complimenta en nivells més profunds per l'afegiment de la creació a la crítica. L'exposició de l'animació permet una mirada en profunditat envers el llenguatge de disseny a través del mètode de la superposició d'imatges. En l'exemple compartit, les residències d'Andrea Palladio, Ludwig Mies van der Rohe, Le Corbusier i Robert Venturi s'abstragueren per tal de donar una base visual als estudis del disseny sobre una successió d'escales programàtiques. El resultat és un estudi cinètic de la planta tipus amb potència inherent per a plantes interpolables.

[Frank Magnant / Édifice]

MODEL #3

This third film methodology deals with the language of the American architect, Frank Lloyd Wright. Each student is responsible for the analysis of a major residence through research of Wright's development of architectural ideas. After determining a set of design precedents integral to the residence in plan, section, elevation, interior space, and /or detail, the student produces conceptual sketches to developed drawings, organically growing, one from the other, to discover the inter relatedness of Wright's design principles. Through exploration and invention, students experience the breadth of the creative discipline of developing a graphic language of architecture and its manifestation of experience.

In all three models, the work is done without the aid of computers. Human material is used to inspire creation direct from the imagination to the paper. The authority of the hand of the master cannot be replaced by software.

STUDIO 1032 ANIMATION (1985-1995)
ANIMATED ARCHITECTURE

During the period of 1986-1990, a compilation of animated films were produced to study and explore animation as a communicative medium for architectural ideas. The films were different in content and methodology and were intended to provide a field of basic animation techniques and expression. The award winning animated films about architecture are shown at national film festivals, national and international conferences, in galleries, museums, and on public television. The films are included in the Metropolitan Museum of Art and J. Paul Getty Program for Art on Film publication, *Architecture on Screen*. "Animated Architecture, An Image Union Retrospective of the Work of Linda and Mark Keane" was awarded a Public Broadcast System Emmy in 1996.

MODEL 3

La tercera metodologia de filmació tracta amb el llenguatge de l'arquitecte nord-americà Frank Lloyd Wright. Cada estudiant és responsable de l'anàlisi d'una residència important a través de la investigació del desenvolupament de les idees arquitectòniques de Wright. Després de determinat el conjunt dels precedents del disseny integrats a la residència en la planta, secció, elevació, espai interior i/o detalls, l'estudiant produeix esbossos conceptuals per a desenvolupar dibuixos, creixents orgànicament, un des de l'altre, i descobrir les interrelacions dels principis de disseny de Wright. Mitjançant l'exploració i la invenció, els estudiants experimenten la introducció de la disciplina creativa de desenvolupar un llenguatge gràfic de l'arquitectura i de la seva manifestació experimental.

En els tres models, el treball s'efectua sense la intervenció d'ordinadors. El material humà s'empra per a inspirar la creació directa des de la imaginació fins al paper. L'autoritat de la mà del mestre no pot ser substituïda pel software.

STUDIO 1032 ANIMATION (1985-1995)
ARQUITECTURA ANIMADA

En el transcurs del període que va des del 1986 fins al 1990, es produí una compilació de pel·lícules animades per a estudiar i explorar l'animació com a mitjà comunicatiu de les idees arquitectòniques. Es varià el contingut i la metodologia de les pel·lícules i s'intentà obrir un camp de tècniques bàsiques d'animació i d'expressió. Els films guanyadors sobre arquitectura són projectats en festivals nacionals de cinema, en conferències nacionals i internacionals, en galeries, en museus i en la televisió pública. Les pel·lícules han estat introduïdes en el Metropolitan Museum of Art i en el J. Paul Getty Program for Art on Film Publication, Architecture on Screen. "Animated Architecture, An Image Union Retrospective of the Work of Mark and Linda Keane" fou premiada amb el Public Broadcast System Emmy, l'any 1996.

[Takehiko Nagakura / The Danteum]

The Films [Time Location on VHS compilation]

GOLDEN MEAN [0:00]
Architecture is based on many design languages, not least of which is mathematics. Within the framework of many buildings lies a strict adherence to geometric devices. The Golden Mean is part of a harmonic ordering device found not only in architecture, but also throughout nature. This film is aided by the cel drawings of animation to express the characteristics of the proportions and the growth of patterns using the golden mean ratio of 1:1.618. The overlaid film cels allowed for simultaneous viewing of abstract principles of the Golden Section as it applied to nature, human form, and plan, section, and elevations of architecture throughout history.

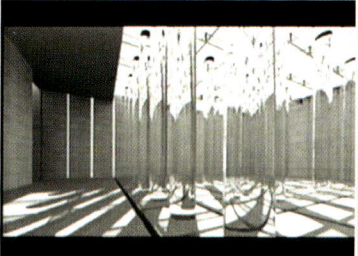

Takehiko Nagakura
Monument to
3rd International

Les pel·lícules [Ubicació temporal en la compilació VHS]

GOLDEN MEAN [0:00]
L'arquitectura està basada en nombrosos llenguatges de disseny, un dels quals és la matemàtica. En l'estructura de molts edificis s'hi troba una adhesió estricta als dispositius geomètrics. La Raó Àuria [Golden Mean] fa part d'un dispositiu harmònic d'ordre que es troba no solament en l'arquitectura, sinó també en la naturalesa. Els dibuixos en cel·luloide de l'animació ajuden la pel·lícula a expressar el radi de la proporció àuria de 1:1.618. Els cel·luloides fílmics exposats varen permetre la visualització simultània dels principis abstractes de la Secció Àuria, tal com s'aplica a la naturalesa, a la forma humana i a la planta, a la secció i elevacions de l'arquitectura a través de la història.

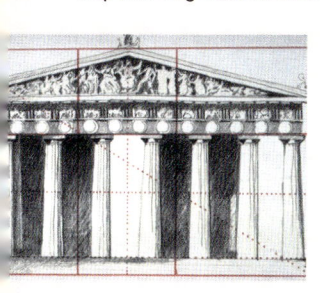

TANGENTS [3:28]
Basada en el model d'ensenyament núm. 1, aquesta pel·lícula permet de descongelar l'art i les imatges arquitectòniques i convertir-les en un procés fluid de forma, patró i color. En començar novament en un punt de referència, en aquest cas la pintura del segle XX, l'animació allibera l'essència de la velocitat i del temps que fou capturada en la tela i suggereix un potencial espacial d'efecte, de línia i forma.

NATURAL HOUSE [8:48]
Frank Lloyd Wright fou capaç de grans innovacions a causa de la seva estimació i enteniment de la simetria i de l'estructura-patró. El seu treball és un marc ideal per a l'ensenyament de la geometria. L'estudi dels patrons geomètrics presents en la naturalesa condueix a una apreciació dels principis que regnen en cadascun d'ells i que integren els aspectes abstractes i literals del nostre ambient. *Natural House* prossegueix la carrera gràfica de Wright entre l'èxit primerenc de la seva Robie House, quintaessencia de la llar camperola, i de la reconeguda internacionalment Fallingwater. Enmig d'aquestes dues obres mestres, hi figura la sublim Taliesin. Wright creu que el sentit vernacular nord-americà és l'autèntica relació entre l'ésser

[Takehiko Nagakura / Monument to 3rd International]

TANGENTS [3:28]
Based on teaching model #1, this film allows the unfreezing of art and architectural images into a fluid process of shape, form, pattern and color. Once again starting with a reference point, in this case 20th century painting, the animation liberates the essence of speed and time that was captured on canvas and suggest spatial potential of gesture, line and form.

NATURAL HOUSE [8:48]
Frank Lloyd Wright was able to innovate largely due to his appreciation and understanding of symmetry and pattern-structure. His work is an ideal framework for teaching geometry. The examination of the geometric patterns found in nature lead to an appreciation of the principles that reign in each and integrate the abstract and the literal aspects of our environment. *Natural House* frames the graphic career of Wright between the early success of the quintessential prairie home, the Robie House, and the internationally renowned Fallingwater. In between these two masterpieces, lies the sublime Taliesin. Its distinct American vernacular is what Wright believed to be an authentic relationship between man and nature, an Emersonian vision of self-reliance. Here the outside view framed by the spatial enclosure is as important as the structure of the space itself.

ELEMENTS [16:02]
Classicism cycled through the 20th century first as a systematic organization of civic monuments, and later as a retrieval of content lost in the Modern Movement. Elements of design are traced through the last century and weave a fabric of order and harmony in a continuous promenade up to and through major interiors.

PROCESS [19:44]
The plan has been a major determinant of both the form and order of architecture, followed by section and elevation. The history of western architecture is introduced through a sequencing of architectural images found in celebrated building plans, sections and elevations. Animation allows for a confluence of ideas and the promo-

Takehiko Nagakura
The Palace of the Soviets

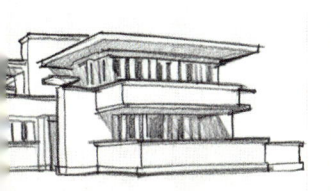

i la naturalesa, una visió emersoniana de l'autoconfiança. Aquí, la vista exterior emmarcada per l'encontre espacial és tan important com la pròpia estructura de l'espai.

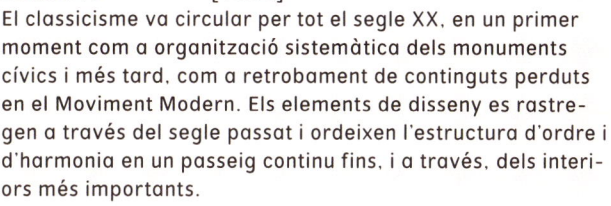

ELEMENTS   [16:02]
El classicisme va circular per tot el segle XX, en un primer moment com a organització sistemàtica dels monuments cívics i més tard, com a retrobament de continguts perduts en el Moviment Modern. Els elements de disseny es rastregen a través del segle passat i ordeixen l'estructura d'ordre i d'harmonia en un passeig continu fins, i a través, dels interiors més importants.

PROCESS [19:44]
La planta ha estat un dels determinants més importants de la forma i de l'ordre en l'arquitectura, seguit de la secció i l'elevació. La història de l'arquitectura occidental es presenta a través de la seqüenciació d'imatges arquitectòniques trobades en plantes d'edificis famosos, seccions i elevacions. L'animació permet la confluència d'idees i la promoció de la continuïtat entre les imatges, fent de l'arquitectura una estructura forjada en un període de milers d'anys.

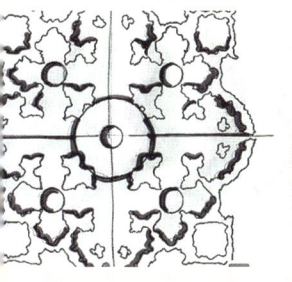

GREEK DORIC TEMPLE [30:09]
El tipus és quelcom de comú en l'arquitectura. La catedral gòtica d'Île de France, les vil·les pal·ladiques, els espais miesians, les llars escola camperola, o, en aquest cas, el temple grec dòric [Greek Doric Temple], són uns comuns denominadors que en cadascun dels seus tipus porten el model cap a la perfecció. Aquesta pel·lícula, en revelar la noció clàssica de les parts referencials en el tot, explora l'emplaçament del temps grec en el paisatge, la relació proporcional de l'ordre dòric, la processó humana cap a, i a través de, els grans espais i la integració de l'escultura amb l'experiència.

[Takehiko Nagakura / The Palace of the Soviets]

Takehiko Nagakura
The Drive-in House

tion of continuity between images making architecture a fabric woven over thousands of years.

GREEK DORIC TEMPLE [30:09]
Type is common in architecture. The Ile de France Gothic cathedral, Palladian villas, Miesian spaces, Prairie School homes, or in this case, the Greek Doric Temple are share denominators within their type which drives the model to perfection. Revealing the classical notion of parts referenced in the whole, this film explores the placement of the Greek Temple in the landscape, the proportional relationship of the Doric order, the human procession to and through the major spaces, and the integration of sculpture to the experience.

INSIDE WASHINGTON [34:36]
The section is often the most telling aspect to the language of an interior. Through a series of growing images of sectionalized space in our nation's capital, the viewer experiences a history of the capital's major monuments. Unwrapping edifices reveals relationships between the interior and the exterior and suggests the possibility of design from the inside out.

CHICAGO BRAGS [39:44]
Chicago is referred to as the Second City. Chicagoans know this from the second city built after the fire of 1871, but New Yorkers refer to it in condescending terms, second to New York. The City of Broad Shoulders nonetheless has accomplished many superlative feats by the end of the 20th century. Utilizing black and white photographing with colored Xeroxes offers a repetitive postcard shows 'bests' and 'biggests' of the city in an informative superlative.

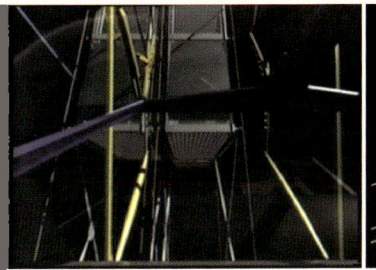

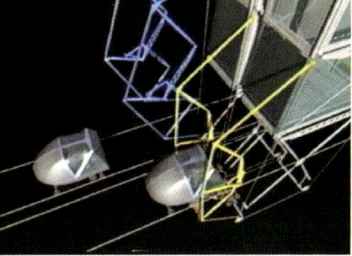

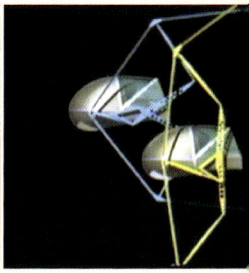

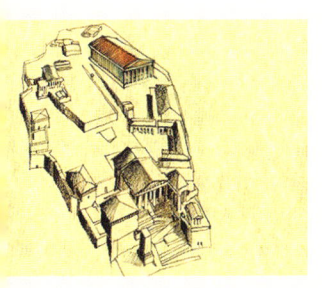

INSIDE WASHINGTON [34:36]
Sovint, la secció és l'aspecte que més ens parla del llenguatge d'un interior. A través de sèries d'imatges creixents d'espai seccionat en la capital de la nostra nació, l'espectador experimenta una història dels monuments més importants de la capital. En desplegar els edificis, és quan es revelen les relacions entre l'interior i l'exterior, i se suggereix la possibilitat del disseny des de dins fins a fora.

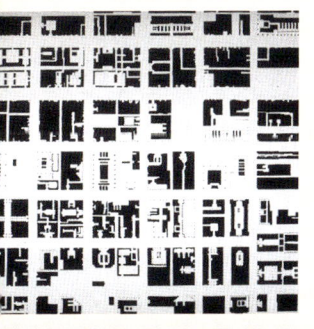

CHICAGO BRAGS [39:44]
Chicago és referida com la Segona Ciutat. Així la coneixen els seus habitants pel fet de ser la segona ciutat construïda després de l'incendi del 1871, per bé que els novaiorquesos es refereixen a ella en termes condescendents: segona ciutat en relació a Nova York. La ciutat de "les Espatlles Amples" [*City of Broad Shoulders*], ha aconseguit tanmateix, uns nombrosos èxits superlatius cap a finals del segle XX. En utilitzar la fotografia en blanc i negre amb fotocòpies acolorides, s'ofereix una postal repetitiva que mostra tot el "millor" i "més gran" de la ciutat, en un excel·lent informatiu.

[Takehiko Nagakura / Court House with curved elements]

ANIMATION, ARCHITECTURE AND THE DIGITAL DOMAIN: FROM THE PHYSICAL TO THE VIRTUAL (1995-2002)

As our interests in working with visualization of form and space through animation matured with available technology, the opportunity to inform animation from the silver screen to the computer screen offered additional avenues for interactivity. In addition to the linear spectator event of viewing film, digital collaborative software opened the availability to engage with simultaneous two-dimensional and three-dimensional experiences. Text, images, and animations are hyperlinked and interconnected to establish communication between ideas and to reveal the layering of architectural thought. The static page becomes a screen that has windows to other worlds of information. Initial teaching methods explored the differences between introducing ideas initially with animated shorts as catalysts for conversation, to embedding clips into an interactive graphic text.

The result was the completion of *Architecture: An Interactive Introduction*, a CD-ROM and text introducing the art and science of architecture.

THE SIT DOWN INTERFACE

The limitations of the desktop interactivity relegate the user to hands, wands, speakers and a joystick. The 'walk' is reduced to 'sit and look at' of the LCD screen and the computer office chair. The scale of the human cone of vision and the size of the screen limit interactivity. Sitting for long periods of time focused on a singular vision is Para natural in that it reduces movement, sensory input, and apathy of instinctual defense mechanisms. Levels of information can link views, data streams, mapping possibilities over images; VRML's narrative and animation allow for multiple informants to contribute to experience, pleasure, or understanding. Dynamic interactivity (voice, sound, animation, motion graphics), still cannot occur concurrently but must be arbitrarily or proscriptively choreographed. ON the positive side, the multiple views, cast members, embedded scripting, and all the forms of the graphic information (text, mapping, animation, graphics, modeling, sound etc...) can be linked into a fluid, though scaled portable environment making the current Sit Down Interface more interactive than the Stand Up Interface.

ANIMACIÓ, ARQUITECTURA I DOMINI DIGITAL:
D'ALLÒ FÍSIC FINS A ALLÒ VIRTUAL (1995-2002)

Atès que els nostres interessos en el treball amb la visualització de la forma i de l'espai mitjançant l'animació va anar madurant amb la tecnologia disponible, l'oportunitat de traslladar l'animació des de la pantalla del cinema fins a la pantalla de l'ordinador aportava camins addicionals per a la interactivitat. A més del fet lineal de l'espectador que mira una pel·lícula, el software digital col·laborador va permetre la disponibilitat de trobar-se, simultàniament, amb experiències de dues i tres dimensions. Els textos, les imatges i les animacions són hipervinculades i interconnectades per tal d'establir la comunicació entre les idees i per a revelar l'organització del pensament arquitectònic. La pàgina estàtica es torna una pantalla amb finestres obertes vers d'altres móns d'informació. Els mètodes inicials d'ensenyança exploraven les diferències entre les idees presentades inicialment en curts animats com a catalitzadors per a la conversa, per a la inserció de clips en un text gràfic interactiu. El resultat fou contemplar Architecture: An Interactive Introduction, un CD-Rom i un text que presenten l'art i la ciència de l'arquitectura.

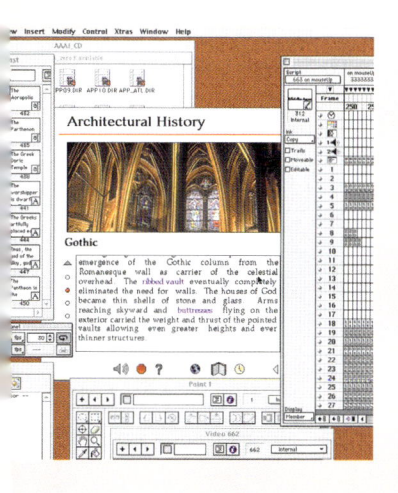

LA INTERFASE ASSEGUDA

Les limitacions de la interactivitat de l'escriptori releguen l'usuari a les mans, els teclats, els altaveus i els *joysticks*. El "caminar" es redueix a "seure i mirar" la pantalla de LCD i a la cadira de l'ordinador del despatx. L'escala del con de visió humana i la mida de la pantalla limiten la interacció. Seure durant llargs períodes de temps tot focalitzant en una visió singular és antinatural, ja que redueix el moviment, la informació sensorial i augmenta l'apatia dels mecanismes instintius de defensa. Els nivells d'informació poden relacionar vistes, corrents d'informació, possibilitats de mapatge de les imatges; la narrativa VRML i l'animació permeten a un gran nombre d'informants de contribuir a l'experiència, al plaer o a la comprensió. Encara no és possible que la interacció dinàmica (veu, so, animació, gràfics amb moviment) tingui lloc

Takehiko Nagakura
Firminy Church

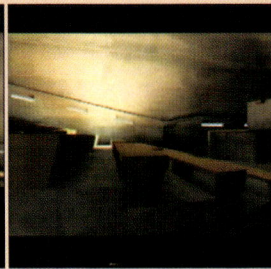

[Takehiko Nagakura / Firminy Church]

PHOTOSHOP, PREMIERE, DIRECTOR, FLASH AND DREAMWEAVER
THE STAND UP INTERFACE

The limitations of the current standup interactivity is singularity of the 'driver' position, inability to answer to the human perceptual system (motion sickness, inability of observer interaction except as voyeur), lack of layering of views, tools, and information linking visuals assess to other sensory informative arenas, limitation of dimensions of the CAVE, lack of auxiliary input devices, awareness of peripherals (i.e. interactive devices and connection of them to the body.) while some virtual proponents encourage the de-bodying of the experience, others are seeking to engage the body in the experience. Animation in the CAVE becomes a layering of 'models' embedded in the program to enhance the visual experience; the closer one is to the space, the more detail must be revealed.

This position needs to be empowered by all the desk tip interactivity interfaces as well as expand to include motion graphics.

Allowing for greater on screen visual manipulation of scripting and score as in Director in the CAVE allows for real time active participation between the user and the environment. Rather than the linearity of the animation experience, the direct score/script/test experimentation as afforded by digital software programs offers greater opportunities for interaction. Having windows of information open and participatory in the information stream of the visual environment allows for direct manipulation of sound, text, and video accessibility. Being able to script an interaction and study that interaction over time is critical to greater interactivity. The process of creating the virtual experience is more informed during the actual process of digital construction and is parallel to the simultaneous intuitive and rational input to the animation process.

eurekapixel.com
Canaletto

Una panoràmica impossible, amb una planta topogràfica fortament modificada creant una perspectiva vertiginosa

Una panorámica imposible, con una planta topográfica muy modificada creando una perspectiva vertiginosa

An impossible panorama with a topographical layout which has been greatly modified creating a vertiginous perspective

de manera concorrent, però ha de ser coreografiada de forma arbitrària o prohibitiva. Des del costat positiu, les múltiples mirades, els membres del repartiment, les ordres incloses i tota forma d'informació gràfica (text, mapa, animació, gràfic, model, so, etc.) es poden connectar en un fluid —per bé que a escala d'ambient transportable— fent que l'actual interfase assegada sigui més interactiva que no la interfase dreta.

PHOTOSHOP, PREMIERE, DIRECTOR, FLASH I DREAMWEAVER
LA INTERFASE DRETA
Les limitacions de l'actual interactivitat dempeus són: la singularitat de la posició del "conductor", la inhabilitat per a respondre al sistema perceptiu humà (malalties del moviment, impossibilitat d'observar la interacció, tret si ets un espectador), la manca d'exposició de les mirades, les eines i la informació que uneixi les avaluacions visuals amb d'altres arenes informatives sensorials, la limitació de les dimensions del CAVE, la manca de dispositius per a la incorporació d'informació auxiliar, la consciència dels perifèrics (com ara els dispositius interactius i la seva connexió amb el cos). Mentre que algunes propostes virtuals inciten a la descorporització de l'experiència, d'altres volen comprometre el cos en l'experiència. L'animació en el CAVE es converteix en una sèrie de "models" immersos en el programa per tal d'augmentar l'experiència visual; com més a prop et trobis l'espai, més detall s'ha de revelar. Aquesta posició ha de ser reforçada per totes les interfases d'interacció de l'escriptori i necessita així mateix expandir-se per tal d'incloure gràfics de moviment.
El fet de permetre una més gran manipulació visual en pantalla dels guions i de la marca com en el Director, habilita en el CAVE la participació en temps real entre l'usuari i l'ambient. Més que una linealitat de l'experiència d'animació, l'experimentació de la marca directa/del guió/del test tal com es realitza en els programes de software digital aporta grans oportunitats per a la interacció. Tenir finestres d'informació obertes i participatives en el torrent d'informació dels ambients visuals permet la manipulació directa del so, del text i de l'accessibilitat al vídeo. Ser capaç d'argumentar una interacció i estudiar-la a través del temps és un punt crític per a assolir una major interacció.
El procés de creació de l'experiència virtual és més detallat durant el procés real de construcció digital, i és paral·lel a la incorporació d'informació intuïtiva i racional simultània al procés animat.
En el CAVE, la finestra visual permet de coreografiar visualment el so, el text, els gràfics

[eurekapixel.com / Canaletto]

Visual windows in the CAVE allow for visual choreographing of sound, text, graphics, and video insertion initially on xy planes and then in layered planes in the three-dimensional CAVE construct. There is also a great need to enliven the 'dead space' of the CAVE with light and movement. Spatially manipulated light sources digitally controlled, either as objects or as texture cones, rays, or planes, make the CAVE much more seductive and responsive to the human senses.
In creating animation via the CAVE model, wire frame constructions are created in great detail. Texture is then mapped onto the wireframe; photographic texture mapping saves rendering time and reduces file size. Individual parts are then linked and extraneous polygons and texture maps are removed. As one entity the object can be manipulated in its entirety in the CAVE. The joining of the parts of the 'architecture' often reduces engagement and potential interactivity of the many parts. Allowing for the parts to be duplicated and adjacent to the whole allows for open investigation and greater experience of the part to the whole.
Embedding subsequently definitive models (higher polygon count) enhances the 'reality' of the experience in the low resolution CAVE environment.

FORM Z, DIRECTOR, 3D STUDIO MAX AND C++
FLUID OPEN ENDED INTERFACE
Full scale exploration and manipulation of planes, texture mapping, light and sound link these with normative processes of hypertext and simultaneous multiple information overlays (multiple interactive 'screens' and 'objects'). For experimentation purposes, we are interested in an environment that designers can provide input to an arrange outcomes of in exploration of less than random discoveries. Full scale manipulation and experimentation of spatial parameters with integral color and texture and fluid lighting sources will allow for study and research of human response to movement through and habitation of vitality. We are interested in mixing motion and stasis allowing the viewer/user to be static in anew variety of positions-standing, walking, sitting, reclining, reaching, the material dynamic; the viewer dynamic, the material static. Applying forces to the self-generated designs in an open-ended environment, rather than affixed construct. We want to concentrate on

i la inserció de vídeo, inicialment en plans xy i després exposats en plans de construcció de CAVE en tres dimensions. Hi ha també una gran necessitat de reactivar "l'espai mort" del CAVE amb llum i moviment. Les fonts de llum manipulades espacialment i controlades digitalment, tant com a objectes com a cons de textura, raigs o plans, fan del CAVE quelcom de més seductor i reactiu per als sentits humans.
Atès que l'animació es crea via un model CAVE, les estructures de filferro es realitzen amb gran detall. La textura es mapeja sobre l'esquelet de filferro; el mapatge de la textura fotogràfica estalvia temps de *rendering* i redueix la mida de l'arxiu. Llavors, s'uneixen les parts individuals i es remouen els polígons estranys i els mapes de textura. En el CAVE, l'objecte es pot manipular com una entitat única. Unir les parts de l'"arquitectura" redueix en general la interactivitat potencial i el compromís de cada part. Permetre que es dupliquin les parts i que siguin adjacents al tot, possibilita la investigació oberta i una més gran experiència de la part en el tot. Incloure els models subsegüents definitius (*higher polygon count*) augmenta la "realitat" de l'experiència en un ambient CAVE de baixa resolució.

FORM Z, DIRECTOR, 3D STUDIO MAX I C++
INTERFASE FLUIDA DE FINAL OBERT

L'exploració a escala real i la manipulació de plans, el mapatge de textures, la llum i el so s'uneixen amb els processos normatius de l'hipertext i amb les capes d'informació múltipla i simultània ("pantalles" i "objectes" múltiples i interactius). Per als propòsits de l'experimentació, ens interessa un ambient en el qual els dissenyadors puguin incorporar informació en forma de resultats ordenats de l'exploració, i no en tant que descobriments a l'atzar. La manipulació a escala real i l'experimentació dels paràmetres espacials amb el color i la textura integrals i les fonts d'il·luminació fluides, permetran l'estudi i la investigació de la resposta humana al moviment i a la vivència de la vitalitat. Estem interessats en la barreja de moviment i d'estaticisme que permet a l'espectador/usuari romandre estàtic en una nova varietat de posicions (aturat, caminant, assentant-se, inclinant-se), per tal d'assolir la dinàmica material, la dinàmica de l'espectador, l'estaticisme material. Aplicar forces en els dissenys autogenerats en un ambient obert, més que no un constructe fix. Volem concentrar-nos en les interfases, tot emprant metàfores processals sobre les metàfores físiques per tal d'assimilar millor la condició humana en el domini digital.

[eurekapixel.com / Canaletto]

interfaces using process metaphors over physical metaphors to better assimilate the human condition in the digital domain.
In addition to construction interactivity of light, text, sound, and video animation initially on planes or layers in the CAVE, there is need for engagement and manipulation with three dimensional objects and spatial elements. The difficulties of projecting spatial parameters simultaneously with object parameters demands both constructs to work as one. The ability to digitize three-dimensional physical objects and insert them in addition to manipulating polygon forms engages the physical with the virtual. Utilizing these objects as sources for scripting impetus sets in motion other sounds, movements, narrative, etc. Incorporating text embedded with scripting contextualizes instruction and offers another level of reading the experience. Manipulation of virtual objects through 'touch', gesture, proximity, and pressure expands interactivity.
Imagine being able to reach up and pull down an animated object virtually. Imagine being able to select from an array of objects and arrange them in space. Set into motion an object to 'continuously loop' through projected space. These are all animation components that can be actualized in projected immersive environments. Similar to the cursor enlivening the grid of the screen with random graphic or images, projected environments can be enlivened with interactive spots evoking visual stimulus and change in the environment. As in the timed actualization of images in hand drawn animation digital messages can be subliminal (short-lived) or hierarchical. The visual 'stroll' , 'drive' or 'fly through' of the standard CAVE experience can become the engaged, participatory design experience of the animated film. Eventually, the CAVE as 'site' as in the animation cel as 'site' will become a site for exchange.
The process of embedding digital chips into the physical environment delivers smart spaces and smart objects, but is not the only definition of ubiqui-

[260 / Linda and Mark Keane / Architectural design process]

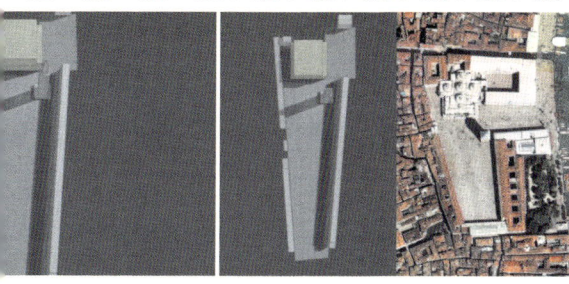

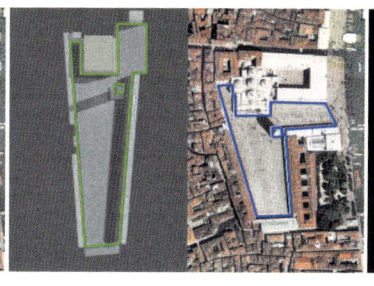

A més de la interactivitat en la construcció de la llum, del text, del so i de l'animació de vídeo, inicialment en plans o capes en el CAVE, esdevé necessari l'ús i la manipulació d'objectes de tres dimensions i d'elements espacials. Les dificultats de projectar paràmetres espacials simultanis als paràmetres de l'objecte, reclama que ambdós constructes treballin com un de sol. L'habilitat de digitar objectes físics tridimensionals i d'inserir-los, a més de manipular formes poligonals, uneix allò físic amb allò virtual. La utilització d'aquests objectes com a fonts per a argumentar l'ímpetu, posa en moviment altres sons, moviments, narratives, etc. La incorporació del text inclòs en el guió contextualitza la instrucció i aporta un altre nivell de lectura de l'experiència. La manipulació d'objectes virtuals a través del "tacte", del gest, de la proximitat i de la pressió expandeix la interacció.

Imagini's ser capaç d'atrapar i de moure virtualment un objecte inanimat. Imagini's ser capaç d'escollir d'entre un grup d'objectes i d'ordenar aquests objectes en l'espai. Posar en moviment un objecte per tal que "giri constantment" a través de l'espai projectat. Aquests són tots els components de l'animació, que poden fer-se realitat en els ambients d'immersió projectats. De manera semblant al cursor que acciona la xarxa de la pantalla amb gràfics o imatges atzaroses, els ambients projectats poden accionar-se en llocs interactius que evoquen estímuls visuals i canvis en l'ambient. Tal com en la realització temporal d'imatges en l'animació manual, els missatges digitals poden ser subliminals (*short-lived*) o jeràrquics. El "recorregut" visual, el "maneig" o el "volar a través" de l'experiència de disseny estàndard del CAVE es pot transformar en l'experiència compromesa i participativa del film animat. Eventualment, el CAVE en tant que "lloc", de la mateixa manera que el cel·luloide d'animació com a "lloc", es transformarà en lloc d'intercanvi.

El procés d'inclusió de xips digitals en els ambients físics resulta en espais intel·ligents i objectes intel·ligents, per bé que no és l'única definició de computació omnipresent. Una altra cosa és que la pròpia computació digital es transformi en l'espai i es transformi en l'objecte. Un ambient d'aquesta mena aporta un intercanvi jeràrquic d'informació i de manipulació modificable, inicialment per part de l'individu i després per tots els humans simultàniament. Els ambients es tornen sistemes vius, la qual cosa permet un contacte obert més que no un resultat orientat al producte. Els dominis computacionals empenyen els límits, els usos i les possibilitats, tant de la digitalització com de la interfase tecnològica humana. Mentre hi hagi una preocupació per als prototipus

[eurekapixel.com / Canaletto]

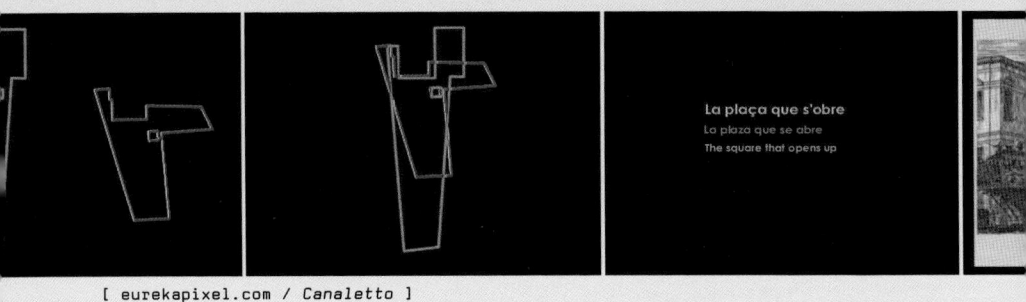

La plaça que s'obre
La plaza que se abre
The square that opens up

tous computing. Another is for the digital computation itself to become the space and to become the object. Such an environment offers a hierarchical exchange of information and flexible manipulation initially by the individual, then simultaneously by many humans. The environment becomes a living system, which allows for open-ended engagement rather than product-oriented outcomes. Computable domains push the boundary — the use and possibility — of digitalia and of human technological interface. While concern exists as to the limited prototypes available for interactivity — the mouse, keyboard, wand, boot, pointer, etc. — , equal concern exists for the evolution of aesthetic guidelines for both desktop level interactivity and the ever-expanding definitions of user interaction, interface, and immersion. To date electronic capability limited achievements of traditional aesthetic aspirations and physical functioning rendering less of an interface, less information processes and less than desired visual and physical constructs.

www.next.edu (UNDER CONSTRUCTION)

DESIGN EDUCATION
Design education encourages students to be creative, communicative, advocates for change who use their minds well and who command information and technology in the service of improving people's lives. Design experiences require that students move fluently among linguistic, visual, and computational modes of thought in the propositioning of possibilities. Artists and designers offer the ability to explore, anticipate and shape future possibilities. They think and propose how the world can be represented, envisioned, displayed and communicated. They conceive and strategize propositional relationships with objects, systems and environments. Today, in a world ever more aware and in need of design, there is an imperative to develop more extensive opportunities for design education to respond to an expanding field of practice.
Design Education is currently lacking in elementary schools leaving children without the tools and ability to address complexity of everyday living. It also discourages

limitats disponibles per a la interacció —el ratolí, el teclat, el llapis òptic, el tauló de dibuix, l'apuntador, etc.—, existirà la mateixa preocupació envers l'evolució de les línies estètiques tant per al nivell d'interacció de l'escriptori com per les sempre-en-expansió definicions d'usuari, d'interacció, d'interfase i d'immersió. Fins ara, la capacitat electrònica limitava la possibilitat d'assolir les aspiracions estètiques tradicionals i el funcionament físic, donant pas a una menor interfase, a un nombre menor de processos d'informació i de construccions visuals i físiques de les que desitjàvem.

www.next.edu (EN CONSTRUCCIÓ)

EDUCACIÓ EN DISSENY
L'educació en el disseny esperona els estudiants a ser creatius, comunicatius, desitjosos del canvi que promou el bon ús de les ments i que porta informació i tecnologia al servei de la millora de la vida de la gent. Les experiències de disseny requereixen que els estudiants es moguin de manera fluida entre els modes lingüístic, visual i computacional de pensament, en la proposta de possibilitats. Els artistes i els dissenyadors tenen l'habilitat d'explorar, d'anticipar i de donar forma a les futures possibilitats. Pensen i proposen la manera en què pot ser representat el món, visualitzat, disposat i comunicat. A hores d'ara, en un món obert i necessitat de disseny com mai ho havia estat, impera la necessitat de desenvolupar oportunitats més extensives per a l'educació en disseny, per tal de poder respondre a l'expansió d'aquesta pràctica. En l'actualitat, falta educació en disseny en les escoles elementals, la qual cosa deixa els nens desproveïts d'eines i sense l'habilitat per a moure's cap a la complexitat de la vida quotidiana. Igualment, desanima les visions de nous futurs. "Design as a Catalyst for Learning", publicat l'any 1997, va seleccionar 169 professors d'entre els 900 assignats que declaraven emprar el disseny en les seves classes. Dels 169 professors seleccionats en funció dels resums de cursos i descripcions de projectes, menys del 5% eren professors d'art. La major part de les seves referències anaven encarades als "elements i principis del disseny" (color, línia, forma, etc.) molt més que no vers la resolució del tipus de problema complex associat amb les professions de disseny. Gairebé cap d'ells no va fer la connexió amb els temes cognitius i conceptuals immersos en el procés de disseny. L'elaboració de blocs de preguntes, el pensament

que puja
que sube
that is raised

[eurekapixel.com / Canaletto]

visions for new futures. "Design as a Catalyst for Learning", published in 1997, selected 169 teachers from 900 nominees purported to be using design in their classrooms. Of the 169 teachers who were selected on the basis of course outlines and project descriptions, fewer than 5% were art teachers. Most of their references were to the "elements and principles of design" (color, line, shape, etc.) rather than to the kind of complex problem solving associated with the design professions. Almost none made the link to the cognitive and conceptual issues embedded in the design process. The building blocks of questioning, creative thinking, insightful research, problem seeking, are not being introduced as an essential part of elementary or secondary education. Elementary and secondary teachers are not considering whether that there are relationships between how we live and what conditions we live in, or that these relationships are critical for how future generations might perceive, impact, and change our living.

Animation and architecture can be introduced and addressed through Design Education. Utilizing the freedom of exploration of animation in exploring ideas will introduce children to visual imagery and construction of relationships between concepts, analysis, experimentation, observation and actualization. Utilizing interactive technology in introducing the living landscapes for design engagement- the world, the environment, the city, the community; students will collaborate in a process of awareness, understanding, and then advocacy. Design involves the entire realm of our experience. It is in the realm of design that artistic visions reach their widest audience.

The University of Wisconsin-Milwaukee's School of Architecture and Urban Planning is pursuing a pilot program to enhance and establish Design curriculum in grades 4-12 through the use of interactive learning technology.

Design education can demonstrate four categories of growth in students.

1 — Improved expression and gained self-esteem.
2 — Understanding of spatial relationships and temporal imagery
3 — Cognitive and attitudinal improvement through the direct manipulation of design media.
4 — Multicultural awareness and a positive world-view through the interrelationship

Geoffroy Bayon
C.A.O. Catastrophe
Assistée par Ordinateur

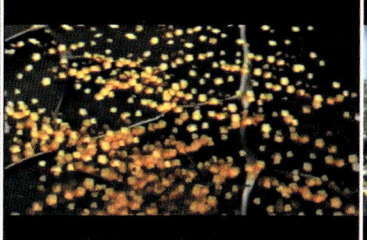

creatiu, la introspecció, la recerca de problemes, no es presenten com a part essencial de l'educació elemental o secundària. Els professors d'educació elemental i secundària no consideren l'existència de relacions entre com vivim i les condicions en què vivim, o bé si aquestes relacions són crítiques per tal que les futures generacions puguin percebre, impactar i canviar les nostres vides.
L'animació i l'arquitectura poden introduir-se i establir-se a través de l'educació en disseny. La utilització de la llibertat d'exploració de l'animació en la investigació d'idees, introduirà els nens en la imatgeria visual i en la construcció de relacions entre els conceptes, l'anàlisi, l'experimentació, l'observació i la realització. La utilització de tecnologia interactiva en la introducció dels paisatges vius per al disseny compromès —el món, l'ambient, la ciutat, la comunitat—, farà que els estudiants col·laborin en el procés d'estar alerta, d'entendre i en conseqüència, de donar-li suport. El disseny implica el regne sencer de la nostra experiència. És en el regne del disseny que les visions artístiques troben la seva audiència més àmplia.
La Universitat de Wisconsin i l'Escola d'Arquitectura i Planejament Urbà de Milwaukee, estan a l'origen d'un programa pilot per augmentar i establir el currículum de disseny en els cicles 4-12, mitjançant l'ús de la tecnologia d'aprenentatge interactiu. L'educació en disseny pot demostrar quatre categories de creixement en els alumnes:

1 — Expressions millorades i guany d'autoestima.
2 — Comprensió de les relacions espacials i de la imatgeria temporal.
3 — Millores en l'aspecte cognitiu i d'actitud mitjançant la manipulació directa dels mitjans de disseny.
4 — Atenció pluricultural i visió mundial positiva a través de les interrelacions entre les arts i altres disciplines (geografia, ciència, literatura, matemàtiques, història, etc.).

El disseny demana habilitat en la síntesi i en l'avaluació. El disseny s'aprèn a través de l'experiència de l'experimentació, de la reflexió i de la creació. La ciència valora l'objectivitat, la racionalitat, la neutralitat i la preocupació per la veritat; les humanitats valoren la subjectivitat, la imaginació i el compromís i la preocupació per la justícia. El disseny combina el coneixement amb les habilitats d'ambdós camps. Els dissenyadors necessiten les habilitats de la comunicació, la construcció en equip, la solució de problemes i la literalitat de ser un aprenent etern. L'educació en disseny requereix un aprenentatge etern. L'educació en disseny també inculca en els nostres futurs líders la

[Geoffroy Bayon / C.A.O. Catastrophe Assistée par Ordinateur]

of the arts and other disciplines (geography, science, literature, mathematics, history, etc…).

Design requires expertise in synthesis and evaluation. Design is learned through experience of experimentation, reflection, and creation. Science values objectivity, rationality, neutrality and a concern for the truth; humanities value subjectivity, imagination, commitment and a concern for justice. Design combines knowledge and skills from both arenas. Designers are needed with skills in communication, team building, problem solving and the literacy to be a lifelong learner. Design education demands lifelong learning. Design education also deposits the responsibility for our communities and global relationships with the future leaders. The design process is a representation of a world in the making with an initial context, situation or condition to be addressed. The narrative story explains the place through the teacher and text. The materials, with their characteristics and properties, are part of the sensuous work process. The ability to communicate the emergence and relevancy of ideas is the final exhibition of the work and reveals the value of the student's journey.

In conclusion, animation is a study in the choreographing of experiencing space visually through representation. Studying the relationship between understandings of space over time contributes to a critique of our visual cultural and physical world. Films are a semiotic link to the public and communicate complexities of design thinking and innovation. The study of the relationship between the viewer and the viewed in animation and architecture leads to the study of the physical and the virtual in the relationship between the body and the immersive environment. Hand drawn animation as well as digital animation continue to contribute to the study of both the physical and the virtual. M.K. / L.K.

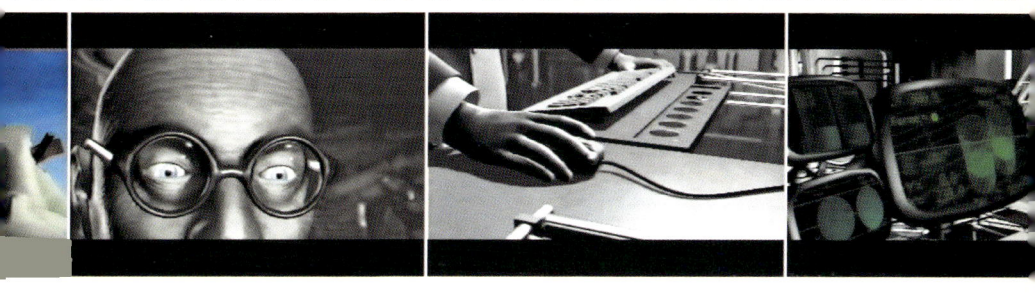

responsabilitat envers les nostres comunitats i envers les relacions mundials. El procés de disseny és una representació d'un món en la construcció d'un context inicial, de la situació o de la condició a establir. La història narrativa explica el lloc a través del professor i del text. Els materials, amb les seves característiques i propietats, són part del procés de treball sensorial. L'habilitat de comunicar l'emergència i rellevància de les idees és l'exhibició final del treball, ja que revela el valor de ser estudiant.

En resum, l'animació és l'estudi de la coreografia, d'experimentar visualment l'espai a través de la representació. Estudiar la relació entre la comprensió de l'espai a través del temps contribueix a la crítica del nostre món físic i visual cultural. Les pel·lícules són un lligam semiòtic amb el públic i comuniquen les complexitats del pensament del disseny i de la innovació. L'estudi de la relació entre l'espectador i allò vist en animació i arquitectura condueix a l'estudi d'allò físic i allò virtual en la relació entre el cos i l'ambient immersiu. L'animació manual i la digital continuen contribuint a l'estudi d'allò físic i d'allò virtual. M.K. / L.K.

[Geoffroy Bayon / C.A.O. Catastrophe Assistée par Ordinateur]

ARMATURE
[Animate Animation Animated]

A text by
Winka Dubbeldam

Winka Dubbeldam is the principal of Archi-Tectonics, New York, founded in 1994. She is also an Adjunct Assistant Professor of Architecture at Columbia University in New York City and Practice Professor at the University of Pennsylvania in Philadelphia. She has taught and lectured at numerous universities in Europe, the USA, and Canada.
She is a graduate of the Faculty of Arts & Architecture, Rotterdam; and she received a Masters Degree from Columbia University in New York City in 1992. She has previously worked in several offices in Holland and in the offices of Bernard Tschumi Architects and Peter Eisenman Architects in New York.

ARMATURE
[Animar Animació Animat]

Un text de
Winka Dubbeldam

Winka Dubbeldam és directora d'Archi-Tectonics, Nova York, fundat l'any 1994. És Professora Assistent Adjunta d'Arquitectura a la Columbia University de Nova York i professora a la University of Pennsylvania de Philadelphia. Ha exercit com a docent i impartit conferències en nombroses universitats d'Europa, d'Estats Units i del Canadà. Dubbeldam es llicencià com a arquitecta a la Facultat d'Art i d'Arquitectura de Rotterdam i rebé la seva llicenciatura superior a Columbia University l'any 1992. Abans d'instal·lar el seu estudi, treballà en diversos estudis a Holanda i a Bernard Tschumi Architects i Peter Eisenman Architects.

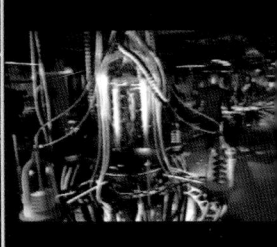

[Geoffroy Bayon / C.A.O. Catastrophe Assistée par Ordinateur]

"Surrealism is the "invisible ray" that shall enable us one day to triumph over our enemies. "You tremble no more, carcass." This summer the roses are blue; the wood is made of glass. The earth wrapped in its foliage has as little effect on me as a ghost. Living and ceasing to live are imaginary solutions. Existence lies elsewhere." Andre Breton in the *Manifesto of Surrealism*.

[MOVEMENT AND TIME]
French surrealist Andre Breton once proclaimed that "the man who can't visualize a horse galloping on a tomato is an idiot", visualizing this quote is quite a challenge, and a close approximation of the 'animate'. It is the start of a review of DavidLynch.com in a recent issue of *Wired magazine*. The sur-real, unreal, or the bizarre, allows a transmutation, as discussed by Breton, of the two seemingly contradictory states, dream and reality. This web site is critiqued here as a 'taboo-filled thrill ride', a sequence of segments and fragments of animated space and film on the web. The blur of images generate more an idea or a dream-image of the work, which allow the viewer to interact in the conceptual world of Lynch, to become part of a virtual environment, an overlay of the real — Lynch's real. This mind game as set up by Lynch, resembles the provocation of Breton's image of the horse galloping on a tomato. Both create an equally complex visual and emotional framework; the freezing of time and movement, the suppressed dynamic, the vulnerable and the strong, the possible and the impossible, forcing suspense of judgment, a trust in the seemingly impossible. Breton's philosophy of immanence explains sur-reality as residing in reality itself, which will be neither superior nor exterior to it. The container shall be also the contained.

Today, our challenge lies in the understanding of an 'animate architecture', as a departure of an architecture which used to define itself in style or form, into an architecture as process. A similar transformation occurred in the development of surrealism, from a purely intuitive epoch, into a reasoning epoch. The first can summarily be characterized by the belief that thought is supreme over matter. Later the surrealist activity entered into its reasoning phase, where it experienced the

"El surrealisme és el 'llamp invisible' que algun dia ens permetrà de vèncer els nostres enemics. 'Deixa de tremolar, cadàver'. Aquest estiu les roses són blaves, la fusta feta de vidre. La terra embolcallada en el seu fullatge té poc efecte sobre mi com a fantasma. Viure i deixar viure són solucions imaginàries. L'existència és en una altra banda." Del "Manifeste du Surréalisme" d'André Breton

[MOVIMENT I TEMPS]
El surrealista francès André Breton proclamà que "l'home que no pot visualitzar un cavall galopant sobre un tomàquet és un idiota". Visualitzar aquesta citació és tot un desafiament i una aproximació relacionada amb allò "animat". Aquesta és la capçalera d'una recent edició de Wired Magazine que fa una revisió de DavidLynch.com. Allò surreal, allò irreal o allò estrany, permeten una transmutació, com deia Breton, dels dos estats aparentment contradictoris, el somni i la realitat. S'hi critica aquesta pàgina web per ser una "passejada de l'horror farcida de tabús", una seqüència de segments i de fragments d'espai animat i de pel·lícula en una web. La nebulosa d'imatges genera una idea o una imatge-somni del treball, que permet que l'espectador interactuï amb el món conceptual de Lynch, tornar-se part d'un ambient virtual, una capa d'allò real, segons el concepte que en té Lynch. Aquest joc de la ment (com si hagués estat organitzat per Lynch), s'assembla a la provocació de la imatge de Breton del cavall que galopa sobre el tomàquet. Ambdós creen una estructura visual complexa i emocional, la congelació del temps i del moviment, la supressió de la dinàmica, d'allò vulnerable i fort, del possible i l'impossible, forçant la suspensió de judici, la confiança en allò aparentment impossible. La filosofia de Breton pel que fa a la immanència explica el surrealisme com a resident dins la pròpia realitat, que no serà mai superior o exterior a ell. El contenidor ha de ser també contingut.
A hores d'ara, el nostre desafiament està en el fet d'entendre l'"arquitectura animada" com la partida d'una arquitectura, que se solia definir a si mateixa en l'estil o en la forma, cap a una arquitectura com a procés. Una transformació similar va patir el desenvolupament del surrealisme, des d'una època purament intuïtiva fins a una altra de raonament. La primera es pot caracteritzar de manera sumària en la creença que el pensament és superior a la matèria. Després, l'activitat surrealista va entrar en la seva fase de raonament, en què experimentà la necessitat de creuar el hiatus

Odile Fillion & Maurice
Benayoun
Architectures Parallèles
Instant City

[Geoffroy Bayon / C.A.O. Catastrophe Assistée par Ordinateur]

necessity of crossing over the gap that separates absolute idealism from dialectical materialism. (Andre Breton, lecture in Brussels, 1934). Or as another surrealist writer, Comte de Lautréamont once said "New tremors are running through the intellectual atmosphere; it is only a matter of having the courage to face them." Now architecture faces a similar challenge; to move away from the purely abstract formal expression of its animate form, its 'blob-ness' into an intelligent registration of force fields, meaning-form. This modulation — the generation of spatio-temporal constructs — is system-based, no longer a static device but a dynamic set of surface registrations of force fields, 'smart systems', and programmatic mappings. This generative, process-oriented approach is the basis and definition of the organismic paradigm — where an organism is characterized by its immanent patterns of organization. These internal organizing phenomena occur on all levels: in social interaction, in individual behavioral processes, and in nature.

This 'animate architecture', is in fact a study of movement and time. Contraction, dilation, relativity of movement and multiplicity describe the 'relative' relationship between the two terms. As in the Achilles race, or the tortoise race, the change of a part (Achilles) changes the whole. Intuition already pre-supposes duration says Bergson: this method of intuition incorporates three acts: "stating and creating of problems, discovery of genuine differences in kind, and the apprehension of real time". Thus, true freedom lies in a power to decide, to constitute problems themselves, the right problems. (*Matiere et Memoire* 1896)

Animism:
1 — the belief that things in nature, for example, trees, mountains, and the sky, have souls or consciousness
2 — the belief that a supernatural force animates and organizes the universe
3 — the belief that people have spirits that do or can exist separately from their bodies
Encarta® World English Dictionary © 1999 Microsoft Corporation. All rights reserved.

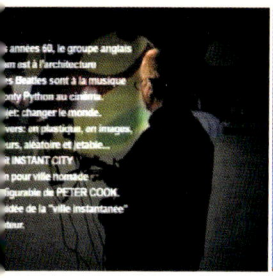

que separava l'idealisme absolut del materialisme dialèctic (André Breton, lectura a Brussel·les, 1934). O, tal com digué un altre escriptor surrealista, el comte de Lautréamont, "Nous tremolors recorren l'atmosfera intel·lectual; només cal tenir el coratge d'enfrontar-s'hi".
Ara, l'arquitectura s'enfronta amb un desafiament semblant, sortir de l'expressió formal purament abstracta de la seva forma animada, la seva "indefinició", cap a un registre intel·ligent dels camps de força forma-significat. Aquesta modulació —la generació de constructes espaciotemporals— està basada en un sistema, no pas en un dispositiu estàtic, sinó en una sèrie dinàmica de registres de superfícies de camps de força, "sistemes intel·ligents" i mapatge programàtic. Aquest apropament generatiu orientat al procés és la base i definició del paradigma organísmic— en què es caracteritza un organisme pels seus patrons immanents d'organització.
Aquests fenòmens d'organització interna ocorren en qualsevol camp: en la interacció social, en els processos de comportament individual i en la naturalesa.
Aquesta "arquitectura animada" és en realitat l'estudi del moviment i del temps. La contradicció, la dilació, la relativitat del moviment i la multiplicitat descriuen la relació "relativa" entre dos termes. Com en la carrera d'Aquil·les o en la carrera de la tortuga, el canvi d'una part (Aquil·les) canvia el tot. La intuïció ja pressuposa duració, diu Bergson: aquest mètode d'intuïció incorpora tres actes, "establir i crear problemes, descobrir les diferències genuïnes en la classe i l'aprehensió del temps real". Així, la vertadera llibertat rau en el poder de decidir, d'establir problemes, els problemes adequats ("Matière et Mémoire", 1896).

Animisme:
1 — creença que atribueix ànima i consciència a les coses de la naturalesa com ara els arbres, les muntanyes o el cel.
2 — creença que una força sobrenatural anima i organitza l'univers.
3 — creença que atribueix a les persones esperits existents o que poden existir de forma separada dels seus cossos.
Encarta® World English Dictionary © 1999 Microsoft Corporation. All rights reserved.

[Odile Fillion & Maurice Benayoun / Architectures Paralléles: Instant City]

[DURATION AND PROCESS]

All 'things' — from the tiniest virus to the greatest galaxy — are, in reality, not things at all, but processes, says Alvin Toffler in *Future Shock*. In fact, in the now global market, where consistency and stability have given way to uncertainty and volatility urban environments are forced to adapt to this state of instability, become instable. The emergence of an animate architecture, the registration of this instability in spatio-temporal constructs, rather than architecture as in-animate objects, is obviously crucial. The study of complexity helps us to understand and visualize the emerging organic aspects of architecture, a system of spatial modulations, with behaviors, critical parameters, and abstract time (Husserl).

Animate: an·i·mate vt
1 — to make somebody or something lively
2 — to rouse or inspire somebody to take action or to have strong feelings
3 — to present or record something in the form of a sequence of moving still images
4 — to arouse somebody or something into activity

[PROCESS AND PERCEPTION]

Perception is double; namely objective and subjective. 'A subjective perception is one in which the images vary in relation to a central and privileged image; an objective perception is one where, as in things, all the images vary in relation to one another, on all their facets and in all their parts' (Bergson). Deleuze in *Cinema 1*, continues to describe this as a dynamic relationship where one can easily flip form one into the other and vice versa. The process of animation in itself is 'objective', the variation in the repetition, not subjective or hierarchical. Data derive its meaning, time its form. Deleuze's term movement-image is the equivalent to Bergson's matter; the time-image is a combination of perceptions action, affections. A direct time-image is in Bergson's terms a memory-image, is very different from movement-image. Where the time-image registers in perception and memory, the assemblage of movement-image is montage. The complexity of a registration of a mobile-section as it operates

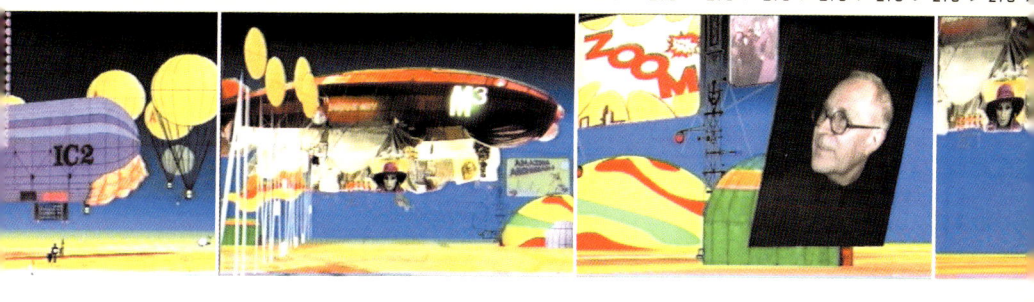

[DURACIÓ I PROCÉS]

Totes les "coses" –des del virus més minúscul fins a la galàxia més gran– no són, en realitat, més que uns processos, diu Alvin Toffler en "Future Shock". De fet, en l'actual mercat global, en què la consistència i l'estabilitat han donat pas a la incertesa i a la volatilitat, els ambients urbans es veuen obligats a adaptar-se a aquest estat d'inestabilitat, es tornen inestables. L'emergència d'una arquitectura animada (el registre d'aquesta inestabilitat en els constructes espaciotemporals), més que d'una arquitectura com a objectes inanimats, és òbviament crucial. L'estudi de la complexitat ens ajuda a entendre i a visualitzar l'emergència dels aspectes orgànics de l'arquitectura, un sistema de modulacions espacials, amb comportaments, paràmetres crítics i temps abstracte (Husserl).

Animar [*animate*]: an·i·mate vt
1 — fer viure alguna cosa o algú.
2 — incitar o inspirar algú a entrar en acció o a tenir sentiments forts.
3 — presentar o gravar alguna cosa en forma d'una seqüència en moviment d'imatges quietes.
4— incitar algú o alguna cosa a l'activitat.

[PROCÉS I PERCEPCIÓ]

La percepció és doble: objectiva i subjectiva. "Una percepció subjectiva és aquella en la qual les imatges varien en relació a una imatge central i privilegiada; una percepció objectiva és aquella en què –com en tota cosa– totes les imatges varien en relació les unes amb les altres, en totes les seves facetes i en totes les seves parts" (Bergson). A *Cinéma 1*, Deleuze continua la descripció com una relació dinàmica en la qual es pot col·locar fàcilment una forma dins d'una altra i viceversa. El procés de l'animació és pròpiament "objectiu", la variació en la repetició no és subjectiva o jeràrquica. La informació deriva el seu significat, el temps la seva forma. El terme de Deleuze imatge-moviment és l'equivalent a la matèria de Bergson; la imatge-temps és una combinació de percepcions, d'acció i d'afectes. Una imatge-temps directa és, en termes de Bergson, una imatge-record, molt diferent de la imatge-moviment. Així com es registra la imatge-temps en la memòria i la percepció, l'acoblament de la imatge-mo-

[Odile Fillion & Maurice Benayoun / Architectures Parallèles: Instant City]

within the movement-image, emerges in the animate architecture as 'sequential section'. As investigated in the science of mathematics; the higher dimensional can only be analyzed by slicing the complex four (or higher) dimensional computer simulations.

FLATLANDER'S PERCEPTION
An early illustration of these phenomena can be found in *Flatland* by Edwin A. Abbott (*The Annotated Flatland: A Romance Of Many Dimensions* 1884). It is a social satire that carries readers beyond conventional ideas and surface appearances to an appreciation of new worlds — those of higher-dimensional space.
The inhabitants of Flatland always perceive each other through a sectional plane, thus always one dimension lower than their actual appearance. "When you have placed your eye exactly on the edge of the table (so that you are, as it were, actually a Flatlander) the penny will then have ceased to appear oval at all, and will have become, so far as you can see, a straight line" (Abbott in *Flatland*: chapter 5).
In Flatland, Abbott draws on an idea of 19th-century mathematician C. H. Hinton, who imagined intelligent creatures confined to a plane. Abbott's characters, who live in *Flatland* as supposed to Spaceland, are segments, triangles, squares and polygons. The closer a figure is to a circle, the higher its status, and the Chief Circle is supreme. Hinton suggests the possible role of a fourth dimension in our reality:
"... our proportions [of the fourth dimension] must be infinitely minute, or we should be conscious of them. If such be the case, it would probably be in the ultimate particles of matter, that we should discover the fourth dimension."

an·i·mate vt
1 — to make somebody or something lively
2 — to rouse or inspire somebody to take action or to have strong feelings
3 — to present or record something in the form of a sequence of moving still images
4 — to arouse somebody or something into activity
5 — to bring somebody or something to life

viment és muntatge. La complexitat del registre d'una secció-mòbil tal com opera en la imatge-moviment, emergeix en l'arquitectura animada com a "secció seqüencial". Tal com ha estat investigat en les ciències matemàtiques, la dimensió més alta només pot ser analitzada si es diseccionen les simulacions computaritzades de les quatre (o més) dimensions.

LA PERCEPCIÓ DE L'HABITANT DE LA TERRA PLANA
Una il·lustració primerenca d'aquests fenòmens es pot trobar a "*Flatland* [Terra Plana]", de Edwin A. Abbott (*The Annotated Flatland: A Romance of Many Dimensions*, 1884). És una sàtira social que porta el lector més enllà de les idees convencionals i destapa les aparences, per tal d'aconseguir una apreciació de nous móns, els d'uns espais de més dimensions.

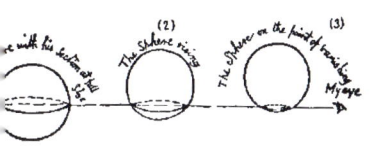

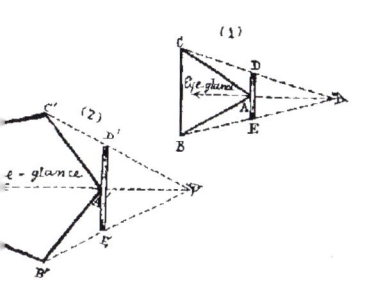

Els habitants de *Flatland* sempre es veuen els uns als altres a través d'un pla seccional i així doncs, sempre en una dimensió inferior a la seva aparença real. "Quan has centrat el teu ull exactament al límit de la taula (com si fossis un habitant de *Flatland*), la moneda deixarà d'aparèixer oval i esdevindrà, com es pot constatar, una línia recta" (Abbot, en "*Flatland*": capítol 5). A *Flatland*, Abbot apunta una idea del matemàtic del segle XIX, C.H. Hinton, que imaginà criatures intel·ligents confinades en un pla. Els personatges d'Abbot, que habiten *Flatland* (suposant que és *Spaceland*) són segments, triangles, quadrats i polígons. Com més a prop es trobi una figura d'un cercle, més gran és el seu estatus, sent el Cercle en Cap, el suprem. Hinton suggereix el possible rol d'una quarta dimensió en la nostra realitat: "...les nostres proporcions [de la quarta dimensió] han de ser infinitament diminutes, o bé n'hauríem de tenir consciència. De ser així, probablement seria en les darreres partícules de matèria on hauríem de descobrir la quarta dimensió".

[277 / Winka Dubbeldam / Armature]

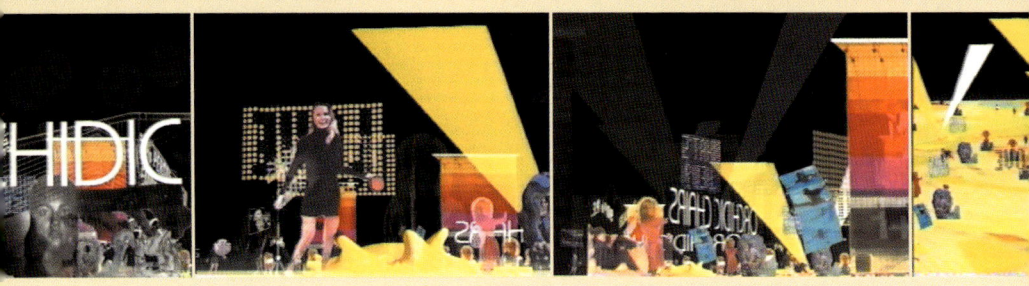

[Odile Fillion & Maurice Benayoun / Architectures Parallèles: Instant City]

an·i·mate adj
1 — in a physically live state, as opposed to being dead or inert
2 — full of liveliness or energy

[ARMATURE - 01]
The movement from perception between dream and reality (surrealism), to perception and memory (Bergson), to perception and space (Flatland), converges in the emergence of an animate architecture. We studied the generative aspects of temporal modulations in the development of the Arma-Ture, a hyper-active core for the Gypsy Trail-residence, where it investigates the self-generation of meaning-form. The house's structural center resides in this generative core, the armature, a centrally located "smart structure" integrating kitchen, bathrooms, fireplace, environmental systems, and a central music system. The aggregation of the armature's programmatic elements produces a segmented, organic shape. Yet the armature functions not solely as an infra-structural unit, but also as a circulatory and generative element, directing interior movement and molding the surfaces connected to it. Its organic shape distorts the pure geometry of the exterior shell; the roof warps to conform to the armature's segmentation. As the structure's exterior surface responds to the generative force of the armature, the house-as-pure box softens, tilts, and fragments. The armature, hyperactive in its function, de-activates the surrounding spaces, now designated as 'lounging voids'. It defies the hierarchical relation between hallways and rooms, and creates a continuity of overlapping environments, and integrated adjacencies. Architecture becomes a responsive medium — responsive to the organic shapes and human forms and functions it houses.

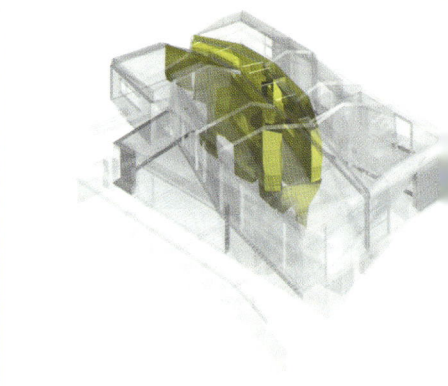

Gipsy Trail Residence, 2002

[278 / Winka Dubbeldam / Armature]

Antoine Bardot Jacquet
The Child

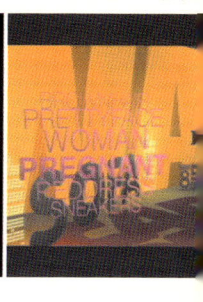

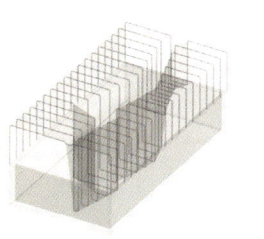

ARMATURE AS ATTRACTOR

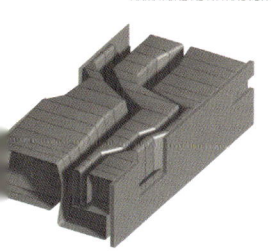

ARMATURE INSERTED

ROOF DEFLECTION TO ARMATURE

animar [animate] an·i·mate vt
1 — fer viure alguna cosa o algú.
2 — incitar o inspirar algú a entrar en acció o a tenir sentiments forts.
3 — presentar o gravar alguna cosa en forma d'una seqüència en moviment d'imatges quietes.
4 — incitar algú o alguna cosa a l'activitat.
5 — portar alguna cosa o algú a la vida.
an·i·mate adj
1 — en un estat de vida físic, oposat a estar mort o inert.
2 — ple de vida o d'energia.

[ARMATURE-01]
El moviment de la percepció entre el somni i la realitat (surrealisme), de la percepció i la memòria (Bergson), de la percepció i l'espai (Flatland) convergeix en l'emergència d'una arquitectura animada. Estudiem els aspectes generatius de les modulacions temporals en el desenvolupament de l'*Arma-Ture*, un cor hiperactiu per a la residència *Gypsy Trail*, on s'investiga l'autogeneració de la forma-significat. El centre estructural de la casa resideix en el seu cor generatiu, l'*armature*, una "estructura intel·ligent" ubicada al centre i que integra la cuina, els banys, la xemeneia, els sistemes ambientals i el sistema central de música. L'afegiment d'elements programàtics d'*armature* produeix una forma segmentada, orgànica. Així i tot, l'*armature* funciona no solament com una unitat infraestructural, sinó també com un element circulatori i generatiu, que dirigeix el moviment interior, tot modelant les superfícies que hi són connectades. La seva forma orgànica distorsiona la geometria pura de la cuirassa exterior, el sostre s'encorba per tal de conformar la segmentació de l'*armature*. Atès que la superfície exterior de l'estructura respon a la força generativa de l'*armature*, la casa-com-a-pura caixa se suavitza, es balanceja i es fragmenta. L'*armature*,

[Antoine Bardot Jacquet / *The Child*]

[PERCEPTION AND INTERACTIVITY]
The difference between frame and interface lies in the distinction between passive perception and active participation. Where the frame defines, the interface mediates. Objective perception operates through interactivity, which exists only through the interface, not the frame. Framing is a filmic device; it merely creates a geometric and physical boundary, thus defining a distant viewpoint. The frame is meaning, has affect, emotions. The Inter-face on the other hand is neutral, situates itself between the virtual and the viewer, negotiates. As in animation, its analogue is to be found in an informational system, its elements in data. But where in animation form is created by time, the interface per-forms over time. Direct interaction and feedback to coded data generate a sequential of animate architectures, to be activated by the viewer. As an inter-active device, enscripted code translates its data from the virtual world to the 'real', its sets of higher-dimensional worlds collide, connect, and overlap, and boundaries dissolve. Always already in-formed, it calculates through code, data, in order to generate the data-scapes we now inhabit, unfinished, adapting, flexing, reacting.

[FLEX-CITY - 02]
Flex-city is an inter-active electronic environment where construction proposals for lower Manhattan are instigated by visitor's choices. After a global terrorist act like the destruction of the World Trade Center (WTC), it seemed not relevant to consider a 'replacement' of the destroyed structures, but a re-thinking of the urban dynamics in the near future. In any given economic situation there are a number of possible outcomes or equilibria; any of which can get established and sustain itself. American consulting firms like Macroeconomic Advisers use computer models of the economy to produce forecasts of gross domestic product, inflation, unemployment, and other economic variables. Most variables are 'exogenous', which means one has to choose values for them on the basis of knowledge and intuition. For example when circumstances change, people's behavior tends to change too, thus successful forecasting involves three elements: science, art and luck.

hiperactiva en la seva funció, des-activa els espais de l'entorn, ara designats com a "espais ociosos". Desafia la relació jeràrquica entre habitacions i passadissos, i crea una continuïtat d'ambients superposats i d'elements adjacents integrats. L'arquitectura es converteix en un mitjà de reacció, una reacció davant les formes orgàniques, les formes humanes i les funcions que abasta.

[PERCEPCIÓ I INTERACTIVITAT]
La diferència entre marc i interfase rau en la distinció entre percepció passiva i participació activa. Allà on el marc es defineix, la interfase intervé. La percepció objectiva opera mitjançant la interactivitat, que només existeix a través de la interfase, no del marc. Emmarcar és un dispositiu fílmic, crea purament límits geomètrics i físics, tot definint, llavors, un punt de vista distant. El marc és significat, té afecte, emocions. Al contrari, la inter-fase és neutral, se situa entre allò virtual i l'espectador, negocia. Com en l'animació, la seva anàloga ha de ser trobada en un sistema informacional, els seus elements en la informació. Però si en l'animació la forma és creada pel temps, la interfase actua sobre el temps. La interacció directa i la retroalimentació amb la informació codificada generen una seqüència d'arquitectures animades que han de ser activades per l'espectador. Com en un dispositiu interactiu, el codi inscriptor tradueix la seva informació del món virtual fins al "real", provoca que els móns pluridimensionals es col·lisionin, es connectin i se superposin, i que es dissolguin els límits. Contínuament informat, calcula a través del codi i de la informació, per tal de generar els paisatges informatius que ara habitem —incomplets— tot adaptant, flexionant, reaccionant.

[FLEX-CITY-02]
Flex-City [Ciutat-Flexible] és un ambient electrònic interactiu en el qual les propostes per a la construcció del Baix Manhattan provenen d'escolliments fets pels visitants. Després d'un acte terrorista global com fou la destrucció del World Trade Center (WTC), no semblava rellevant considerar el "re-emplaçament" de les estructures destruïdes, sinó repensar les dinàmiques urbanes del futur proper. En qualsevol situació econòmica, hi ha un nombre de resultats o d'equilibris possibles; qualsevol d'ells pot ser establert i sostenible. Les empreses consultores nord-americanes, com ara Macroeconomic Advisers,

[Antoine Bardot Jacquet / The Child]

Sophie Gateau
I Love Paris

Flex-City allows you to create a city-scape sensitive to Social Flex and Econ Flex. It combines constant instability (Stock market and Migration patterns) with permanent adjustment (Local politics and Tourist behavior). This selection 'generates' one of 81 scenarios for downtown Manhattan. The difference in the repetition of the proposed scenario's demand a re-thinking, a re-thinking not only of the changing political and economical conditions, but also of new architectural typologies, which represent modern urban life. We propose inter-linked work-live-learn-play zones, which create a hybrid city model, a Flex-city. The flex-ability will be found in the re-generation of a city-scape where mixed-use zones overlap and integrate with green spaces and new infrastructures.

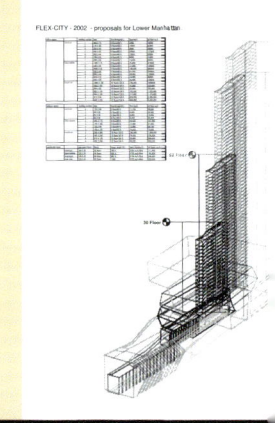

Interactive animate architectures thus call into question the permanence of built form, (mind over matter), the importance of the whole and the part (matter and memory) and the exogenous character of all urban life. Husserl says in *The origin of Geometry*; "precisely in this activity of free variation, and in running through the conceivable possibilities of the life-world, there arises, with apodictic self-evidence, an essentially general set of elements that go through all the variants. These endless modulations, these spatio-temporal shapes, imply the generation of spatial constructs not as static devices but as a set of transformations over time". The notation of perceptions of dreams, memories and time in surface registrations of force fields, smart systems, and programmatic mappings are indeed a combination of art, science and luck. W.D.

[282 / Winka Dubbeldam / Armature]

empren els models computacionals de l'economia per a produir pronòstics del producte brut intern, de la inflació, de l'atur i d'altres variables econòmiques. La majoria de les variables són "exògenes", la qual cosa significa que s'ha de calibrar el seu valor en funció del coneixement i de la intuïció. Per exemple, quan canvien les circumstàncies, el comportament de la gent també tendeix a canviar, fent que el pronòstic exitós impliqui tres elements: la ciència, l'art i la sort.
Flex-City permet crear una ciutat-paisatge sensible al canvi social [*Social Flex*] i al canvi econòmic [*Econ Flex*]. Combina la inestabilitat constant (mercat de productes i de patrons migratoris) amb els ajustos permanents (polítiques locals i comportament turístic). Aquesta selecció "genera" un de cada 81 escenaris per al Baix Manhattan. La diferència en la repetició dels escenaris proposats requereix un repensament, no només de les canviants condicions polítiques i econòmiques, sinó també de les noves tipologies arquitectòniques, que representen la vida urbana moderna. Proposem intervincular les zones de treball-vida-aprenentatge-joc, la qual cosa crea un model híbrid de ciutat, una *Flex-City*. La flex-hubilitat/flex ibilitat es trobarà en la regeneració del paisatge-ciutat en què les zones d'ús barrejat se superposen i s'integren en espais verds i en noves infraestructures.

L'arquitectura animada interactiva qüestiona, llavors, la permanència de la forma construïda (ment sobre matèria), la importància del tot i de la part (matèria i memòria), i el caràcter exogen de tota la vida urbana. Husserl diu a *The Origin of Geometry*: "precisament en aquesta activitat de variació lliure, i en concórrer a través de les possibilitats concebibles de la vida mundial, s'aixeca, amb autoevidència apodíctica, una sèrie essencialment general d'elements que travessen totes les variants. Aquestes modulacions infinites, aquestes formes espaciotemporals, impliquen la generació de constructes espacials, no pas com a dispositius estàtics sinó com una sèrie de transformacions al llarg del temps". Veure les percepcions dels somnis, dels records i del temps en registres superficials de camps de força, sistemes intel·ligents i mapatges programàtics, és sense cap mena de dubte una combinació d'art, de ciència i de sort.
W.D.

[Sophie Gateau / I Love Paris]

Philibert de l'Orme's Pavilion: towards an associative architecture

A text by
OBJECTILE
Bernard Cache + Patrick Beaucé + Jean-Louis Jammot + Charles Claeys, con la participación de Lluís Parramón

Bernard Cache is architect and has a diploma in Philosophy. As architect, he founded OBJECTILE together with Patrick Beaucé and Jean-Louis Jammot in 1996. He is author of *Earth moves* and *Terre Meuble*. Since September 1998, Bernard Cache is Associate Professor at the Faculty of Architecture, Landscape and Design at University of Toronto. He has lectured in several conferences in Europe and North-America.

Patrick Beaucé is designer. As an interior designer, he has worked on various types of interior design projects ranging from: aluminium profiles for partitions to theatre scenery. Since September 1998, he is professor of Design at the École des Beaux-Arts of Valenciennes (France).

El Pavelló
de Philibert
de l'Orme:
cap a una
arquitectura
associativa

Un text de
OBJECTILE
Bernard Cache + Patrick Beaucé + Jean-Louis Jammot + Charles Claeys,
i la participació de Lluís Parramón

Bernard Cache és arquitecte i diplomat en Filosofia. En tant que arquitecte, fundà OBJECTILE, junt amb Patrick Beaucé i Jean-Louis Jammot, l'any 1996. És l'autor de *Earth moves* i *de Terre Meuble*. Des del setembre de 1998, és Professor Adjunt a la Facultat d'Arquitectura, Paisatge i Disseny de la Universitat de Toronto. Ha impartit nombroses conferències a Europa i a Amèrica del Nord.

Patrick Beaucé és dissenyador. Ha treballat, com a dissenyador d'interiors, en diversos tipus de projectes de disseny que van des de perfils d'alumini a divisions per a decorats teatrals. Des del setembre del 1998, és professor de Disseny a l'École des Beaux-Arts de Valenciennes (França).

[Sophie Gateau / I Love Paris]

It is Objectile's aim to develop all procedures, both software and hardware, that will make Digital Architecture a reality at an affordable cost for small architectural practices and average customers. After a series of experiments at the scale of objects furniture and sculpture Objectile developed a series of wooden decorative panels, as basic building components. Objectile is now focusing on small-scale architecture, in which current state of the art software is just starting to make the contemplation of a fully digital architecture possible.

The Semper Pavilion, presented at Archilab (1999), was the first digital architecture project for which everything from design procedures to manufacturing process was generated using the same software platform. Complex interlacings and undulated surfaces were algorithmically generated and then manufactured on a numerical command router, to the very last detail: i.e. control of the tool path that creates the texture on the surfaces. But even such a small architectural project required two month's work for the office. Furthermore, should we have to change the design of the pavilion, most of the operations would have to be repeated, without any significant saving of time.

Hence the move towards fully associative design and manufacture which appears to be the key issue of digital architecture. In associative architecture, design procedures rely on a limited number of geometrical and numerical parents, which can be easily modified allowing for the whole design of the building to be regenerated, as well as manufacturing programs. In limited scale architecture, like the Philibert de l'Orme Pavilion (presented in Batimat 2001), associativity means the establishment of a seamless set of relations between a few control points and the 765 machining programmes needed to manufacture it on a numerical command router.

Due to the double curvature cladding of a non-orthogonal structure, every single piece is different: the 12 structural elements, the 45 curved panels machined on both sides as well as the 180 connecting pieces, even the automatic naming of the pieces becomes an issue. Thus we must take a look at what was the state of the art, at the time of the manufacture of this second pavilion, and we will see why Objectile continues to focus on software development.

L'objectiu d'*Objectile* és de desenvolupar tots els procediments –tant de software com d'hardware– que puguin concórrer al fet que l'arquitectura digital sigui una realitat assequible per a la petita pràctica arquitectònica i per a la mitjana dels consumidors. Després d'un seguit d'experimentacions a escala dels objectes, dels mobles i de l'escultura, Objectile ha desenvolupat una sèrie de panells decoratius de fusta com a components bàsics d'un edifici. En aquests moments, Objectile es concentra en l'arquitectura a petita escala, terreny en el qual l'estat actual de l'art del software tot just ens comença a permetre que contemplem una arquitectura completament digital.

El Pavelló Semper presentat a Archilab (1999), fou la primera peça d'arquitectura digital en la qual tot (des dels procediments de disseny fins als processos de manufactura) s'originà en la mateixa plataforma de software. Les complexes superfícies entrellaçades i ondulades es generaren algorítmicament, per després ser manufacturades en *routers*[1] de comandaments numèrics fins al més petit detall, com ara el control de l'eina que crea la textura de les superfícies. Aquesta petita peça d'arquitectura comportà, tanmateix, dos mesos de labor. I, si a més haguéssim volgut canviar el disseny del pavelló, gran part de les operacions s'haurien d'haver repetit, sense cap guany de temps significatiu.

D'aquesta manera, el moviment cap a un disseny i una manufactura completament associatius sembla ser l'element clau de l'arquitectura digital. En l'arquitectura associativa, els procediments de disseny reposen en un limitat nombre de parentals geomètrics i numèrics que poden ser fàcilment modificats, per després regenerar tant el disseny de l'edifici per complet com els seus programes de manufactura. A escala limitada, en una arquitectura com la del Pavelló de Philibert de l'Orme (presentat a Batimat 2001), l'associativitat significa establir un seguit de relacions sense fissures entre uns quants punts de control i els 765 programes de maquinària necessaris a la seva manufactura, en un *router* de comandament numèric.

Degut a la coberta de doble curvatura d'una estructura no ortogonal, cada peça individual és diferent: els 12 elements estructurals, els 45 panells encorbats treballats de forma mecànica en ambdós costats i també les 180 peces de connexió. El sol fet de nombrar automàticament les peces, ja és tot un tema. Així, veurem quin era l'estat de l'art en els temps de la manufactura en aquest segon pavelló i examinarem per què Objectile continua concentrant-se en el desenvolupament de software.

[Sophie Gateau / I Love Paris]

PROJECTIVE ARCHITECTURAL SKELETON:

The overall architecture of Philibert de l'Orme is a projective cube, whose three sets of ridges are made to converge in finite space. By moving these three vanishing points, the whole of the Pavilion will be reconfigured, down to the very last technical detail. Very much in the same way as Philibert de l'Orme conceived of his famous *trompes* as a general system of two intersecting conical shapes[1], this pavilion was designed as a homage to the inventor of stereotomy, which became systematized later on by another French architect, Girad Desargues. It is very important to remember that projective geometry has implications that run much deeper than Brunellesque representation, and that its fundamental concepts have not yet been integrated into CAD systems. As a result, the future of the next CAD software generation lies somewhere between 1550 and 1872.

CURVATURE:

Just as a set of parallels is to be considered as a cone whose vertex is a vanishing point, each wall of the pavilion was considered as a plane to be deformed into an ellipsoid, tangent to the corresponding plane of the projective cube, defined by its two vanishing points and centred on a third vanishing point. Due to the lack of projective geometry in current CAD software, such a procedure still has to be implemented. When we designed the pavilion, we merely drew an intuitive curvature. We are now close to a mathematical solution based on the principle sections of the ellipsoid. This involves intermediary constructions based on intersecting circles. Whereas two circles might not always intersect as figure on a real plane, they always have two intersection points in complex space. Unfortunately, current CAD software does not enable us to take advantage of Poncelet's Continuity Principle (1822, *Traité des Figures Projectives*). Otherwise we could easily misshape a standard cube with planar faces into a projective cube with curved faces. This is only one example of what can be expected from future projective CAD software.

[288 / Objectile / Philibert de l'Orme's Pavilion]

L'ESQUELET PROJECTIU I ARQUITECTÒNIC

L'arquitectura general de Philibert de l'Orme és un cub projectiu compost de tres *sets* d'arestes que estan fets per a convergir en l'espai infinit. A través del moviment d'aquests tres punts de fuga, la totalitat del Pavelló es reconfigura fins al més petit detall tècnic. Seguint la manera en què Philibert de l'Orme va concebre les seves famoses "trompes" com un sistema general de dues formes d'intersecció còniques[2], aquest pavelló fou dissenyat com un homenatge a l'inventor de l'estereotomia, que més tard seria sistematitzada per un altre arquitecte francès, Girad Desargues. És força important de recordar que la geometria projectiva té implicacions molts més profundes que les representacions *brunelleschianes*, i que els seus conceptes fonamentals continuen integrats en sistemes CAD. Com a resultat, el futur de la pròxima generació de software CAD es troba en algun punt entre 1550 i 1872.

CURVATURA

De la mateixa manera que s'ha de considerar un *set* de paral·leles com un con el vèrtex del qual és un punt de fuga, cada paret del pavelló es va considerar com un plànol a deformar-se en un el·lipsoide tangent al plànol corresponent del cub projectiu definit pels seus dos punts de fuga i centrat en el tercer punt de fuga. Degut a la mancança de geometria projectiva en l'actual software CAD, aquest procediment encara està per implementar-se. Quan dissenyem el pavelló, només dibuixem una curvatura intuïtiva. En aquests moments estem molt a prop d'una solució matemàtica basada en les seccions principals de l'el·lipsoide. Això implica construccions inter-

[Aandacht / Peple move her: Paseo Móvil]

PANELLING:
Each curved wall is divided into 9 panels, based on a 3 by 3 grid. Our software enables us to deal with dividing lines, possibly of any type. In this pavilion, curves were used, resulting from the intersection of the curved surface of the walls with the four structural planes. Given the dividing lines and a series of 23 parameters, such as the width of the joints between panels or the diameter of the ball-nose tool, the abstract surface of the wall with no thickness is converted into a series of 9 panels, each filed into a directory with its own name, and automatically aligned in the way it has to be positioned on the table of the machine. One of the strengths of the Philibert de l'Orme Pavilion hypothesis was that each wall was referred to the plane given by the corresponding face of the projective cube. This plane was to make things easier by providing a common reference to:

— the table of the machine
— the MDF boards
— assembly of the rough shape and its two counter shapes
— the supports at each corner, by which the 9 panels are to be connected to the structure
— and, last but not least, the orthogonal plane to the vertical tool of a three axis router.

Our software application now enables us to make do without this reference plane. Of course everything becomes more complex, but we are now able to determine automatically, for each of the panels, the plane that minimizes the initial enclosing block of matter from which to start the machining operation. Not only do we minimize

[290 / Objectile / Philibert de l'Orme's Pavilion]

mèdies basades en la intersecció de cercles. Mentre dos cercles poden no trobar-se sempre interseccionats com a figura en el pla real, sempre tenen dos punts d'intersecció en un espai complex. Malauradament, el software CAD disponible no permet avantatjar el Principi Poncelet de continuïtat (1822, *Traité des Figures Projectives*). De ser així, podríem transformar fàcilment un cub estàndard amb cares planes en un cub projectiu amb cares corbes. Aquest només és un exemple d'allò que podem, esperar dels futurs software projectius CAD.

PANELLING

Cada paret corba es divideix en 9 panells, d'acord amb un marc de 3 per 3. El nostre software ens permet tractar amb línies divisòries que poden ser de qualsevol mena. En aquest pavelló, hi hagué corbes resultants de la intersecció de la superfície corba de les parets amb els quatre plans estructurals. Degut a què les línies divisòries i una sèrie de 23 paràmetres (com ara l'amplada de les juntes entre panells o el diàmetre del *ball-nose tool*), la superfície representada de la paret sense grossària es converteix en una sèrie de 9 panells, cadascun d'ells arxivat en un directori amb un nom apropiat, i s'indica automàticament el mode en què s'han de posicionar a la taula de la màquina. Una hipòtesi ferma del Pavelló Philibert de l'Orme fou que cada paret es referia al pla donat per la cara corresponent al cub projectiu. Aquest pla havia de facilitar les coses en aportar una referència comuna a:

— la taula de la màquina,
— els taulers MDF,
— l'acoblament de la forma en brut i de les seves dues formes contràries,
— els suports de cada cantonada pels quals els nou panells es connectaven a l'estructura,
— i per acabar –per bé que de la mateixa importància– el pla octogonal a l'eina vertical d'un *router* de tres eixos.

Ara, el nostre software permet de prescindir de la referència del pla. Certament, tot es torna més complex, però ara estem preparats per a determinar automàticament el pla que minimitza el bloc enclosing de matèria inicial des del qual s'inicia l'operació mecànica, per cadascun dels panells. No solament minimitzem la matèria necessària, sinó que simplifiquem tot el manual d'operacions necessari per a preparar la forma

[291 / Objectile / El Pavelló de Philibert de l'Orme]

[Aandacht / Peple move her: Paseo Móvil]

the matter needed, but we also simplify all of the manual operations needed to prepare the rough shape. This is the way that we conceive of digital architecture: concentrating all of the complexity into the software and machining operations, in order to constantly minimise the number of manual operations and to make them more intuitive. Note that the two options, a common reference plane or a specific plane that minimizes the enclosing block, correspond to the two traditional techniques of stereotomy: "*la taille par équarissement*" and "*la taille par panneaux*".

INTERLACINGS:
Another outstandingly De L'Orme feature of the Pavilion consists in the interlacings, carved into the panels of three of the walls and the roof. One only needs to pay a visit to the church of Saint-Etienne Du Mont, a hundred yards or so behind the Pantheon in Paris, to be convinced that Philibert de l'Orme actually built there the most Semperian piece of architecture. Knots and interlacings were a constant *leitmotiv* of this French Renaissance architect. Furthermore, if we consider the vocabulary of the *Desargues's Brouillon* Project (1638), we are surprised by the continuity between the French order of Philibert de l'Orme, a ringed tree trunk with knots and cut branches, and the basic concepts of the author of the mathematical treatise, trunks, knots, branches and foldings. Everything appears as if a part of the highly contemporary domain of topology, i.e. knots, was coiled into the very origin of projective geometry, anticipating the architecture of geometry that would be stated by Felix Klein in his *Erlangen Program* (1872).

An overall knot theory that would evidence the mathematical entity left invariant throughout the various configurations assumed by the same knot, submitted to defor-

bruta. Aquesta és la manera en què concebem l'arquitectura digital: concentrar tota la complexitat en el software i en les operacions mecàniques, per tal que les operacions manuals siguin menys nombroses i més intuïtives. Remarqueu que aquestes dues opcions d'un pla de referència comú, o bé d'un pla específic que minimitza el bloc *enclosing* corresponen a les dues tècniques tradicionals de l'estereotomia: "la taille par équarissement" i "la taille par panneaux".

ENTRELLAÇAMENT

Un altre dispositiu important del Pavelló de l'Orme consisteix en l'entrellaçament aconseguit en els panells de tres de les parets i en el sostre. Només cal visitar l'església de Saint-Etienne du Mont, uns metres endarrere del Panteón de París, per a convèncer-se que Philibert de l'Orme va construir en aquell lloc les peces d'arquitectura més semperianes. Els nusos i els entrellaçats han estat un leimotiv constant en l'arquitectura francesa del renaixement. A més, si considerem el vocabulari del Projecte Brouillon de Desargues, ens sorprendrà la continuïtat amb l'ordre francès de Philibert de l'Orme: un arbre anellat amb nusos i branques tallades, i els conceptes bàsics de l'autor sobre tractats matemàtics: troncs, nusos, branques, capes. Tot sembla com si un dels dominis més contemporanis de la topologia, com ara els nusos, fossin inherents al propi origen de la geometria projectiva, anticipant-se a l'arquitectura de la geometria que seria organitzada per Felix Klein en el seu *Erlangen's Program* (1872). Manca encara una teoria general del nus que evidenciï l'entitat matemàtica deixada invariable a través de les diverses configuracions assumides per un mateix nus sotmès a deformacions. No obstant, existeix una gamma de tècniques per a generar nusos basades en gràfics. L'aplicació d'Objectile transforma aquestes tècniques matemàtiques en eines de disseny que permeten, per exemple, variar la grossària dels fils. Cal fixar-se en el fet que les pantalles entrellaçades introdueixen un estat intermedi entre la transparència i l'opacitat, que creen espais poc profunds que ja van ser experimentats en moltes tradicions, com ara l'arquitectura islàmica, que continua sent treballada per artistes contempo-

[Aandacht / Peple move her: Paseo Móvil]

mations, is still lacking. Nevertheless a palette of techniques to generate knots on the basis of graphs does exist. Objectile's application transforms these mathematical techniques into design tools which, for instance, enable for variations in the thickness of the threads. We are aware of the fact that interlacing screens introduce an intermediary state between transparency and opacity, creating the kind of shallow depth spaces that have already been experimented with in many traditions, particularly in Islamic architecture, and on which work by contemporary artists such as Brice Marden continues. If one is to believe the historians in their claim that the Modern Movement takes its roots from Laugier's writings, then we can date the birth of Modern Architecture to a gesture of demolition, i.e. the destruction of the roodscreen at the whitewashed Cathedral of Amiens, recommended by no other than Laugier himself. Transparency is an old and essential myth of modern society, which has only been given new form by information technology.

PANEL MACHINING PROGRAMS:
The Objectile application has been written in order to cope with surfaces showing any type of curvature, without any process of standardization, be they: spherical, toric, ruled or swept, etc., not to mention triangulation. As a result, every single panel has to be machined using specific programs for a whole series of 8 operations:

— contour elements on boards,
— drill the elements in order to establish the precise positioning of one element on top of the other, with dowels,
— engrave them in order not to prevent any mistakes on assembly,
— surface the inner face of the panel,
— contour the support at each corner of the panel,
— surface the outer face of the panel after turning it upside down,
— contour the panel,
— contour the interlacings.

FFPV Arquitectura
Twilight Zone

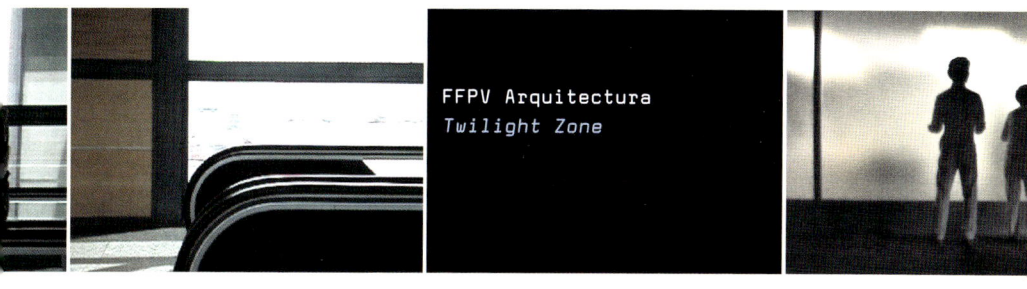

ranis com Brice Marden. Si fem cas dels historiadors que indiquen que els Moviments Moderns s'arrelen en els escrits de Laugier, nosaltres podríem datar el naixement de l'Arquitectura Moderna en la demolició: la destrucció de la capa que cobreix la blanquejada Catedral d'Amiens, recomanada pel propi Laugier. La transparència és un mite vell i essencial de la societat moderna, que ha pres noves formes només amb la tecnologia de la informació.

PROGRAMES DE PANELLS MECÀNICS

L'aplicació d'Objectile es porta a terme per afrontar superfícies de qualsevol tipus de curvatura, sense cap procés d'estandardització, tant si són superfícies esfèriques, tòriques o rectes, corbes, etc., com si són de triangulació. Com a resultat, cada panell es mecanitza mitjançant uns programes específics per a una sèrie de 8 operacions:

— traçar el contorn dels elements en plaques,
— taladrar els elements per tal d'establir un posicionament precís d'un element en la cima dels altres amb clavilles,
— tallar-los per a no haver de prevenir algun error d'acoblament,
— veure la cara interior del panell,
— traçar el contorn del suport en cada cantonada del panell,
— veure la cara exterior del panell després de girar-lo,
— traçar el contorn del panell,
— traçar el contorn dels entrelligaments.

Atès que els programes de manufactura (G-code) es dirigeixen directament des dels nostres ordinadors de despatx fins a la màquina, sense control addicional d'una tercera part, han d'estar absolutament lliures d'error. Per tant, han de ser generats automàticament. A hores d'ara, estem en el procés de reescriptura d'aquesta part del software per a referir cada panell al pla que minimitzarà el seu bloc *enclosing*. La sèrie d'operacions serà llavors molts més complexa, ja que tindrà en compte les situacions no previstes.

[295 / Objectile / El Pavelló de Philibert de l'Orme]

[FFPV Arquitectura / *Twilight Zone*]

Since the manufacturing programmes (G-code) go directly from our computers in the office to the machine, without additional control by any third party, they must be absolutely error free. As such, they must, in turn, be automatically generated. We are currently in the process of re-writing this piece of software in order to refer each panel to the plane that will minimize its enclosing block. The series of operations will then be much more complex, because we will also have to take undercutting situations into account.

STRUCTURE AND CONNECTING PIECES
Because the curvature of panels is a widespread architectural problem, resulting in complex manufacturing processes, we obviously knew that the only way to solve it was by writing software. At the same time we largely underestimated how much time was required to draw and generate the programmes for the 12 structural elements and the 180 parts needed to connect the panels to each other and to the structure. Because of the projective geometry of the pavilion, each of these pieces is different, and their geometry, although planar, has to be built between the planes, which always make up varying angles.
Certainly, once each of these pieces had been drawn, they were caught within the associative network of relations which, in the last instance, made them dependent on the position of the three vanishing points. The shifting of any one of those three points would affect the geometry of the whole pavilion, down to these very last elements, as well as the programmes for machining them. Then we started to make some progress with regard to the Semper Pavilion, achieving first level associativity. Once the project was finished we were able to change it and produce a series of varying pavilions.
However, it took us two months to design those 192 pieces. And the whole drawing process continues to be what we would call a manual process, insofar as we have to keep moving the mouse with our hands. Two months of detailing work for an experimental pavilion is no big deal, but scale that up to an entire building. The design process, in itself, has to be automated; we cannot continue to write software for

ESTRUCTURA I PECES CONNECTIVES

En ser la curvatura dels panells un problema general en arquitectura que implica uns complexos processos de manufactura, òbviament sabíem que no hi havia altre camí per a resoldre'l que escriure el software. Mentrestant, subestimaren massa el temps necessari per a dibuixar i generar el programa dels 12 elements estructurals i de les 180 parts necessàries per a connectar els panells entre ells i amb l'estructura. Degut a la geometria projectiva del pavelló, cadascuna de les peces era diferent i la seva geometria, per bé que plana, havia de ser construïda entre plans amb angles variats. Es dibuixà cada una de les peces, que varen ser atrapades en la xarxa associativa de relacions la qual, en última instància, les va fer dependre de la posició de tres punts de fuga. El moviment d'un d'aquests punts afectaria la geometria completa del pavelló fins als seus darrers elements, així com als seus programes de mecànica. Llavors, vàrem tenir alguns progressos en relació al Pavelló Semper, aconseguint un primer nivell d'associativitat. Un cop el projecte acabat, podríem canviar-lo i produir una sèrie de pavellons variats.

Ens van caldre dos mesos per a dissenyar aquelles 192 peces. I el procés de dibuix complet va quedar com quelcom que podríem anomenar un procés manual, ja que continuàvem movent el ratolí amb la nostra mà. Dos mesos fent detalls per al pavelló experimental no és tan greu, però pensar en un edifici real sí que ho és. El procés de disseny ha de ser automatitzat en si mateix, i no podem tenir una part del software escrita per a cada tipus de problema de disseny. La solució rau en la lògica de l'acoblament i en els components que creen el segon nivell d'associativitat. En comptes de dibuixar cada peça per separat, construírem un component model el qual, per la seva banda, es distribueix en un nombre limitat d'elements geomètrics i numèrics als quals podríem anomenar "pilots". Un cop desenvolupat aquest model, vàrem crear un component en el projecte punxant el seu pilot geomètric corresponent i calibrant els seus paràmetres numèrics. Però el component no és una geometria aïllada, se'l pot anomenar "intel·ligent", perquè porta en si mateix una sèrie d'eines i processos que li permeten d'interactuar amb les parts contextuals i generar els seus processos mecànics.

[FFPV Arquitectura / Twilight Zone]

each type of design problem. The solution lies in assembly logic and the components that create a second level of associativity. Instead of drawing each single piece, we would build up a component model which, again, depends upon a limited number of geometrical and numerical elements that we call "*pilots*". Once this model has been worked out, we create a component in the project by clicking on the corresponding geometric "*pilots*" and fine-tuning the numerical parameters. But the component is not an isolated geometry; it can be called "*intelligent*" because it carries with it a series of tools and processes that allow the component to interact with surrounding parts and to generate the machining process.

DIGITAL ARCHITECTURE
What is digital architecture? In terms of the shape of the buildings themselves, our answer is that we don't know. We have not got a clue as to what the future of architecture might be, and we very much question contemporary free forms when they are reduced to clichés, sacrificing the past on the alter of an absolute present. Marketing strategy is the new form of tyranny and information technology can only appear as a *deus ex machina* if they succeed in having us forget our own history[2]. But we hope that the above explanations will convince you that digital technologies really put at stake the architecture of information that lies behind the buildings, and that this architecture, with all of its digits, must also be designed. This is the task that Objectile is currently focusing on. O.

NOTES
1 — Philibert de l'Orme, *Figures du projet*, by Philippe Potié.
2 — IBM and the Holocaust.

ARQUITECTURA DIGITAL

Què és l'arquitectura digital? Pel que fa a la forma dels edificis en si mateixos, hem de dir que no ho sabem. No tenim ni una pista sobre el futur de l'arquitectura i qüestionem les formes simples contemporànies quan es converteixen en un clixé i sacrifiquen el passat en avantatge d'un present absolut. L'estratègia de màrqueting és una nova forma de tirania i la tecnologia de la informació se'ns apareixerà com un *deus ex machina* si triomfa en el propòsit de fer-nos oblidar la nostra pròpia història[3]. Esperem tanmateix que les nostres explicacions anteriors arribin a convèncer que les tecnologies digitals posen realment les seves mires en l'arquitectura de la informació que s'amaga darrere dels edificis, i que aquesta arquitectura amb dígits també ha de ser dissenyada. Aquesta és la tasca en la qual Objectile es troba encarat a hores d'ara. O.

NOTES

1 — *Router*: màquina amb un grup de ganivetes sobre un eix rotarori per polir la superfície de la fusta o del metall. (N. de la T.)

2 — Philibert de l'Orme, *Figures du projet*, per Philippe Potié.

3 — *IBM and the Holocaust*.

Martín Saez
Point Design

[Martin Saez / Point Design]

Cultural proliferation and its effects on architectural form

A text by
Ali Rahim

Ali Rahim, is principal of Contemporary Architecture Practice, in
New York City and an Assistant Professor at the University of
Pennsylvania. Among his books are included *Contemporary Techniques
in Architecture* and *Contemporary Processes in Architecture*.
He is the recipient of the Honor Award for Excellence in Design
from Columbia University.

La proliferació cultural i els seus efectes en la forma arquitectònica

Un text de
Ali Rahim

Ali Rahim dirigeix Contemporary Architecture Practice a Nova York i és Professor Adjunt a la Universitat de Pennsylvania. Entre les seves publicacions figuren *Contemporary Techniques in Architecture* i *Contemporary Processes in Architecture*. Ha estat guardonat amb el Honor Award for Excellence in Design per la Columbia University de Nova York.

[Martin Saez / Point Design]

At *Contemporary Architecture Practice* we explore the relationship between contemporary techniques, culture and architecture. We use techniques of design that are animated, process driven methods that provide new transformative effects in cultural, social and political production. Such a technique acts on or influences an object, which in turn modifies human behaviours and technical performance. Techniques have always contributed to the production of human and cultural artifacts, but their refinement and acceleration after the industrial revolution has emerged as the single most important element in the evolution of cultural endeavours.[1] Our work seeks to harness the potentials of cultural proliferation, by using animation techniques to simulate the production of new architectural and cultural effects.

At each stage in its development, a technological device expresses a range of meanings not from 'technical rationality' but from the past practices of users. In this way a feedback loop is established between technology and cultural production that leads to a restless proliferation of new effects. Technology is not merely technical; it is an active and transformative entity resulting in new and different cultural effects.[2] Technology, in this sense is not efficiency-oriented practice measured by quantities, but as a qualitative set of relations that interact with cultural stimuli. This interaction produces a pattern of behaviours that can result in new levels of performance and in newly effective behaviours or actions. In fact, contemporary techniques themselves are new effects of previous techniques that result in further cultural transformation through a complex system of feedback and evolution. The path of evolution produced by a cultural entity – an object, a building, a company, or a career immersed in its context – produces a distinct lineage[3] as the result of propagation. Each lineage: economic, political, social, commercial, scientific, technological etc., exists indefinitely through time, either in the same or an altered state. Contemporary techniques enable us to access these potentials and separate these lineages. This act of separation is similar to propagation that produces a performative effect.

Once lineages have produced effects, memes provide for the dissemination of ideas which cross these lineages. Memes are copied behaviors and are transmitted either through people by *heredity*, in which the form and details of behaviours are copied; through *variation*, in which the behaviors are copied with errors; and through *selec-*

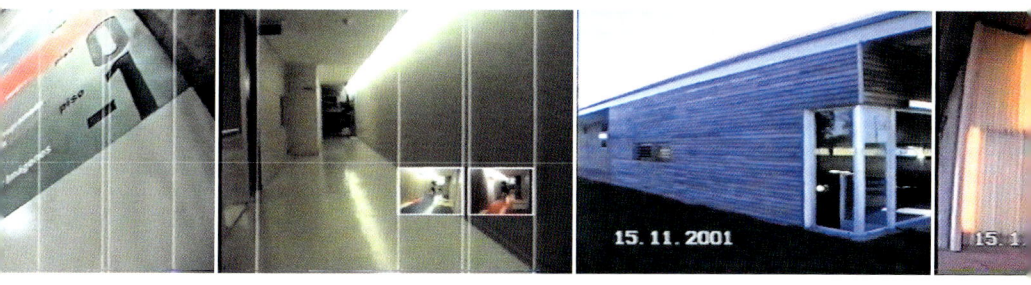

A *Contemporary Architecture Practice* explorem les tècniques contemporànies, la cultura i l'arquitectura. Utilitzem tècniques de disseny animades i processem mètodes d'impuls que proporcionen uns nous efectes en la producció cultural, social i política. Aquesta mena de tècnica influeix o actua en un objecte, que a canvi modifica els comportaments humans i la consecució tècnica. Les tècniques sempre han contribuït a la producció d'humans i dels artefactes culturals, per bé que el seu refinament i acceleració després de la revolució industrial s'ha mostrat com l'únic element —i el més important— en l'evolució dels esforços culturals[1]. La nostra feina mira d'explotar les potencialitats de la proliferació cultural emprant tècniques d'animació per a simular la producció de nous efectes arquitectònics i culturals.

A cada nivell del seu desenvolupament, els recursos tecnològics expressen un seguit de significats, no des d'una "racionalitat tècnica", sinó des de les pràctiques passades dels usuaris. D'aquesta forma, hi ha un bucle de retroalimentació entre la tecnologia i la producció cultural que deriva en una proliferació contínua d'efectes nous. La tecnologia no és pura tècnica, és una entitat activa i transformadora que desemboca en efectes culturals nous i diferents[2]. En aquest sentit, la tecnologia no és una pràctica orientada vers l'eficiència, mesurada en quantitats, sinó que és una col·lecció de relacions qualitatives que interactuen amb els estímuls culturals. Aquesta interacció produeix una pauta de comportament que pot generar molts nivells d'enllestiment i noves actituds o accions efectives. De fet, les tècniques contemporànies són, en si mateixes, uns nous efectes de tècniques prèvies que derivaren en transformacions culturals a través d'un sistema complex de retroalimentació i d'evolució. El camí de l'evolució produït per una entitat cultural (un objecte, un edifici, una companyia o una carrera immersa en el seu context), produeix un llinatge[3] diferent com a resultat de la propagació. Cada llinatge, econòmic, polític, social, comercial, científic, tecnològic, etc., existeix indefinidament a través del temps, sigui en el mateix estat o en un altre d'alterat. Les tècniques contemporànies ens permeten d'accedir a aquests potencials i separar aquests llinatges. Aquest acte de separació és semblant a la propagació que produeix un efecte performatiu.

Un cop els llinatges han generat efectes, els *memes* disseminen les idees que encreuen aquests llinatges. Els *memes* són comportaments copiats i transmesos per la gent, sigui per *herència*, en la que es copia la forma i els detalls dels comportaments, a través de la *variació*, en la que es copia els comportaments per bé que amb errors o mitjançant la *selecció*, en què només alguns comportaments es copien amb èxit. Reaccionen els

[Martin Saez / Point Design]

tion, in which only some behaviors are successfully copied. They react to external stimuli and produce or transform a situation through influence and effect- they are performative. To quote Stephen J. Gould, "...transmission across lineages is, perhaps, the major source of cultural change.[4]"

This process of cultural evolution serves as a generative model to develop techniques in which the environment influences the outcome of the developmental process, while simultaneously producing a rate of change in the environment. This relational system of feedback allows us to design in an adaptive field while testing our results of cultural stimulation iteratively. Animation software that uses evolutionary simulations that are sufficiently open-ended to make it impossible for the designer to consider all possible configurations in advance does this. These are generative and are reliant on the simulation of multiple simple systems that produces larger effects than the sum of their parts, hence effects are no longer proportional to their causes, but are emergent. These differ from prior investigations according to the continually changing landscape of epistemological thought.[5] The past and present are simultaneous and the future is not preconceived. This allows us to release our ideas from the pragmatic determinism attributed to concrete and material processes, suspending the reflection of concept/image-object/image relationships. This foregrounds process and delays the urge to generate form.

Material processes, used by most critical designers are not generative as they are linear, shaped directly by the forces acting on them which is inadequate in contemporary cultural settings because of their inability to participate in the process of cultural proliferation. This alerts experimental designers to processes which are static and deterministic. As Henri Bergson said,

"But the whole Critique of Pure Reason (Immanuel Kant) rests also upon the postulate that our thought is incapable of anything but Platonizing, that is, of pouring the whole of possible experience into pre-existing molds (author's inflexion)".[6]

The relationship between the mold, the raw material placed in it and the object it produces is static and predictable. This represents a mode of conceptual understanding and defines characteristics of objects as their constancy with respect to

estímuls externs i produeixen o transformen una situació mitjançant la influència i l'efecte, són performatius.

Per citar Stephen J. Gould, "... la transmissió al llarg dels llinatges és tal vegada la font més important de canvis culturals"[4].

Aquest procés d'evolució cultural serveix com a model generatiu per al desenvolupament de tècniques en les quals l'ambient influeix en el resultat del procés de desenvolupament, i produeix simultàniament una estimació de canvi en l'ambient. Aquest sistema relacional de retroalimentació ens permet de dissenyar en un camp d'adaptació mentre anem avaluant de manera iterativa els nostres resultats de simulació cultural. Això és el que fa el software d'animació que s'empra en les simulacions evolutives, ja que és suficientment obert com per fer possible que el dissenyador consideri per endavant totes les configuracions possibles. Són generatius i es basen en la simulació de múltiples sistemes simples que produeixen efectes més grans que la suma de les seves parts, fent que ja no siguin proporcionals a les seves causes, sinó emergents. Difereixen d'investigacions prèvies segons el canvi continu del pensament epistemològic[5]. El passat i el present són simultanis i atribuïts a uns processos concrets i materials, suspenent la reflexió de les relacions concepte/imatge-objecte/imatge. Això situa el procés en primer pla i augmenta la urgència de generar forma.

Els processos materials emprats per la majoria dels dissenyadors crítics no són generatius sinó que són lineals, modelats directament per forces que actuen sobre ells, la qual cosa és inadequada per als patrons culturals contemporanis degut a la seva inhabilitat per a participar al procés de proliferació cultural. Aquest fet alerta els dissenyadors experimentals pel que fa als processos que són estàtics i determinístics. Tal com va dir Henri Bergson,

"Però tota la 'Critique of Pure Reason' (Emmanuel Kant) descansa també en el postulat que el nostre pensament és incapaç de res sinó de platonitzar, o sigui, d'encabir la màxima experiència dins d'uns motlles pre-existents (inflexió de l'autor)"[6].

La relació entre el motlle, la matèria primera ubicada dins d'ell i l'objecte resultant és estàtica i previsible. Representa un mode d'enteniment conceptual i defineix les característiques dels objectes, com ara la seva constància respecte a certes accions cognitives. La relació isomòrfica entre concepte i objecte és determinística i no pot ser projectiva, ja que fa ús contínuament del material existent enllestit per ser usat, amb un

[Martin Saez / Point Design]

certain cognitive actions. The isomorphic relationship between concept and object is deterministic and cannot be projective as it continually draws upon existing material that is readily usable, having a limited number of possibilities and hence limited outcomes. For example, collage is reliant upon available collageable material, and hence the potential latent within the collage is limited. Roger Caillois has argued that "When several representations have already over-determined its content; the content is able for this reason to best fill the ideogramatic role of systemization that pre-existed it and to which, in the last analysis, it owes its appearance".[7] For example, the aggregation of heterogeneous figures creates a series of negative spaces reliant on the inverse proportion of the initial figures or some other variations, such as casting of material into a mold. Hence, material processes are reliant on a pre-determined cause and effect relationship.[8]

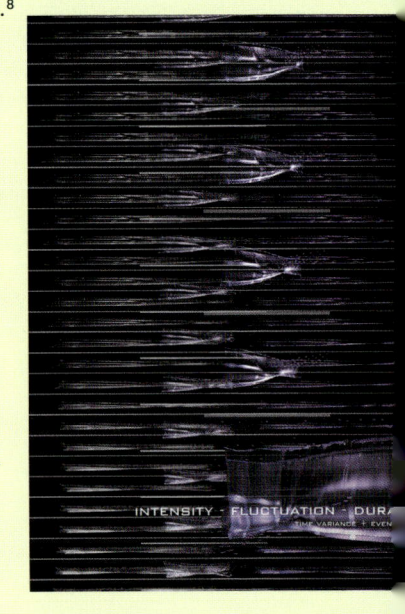

Material processes, however abstract depend on a linear correspondence between concept, form and representation. In another sense, continuing the tradition of architecture's relationship to signification and language and form binds architecture to exhausted rules and potential. The determinate nature of these approaches carried architectural processes as far as they could, only to create forms that strain under the burden of their representation and produce pre-determined effects that are isolated from the process of cultural proliferation. Generative processes abandon this model and begin operating autonomously from it. To avoid this overburdened pre-disposition towards architectural form and to avoid this negation of contemporary culture, experimental architects use animation processes that unfold through time. [fig.1] These processes within the matrices of the software are comprised of vectors, fields,

nombre limitat de possibilitats i, així doncs, de resultats limitats. Per exemple, el collage depèn del material susceptible de collage disponible, i així el potencial latent en el collage esdevé limitat. Roger Caillois ha argumentat que "quan moltes representacions ja han sobredeterminat el seu contingut, el contingut és capaç –per aquesta raó– de complir millor el paper d'ideogramàtic de sistematització que el preexistia i al qual, en última instància, li devia la seva aparença[7]". Per exemple, l'agregació de figures heterogènies crea un seguit d'espais negatius basats en la proporció inversa de les figures inicials o d'algunes altres variacions, com ara la introducció de material en un motlle. Així, els processos materials es basen en una relació de causa i efecte predeterminada[8].

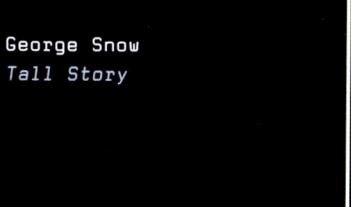

Els processos materials –que tanmateix són abstractes– depenen d'una correspondència lineal entre el concepte, la forma i la representació. En un altre sentit, la continuació de la tradició de la relació de l'arquitectura amb la significació, el llenguatge i la forma lliga l'arquitectura a un potencial i a unes regles esgotades. La naturalesa determinada d'aquests apropaments conduí els processos arquitectònics tan lluny com van poder, només per crear formes que s'afeixuguen sota el pes de la seva representació i produeixen efectes predeterminats que es troben aïllats del procés de proliferació cultural. Els processos generatius abandonen aquest model i comencen a operar de forma autònoma.

Els arquitectes experimentals utilitzen processos d'animació que s'estenen en el temps amb la finalitat d'evitar aquesta predisposició sobrecarregada envers la forma arquitectònica i la negació de la cultura contemporània. [fig.1] Aquests processos en les matrius del software consisteixen en vectors, camps, pressions i constrenyiments, en combinació amb cinemàtica inversa, partícules, material de modelat i superfícies. Aquests elements s'adapten i canvien contínuament a través del temps i, entre cada constituent, existeixen fortes interaccions mútues. Cada combinació d'elements virtuals creix de manera oportunística i es converteix en constructiva[9], cosa que li permet d'incrementar la seva complexitat; mentre que les seves característiques queden històricament lligades a estats previs, de manera simultània se'n desenvolupen de noves. [fig.2] Aquest projecte participa en el contingut de les disposicions materials de l'arquitectura, explorant les relacions entre organització, programa de construcció, espai, forma material i subjecte. Equipa l'arquitecte experimental per a l'evolució des d'allò que s'intuïa prèviament a través d'un enteniment limitat i de pràctiques fixes, cap

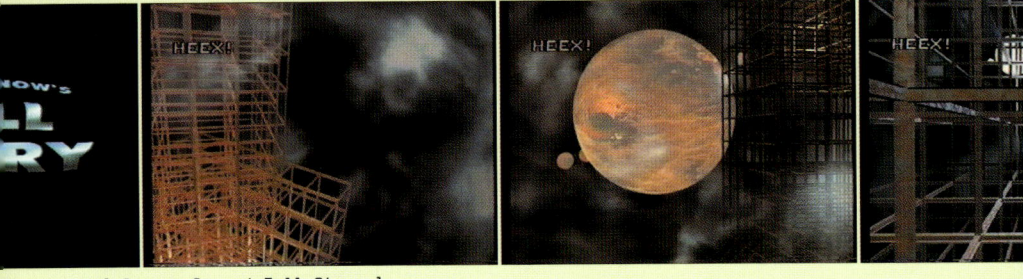

[George Snow / Tall Story]

pressures and constraints in combination with inverse kinematics, particles, metaclay and surfaces. These elements continually adapt and change through time where strong mutual interactions exist between each constituent. Each combination of virtual elements grows in an opportunistic manner and becomes constructive,[9] which allows it to increase in complexity, while its traits became historically bound to previous states and simultaneously develops new ones. [fig.2] This participates in the content to material arrangements of architecture by exploring relationships between organization, building program, space, material form and the subject. This equips the experimental architect to evolve from what was previously intuited with limited understanding and fixed practices to a dynamic method capable of simulating the actual performance and interaction of behaviors. Separating these emergent lineages and testing their behavioral effects by simulating scenarios once our interventions have been immersed in their cultural contexts achieve this. This process is performative and stimulates cultural transformation by altering behaviors and changing habits due to our interventions.

These animated models generative ability is reliant on dynamic time. Henri Bergson among others has emphasized the difference between time as a number or static being and time intermingled with organic bodies. Here time has no reality independent of the subject and is dynamic. This dynamic view of time referred to as temporality recognizes that the future is undetermined, chance plays a large part in determining the future, and reality evolves as time passes. Past, present and future never occur at the same time as temporality consists of accumulated moments and is irreversible[10] because our memory prevents us from reliving any moment. Here time is directional and consists of duration.

Static time on the other hand is reliant on the determinism of Newtonian science which presents an axiomatic vision of the universe deducing empirical laws of planetary motion from the inverse square principle, denouncing gravity as being an essential quality of bodies; Newton accepted mechanically inexplicable forces due to his religious tendencies. In essence, every event in nature is predictable, and predetermined by initial conditions. Like a clock that exists objectively, independent of any beings, nature is described as a simple reduced system that is causal and

a un mètode dinàmic capaç de simular l'actuació real i la interacció de comportaments. Això s'aconsegueix mitjançant la separació dels llinatges emergents i avaluant els seus efectes de conducta, tot simulant escenaris posteriors al fet que les nostres intervencions s'incloguessin en els seus contextos culturals. Aquest procés és performatiu i estimula la transformació cultural tot alterant els comportaments i canviant els hàbits gràcies a les nostres intervencions. L'habilitat generativa dels models animats descansa en la dinàmica temporal. Henri Bergson, entre altres, ha emfatitzat la diferència entre el temps com un número o un ésser estàtic i el temps entremesclat amb els cossos orgànics. Aquest temps no té una realitat independent del subjecte i és dinàmic. Aquesta visió dinàmica del temps es refereix al fet que, atès que la temporalitat reconeix que el futur és indeterminat, la sort juga un paper important en determinar el futur i la realitat evoluciona a mesura que el temps va passant. El passat, el present i el futur, mai no són simultanis i la temporalitat consisteix en moments acumulats i irreversibles[10], ja que la nostra memòria ens disposa a reviure algun moment. Aquí, el temps és direccional i consisteix en duració.

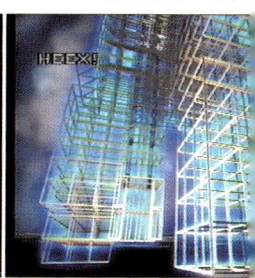

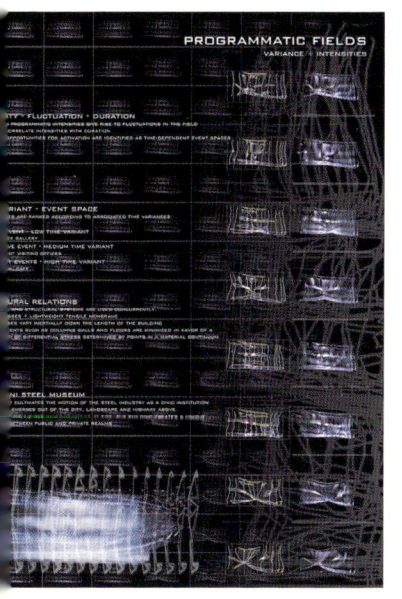

D'altra banda, el temps estàtic descansa en el determinisme de la ciència newtoniana que presenta una visió axiomàtica de l'univers, tot deduint lleis empíriques del moviment planetari a partir del principi del quadrat invers, postulant la gravetat com un ésser amb qualitats essencials de cossos. Newton acceptava les inexplicables forces mecàniques gràcies a les seves inclinacions religioses. En essència, cada esdeveniment de la naturalesa seria previsible i estaria determinat per les condicions inicials. Tal com un rellotge que existeix objectivament, independentment de qualsevol ésser, la naturalesa és descrita com un sistema reduït simple causal que pot anar endavant i endarrere sense alterar els seus efectes. Els registres històrics, per exemple, es poden llegir d'esquerra a dreta i viceversa, i s'assumeix que tot moment és igual a tot altre.

[309 / Ali Rahim / La proliferació cultural]

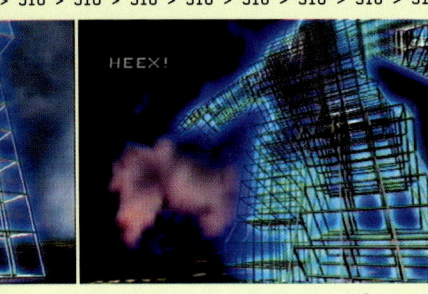

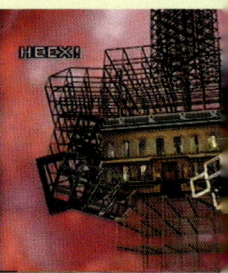

[George Snow / Tall Story]

can go backwards and forwards without altering its effects. Historical records, for instance, can read from left to right and vice versa, and any given moment, assumes to be exactly like any other moment. We are transported backwards and forwards by our memory. These dates are specific in time, but are records- and our memory can re-collect any moment in history that we know. Time here is static as the past, present and future are subjective and experientially based, rather than one reflecting an ontological divide. It is a simplified standardized notational system separate from beings, a number, a reductive quantity with no duration and an object at every moment we perceive it. Chance plays no part and time is reversible.

Using animation techniques allows us to inhabit the duration of dynamic time. This is only achieved when a system behaves in a sufficiently spontaneous way and where there is a difference between past and future, and time is directional and irreversible. This randomness and spontaneity must outweigh causality and predictability to increase temporal duration. Here time is a varying principle at each stage of division. During the animation durational time is quantifiable at precise moments of past and present, a quantitative multiplicity, and it is between these two moments that the potentials are at their maximum. For example, in the act of choosing, the potentials are at their maximum as we choose from a number of possibilities. Once we have chosen we cannot undo this act. There is an asymmetry between the past which is fixed in time, and the future that is yet to exist. At the precise moment of selection, there is a change where the potentials have moved from being at their maximum to an actualized probability. This probability describes only the potential property and not the actual physical property of objects[11]. The objective substance of materialism here has disintegrated into relative probabilities instead of material realities. Thus in duration, there is a perpetual creation of possibility and not only of material reality.[12] Experimental architects are able to take advantage of this shift from material reality to potential probabilities. Emergent animations are reliant on the computational logic of high-end software to achieve this unpredictability by moving away from deterministic, material quantities to relative qualitative potentialities. These animations further Henri Poincare's findings of complex behavior emerging out of three isolated bodies interacting with a gravitational field. These animations utilize time in its

Som transportats cap enrere i cap endavant gràcies a la nostra memòria. Les dates són específiques en el temps però són registres, fet que fa que la nostra memòria pugui recolectar qualsevol instant de la història que coneixem.
Aquest temps és estàtic, mentre que el passat, el present i el futur són subjectius i es basen en l'experiència més que no reflecteixen una divisió ontològica. És un sistema simplificat estandarditzat rotacional independent dels éssers, una xifra, una quantitat reduïda sense durada i un objecte en cada moment en què el percebem. La sort no juga cap paper i el temps és irreversible.
Utilitzar les tècniques d'animació ens permet de viure la duració del temps dinàmic. Això només s'aconsegueix quan un sistema es comporta d'un mode suficientment espontani i en el qual existeix una diferència entre el passat i el futur, i el temps és direccional i irreversible. L'aleatorietat i l'espontaneïtat han de tenir més importància que la causalitat i la predicabilitat per tal d'incrementar la durada temporal. Així, el temps seria un principi variable de cada nivell de divisió. En l'animació, el temps duracional és quantificable en moments concrets de passat i de present, en una multiplicitat quantitativa; i és entre aquests dos moments que els potencials estan al màxim. Per exemple, en l'acte d'escollir, els potencials estan al màxim, ja que escollim enmig d'un nombre de possibilitats. Una vegada hem escollit, no podem desfer aquest acte. Existeix una asimetria entre el passat que es fixa en el temps i el futur que encara no ha arribat. En el moment precís de la selecció hi ha un canvi, ja que les potencials han passat d'estar al màxim a tenir una probabilitat realitzada. Aquesta probabilitat descriu només la propietat potencial i no la propietat real física dels objectes[11]. La substància objectiva del materialisme s'ha desintegrat en probabilitats relatives, en comptes de fer-ho en realitats materials. Així, en la durada hi ha una creació perpètua de possibilitats i no solament de realitat material[12].
D'aquest canvi de la realitat material per les probabilitats potencials, els arquitectes experimentals en poden treure avantatges. Les animacions resultants es basen en la lògica computacional del software *high-end* i aconsegueixen aquesta imprevisibilitat gràcies al fet que deixen de banda les quantitats materials deterministiques per utilitzar les potencialitats qualitatives relatives. Les animacions van més enllà dels descobriments d'Henri Poincaré pel que fa al comportament complex que sorgeix de tres cossos aïllats que interactuen en un camp gravitacional. Aquestes animacions utilitzen el temps en la seva forma desestabilitzadora i irreversible, i usen la durada per a maximitzar

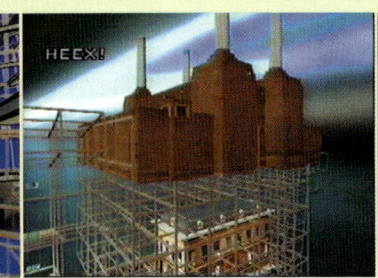

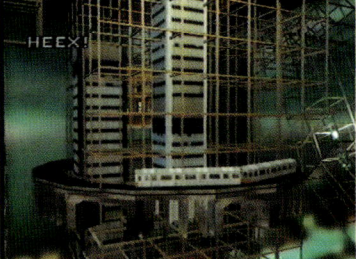

[George Snow / Tall Story]

irreversible, destabilizing manner, and use duration to maximize creative potential. This duration is temporal and perpetuates a field of possibilities with the potential of generating new effects in content, organizations, programs, spaces, structure and material arrangements for architecture.
These potentials contained within duration are infinitely machined in time. These machine like processes of lineages in the natural world are non-linearly determined through time that spontaneously self-assemble. It is literally a machine with every piece machined to an infinite degree. This machineness exceeds the inadequately machined mechanical process and is reliant on a double articulation[13] of concepts which are translated to content and expression which is its specific corollary or technique within the animation. Concepts come prior to the application of any software package, while contents comprise of concepts translated into the framework of the animation and vectorial intensities that are destabilizing. Techniques are the embodiment of precise combinations influenced and shaped within the animation that serves as abstract locations of more than one coordinate system. Concepts inform content, and content destabilizes technique that transforms and adapts the arrangements. To be able to develop techniques that correspond to concepts, we need to define limits[14] as the probabilities of potentials. Here, techniques do not restrain or limit potentials, but rather the probabilities of potentials limit and guide how specific techniques are organized. These procedures and combinations are adaptive and reliant on each other's arrangements explored through an iterative process. The concept informs the technique, and vice-versa.[15] These are scale-less operations within the animation and they recreate traits or potential. The relationship between concept and technique, although distinct are simultaneous and are influenced by each other — they behave singularly as a system of flow.
For example in our project titled the Confluence of Commerce, a shopping mall with mixed use program, the project was conceptualized as being informed by immersing itself within the context of the city, and invigorating cultural transformation. This was achieved by releasing the typological association of the shopping mall driven by economic hierarchy of anchor stores that usually determines locational hierarchy and spatial arrangements into one that operates as an even field of potential with

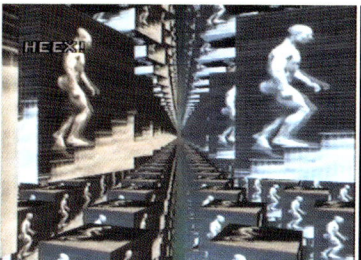

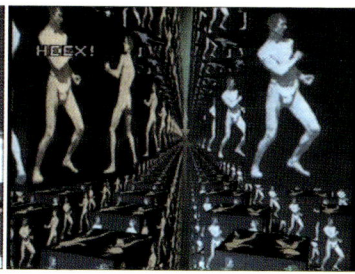

el potencial creatiu. La durada és llavors temporal, i perpetua un camp de possibilitats
amb el potencial de generar nous efectes en el contingut, les organitzacions, els progra-
mes, els espais, l'estructura i en les disposicions materials per a l'arquitectura.
Aquests potencials continguts en la durada es troben infinitament maquinitzats en el
temps. Els processos de llinatges —semblants a processos mecànics però en el món
natural— no estan determinats de manera lineal en un temps que s'autoencaixa espontà-
niament. És, literalment, una màquina que cadascuna de les peces maquinitzades té
fins a un grau infinit. Aquesta maquinització excedeix el procés mecànic maquinitzat
inadequadament i es basa en una doble articulació de conceptes[13] que es tradueixen
en contingut i expressió, cosa que constitueix el seu corol·lari específic o tècnica en
l'animació. Els conceptes vénen abans de l'aplicació de qualsevol paquet de software,
mentre que els continguts comprenen conceptes traduïts a l'estructura de l'animació i a
les intensitats vectorials que són desestabilitzadores. Les tècniques són la corporació de
combinacions precises influïdes i modelades en l'animació que serveix de localitzacions
abstractes de més d'un sistema coordinat. Els conceptes informen el contingut i el
contingut desestabilitza la tècnica que transforma i adapta les disposicions. Per ser
capaç de desenvolupar tècniques que corresponguin a conceptes, necessitem definir els
límits[14] com a probabilitats dels potencials. Aquí, les tècniques no restringeixen o limiten
els potencials, sinó que les probabilitats dels potencials limiten i guien l'organització
de les tècniques específiques. Aquests procediments i combinacions són adaptables
i es basen en disposicions fetes entre si i explorades mitjançant un procés iteratiu.
El concepte informa la tècnica i viceversa[15]. Són operacions d'una escala menor en
l'animació, i recreen trets o potencials. El concepte i la tècnica —per bé que diferents,
simultanis i influïts entre ells— es comporten singularment com un sistema de flux.
Si prenem com a exemple el nostre projecte titulat "Confluència de Comerç" (un centre
comercial amb un programa d'ús mixt), veurem que es conceptualitzà a través de la
seva immersió en el context de la ciutat i pel fet de reforçar la transformació cultural.
Ho vàrem aconseguir, perquè vàrem substituir l'associació tipològica del centre comer-
cial dirigit per la jerarquia econòmica de les botigues, que en general determina la
jerarquia locacional i les disposicions espacials, per una altra que opera com un camp
homogeni de potencial amb gradients econòmics. Aquests gradients s'adapten a la
demanda i a les necessitats canviants de la cultura i, simultàniament, afecten i influen-
cien la proliferació cultural.

Kas Oosterhuis
Trans-ports

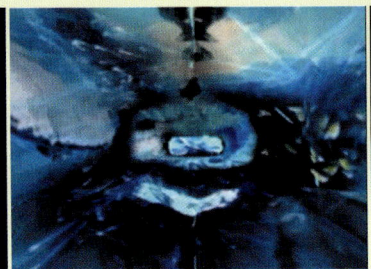

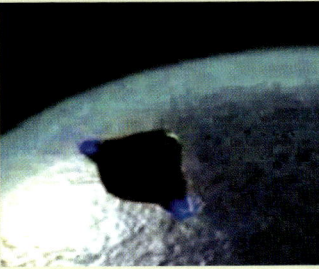

[Kas Oosterhuis / Trans-ports]

economic gradients. These gradients adapt to the changing needs and demand in culture and effect and influence cultural proliferation simultaneously.
In order for this project to evolve indeterminately outside the influence of specific images of hierarchical economic structures, materiality and form, we used generative machines as content and technique engine simultaneously. This allowed us to deterritorialize our ideas of economic control of the Confluence of Commerce, test relational influences in the city through several scenarios and develop specific material forms simultaneously.
We tested several temporal techniques that were consistent with our concepts and selected a combination of abstract elements that linked our concepts to specific techniques.[fig.3] We used Inverse Kinematics [IK] chains, where the relationship between the hierarchies of the technique and the initial concepts had very specific associations. We tested several different scenarios with our concepts using different configurations including hierarchical structures and non-hierarchical structures, until the formations responded to the content of our concepts.
The selected techniques that formed the machinic engine was comprised of vectors, fields, pressures and constraints in combination with inverse kinematics and surfaces. We used these force fields to replace site, programs and events, and coded the hierarchical economic structure with Inverse Kinematic chains creating a dynamic landscape based on elements that had to interact, realign and produce new and unforeseen relationships, while suspending any correspondence between meaning and form. [fig.4] This projected modes of deterritorialization as process and relieved specific objects of their representational burden.

[314 / Ali Rahim / Cultural proliferation]

Per tal que aquest projecte es desenvolupi de manera indeterminada fora de la influència d'imatges específiques de les estructures econòmiques jeràrquiques, de la materialitat i de la forma, utilitzem màquines generatives com a contingut i com a motor tècnic, simultàniament. Això ens va permetre de desterritorialitzar les nostres idees del control econòmic de la "Confluència de Comerç", avaluar les influències relacionals a la ciutat mitjançant els diversos escenaris i, alhora, desenvolupar formes materials específiques. Testem diverses tècniques temporals que considerem coherents amb els nostres conceptes i seleccionem una combinació d'elements abstractes que vinculaven els nostres conceptes a tècniques específiques. [fig.3] Utilitzem cadenes d'*Inverse Cinemàtic* (IK) [Cinemàtica Inversa], en què la relació entre les jerarquies de la tècnica i els conceptes inicials tenien associacions molt específiques. Contrastem diversos escenaris diferents amb els nostres conceptes emprant configuracions distintes que incloïen estructures jeràrquiques i no jeràrquiques, fins que les transformacions respongueren al contingut dels nostres conceptes.

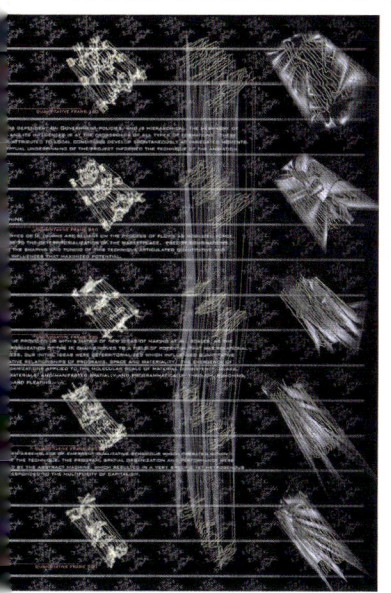

Les tècniques seleccionades que formaven el motor maquínic es componien de vectors, camps, pressions i constrenyiments en combinació amb la Cinemàtica Inversa i les superfícies. Usem aquests camps de força per tal de reemplaçar el lloc, els programes i els successos, i codifiquem l'estructura econòmica jeràrquica amb les cadenes de Cinemàtica Inversa per crear un paisatge dinàmic basat en elements que havien d'interactuar, de realinear-se i produir relacions noves i mai vistes, mentre suspenien tota correspondència entre el sentit i la forma. [fig.4] Així, es projectaren els modes de desterritorialització com un procés i s'alleujà objectes específics de la seva càrrega representacional.

Cada procés de desterritorialització es componia de dos eixos de doble articulació, horitzontal i vertical. L'eix primer comprenia la formulació organitzacional i material. Cada formulació fou organitzada al llarg de

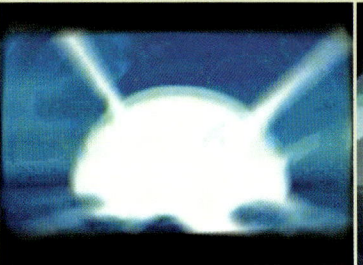

[Kas Oosterhuis / Trans-ports]

Each process of deterritorialization was comprised of two axes of double articulation, both horizontal and vertical. The first axis comprised both of organizational and material formulation. Each formulation was organized along the horizontal axis according to a gradient from form to its non-formal corollary. Organization was now inherent to the property of the IK chains and material had moved to dynamic properties of surface. The second axis comprised of degrees of turbulence which opened the horizontal axis to new relational associations. For example for the horizontal axis, the organizational component moved from site, program, and economic hierarchy to effects on site, intensity of event based spaces and economic similarity. For the material component properties of surface moved to inverse kinematic chains constrained to surfaces. These relationships were effected using duration, magnitude and direction of the vectors.

Two vectors were applied to the vertical and horizontal axes. The first vector applied to the horizontal axis investigated the site and economic viability through the projected number of people who would use the facility, economic intensity of each program, and operational hours of each program. The vertical vector served the specific function of deterritorialization. The turbulence in the system was quantified by using the magnitude and duration of each vector pointed towards the IK for each specific program and its capacity to generate money. The programmatic requirements initially called for cinema theaters, café's shops and public space that were all investigated as either resisting or enhancing the generation of money and were coded into the model with different resistances in the joints of each IK. These relationships were simulated generating relational potential. This allowed the possibility for new relationships to occur in the positional and territorial relationships of the first axis. For the organizational component the formulation of specific orders of arrangements occurred and for the material component, strict self-definition and material structures began to form affiliations with economic potential.

This process was iterative until this singular flow of concept and technique, emerged into spontaneous organizations or machines at differing points within the animation. They were further fine-tuned to further provide for increasing duration and potential within the system by providing for maximized emergent behavior. This is comprised

l'eix horitzontal, d'acord amb un gradient que anava des de la forma fins al corol·lari no formal. L'organització era, així, inherent a la propietat de les cadenes de IK, i el material havia canviat en propietats dinàmiques de superfície. El segon eix estava compost de graus de turbulència que obrien l'eix horitzontal a unes noves associacions relacionals. Per exemple, per a l'eix horitzontal, es mogué el component organitzacional de lloc, programa i jerarquia econòmica, per produir en el lloc la intensitat dels espais basats en el succés i la similitud econòmica, gràcies al fet que les propietats del component material de la superfície es canviaren per cadenes de cinemàtica inversa circumscrites a la superfície. Aquestes relacions s'efectuaren emprant la duració, la magnitud i la direcció dels vectors.

S'aplicaren dos vectors als eixos vertical i horitzontal. El vector primer aplicat a l'eix horitzontal estudià el lloc i la viabilitat econòmica a través del nombre projectat de gent que usaria l'establiment, la intensitat econòmica de cada programa i les hores operacionals de cada programa. El vector vertical s'usà en la funció específica de desterritorialització. La turbulència en el sistema es quantificà usant la magnitud i la duració de cada vector apuntada vers la IK per a cada programa específic i la seva capacitat de generar diners. Els requeriments programàtics reclamaren inicialment cinemes-teatres, tendes-cafès i espai públic que varen ser estudiats, tant en resistència com en incentius envers la generació de diners, i foren codificats en el model amb diferents resistències en les articulacions de cada IK. Aquestes relacions se simularen generant potencial relacional, cosa que possibilità la circumstància d'uns nous llaços en les relacions posicionals i territorials del primer eix. Sorgí una formulació d'ordres de disposicions específiques pel que fa al component organitzacional i, en relació amb el component material, una estricta autodefinició i estructures materials començaren a formar afiliacions amb el potencial econòmic.

Aquest procés es va repetir fins que el flux singular del concepte i de la tècnica va afluir com a organitzacions o màquines en diferents punts de l'animació. Se les va afinar més per tal d'augmentar la duració i el potencial en el sistema, gràcies a què es proporcionà un comportament maximitzat emergent. Està compost de fluxos qualitatius de duració que sorgeixen espontàniament com a organització. No tenen escala ni temps objectivat. En aquesta màquina autoorganitzada, les potencials estan al màxim i no estan projectades, i les seves possibilitats en les tècniques són il·limitades. Supera qualsevol mecanisme objectivat i es basa en què el temps té direcció. Si se'l passés

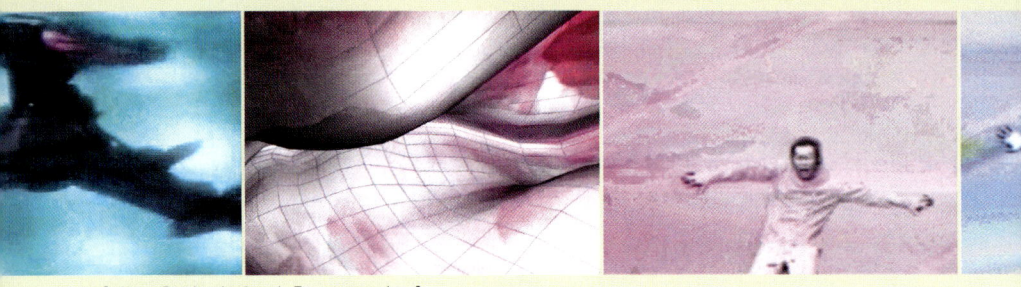

[Kas Oosterhuis / Trans-ports]

of qualitative flows of duration that spontaneously emerge into an organization. They have no scale or objectified time. Within this self-organized machine, the potentials are at their greatest and are not projected, and their possibilities within the technique are limitless. It surpasses any objectified mechanism and is reliant on time having direction. This single flow animation if played in reverse, looks incorrect, similar to if we were to play in reverse a video showing the turbulence of clouds before a thunderstorm. Here, we would see downdrafts when we expect updrafts, turbulence growing coarser rather than finer in texture, lightning preceding instead of following the changes of cloud, and so on.[16] This abstract machine does not emerge if the animation is reversible. For example, if we captured planets moving through a time-lapse video and played it backwards, it would look the same due to the progression of movements being the same, with the only difference being the planets moving in reverse. This system still operates within the Newtonian universe and is not unlike key-framed animations in which the effects of changes are reversible, and thus predictable.

The emergence is due to qualitative duration flowing together, where the qualities are the animation's interactions between its parts. It maximizes generative potential. What emerges from the machine is a single articulation of both content and expression and marks specific points or instants[17] that demarcate the duration when qualitative multiplicity occurs. These qualitative multiplicities are indivisible quantitatively without a change in nature, because of their unequal differences distributed in subjective time.

Contemporary animation techniques are destabilized by temporally located potentials that make possible the development of new organizations. These processes amplify the difference between the possible and the real, and contain a set of possibilities, which acquire physical reality as material form. The static object which produces pre-determined effects defines the real, whereas actualization[18], on the other hand is emergent and breaks with resemblant materiality bringing to the fore a new sensibility, which ensures that the difference between the real and actual is always a creative process[19]. This sensibility, which subverts fixed identity, is a flexible spatio-temporal organization producing performative effects. One pos-

en revers, el flux únic de l'animació semblaria equivocat, com si estiguéssim mirant un vídeo en revers que mostrés una turbulència en els núvols abans d'un temporal. Veuríem corrents d'aire que baixen en comptes de pujar, una turbulència fent-se cada vegada més grossa en comptes de fer-se més fina en la seva textura, llamps que precedeixen en comptes de seguir els canvis dels núvols, etc.[16] Aquesta màquina abstracta no es genera si l'animació és reversible. Per exemple, si gravem planetes movent-se en un vídeo en un temps-lapse i el posem cap enrera, es veuria igual degut al fet que la progressió del moviment seria la mateixa amb la sola diferència que serien planetes movent-se en revers. Aquest sistema encara és operatiu en l'univers newtonià i no difereix de les animacions key-framed en les quals els efectes dels canvis són reversibles, i per tant, pronosticables.

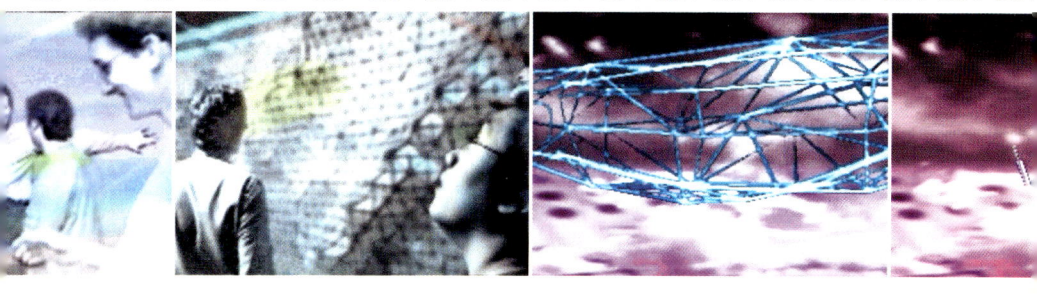

El flux de la duració qualitativa provoca l'emergència, si les qualitats són interaccions de l'animació entre les seves parts i es maximitza el potencial generatiu. Allò que emergeix en la màquina és una única articulació de contingut i d'expressió i marca punts o instants específics[17] que demarquen la duració quan es genera la multiplicitat qualitativa. Aquestes multiplicitats qualitatives són indivisibles quantitativament sense un canvi en la naturalesa, degut a les seves diferències distribuïdes desigualment en el temps subjectiu.

Les tècniques d'animació contemporànies estan desestabilitzades per potencials ubicats temporalment, que fan possible el desenvolupament de noves organitzacions. Aquests processos amplifiquen la diferència entre allò possible i allò real, i contenen un seguit de possibilitats que adquireixen realitat física com a forma material. L'objecte estàtic que produeix efectes predeterminats defineix allò real com a actualització[18], i per altra banda, és emergent i trenca amb la similitud material, tot imposant una nova sensibilitat que assegura que la diferència entre allò real i allò actual és sempre un procés creatiu[19]. Aquesta sensibilitat, que subverteix la identitat fixa, és una organització espaciotemporal flexible que produeix efectes performatius. Es realitza una possibilitat entre moltes i la seva efectivitat es mesura per la capacitat de produir nous efectes que modifiquen comportaments i rendiments.

En la "Confluència de Comerç", per exemple, en la qual utilitzem la naturalesa organitzacional i material de les estructures i superfície econòmica no-jeràrquiques, les estructures econòmiques començaren per determinar l'extensió en què l'economia s'afiliava amb les possibilitats materials, mentre que simultàniament estipulava la gene-

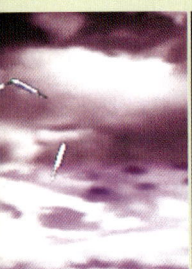

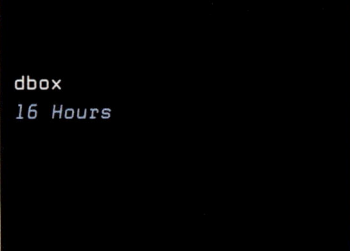

[dbox / 16 Hours]

sibility out of many is actualized and its effectiveness is measured by the capacity to produce new effects, which modify behaviours and performance.

For example in the Confluence of Commerce, in which we used the organizational and material nature of non-hierarchic economic structures and surface, the economic structures began determining the extent to which the economy affiliated itself with material possibilities while simultaneously providing for the most economic generation in the site. This allowed us to organize a strategy of behaviors driven by economic variation through time. When we realized that the economic potential of each program affiliated itself with different levels of inhabitation, we actualized different spatial scales with different economic qualities.

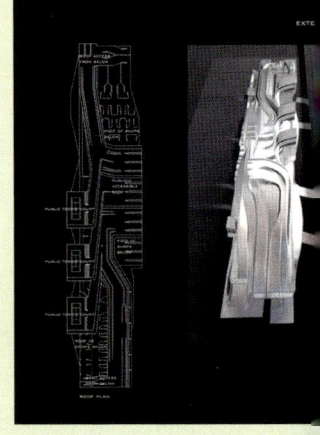

The lowest economic generator allowed for areas that distributed people into a homogenous field, with different intensities emerging depending on economic performance. Each one of these spaces can perform in a multiple of different ways dependent on their emergent generational capacity of economic gain at particular times of need during the day, week and month. As the generational capacity becomes inflated, the spaces become more specific. For example, the roof structure is made public and allows for a series of simultaneous activities, ranging from tennis and basketball to running, blurring the terrain of the public from ground to roof. [fig.5] A sole ownership shop continues to blur its threshold by spilling into more and more different shop spaces when necessary, or is able to expand on their own roof structures. Here the spaces can be used for several activities, but not as many variations as the public spaces. [fig.6] The second instance on this gradient are the offices. These are not as homogenous and as multifunctional as the shop, but is more specific to its program but less homogenous than the cinema theater. Here the office is able to function and adapt between working and meeting spaces. The cinema theaters are the most specific at the scale of threshold that delineates theater from

ració econòmica més gran en el lloc. Això ens permeté d'organitzar una estratègia de comportaments dirigits per fluctuacions econòmiques a través del temps. Quan ens adonàrem que el potencial econòmic de cada programa s'afiliava a si mateix en diferents nivells d'habitació, vàrem actualitzar les diverses escales espacials amb les diferents disponibilitats econòmiques.
El generador econòmic més baix va tenir en compte àrees que distribuien gent en un camp homogeni, amb diferents intensitats que sorgien segons l'exercici econòmic. Cadascun d'aquests espais es pot exercitar en múltiples i diferents modes, depenent de la seva capacitat emergent de generar guanys econòmics en temps particulars de necessitat durant el dia, la setmana i el mes. 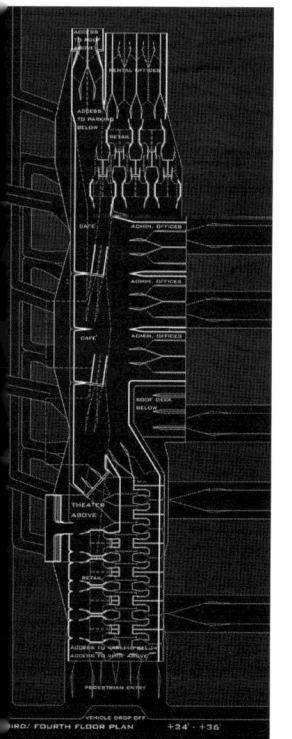
Atès que la capacitat de generació augmenta, els espais es tornen més específics. Per exemple, es va fer pública a l'estructura del sostre i va incloure un seguit d'activitats simultànies que van des del tennis i el bàsquet fins a córrer, tornant borrós el terreny del públic, des del sostre fins al teulat. [fig.5] Una única tenda de propietat única continua esborallant la seva entrada i dividint-se, quan convé, en més i més tendes-espais diferents, o és capaç d'expandir-se per les pròpies estructures del sostre. Així, els espais poden utilitzar-se per a diverses activitats, però no amb tantes variacions com l'espai públic. [fig.6] La segona instància d'aquest gradient són les oficines. No són tan homogènies ni tan multifuncionals com la tenda, però són més específiques en relació al seu programa, per bé que menys homogènies que els cinemes-teatre. L'oficina és capaç de funcionar i d'adaptar-se als espais de treball i d'encontre. Els cinemes-teatre representen allò més específic en l'escala de l'entrada que limita el teatre a partir dels seus espais circumdants, així com l'especificitat que desenvolupa en la superfície. Permet el succés singular de mirar una pel·lícula. [fig.7]
Aquesta nova organització dinàmica fou una confluència de diferents llinatges que emergiren en el programa i en l'estructura simultàniament, i s'adaptaren i es transformaren maximitzant

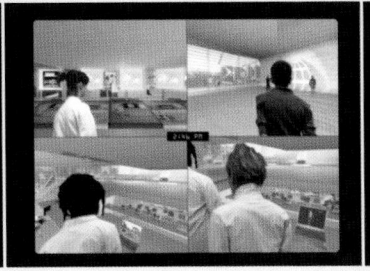

[dbox / 16 Hours]

its surrounding spaces as well as the specificity that develops within the surface. This allows for the singular event of watching a movie. [fig.7]
This new dynamic organization was a confluence of different lineages that emerged into the program and structure simultaneously and adapted and transformed maximizing the performance and intentions of each element of the design based on economic potential. [fig.8] Once these lineages were separated, the effects produced through the actualization process were at the various local sequences of program with local specificity in a continuously varied form. [fig.9] This highly differentiated structure allows for the directions and paths of inhabitation interrupt each other with the intention to align and re-align each individual's destination through social interaction. [fig.10]
Here, our perception of this duration is a projection of subjective actuality, and hence this represents a potential for something actual, as opposed to something literal. This projection now is singular, and when projected in material arrangement, points in one direction instead of multiple directions dependent on when we are conscious of it.[20] In other words, when the potentials have emerged into a machine, they are dynamically actualized through the differentiation of potential. It is the flow from one state to another and produces a performative entity. This process is creative as the qualitative multiplicity of duration must meet the actualized or projected world of singularity and quantitative time where it is experienced subjectively.

When the form is actualized from a qualitative state of potentials to a singular machinic assemblage[21], the Confluence of Commerce, it still

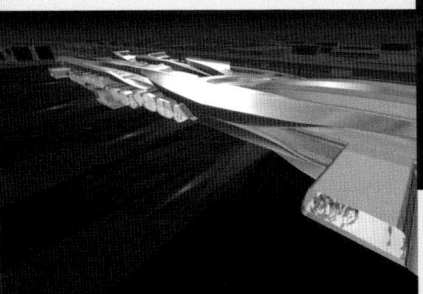

EATER PERSPECTIVE

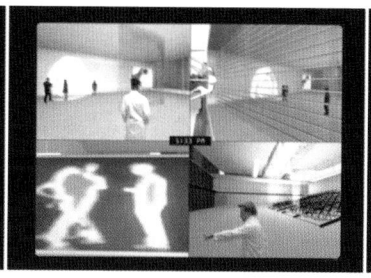

EATER ROOF PLAN

el rendiment i les intencions de cada element del disseny basat en el potencial econòmic. [fig.8] Aquests llinatges, un cop se separaren, els efectes resultants del procés d'actualització es trobaren en diverses seqüències locals de programa amb especificitat local i en una forma contínuament canviada. [fig.9] L'estructura altament diferenciada permeté que les direccions i camins d'habitació s'interrompessin amb el propòsit d'alinear i realinear cada destí individual mitjançant la interacció social. [fig.10]

La nostra percepció d'aquesta duració és una projecció de realitat subjectiva i representa, així doncs, un potencial de quelcom de real, oposat a quelcom de literal. Aquesta projecció ara és singular, i quan es projecta en una disposició material, apunta en una direcció en comptes d'apuntar en múltiples direccions, depenent del moment en què som conscients d'ella[20]. En d'altres paraules, quan els potencials han sorgit com a màquina, són actualitzats dinàmicament a través de la diferenciació de potencial. És un fluir d'un estat a l'altre i produeix una entitat performativa. Aquest procés és creatiu, perquè la multiplicitat qualitativa de la duració s'ha de trobar amb el món actualitzat o projectat de la singularitat i del temps quantitatiu, lloc en què se l'experimenta subjectivament. Quan la forma s'actualitza des d'un estat qualitatiu de potencials a un assemblatge maquínic singular[21] –la Confluència de Comerç– manté encara el temps duracional com un flux irreversible, i només pot ser considerat estàtic si se'l mira a través de lents de temps reversible i objectiu extret del seu context.

Per exemple, en l'evolució de l'ordinador, és palès que cada llinatge inclou les contribucions dels estudiosos, filòsofs, visionaris, inventors, enginyers, matemàtics, físics i tècnics. Cada llinatge fou estimulat en el temps per la visió, la necessitat, l'experiència, la competència i la competició. Atès que aquests llinatges es desenvoluparen simultàniament en el temps, de manera filosòfica i intel·lectual, organitzaren

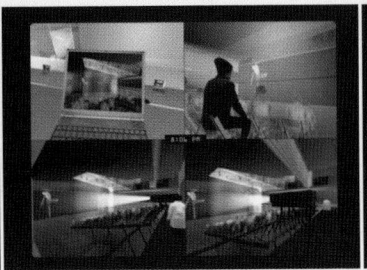

[dbox / 16 Hours]

maintains durational time as an irreversible flow, and can only be considered static if viewed through the lens of reversible, objective time taken out of its context.
For example, in the evolution of the computer, it is clear that each lineage encompasses the contributions of scholars, philosophers, visionaries, inventors, engineers, mathematicians, physicists, and technicians. Each lineage was stimulated over time by vision, need, experience, competence and competition. As these lineages developed simultaneously through time, philosophically and intellectually they organized effects already in existence – the use of machines and automation. Theoretically they organized advances made in symbolic logic and science mathematics; which only then became feasible. These factors were impacted by differing intensities of economic, commercial, scientific, political and military pressures, crossing the technical threshold, spontaneously emerging into the technological object of the computer- a separation of the lineages-an emergent effect.
The computer is a temporally organized technological object. If we were to view these non-linear organizational processes as fixed in space and time, the resulting objects would be severely limited, and strain to represent meaning through formal expression. This object type would be passive and defined only by its material attributes, which are linear and causal. Such an object is static.
To avoid this stasis, we must view the object in its context, [fig.11] and understand it as part of a continuous temporal organizational process of cultural proliferation. For example, the Internet was initially created for the purpose of exchanging information between nuclear facilities operated by the military. However it has emerged as the largest storage bank of information in the world with far greater and more complex performative potential then could ever have been predicted. The effects, no longer proportional to their causes- are emergent. Once re-contextualized, the computer is instrumental in spreading memes, which change behaviors, and continues to influence contemporary culture.
This is exemplified in our project for a residence for a fashion designer, *Variations*, where we conceptualized an approach that locally affiliated site, organization, program, space and material challenges. [fig.12] The form of the project emerged from spatial considerations that influenced all scales of development. This was developed

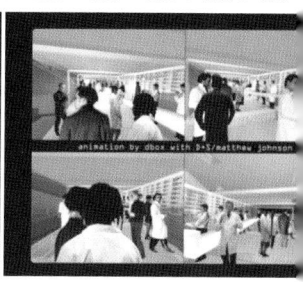

efectes que ja existien, l'ús de les màquines i l'automatisme. Teòricament, organitzaren avenços en la lògica simbòlica i en les ciències matemàtiques, que només així es tornaren factibles. Aquests factors foren impactats per diferents intensitats de pressions econòmiques, comercials, científiques, polítiques i militars, creuant el llindar tècnic, sorgint espontàniament com l'objecte tecnològic de la computadora —una separació dels llinatges— com a efecte.

L'ordinador és un objecte tecnològic organitzat temporalment. Si haguéssim de veure aquests processos organitzacionals no lineals com a fixos en l'espai i en el temps, els objectes resultants quedarien severament limitats i forçats a representar sentits mitjançant l'expressió formal. Aquest tipus d'objecte seria passiu i estaria definit només pels seus atributs materials, que són lineals i causals. Un objecte d'aquesta mena és estàtic.

Per tal d'evitar aquest estasi, hem de mirar l'objecte en el seu context, [fig.11] i entendre'l com a part d'un procés organitzacional temporal continu de proliferació cultural. Per exemple, internet es va crear inicialment amb propòsits d'intercanvi d'informació entre dependències nuclears intervingudes per militars. Així i tot, ha esdevingut el banc d'informació més gran del món, amb un potencial performatiu molt més gran i més complex del que s'hagués pogut imaginar. Aquests efectes, que ja no són proporcionals a les seves causes, són emergents. Un cop recontextualitzat, l'ordinador esdevé instrumental per a la propagació de *memes*, cosa que modifica les conductes i continua influint en la cultura contemporània.

Això queda exemplificat en el nostre projecte de residència per a un dissenyador de modes, *Variations*, en què conceptualitzem un apropament que afilià localment el lloc, l'organització, el programa, l'espai i els reptes materials. [fig.12] La forma del projecte sorgí de consideracions espacials que influïren en totes les escales del desenvolupa-

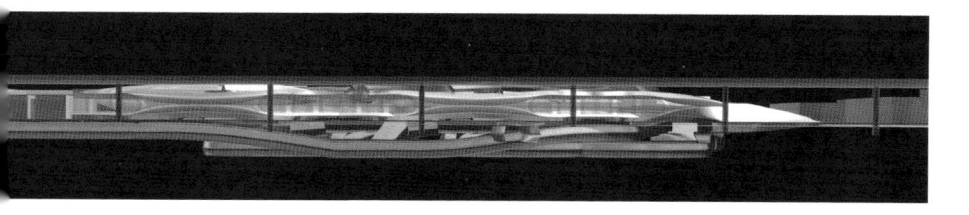

IAN+
Earthscapes

(VIRILIO REMIX)

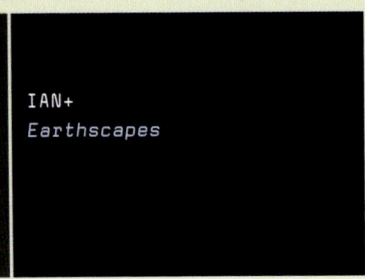

[IAN+ / *Earthscapes*]

through the study of the site in addition to the intensive event schedule necessary to be contained within the landscape and inhabitation of the project. These ranged from being a primary residence in addition to launching specific lines of clothing privately and publicly. We used animation techniques that to study the relationship of the scale and intensity of event and their correspondences with the temporal cycles of the site. Specifically, we used inverse kinematics, which coded events as a field condition, with equal capacity to react to particular site cycles measured by their intensity, duration and frequency. [fig.13] These relationships were deterritorialized through the use of vectorial and gradient force fields responding to different degrees of environmental specificity. For example an existing well on the site was coded with a continuous pointal force which acted on the field condition, and subsequently reacted to the continuous vector of force exerted on it. This provided unlimited potential in the system which grew in complexity, evolved and formed mutual associations between site stimuli and event. These pointed towards future possibilities, and were guided and shaped to form tendencies through an iterative process.

The actualization process involved applying these tendencies to multiplicities in event intensity and duration, producing a variety of performative effects. A system of differentiated channels modulating water flow was actualized to provide for drainage and irrigation during different seasons. That is, a system of troughs and channels are used to irrigate or drain the land in different seasons providing a contingency of effects according to ecological specificity. Ecologically, the effects are controlled to develop through time. For example, localized effects are produced by regulating the direction, amount, drainage and flow of water

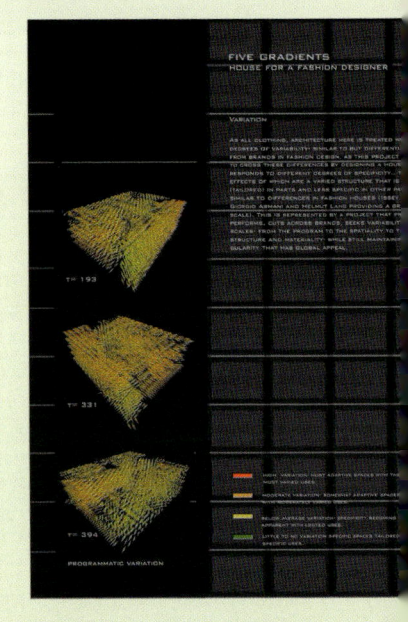

[326 / Ali Rahim / Cultural proliferation]

PERSPECTIVE VIEW

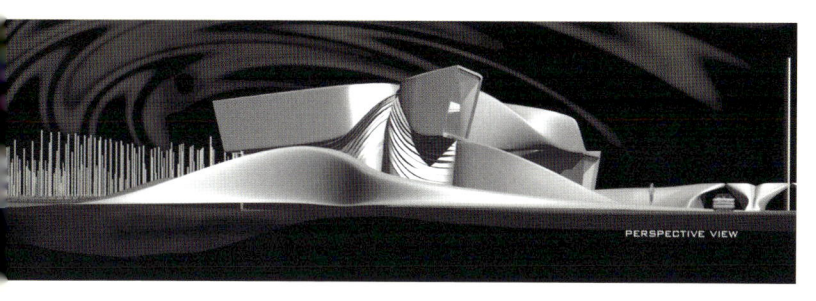

ment. Es desenvolupà a través de l'estudi del lloc, junt amb el llançament de línies de roba específiques de forma pública i privada. Vàrem utilitzar les tècniques d'animació per tal d'estudiar la relació de l'escala i de la intensitat del succés i les seves correspondències amb els cicles temporals del lloc. Específicament, utilitzàrem cinemàtica invertida, que codificà successos com una condició de camp amb la mateixa capacitat per a reaccionar als cicles particulars del lloc mesurats segons la seva intensitat, duració i freqüència. [fig.13] Aquestes relacions es desterritorialitzaren gràcies a l'ús de camps de força vectorials i gradients que responien a diferents nivells d'especificitat ambiental. Per exemple, un pou existent en el lloc fou codificat amb una força dirigida contínua que actuà en la condició del camp, i subseqüentment, reaccionà al vector continu de força exercida sobre ell. Això va proporcionar un potencial il·limitat al sistema que va créixer en complexitat, va evolucionar i va formar associacions mútues entre els estímuls del lloc i el succés. Assenyalaren futures possibilitats i foren guiades i modelades per tal de crear tendències a través d'un procés iteratiu.

El procés d'actualització implica l'aplicació d'aquestes tendències a la multiplicitat en la intensitat i duració del succés, produint una varietat d'efectes performatius. S'actualitzà un sistema de canals diferenciats per modular el flux d'aigua i proporcionar drenatge i irrigació durant les diferents estacions. O sigui, un sistema de desguassos i canals utilitzats per irrigar o drenar la terra en diferents estacions, que prové d'una contingència d'efectes d'acord amb l'especificitat ecològica. D'una manera ecològica, els efectes es controlen per a desenvolupar-se a través del temps. Per exemple, es produeixen efectes localitzats mitjançant la regulació de la direcció, la quantitat, el drenatge i el flux de l'aigua en el sistema en qualsevol moment. D'aquesta forma, es controla

f space-times, we will find oursel that dancers, theatrical peop   And architects.

[IAN+ / Earthscapes]

within the system at any given time. This controls not only the scale and type of vegetation, but also the activities surrounding these systems. Water is collected or released according to differing levels of saturation. A pool for swimming in summer becomes a retention pond in winter. [fig.14] This provides for a matrix of possibilities contained in a flexible yet specific organization of water channels. These channels combine to form an emergent organization of water flow that produces programmatic, material and ecological effects that influence behaviors.

At the scale of habitation we see a continuity with the landscape where the actualized organizational process has no bounded limits — figure or ground, building or landscape, inside or outside, public or private — but provides a continuous interchange or gradient between the two extremes. [fig.15] This allows for the maximum variety of effective scenarios to occur which merge programmatic events. The provision of different alternative scales of circulation routes through the organization are used and activated at different times during the day, week and year, producing markedly different effects. For example, the main circulation route provides for multiple event intensities to occur, while the short cuts of secondary and tertiary scale provide for connections collapsing two simultaneous events. [fig.16] This continuous differentiation of porosity determines various performative effects at different times during the project. For example if two events of the same intensity simultaneously occur, i.e. dining on the first and second level, they are joined by the secondary or tertiary scales of circulation, merging with each other. If they are two separate events with different intensities, for example sleeping and entertaining, they spawn additional unforeseen events. [fig.17]

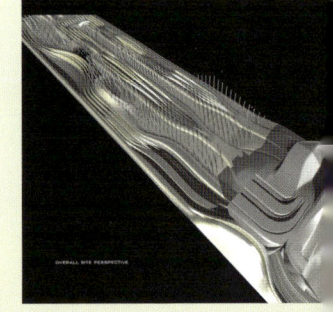

Spaces are arranged by a more detailed set of performative possibilities. One location may provide for clustering and accumulative behavior, while another allows for ease of dispersion and continuity of space. For example while entertaining one is able to flow from one space to another seamlessly. [fig.18] In other instances the

E(arth)SCAPES
an experiment

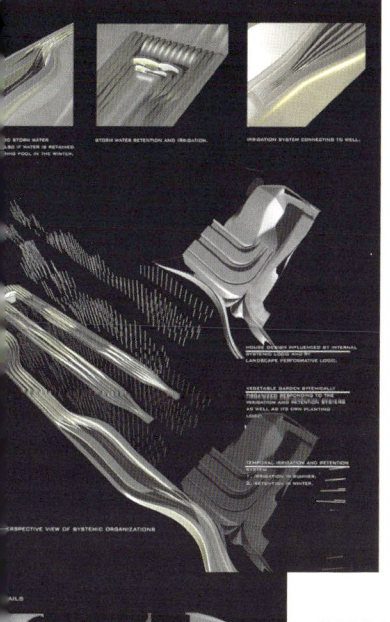

no sols l'escala i el tipus de vegetació, sinó també les activitats que envolten aquests sistemes. L'aigua s'allibera o es recol·lecta d'acord amb els diferents nivells de saturació. Una piscina per a nedar aquest estiu es converteix en un estanc de retenció durant l'hivern. [fig.14] S'obté d'aquesta forma una matriu de possibilitats contingudes en una organització flexible però específica dels canals d'aigua. Aquests canals es combinen per a formar una organització emergent de flux d'aigua que produeix efectes programàtics, materials i ecològics que influencien els comportaments.

En el camp de l'habitatge veiem una continuïtat amb el paisatge, on el procés organitzacional actualitzat no té límits fixos —figura o base, edifici o paisatge, a dins o a fora, públic o privat—, però prové d'un intercanvi continu o de gradient entre els dos extrems. [fig.15] Això permet l'ocurrència d'una varietat màxima d'escenaris efectius, que es fusionen amb successos programàtics. Les diferents escales alternatives de rutes de circulació a través de l'organització s'utilitzen i s'activen en diferents moments del dia, de la setmana o de l'any, produint efectes característicament diferents. [fig.16] Aquesta diferenciació contínua de porositat determina diversos efectes performatius en diferents moments durant el projecte. Per exemple, si dos successos de la mateixa intensitat ocorren simultàniament, com pot ser un sopar en el primer i el segon nivell, se'ls uneixen escales de circulació secundàries o terciàries, fonent-se les unes amb les altres. Si hi ha dos successos separats de diferent intensitat, com ara dormir i lleure, produeixen successos imprevistos addicionals. [fig.17] Els espais s'organitzen mitjançant un conjunt de possibilitats performatives més detallades. Una locació pot proporcionar

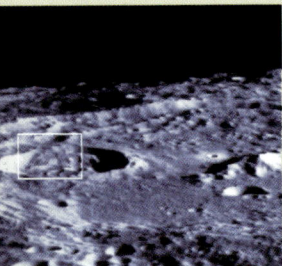

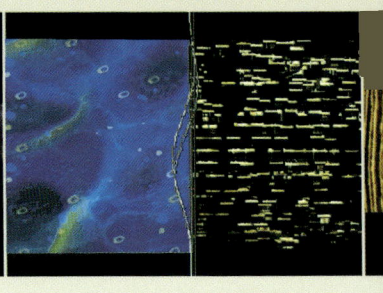

[IAN+ / Earthscapes]

"can see others as if for the first time"

space acts as a resistance to disrupt the flow. This disruption causes unforeseen situations to occur. In addition, spaces are modulated by transformation of surface specificity which allows for various functions: sitting, eating, sleeping, bathing. For example, seating, which may also be used for sleeping transforms into leaning spaces, which can become areas for social interaction. [fig.19] This gives the opportunity for that particular use, or be re-appropriated for various uses in various combinations.

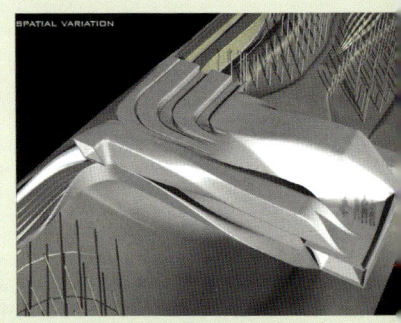

Within system, surface and space, material is modulated at the molecular level and at the scale of enclosure. At the molecular level, continuous variation is possible within non-isotropic (composite) materials; densities or porosities provide a range of gradient effects. [fig.20] The threshold of the line is moved to a gradient so that opaque, translucent and transparent effects can occur in one surface in continuous variation. This re-articulates the intention to conflate the internal spatial effects while simultaneously producing aesthetic effects of various transparencies and colors. At the scale of enclosure one can vary the thickness of the surface dependent on its own material logic for strength and for levels of opacity. [fig.21] By twisting the material one is able to produce a range of lighting effects. [fig.22]

The emerged organization is made of an aluminum structure, which clad with composite materials that range from opaque to transparent in appearance. [fig.23] This relies on the technological

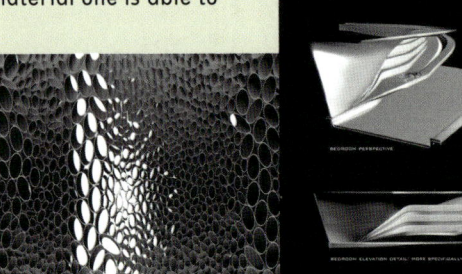

[330 / Ali Rahim / Cultural proliferation]

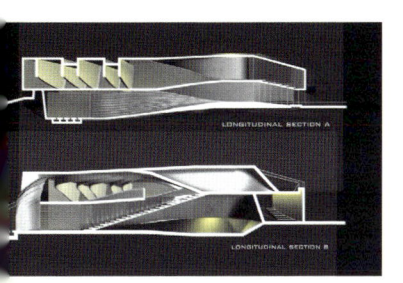

un comportament d'acumulació i d'apinyament, mentre que una altra permet la dispersió i la continuïtat en l'espai. Per exemple, quan ens entretenim som capaços de fluir d'un espai a l'altre de manera ininterrompuda. [fig.18] En d'altres circumstàncies, l'espai actua com una resistència per trencar el flux. Aquesta disrupció fa que es produeixin situacions no previstes. A més, els espais es modulen per la transformació de l'especificitat de la superfície que possibilita diverses funcions: asseure's, menjar, dormir, banyar-se. Els seients, per exemple, que també es poden emprar per dormir, es transformen en espais per estirar-se, que es poden convertir en àrees per a la interacció social. [fig.19] Això possibilita l'ús particular o la reapropiació per a diversos usos en diferents combinacions. En el sistema, en la superfície i en l'espai, el material es modula a nivell molecular i a escala del recinte. En el nivell molecular, és possible la variació contínua en els materials no-isotròpics (compostos), les densitats o porositats proporcionen un rang d'efectes gradients. [fig.20] El llindar de la línia es mou a un gradient, raó per la qual els efectes opacs, translúcids i transparents poden esdevenir en una superfície amb variació contínua. Això rearticula la intenció de fondre els efectes espacials interns mentre que, simultàniament, produeix efectes estètics de transparències i colors variats. A escala del recinte es pot variar la grossària de la superfície depenent de la seva pròpia lògica material per a la força i els nivells d'opacitat. [fig.21] En rotar el material es pot produir un rang d'efectes d'il·luminació. [fig.22]

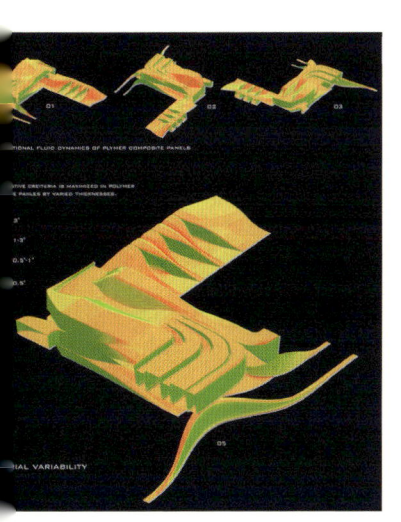

L'organització resultant es fa en una estructura d'alumini, que es cobreix de materials compostos que van des de l'aparença opaca a la transparent. [fig.23] Es recolza en la capacitat de manufacturació tecnològica i material de la proliferació cultural contemporània

[331 / Ali Rahim / La proliferació cultural]

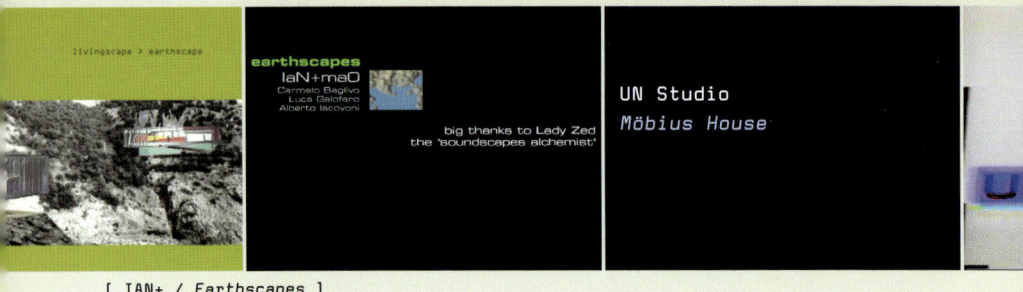

[IAN+ / Earthscapes]

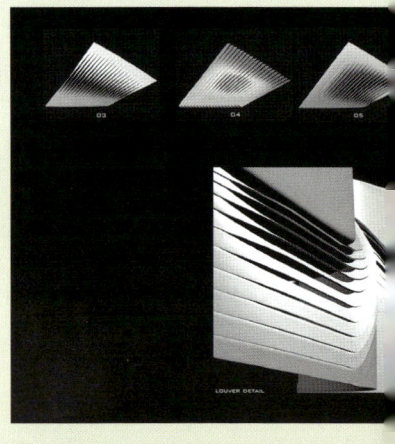

and material manufacturing capability of contemporary cultural proliferation used by the aeronautics industry currently, which has been re-contextualized to produce new architectural effects. The structure develops through the process simultaneously with its material counterpart, and affiliates itself with varying levels of porosity. This aligns different densities of structure with different intensities of program. In the process, the structure is decoded and freed from dependency on pointal load transference to one determined by difference in load bearing pressures. It provides for an open organization which is specific while simultaneously producing another layer of ambient effects. This potential, when combined with differing densities of composite material panels, provides for a series of emergent lighting effects. This spatio-temporal organization is performative, and seeks variability at all scales — within program, space, structure and material. Material processes, however abstract, depend on a linear correspondence between concept, form and representation. Continuing the tradition of architecture's relationship to signification and form binds architecture to exhausted rules and potential. The determinate nature of these approaches uses time in its quantitative manner and has carried architectural processes and their resultant static forms producing pre-determined effects as far as they could only to fall short of participating in the dynamic changes continually occurring in contemporary culture. We need to shift this ineffectual model to one that corresponds to cultural evolution where time is qualitative, and consists of duration. This process sheds the burden of causality by using generative machinic processes of cultural proliferation as a model and removes linear correspondences from concepts to form. Within this temporal animation objective reality shifts to a potential world of possibility that limits and controls specific combinations of techniques. This meets the quantitative subjective experiential world by shaping

utilitzada per la indústria aeronàutica actual, que ha estat recontextualitzada per tal de produir nous efectes arquitectònics. L'estructura es desenvolupa a través del procés junt amb la seva contrapart material, i s'afilia amb els nivells variables de porositat. D'aquesta forma, s'alineen diferents densitats d'estructura amb diferents intensitats de programa. En el procés, l'estructura és descodificada i alliberada de la dependència de la transferència de càrrega puntual en una altra determinada per la diferència en la càrrega que suporta pressions. Això proporciona una organització oberta que és específica, mentre que simultàniament produeix una altra capa d'efectes ambientals. Aquest potencial, quan se'l combina amb densitats diferents de panells de material compost, proporciona un seguit d'efectes lumínics emergents. L'organització espaciotemporal és performativa i cerca la variabilitat en totes les escales, en el programa, en l'espai, en l'estructura i en el material.

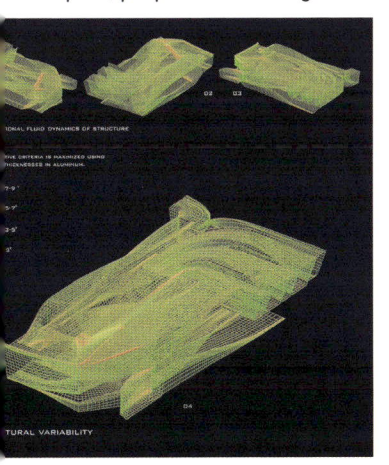

Els processos materials, sense importar el seu grau d'abstracció, depenen d'una correspondència lineal entre el concepte, la forma i la representació. Continuar amb la tradició de la relació arquitectònica amb la significació i la forma embranca l'arquitectura a regles i potencials caducs. La naturalesa determinada d'aquests apropaments utilitza el temps en la seva forma quantitativa i ha portat tan lluny com ha estat possible els processos arquitectònics i les seves formes estàtiques resultants per produir efectes predeterminats, però només per no aconseguir la participació en els canvis dinàmics que ocorren contínuament en la cultura contemporània. Necessitem canviar aquest model inoperant per un altre que correspongui amb l'evolució cultural, en què el temps és qualitatiu i format de duració. Aquest procés es desembarassa de la càrrega de la causalitat usant processos maquínics generatius de proliferació cultural com a model i remou les correspondències lineals dels conceptes amb la forma. En aquesta animació temporal, la realitat objectiva canvia per arribar a ser un món potencial de possibilitats que limita i controla les combinacions específiques de les tècniques. Troba el món experimental quantitatiu sub-

[UN Studio / Möbius House]

a dynamic spatio-temporal organization that produces emergent behavioral effects that influences culture.
These contemporary techniques develop a new sensibility, one of geometric ambiguity, new composite forms and new ways of occupation in space. This spatio-temporal organization guides the subjects experience with mixtures of different programs creating new events, differentiated spaces and composite materials to organize experiences that effect the subject. This organization influences the behaviour patterns of the subject qualitatively resulting in the transformation of culture altering cultural development, and re-formulates consequent effects to produce new techniques. A.R.

NOTES

1 — Larry A. Hickman, Philosophical Tools for Technological culture. Putting Pragmatism to work. Indiana University Press, 2001, Bloomington, Indiana.

2 — Andrew Feenberg describes how the invariant elements of the constitution of the technical subject and object are modified, socially-specific contextualising variables, in the course of the realisation of concrete technical actors, devices and systems. Thus technologies are not merely efficient devices, or efficiency- oriented practices, but include contexts as these are embodied in design and social insertion.
Putting Pragmatism to work, Questioning Technology. Andrew Feenberg, Routledge, London and New York, 1999.

3 — A lineage is the evolutionary path demarcated by a single or combination of cultural entities, through time, as the result of replication.

4 — Gould, Stephen Jay, *Bully for Brontosaurus*, p. 65, Norton, New York, 1991

5 — Kant's transcendental synthesis of intuition and concept, responding to the empiricism of Locke and rationalism of Leibniz, claims that knowledge results from the organization of perceptual data on the basis of a priori cognitive structures, which he calls categories, or pure concepts of the understanding. These structures act as rules by which our (ideas) sense impressions come to constitute our experiences. In other words, the categories govern and shape our understanding of the experience of objects in space and time. e.g. cause/ effect.
"As far as time is concerned, then, no cognition in us precedes experience, and with experience every cognition begins...But although all our cognition commences with experience, yet it does not on that account all arise from experience."

[334 / Ali Rahim / Cultural proliferation]

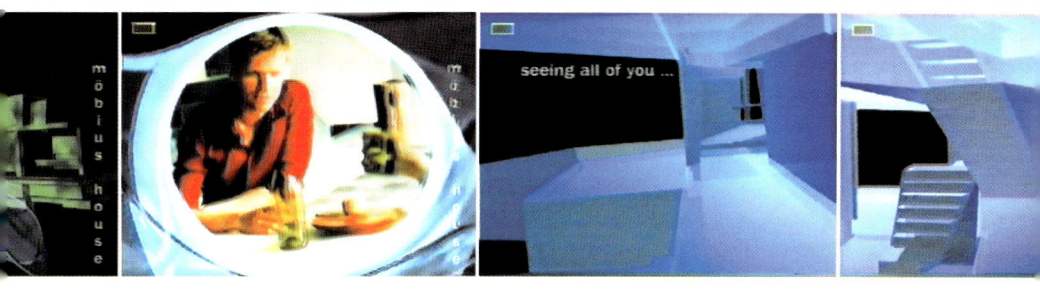

jectiu a través del modelatge d'una organització espaciotemporal que genera efectes conductals emergents que influeixen en la cultura.

Aquestes tècniques contemporànies desenvolupen una nova sensibilitat d'ambigüitat geomètrica, unes noves formes compostes i uns nous modes d'ocupació de l'espai. L'organització espaciotemporal guia l'experiència del subjecte gràcies a les barreges de diferents programes que creen nous efectes, espais diferenciats i materials compostos per organitzar les experiències que l'afecten. L'organització influeix qualitativament en els patrons de comportament del subjecte, incidint en la transformació de la cultura i en l'alteració del desenvolupament cultural, i reformulant els efectes conseqüents per tal de produir noves tècniques. A.R.

NOTES

1 — Larry A. Hickman, *Philosophical Tools for Technological culture. Putting Pragmatism to work*. Indiana University Press, 2001, Bloomington, Indiana.

2 — Andrew Feenberg descriu la manera en què els elements invariables de la constitució del subjecte i de l'objecte tecnològics es modifiquen, contextualitzant variants socialment específiques, en el transcurs de la comprensió dels actors tècnics concrets, dels sistemes i dels dispositius. Així, les tecnologies no són simples recursos eficients, o pràctiques orientades vers l'eficiència, sinó que inclouen contextos corporitzats en el disseny i en la inserció social. *Putting Pragmatism to work, Questioning Technology*, Andrew Feenberg, Routledge, Londres i Nova York, 1999.

3 — Un llinatge és un camí evolutiu demarcat per entitats culturals soles o en combinació, a través del temps i com a resultat de la replicació.

4 — Gould, Stephen Jay, *Bully for Brontosauros*, pàg. 65, Norton, Nova York, 1991.

5 — La síntesi transcendental de Kant quant a la intuïció i el concepte, com a resposta a l'empirisme de Locke i al racionalisme de Leibniz, deia que el coneixement prové de l'organització de la informació perceptible sobre la base d'estructures cognitives prèvies, que ell anomenava categories, o conceptes purs d'enteniment. Aquestes estructures actuen com unes regles a través de les quals les nostres (idees) detecten les impressions que constitueixen les nostres experiències. En d'altres paraules, les categories governen i donen forma al nostre enteniment de l'experiència dels objectes, en el temps i en l'espai; per exemple, la causa/efecte. "Pel que fa al temps, no hi ha cognició en nosaltres que precedeixi l'experiència, i amb l'experiència comença cada cognició... Però, per bé que tota la nostra cognició comenci amb l'experiència, no ens adonem que tot sorgeix de l'experiència". Qualsevol canvi i adaptació en què encorrem pel món, s'ubicaria en l'estructura de categories. És important d'entendre, tanmateix, que les categories i intuïcions romanen estàtiques. Ja que tots

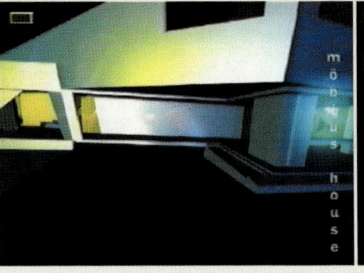

[UN Studio / Möbius House]

Any changes and adaptations within us incurred by the world would take place within the structure of the categories. It is important to understand, however, that the categories and intuitions remain static. Since all human beings share the same categories, this model of representing the world and our reception of it is determinate and absolute. In other words, our concepts create not only a coherence to one other, they cooperate in constructing a corresponding reality. It is simply the case where one is the product of the other, the casting and the mold. A familiar condition that placed a dominant hold on the entire mode of spatial and material thinking. See Immanuel Kant, *The Critique of Pure Reason*, trans., and ed., Paul Guyer and Allen W. Wood (Cambridge University Press, Cambridge, 1998) p. 136.

In contrast, constructivism assumes that all knowledge is formed without a mold via the process of learning. Nothing is given, neither empirical data, nor a priori categories. Understanding is accretive. The role of cognition is adaptive and serves our organization of the experiential world. This model is based on fluctuating adaptations and transformations occurring within its system, but not limited to it. Constructivism utilizes the concept of an epistemological evolution, the notion that the development of knowledge is an ongoing process. Our experiences build upon each other and consolidated together a heterogeneous body of knowledge. This provides for us a framework for inference and adaptation to changing conditions in our environment. The determination of our understanding is based, then, upon the indeterminacy of our experiences, and not the other way around. In this manner the constructed framework maintains unity, while being able to transform and mutate according to new conditions. The constructivist analysis provides contemporary processes with an opportunity to develop creatively within a mode of abstraction. See Humberto Maturana and Francisco Varela, *Autopoiesis and Cognition: The Realization of the Living*, Boston Studies in the Philosophy of Science [Cohen, Robert S., and Marx W. Wartofsky(eds.)], Vol.42, Dordecht (Holland): (D. Reidel Publishing Co., 1980)

6 — Henri Bergson, *The Creative Mind*, trans., Mabelle L. Andison (Philosophical Library, NY, 1946) p. 197.

7 — Roger Caillois, *The Necessity of the Mind* (The Lapis Press, Venice, CA, 1990) p. 91.

8 — For further reading of collage processes see Jeffrey Kipnis' article Towards a New Architecture in *AD Profile* no. 102, Folding in Architecture (Academy Group Ltd, Cambridge, 1993). Here Kipnis posits that "The exhaustion of collage derives from the conclusion that the desire to engender a broadly empowering political space in respect of diversity and difference cannot be accomplished by a detailed cataloguing and specific enfranchisement of each of the species of differentiation that operate within a space (p. 42)". He further explains "Collage is used here as a convenient, if coarse umbrella term for an entire constellation of practices, e.g. bricolage, assemblage and a history of collage with many important distinctions and developments (p. 48)".

9 — See note n. 5

10 — See Bergson, Henri, *Creative Evolution*, p. 5-6, Henry Holt and Co., New York, 1911.

[336 / Ali Rahim / Cultural proliferation]

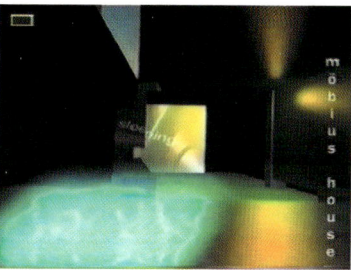

els éssers humans compartim les mateixes categories, aquest model de representació del món i la recepció que cadascú té d'ell, és determinant i absoluta. Dit d'una altra manera, els nostres conceptes creen no solament una coherència entre ells, sinó que cooperen en la construcció d'una realitat corresponent. Simplement, ocorre que un és producte de l'altre, el motlle i la peça fosa. Una condició familiar que situa el punt de suport dominant en el mode de pensament espacial i material en la seva totalitat. Veure Immanuel Kant, *The Critique of Pure Reason*, trad. i ed. per Paul Guyer i Allen W. Wood (Cambridge University Press, Cambridge, 1998), pàg.136.

En contrapartida, el constructivisme assumeix que tot el coneixement es forma sense motlles, a través del procés d'aprenentatge. Res no és donat, ni la informació empírica ni les categories a priori. L'enteniment és acumulatiu. El paper de la cognició és adaptable i serveix a la nostra organització del món experiencial. Aquest model es basa en les adaptacions fluctuants i en les transformacions que tenen lloc en el seu sistema, però no es limiten a ell. El constructivisme utilitza el concepte d'evolució epistemològica, la noció que el desenvolupament del coneixement és un procés en curs. Les nostres experiències són construïdes una sobre l'altra i consolidades com un cos heterogeni de coneixement. Això ens proporciona una estructura per a inferir i adaptar-nos a les condicions canviants del nostre ambient. La determinació del nostre enteniment es basa, així doncs, en la indeterminació de les nostres experiències, i no pas al revés. D'aquesta manera, l'estructura construïda manté la seva unitat, mentre és capaç de transformar-se i de trasmudar-se d'acord amb les noves condicions. L'anàlisi constructivista proporciona als processos contemporanis l'ocasió de desenvolupar-se creativament en un mode d'abstracció. Veure Humberto Maturana i Francisco Varela, *Autopoiesis and Congnition: The Realization of the Living*, Boston Studies in the Philosophy of Science [Cohen, Robert S. i Marx W. Wartofsky (eds.)], vol. 42, Dordecht (Holland): (D. Reidel Publishing Co., 1980).

6 — Henri Bergson, *The Creative Mind*, Mabelle L. Andison trad. (Philosophical Library, Nova York, 1946), pàg.197.

7 — Roger Caillois, *The Necessity of the Mind* (The Lapis Press, Vence, CA, 1990) pàg.91.

8 — Per una lectura més àmplia sobre els processos de collage, veure l'article de Jeffrey Kipnis "Towards a New Architecture", en *AD Profile* núm.102, Holding in Architecture (Academy Group Ltd. Cambridge, 1993). Allí Kipnis postula que "l'esgotament del collage deriva de la conclusió que no es pot fer realitat el desig d'engendrar un espai polític més gran i amb més poder en relació a la diversitat i a la diferència a través de la catalogació detallada i de l'alliberació de cadascuna de les espècies de diferenciació que operen en l'espai (pàg.42)". I afegeix, "el collage s'utilitza aquí com un terme paraigua convenient i vulgar que engloba una constel·lació sencera de pràctiques, com ara el bricolatge, l'assemblatge i la història del collage amb nombroses distincions i desenvolupaments importants (pàg.48)".

9 — Veure nota 5.

10 — Veure Bergson, Henri, *Creative Evolution*, pàg. 5-6, Henry Holt and Co., Nova York, 1911.

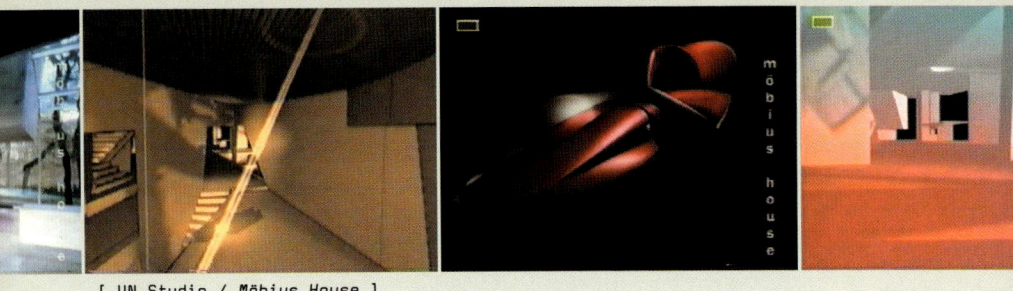

[UN Studio / Möbius House]

11 — Lines of external observations and internal experience can be seen as the convergence of lines of both objectivity and of reality. Each line defines a qualitatitve probabilism, and in their convergence they define a superior probabilism that is capable of solving problems and bringing the condition back to the real or concrete. See Bergson, Henri, *Mind-Energy*, p. 6-7, Henry Holt and Co., New York, 1920.

12 — Bergson, Henri, *The Creative Mind*, An Introduction to Metaphysics, p.21, Philosophical Library, New York, 1946.

13 — For more specific discussion on this double articulation, refer to my article Machinic Phylum: Single and Double Articulation, p.62-69, *Contemporary Processes in Architecture*, Ed. Ali Rahim, John Wiley and Sons, 2000, UK.

14 — In a dynamic system such as that of an oscillation between two trajectories, we generally find a mixture of states that makes the transition to a single point ambiguous. Dynamic systems are unstable and all regions of such systems, no matter how small, will always contain states belonging to each of the two types of trajectories. A trajectory, then, becomes unobservable, and we can only predict the statistical future of such a system. See Ilya Prigogine, and Isabelle Stengers, p. 264, *Order Out of Chaos: Man's New Dialogue with Nature*, Bantam Books, Inc., 1984.

15 — Gilles Deleuze specifically says 'It is no longer a question of imposing a form upon a matter but of elaborating an increasingly rich [and consistent] material…. What makes a material increasingly rich is the same as what holds heterogeneities together without their ceasing to be heterogeneous.' *1000 Plateaus, Capitalism and Schizophrenia*, p.514, Gilles Deleuze and Felix Guattari, University of Minnesota Press, 1980.

16 — According to the Second Law of Thermodynamics, all natural systems degenerate when left to themselves and have a tendency toward entropy. Time here, is a directional continuum and cannot be reversed. This is exemplified in meteorological situations such as the development of clouds before a thunderstorm. See Weiner, Norbert, *Newtonian and Bergsonian Time, Cybernetics: Control and Communication in the Animal and Machine*, p. 32, MIT Press, 1948.

17 — Instants themselves have no duration. The state of an artificial system depends on what it was at the moment immediately before. See Henri Bergson, *Creative Evolution*, p. 21-22, Henry Holt and Co., 1911.

18 — Taking the idea from French philosopher Henri Bergson who, at the turn of the century, wrote a series of texts where he criticized the inability of the science of his time to think the new, the truly novel. The first obstacle was, according to Bergson, a mechanical and linear view of causality and the rigid determinism that it implied. Clearly, if all the future is already given in the past, if the future is merely that modality of time where previously determined possibilities become realized, then true innovation is impossible.

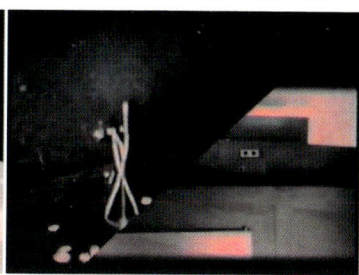

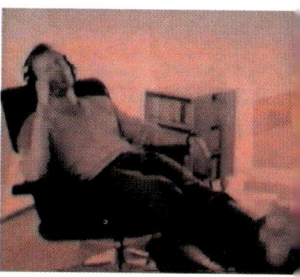

11 — Les línies d'observacions externes i l'experiència interna es poden veure com la convergència de línies de l'objectivitat i de la realitat. Cada línia defineix un probabilisme qualitatiu i en la seva convergència defineixen un probabilisme superior que és capaç de resoldre problemes i de retrotraure la condició d'allò real o concret. Veure Bergson Henri, *Mind-Energy*. pàgs.6-7, Henry Holt and Co., Nova York, 1920.

12 — Bergson, Henri, *The Creative Mind, An Introduction to Metaphysics*. pàg.21, Philosophical Library, Nova York, 1946.

13 — Per una discussió més específica sobre aquesta doble articulació, veure el meu article "Machinic Phylum: Single and Double Articulation", pàgs.62-69, *Contemporary Processes in Architecture*, Ali Rahim ed., John Wiley and Sons, 2000, RU.

14 — En un sistema dinàmic com el d'una oscil·lació entre dues trajectòries, trobem generalment una barreja d'estats que fa que la transició envers un punt únic sigui ambigua. Els sistemes dinàmics són inestables i totes les regions d'aquests sistemes, per molt petites que siguin, contindran sempre estats que pertanyen a algun d'aquests dos tipus de trajectòria. Així doncs, una trajectòria es torna inobservable, i d'aquest sistema, només en podem predir el futur estadístic. Veure Ilya Prigogine i Isabelle Stengers, pàg.264, *Order Out of Chaos: Man's New Dialogue with Nature*, Bantam Books, Inc., 1984.

15 — Gilles Deleuze diu específicament "Ja no és una qüestió d'imposar una forma a la matèria, sinó d'elaborar un material cada vegada més ric [i consistent]... Allò que fa més ric un material és la mateixa cosa que manté les heterogeneïtats juntes sense que deixin de ser heterogènies", *A Thouthand Plateaus, Capitalism and Schizophrenia*, pàg.514, Gilles Deleuze i Felix Guattari, University of Minnesota press, 1980.

16 — D'acord amb la Segona Llei de la Termodinàmica, tots els sistemes naturals es degeneren quan se'ls deixa lliurats a la seva sort i tenen una tendència envers l'entropia. El temps és un continuum direccional i no por ser revertit. Això es mostra en les situacions meteorològiques com ara el desenvolupament dels núvols abans d'una tempesta. Veure Weiner, Norbert, *Newtonian and Bergsonian Time, Cybernetics: Control and Communication in the Animal and Machine*, pàg.32, MIT Press, 1948.

17 — Els instants en si mateixos no tenen duració. L'estat d'un sistema artificial depèn d'allò que era en el moment immediatament anterior. Veure Henri Bergson, *Creative Evolution*, pàgs.21-22, Henry Holt and Co., 1911.

18 — La idea prové del filòsof francès Henri Bergson el qual, a principis de segle, va escriure un seguit de textos en els quals criticava la inhabilitat de la ciència de la seva època de pensar en una novel·la nova i vertadera. El primer obstacle el constituïa, d'acord amb Bergson, una visió mecànica i lineal de la causalitat i el determinisme rígid que implicava. Certament, si tot el futur ja és donat en el passat, si el futur és simplement aquesta modalitat de temps en què les possibilitats prèviament determinades es tornen realitat, llavors la vertadera innovació és impossible.

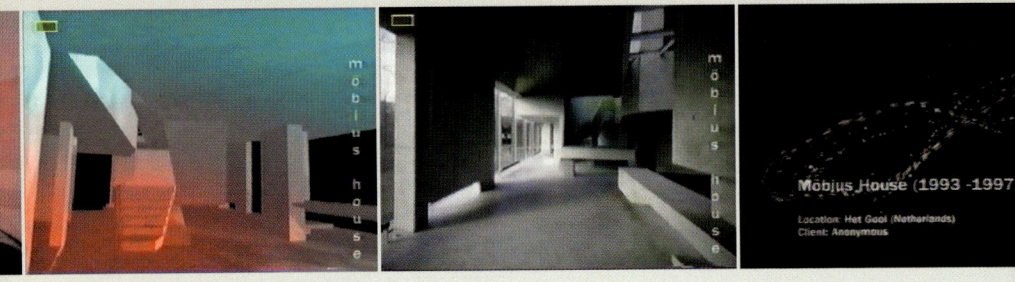

[UN Studio / Möbius House]

19 — *Difference and Repetition, (European Perspectives: A Series in Social Thought and Cultural Criticism*, by Gilles Deleuze, Paul Patton, Columbia University Press, New York, 1994.

20 — Adolf North Whitehead argues that there are different stages in the act of becoming conscious of potential- and that we cannot pin-point the actual instance, as temporal increments are able to be subdivided and is dependent upon earlier and later moments to make up this act. As duration is not reducible to points or instants, we are unable to pinpoint this act.

21 — What makes a form machinic is when it intermingles with subjective time of bodies in society. Gilles Deleuze and Felix Guattari explain it as "attractions and repulsions, sympathies and antipathies, alterations, amalgamations, penetrations and expansions that effect all bodies and their relation to each other'. Gilles Deleuze and Felix Guattari, *1000 Plateaus, Schizophrenia and Capitalism*, p.90, University of Minnesota Press, 1980.

19 — Gilles Deleuze, *Difference and Repetion*. (*European Perspectives: A Series in Social Thought and Cultural Criticism*). Paul Patton (trad.). Columbia University Press. Nova York. 1994.
20 — Adolf North Whitehead argumenta que hi ha diferents nivells en l'acte de prendre consciència del potencial, i que no podem identificar la instància real ja que els increments temporals són susceptibles de ser subdividits, i és dependent de moments més primerencs o tardans per a inventar aquest acte. Atès que la duració no és reductible a punts o a instants, no som capaços de precisar aquest acte.
21 — Allò que fa maquínica una forma és quan aquesta es barreja amb el temps subjectiu dels cossos en la societat. Gilles Deleuze i Felix Guattari ho expliquen com "atraccions i repulsions, simpaties i antipaties, alteracions, amalgames, penetracions i expansions que afecten tots els cossos i la seva relació amb els altres". Gilles Deleuze i Felix Guattari, *A Thousand Plateaux, Schizophrenia and Capitalism*, pàg.90. University of Minnesota Press. 1980.

[Hariri & Hariri / Digital House]

Liquid stone

A text by
Mark Burry

Mark Burry is Professor of Innovation
(Spatial Information Architecture) at
RMIT University (Melbourne). Since 1979
he has been Consultant Architect to the
building of the Sagrada Família Church
in Barcelona.

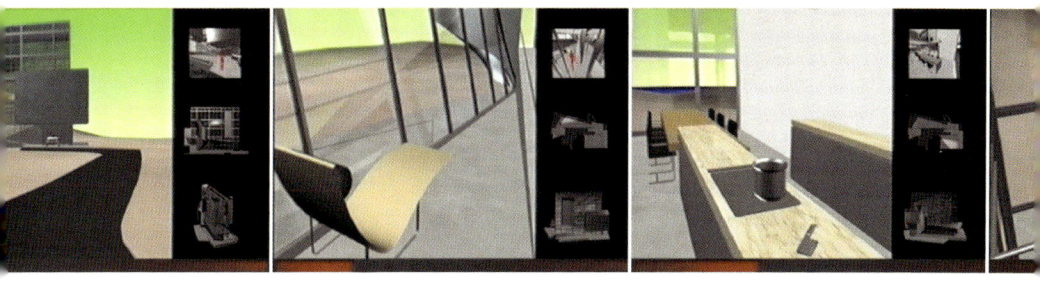

Pedra líquida

Un text de
Mark Burry

Mark Burry és Professor d'Innovació
(Spatial Information Architecture) a
RMIT University (Melbourne). Des del
1979 és Arquitecte Consultor en el
projecte de construcció de la Sagrada
Família a Barcelona.

[343]

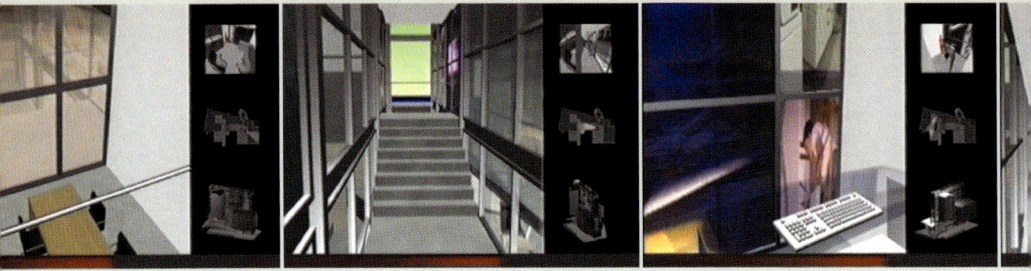

[Hariri & Hariri / *Digital House*]

Consideration of the wider gamut of possibility for architectural understanding through animation can make the typical 'fly by' and 'walk through' seem mundane. With greater commitment to the use of the myriad tools at our disposal, we can consider widening the scope of representation of architectural ideas. Buildings can be shown to be reacting to diurnal or seasonal changes in sun angle, the effects of weathering or other forces of attrition for instance, or even demonstrate palpable kinetic properties, all of which are rendered visible by the animators' craft. Further still, creative forces have been unleashed by the animator as part of the design process, work by Gregg Lynn during the mid 90s being the most conspicuous example perhaps.

In seeking to define a relationship between architecture and animation I believe that one of the more important contemporary questions is '*what innovation does animation bring to the architect's drawing board that has the potential to change the way we think and create our built environment?*'. For educators, this question needs to be considered rather carefully for any animation using the computer is liable to tie-up considerable resources. Practitioners equally are subject to the same preoccupations. As increases in computer speed are matched by a corresponding rise in skill levels emerging from the academy, these resource issues may become less crucial, perhaps, and genuine (as opposed to apparently) creative usefulness of the animating media might move to the fore, but we may not have reached that point yet. From a level of pedagogy, however, architectural animation has immediate and obvious advantages at least at a practical level. The animation of an exploded axonometric view of a building or building detail, for example, shows the student an ideal assembly of building components revealing architectural attributes with which hitherto it had been rather difficult to engage the student — both spatially and technically. Animations that reveal spatial relationships and connections are also a new and useful adjunct to the educators' palette. It is the pedagogical opportunities that I wish to focus on in this paper, and with it I should like to dispel any notion that architectural creativity sponsored by animation is uniquely attributable to the medium itself, and can be demonstrated as being embedded in the mind and not the machine. In looking at two aspects of the work of Antoni Gaudí, I will demonstrate

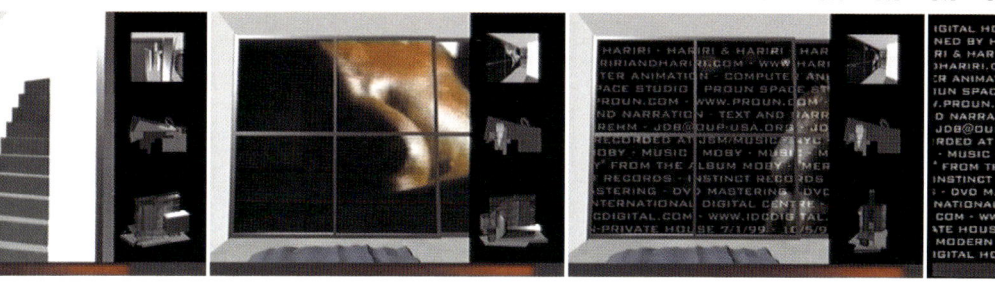

Quan considerem l'àmplia gamma de possibilitats per entendre l'arquitectura mitjançant l'animació, el típic "volar per" o "caminar a través de" poden semblar una cosa mundana. L'espectre de la representació de les idees arquitectòniques es pot ampliar amb l'ús de la munió d'eines a la nostra disposició. Per exemple, es poden mostrar edificis que reaccionen amb els canvis diürns o estacionals segons l'angle solar, amb els efectes de l'oratge o altres forces de desgast, o fins i tot es poden demostrar propietats cinètiques palpables; i tot això es pot fer visible gràcies a les arts dels animadors. Encara més, l'animador ha desenvolupat forces creatives com a part del procés de disseny, l'exemple més notable del qual potser és el treball de Greg Lynn de mitjan dècada dels noranta.

Si volem definir la relació entre l'arquitectura i l'animació, crec que una de les preguntes contemporànies més importants podia ser: *"quina innovació duu l'animació al tauler de l'arquitecte que té el potencial de canviar el mode com pensem i creem el nostre ambient constructiu?"* Els educadors necessiten considerar aquesta pregunta amb molta cura, ja que qualsevol animació que faci ús de l'ordinador és propensa a vincular recursos considerables. De la mateixa manera, els practicants estan subjectes a les mateixes preocupacions. Mentre que l'increment en la velocitat de l'ordinador és congruent amb el creixement dels nivells d'habilitat que sorgeixen de l'acadèmia, potser els temes sobre els recursos poden tornar-se menys crucials; i la utilitat creativa genuïna (com a oposat a "aparent") dels mitjans d'animació pot fer-se important, tot i que podríem no haver assolit aquest punt encara. Des d'un nivell pedagògic, però, l'animació arquitectònica té avantatges immediats i obvis, almenys en la pràctica. L'animació d'una vista axonomètrica incrementada d'un edifici o d'un detall d'edifici, per exemple, mostra a l'estudiant l'acoblament ideal dels components i li revela els atributs arquitectònics amb els quals fins ara havia estat força difícil comprometre l'estudiant, tant espacialment com tècnicament. Les animacions que revelen relacions i connexions espacials també són un complement nou i útil per a la paleta de l'educador. Vull centrar-me en aquestes oportunitats pedagògiques en aquest assaig, i amb això m'agradaria dissipar la idea que afirma que la creativitat arquitectònica basada en l'animació és solament atribuïble al mitjà en si mateix, i es pot demostrar que es troba a la ment i no pas a la màquina. A través de dos aspectes del treball d'Antoni Gaudí mostraré un ús retrospectiu de l'animació per tal de contar els secrets de la forma guardats en el medi aparentment inert de la pedra. Aquesta revelació per mitjà de l'animació demostra un nivell de crea-

Emiliano López
3G-G3

[Emiliano López / 3G-G3]

animation being used retrospectively to unlock the secrets of form encapsulated in the apparently inert medium of stone. Such revelation through animation demonstrates a level of creativity that is not contingent on the medium of animation but operates at a level that potentially trivialises much of that considered 'complex' in today's working environment. Indeed, such an examination reveals the power to liquefy stone as a metaphor for the amalgam of the virtual and real worlds, providing a rich link between Gaudí's world and ours.

GAUDÍ AND GEOMETRY

There are several distinct phases to Gaudí's career. The first is most commonly recognised as being 'historicist', the second aligned to if not actually part of *Modernisme*, and a third rather more obscure phase. Indeed, it seems that the period 1914-26 — Gaudí's concluding years, is not an especially convenient period in which to consider Gaudí himself. Apart from being a time when he withdrew from almost all secular activity eventually devoting his time exclusively to the continuation of the Sagrada Família Church, it was also a time of great cultural change from Modernisme to Noucentisme, a transistion in which he played virtually no part. Instead, his work became ever more personal, and withdrawal from normal social life into a state of personal reclusion signalled a reclusion from external architectural forces. The last part of the church to be completed under his eye was one of the distinctive campaniles for the Nativity Transept, somewhat different from the work of his Noucentiste peers. The exaggerated difference between Gaudí and his peers corresponded with either an exaggerated indifference to all that he was achieving during these final years, and in some, downright hostility. But for the existence of a highly committed group of young architect followers who made the posthumous connection between Gaudí's final thoughts and the continuation of the building work thereafter, it is highly likely that the Sagrada Família Church would have remained impossible to complete. Loss of the master architect would have been subsequently compounded by the state of the work and its description itself, sullied by the occupation of vandals during the Spanish Civil War (1936-39) a consequence of which all the

tivitat que no depèn del mitjà de l'animació sinó que actua a un nivell que potencialment trivialitza molt del que ha estat considerat "complex" en l'ambient de treball actual. En realitat, aquest examen revela el poder de fer líquida la pedra, com una metàfora de l'amalgama dels mons virtual i real, i proporciona un vincle ric entre el món de Gaudí i el nostre.

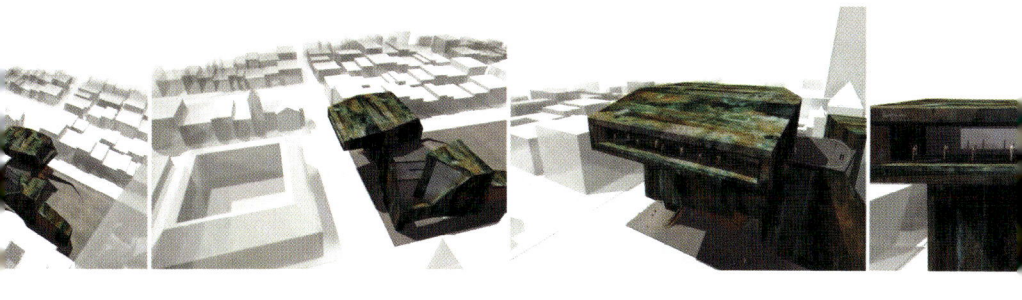

GAUDÍ I LA GEOMETRIA

Hi ha diverses fases en la carrera de Gaudí. La primera és la més comunament coneguda com a "historicista", la segona s'alinea —si no totalment, sí en part— amb el *Modernisme*, i la tercera fase és bastant més fosca. En realitat, sembla que el període 1914-1926 (els anys de conclusió de Gaudí) no és especialment un període en què convingui considerar Gaudí. A més de ser el temps en què va retirar-se de gairebé tota activitat secular, per tal de dedicar-se de forma exclusiva a la continuació de l'església de la Sagrada Família, també va ser el moment de més canvi cultural del Modernisme al Noucentisme, transició en la qual ell no va prendre a penes part. No obstant això, la seva feina va fer-se encara més personal i la seva retirada de la vida social normal cap a un estat de reclusió personal va assenyalar un tancament a les forces arquitectòniques externes. La darrera part de l'església que va ser completada sota la seva supervisió va ser un dels campanars distintius per al transsepte de la Nativitat, diferent del treball dels seus coreligionaris del Noucentisme. L'exagerada diferència entre Gaudí i els seu coreligionaris corresponia a una exagerada indiferència envers tot el que ell havia aconseguit aquells anys finals, i, en alguns casos, a una total hostilitat. Sense l'existència d'un grup altament compromès de joves arquitectes que van fer la connexió pòstuma entre els pensaments finals de Gaudí i la continuació del seu treball a partir de llavors, és ben probable que l'església de la Sagrada Família hagués estat impossible de completar. La pèrdua del mestre arquitecte hauria estat subsegüentment agreujada per l'estat del treball i la seva descripció, arruïnat per l'ocupació de vàndals durant la Guerra Civil Espanyola (1936-1939), a conseqüència de la qual totes les maquetes de guix van ser esclafades i els dibuixos cremats. El treball que es discuteix en detall més endavant és del període final de la carrera de Gaudí, que no va anar gaire més enllà de les maquetes de guix a escala 1:10 de la seva època, i que ha arribat a realitzar-se com a arquitectura construïda recentment el 1998. La part

[Emiliano López / 3G-G3]

plaster models were smashed and drawings burnt. The work that is discussed in detail below, comes from that final period of Gaudí's career, which went no further than the 1:10 scale gypsum plaster models during his time, and have only reached fruition as built architecture in 1998. The part of the design referred to here is the clerestory window (fig.1). The two aspects that we shall examine in the context of this discussion on animation and liquefied stone is firstly the composition of the clerestory window as a whole, and secondly the least conspicuous of elements, the decorative elements around the rose window itself, which we shall refer to as 'shields' (fig.2).

NAVE CLERESTORY WINDOW

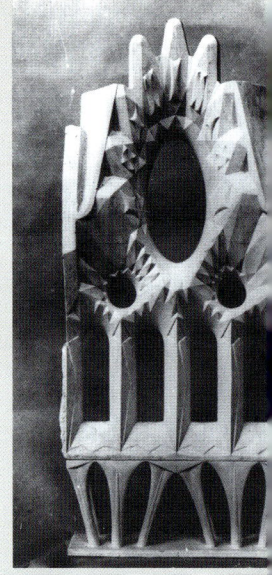

The window and its associated decorative motifs have share a geometry: they both are based on second order surfaces, also known as 'ruled surfaces'. These are shown in figures 4, 5, and 6 and are characterised as being warped surfaces described using a net of translated and rotated straight lines. Gaudí's take-up of these surfaces, especially during his final years, was highly original for a link he made between this particular geometry and its presence in natural growth. His use of these surfaces exhibits an intellectual interest that ranges between a theoretical and philosophical connection of the natural world to his architecture to a purely pragmatic motivation. More curious still than this selection from an esoteric palette of mathematically described surfaces is the way he chose to deploy them. Whereas architects lay down designs for the actual and present, in many circumstances Gaudí used a system to model what is not there, in other

del disseny a la qual ens referirem aquí és la finestra lateral superior (finestral superior de la nau central, figura 1). Els dos aspectes que examinarem en el context d'aquesta discussió sobre l'animació i la pedra liquada són, primer, la composició de la finestra lateral superior com un tot; i en segon lloc, els elements menys notables, els elements decoratius al voltant de la roseta mateixa, als quals ens referirem com a "escuts" (fig.2).

LA FINESTRA LATERAL SUPERIOR DE LA NAU

La finestra i els seus motius decoratius tenen una geometria compartida: tots dos estan basats en superfícies de segon ordre, també denominades "superfícies reglades". Les veiem a les figures 4, 5 i 6, i es caracteritzen perquè són superfícies retortes descrites mitjançant una xarxa de línies rectes girades i traslladades.

El fet que Gaudí prengués aquestes superfícies, especialment als seus darrers anys, era altament original pel vincle que havia establert entre aquesta geometria particular i la seva presència al món natural. L'ús d'aquestes superfícies exhibeix un interès intel·lectual que enclou una connexió teòrica i filosòfica del món natural i una arquitectura de motivació purament pragmàtica. Més curiosa que aquesta selecció d'una paleta esotèrica de superfícies descrites matemàticament és

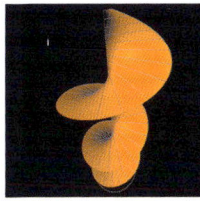

1: Maqueta 1:10 scaled gypsum plaster model superior de la nau [1:10 scaled gypsum plaster model of the clerestory window for the nave]
2: Details del lateral superior de la nau que mostra els "escuts" decoratius al voltant de la roseta el·líptica [Details of the nave clerestory showing the decorative 'shields' around the elliptical rose window]
3: Maqueta 1:25 restaurada del disseny de Gaudí per a la nau de la Sagrada Família [Restored 1:25 model of Gaudí's design for the Sagrada Família Church nave]
4: Helicoide [Helicoid]
5: Paraboloide hiperbòlic [Hyperbolic paraboloid]
6: Hiperboloide de la revolució d'una capa [Hyperboloid of revolution of one sheet]

4 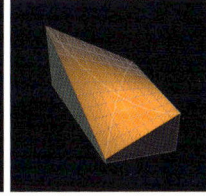   5 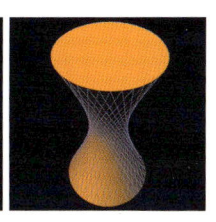   6

[349 / Mark Burry / Pedra líquida]

[Emiliano López / 3G-G3]

7   8   9

words the absent, rather than literally represent form — a subtractive rather than an additive process. An example is a ball versus socket in a ball and socket joint. To model the ball digitally we would probably use a spherical solid. The concomitant socket would probably be modelled as a solid from which a sphere has been removed through Boolean subtraction. Left with just the socket, the spherical progenitor thus removed, we can describe the socket as part of an architecture of *real absence*, that is, an architecture that consequentially arises from a series of manoeuvres, the results of which are the traces of actions rather than being residual form-making based on a series of additions. This becomes clear when we consider the methodology of production described in detail below. Figures 7-12 show a series of operations in which gypsum plaster model of the upper lateral nave window made by hand. The model is at a scale of 1:10, and although made in this case in 1992, it nevertheless reflects Gaudí's design process. The first step is to rotate a hyperbola made as a 2D zinc template around a mound of setting plaster. In twenty minutes the plaster, which is setting solid as the operation proceeds, forms the lower half of a hyperboloid of revolution (fig.6). This, in turn, is used as a master mould to produce several negative copies (figs.8-10). Each of these copies is the consequence of the modelling, not the modelling itself: they reflect the model making but have not been made as models themselves — they are the equivalent of the socket in the ball and socket arrangement referred to above.

Several similar or various negative copies can be combined to make a model of one of the Sagrada Família Church architectural elements, in this case a window (fig.11). Looking back to figure 6, the relationship between each component sur-

7: Gir d'una secció hiperbòlica per tal d'aconseguir una vora mitjana de la revolució hiperbòlica [Rotating a hyperbola section to make bottom half of a hyperboloid of revolution

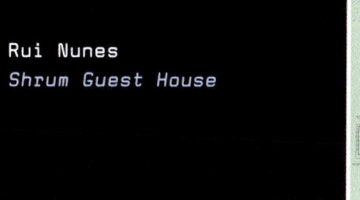

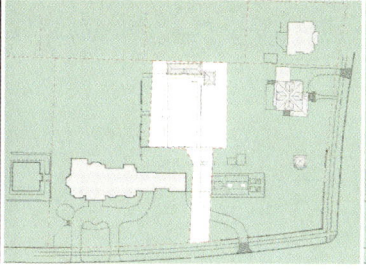

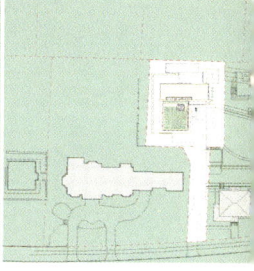

Rui Nunes
Shrum Guest House

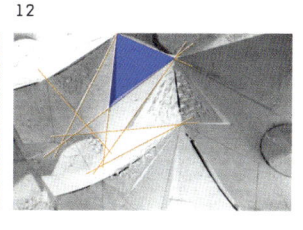

10 11 12

la manera com va escollir desplegar-les. Mentre que els arquitectes realitzen dissenys per al que és real i present, en moltes circumstàncies Gaudí va usar un sistema de modelatge del que no hi era, o, en altres paraules, del que era absent, més que representar literalment la forma, en un procés de subtracció més que d'addició. Un exemple d'això és una pilota *versus* contenidor en una articulació de pilota i contenidor. Per tal de modelar digitalment la pilota, probablement usaríem una esfera sòlida. El contenidor concomitant seria modelat probablement com una forma sòlida de la qual s'ha llevat una esfera per mitjà d'una subtracció booleana. Si esborrem l'esfera i deixem sols el contenidor, podem descriure el contenidor com a part d'una arquitectura de l'*absència real*, és a dir, una arquitectura que s'alça conseqüentment des d'una sèrie de maniobres, els resultats de les quals són els rastres de les accions més que ser un fer-forma residual basat en una sèrie d'addicions. Això es fa palès quan considerem la metodologia de la producció que es descriu en detall més endavant.

Les figures 7 a 12 mostren una sèrie d'operacions en què la maqueta de guix de la finestra del lateral superior de la nau es fa a mà. La maqueta està feta a escala 1:10, i, encara que elaborada en aquest cas el 1992, reflecteix el procés de disseny de Gaudí. El primer pas és fer girar una hipèrbole feta com una plantilla de zinc en 2D cap a un monticle de guix. En vint minuts el guix, que es fa sòlid mentre procedim amb l'operació, forma la meitat inferior d'un hiperboloide de revolució (fig.6). Això, en canvi, és usat com a monticle mestre per a produir diverses còpies negatives (figs.8-10). Cadascuna d'aquestes còpies és la conseqüència del modelatge, no el modelatge mateix: reflecteixen la factura de la maqueta però no són maquetes en si mateixes, són l'equivalent del contenidor en la pilota i la disposició del contenidor referida més amunt.

Algunes còpies negatives similars o diferents poden combinar-se per tal de fer una maqueta d'algun dels elements arquitectònics de l'església de la Sagrada Família, en aquest cas una finestra (fig.11). Si s'observa la figura 6, es pot veure la relació entre la

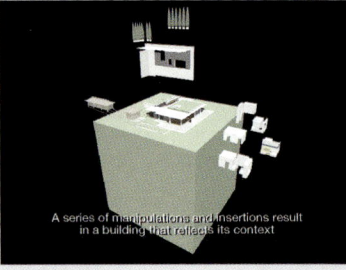

[Rui Nunes / Shrum Guest House]

face and its hyperboloid parent can be registered, as can the invisible net of straight lines that rule the surface. In the operation shown in figure 12 we can see how the decorative treatment is applied based on pairs of straight lines intersecting on the surface itself, and extending to various points of coincidence, in the most part to intersections of lines which are themselves intersections between adjacent surfaces.

Clearly, Gaudí himself had an educated and intuitive route to find the appropriate collection of hyperboloid of revolution masters that would combine in an appropriate way. We know that the modelling process shown above is highly accurate but laborious, so even in Gaudí's day, this would have been a singularly time-consuming design methodology, though no doubt his extraordinary spatial conception would have led him to reasonably conclusive prototypes in his own mind prior to committing the model makers to such exacting tasks. Looking at the geometry of the assembly, however, reveals why this is a particularly complex assembly while not appearing to be so at first sight.

Nine variables govern the relationship to each of the hyperboloids of revolution surfaces and their neighbours. Firstly, three coordinates locate the surfaces in respect to each other. Secondly, the forms can be rotated about each of the three cardinal axes. Finally, three constants govern the curvature of the surfaces. These are respectively 'a' and 'b' which are the lengths of the major and minor axes for the openings or 'collars' to each hyperboloid (where 'z' = 0), and 'c' which is a variable that determines the steepness of the hyperbola that describes

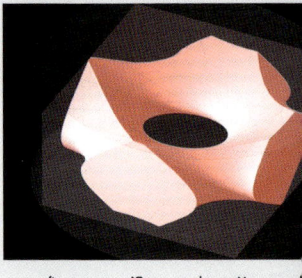

13: Subtracció booleana de quatre hiperboloides de revolució d'un "bloc" teòric [Boolean subtraction of four hyperboloids of revolution from a notional 'block']
14: Efecte de la subtracció d'una cinquena hiperboloide de la figura 13 [Effect of the subtraction of a fifth hyperboloid from figure 13]
15: Seqüència de subtraccions booleanes per tal de formar la finestra lateral superior (es llegeix d'esquerra superior a dreta inferior) [Sequence of Boolean subtractions to

[352 / Mark Burry / Liquid stone]

superfície de cada component i la matriu hiperboloide d'aquest, i també es pot observar la xarxa invisible de línies rectes que reglen la superfície. En l'operació que es mostra a la figura 12 podem veure com s'aplica el tractament decoratiu basat en parells de línies rectes que s'intersequen en la superfície i que s'estenen a diversos punts de coincidència en la major part de les interseccions de línies que són elles mateixes interseccions entre superfícies adjacents.

Clarament, Gaudí mateix tenia una formació acadèmica i intuïtiva per trobar la col·lecció apropiada d'hiperboloides de revolució mestres que es combinarien d'una manera apropiada. Sabem que el procés de modelatge mostrat abans és altament precís i treballós; fins i tot en temps de Gaudí, això hauria estat una metodologia de disseny singularment costosa de fer pel que fa a temps de treball, encara que no hi hagi dubte que la seva concepció espacial extraordinària l'hauria portat a prototipus mentals definitius raonables abans de comprometre els modeladors en tasques de tanta exactitud. No obstant això, si observem la geometria de l'acoblament, es revela per què és un acoblament particularment complex encara que no ho aparenta a primera vista.

Nou variables governen la relació amb cadascuna de les superfícies de revolució hiperboloide i les seves veïnes. Primer, tres coordenades situen les superfícies respecte de les altres. Segon, les formes poden girar-se en cadascun dels tres eixos cardinals. Finalment, tres constants governen la curvatura de les superfícies. Són respectivament "a" i "b", que són les longituds dels eixos major i menor per a les obertures o "collars" de cada hiperboloide (en què "z" = 0) i "c", que és la variable que determina el pendent de la hipèrbole que descriu la revolució hiperboloide com un pendent sobre l'eix "z". Quan "c" s'incrementa, també ho fa el pendent de la superfície, que tendeix en última instància cap a un cilindre. Com que la composició de la façana es basa en diversos hiperboloides, i com que cada hiperboloide té nou variables, la riquesa de l'oportunitat geomètrica basada en aquesta estratègia és prodigiosa. Degué ser bastant complicat per al mateix Gaudí lluitar amb la geometria i concebre la seva representació col·lectiva. Per als més allunyats del procés, la comprensió de les possibilitats és encara més difícil. És

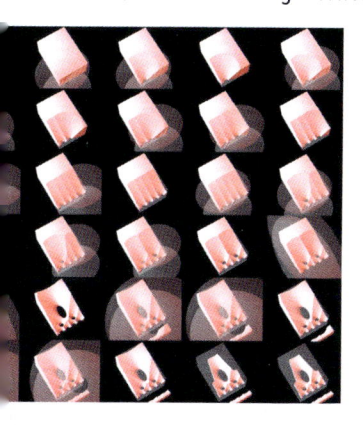

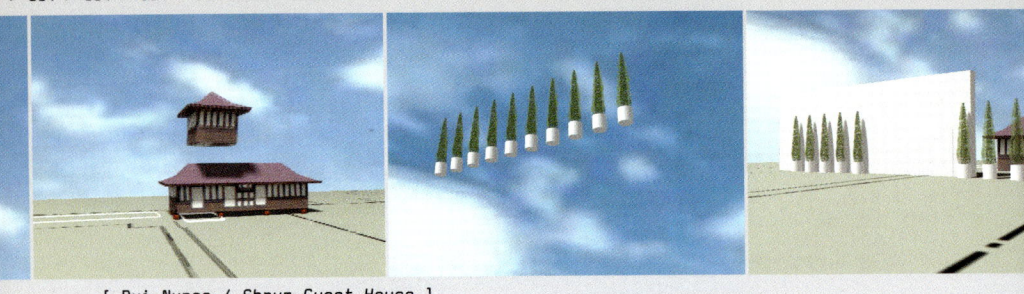

[Rui Nunes / Shrum Guest House]

the hyperboloid of revolution as a sweep about the z axis. As 'c' increases, so does the steepness of the surface, which tends towards a cylinder ultimately. As the composition of the façade is based on several hyperboloids, and as each hyperboloid has nine variables, the wealth of formal opportunity based on such a strategy is prodigious. It may have been difficult enough for Gaudí himself to grapple with the geometry and devise its collective representation. For those more remote from the process, understanding the possibilities is still harder. It is for this reason that we use animation to describe the process. In the example here, we are looking at the nave clerestory window in which one parameter of constituent hyperboloids are being changed with respect to each other.

In the first series (figs.16a-16b), we are looking at half the upper part of the window shown in development in figure 15. The blue 'solid' is the resultant wall; the coloured wireframes show the traces of the constituent hyperboloids subtracted by Boolean operation to make the wall.

In this example, we are sequentially changing a single parameter for each of the hyperboloids of revolution. In the case of 'a', we are rotating a hyperboloid that is itself set at 17 degrees inclination about the 'x' axis, 360 degrees about the 'z' axis. Each frame shows an iterative rotation and subtraction. 'b' has been rotated too, but by small amounts about the 'x' axis. By comparing each of the iterative changes captured sequentially in figures 16b, we can see how slight the changes have been yet how significant the impact. The extremes of the series (fig.16b) show hyperboloid 'a' as completing a 360 degree rotation about 'z', and 'b' as completing a 25 degree range of movement about the 'x' axis.

In figure 17 we can see the definitive digital model for the clerestory window (for comparison with fig.1). This was obtained by experimentally altering the parameters of the constituent hyperbolic geometry until the correct combination of values yielded a successful match between the digital version and Gaudí's original. Figure 18 shows the underlying geometry as a sculpted medium, and figure 19 shows the two superimposed.

16a: Subtracció booleana seqüencial de quatre hiperboloides de revolució que formen el costat esquerre superior de la finestra lateral [Sequential Boolean subtraction of four hyperboloids of revolution forming

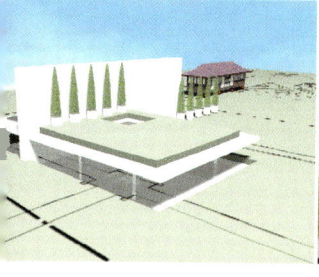

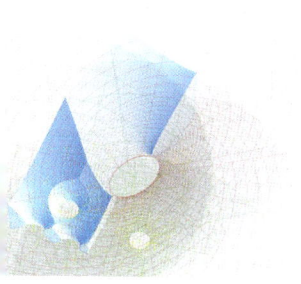

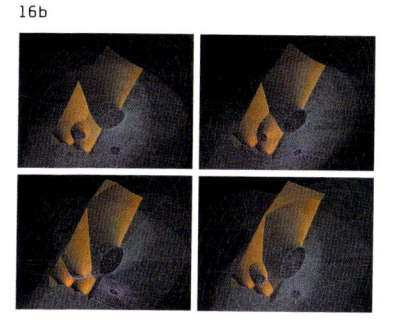

16b: Seqüència de quadres presa d'una seqüència de quatre-cents quadres que mostren el canvi progressiu en la posició dels hiperboloides "a" i "b" en la figura 16 [Sequence of frames from a four hundred frame sequence showing progressive change in position of hyperboloids 'a' and 'b' in figure 16]

per aquesta raó que fem ús de l'animació per a descriure el procés. En aquest exemple veiem la finestra lateral superior de la nau en què un paràmetre d'hiperboloides constituents es van canviant en relació uns amb altres.

En les primeres sèries (figs.16a-16b), veiem la meitat superior de la finestra mostrada en el seu desenvolupament en la figura 15. El "sòlid" blau és la paret resultant: la xarxa de filferros de colors mostra els rastres dels hiperboloides constituents sostrets per una operació booleana per a fer la paret.

En aquest exemple canviem seqüencialment un sol paràmetre per a cadascun dels hiperboloides de revolució. En el cas de "a" fem girar un hiperboloide que se situa a 17 graus d'inclinació segons l'eix "x", 360 graus segons l'eix "z". Cada quadre mostra una rotació i una subtracció iterativa. També s'ha girat "b" però en petites quantitats segons l'eix "x". Si comparem cadascun dels canvis iteratius capturats seqüencialment en les figures 16b, podem veure com de petits han estat els canvis i com de significatiu ha estat l'impacte. Els extrems de les sèries (fig.16b) mostren l'hiperboloide "a" completant una rotació de 360 graus segons "z" i mostren "b" completant un marge de moviment de 25 graus segons l'eix "x".

En la figura 17 podem veure la maqueta digital definida de la finestra lateral superior (compareu-la amb la fig.1). Es va obtenir alterant experimentalment els paràmetres de la geometria hiperbòlica constitutiva fins a la combinació correcta de valors que produïen una congruència entre la versió digital i l'original de Gaudí. La figura 18 mostra la geometria subjacent com un medi esculpit, i la figura 19 mostra les dues figures superposades.

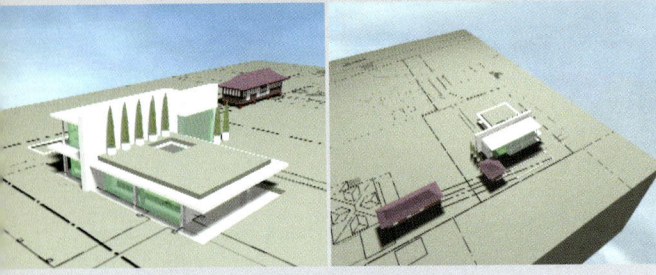

[Rui Nunes / Shrum Guest House]

MC Arquitectura S.L.
Mario Corea, Emiliano
López, Luis Morán
*Poliesportiu de
l'Hospitalet*

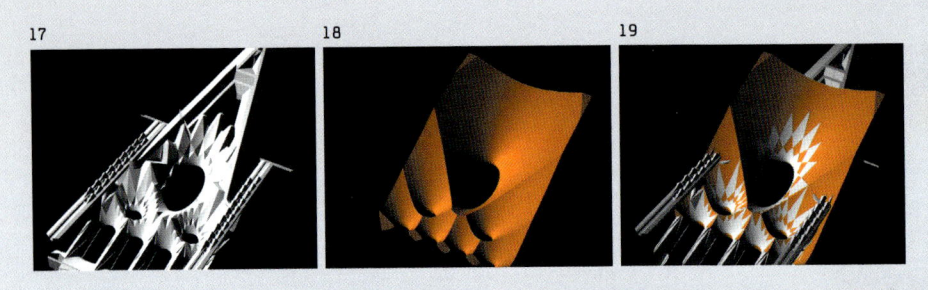

17

18

19

The series of figures 20 shows the equivalent iterative changes to the whole upper part of the clerestory window where the parameters of surfaces 'a' and 'b' (fig.16) are in a state of flux. The range of values are the same as shown in the series 16b, with the right-hand version of 'a' swivelling counter rotationally with respect to 'a' on the left-hand side. In print we cannot compare the series of twelve frames with the animation itself from which they are derived. I would contest here that this disassociation between print and animated perception of effect is precisely the game, and that a reader of this text is unlikely to gain the whole story prior to viewing the animation. We therefore have to evoke the lyrical activity through language, which at once is more likely to be highly subjective than an objective description. In watching the animation I see a fondant material subtly changing its morphology in response to time. With the actual model sitting resolute and unchanged amidst this sea of liquid stone, we see tides of material ebb and flow around it as time proceeds. At a certain point mid-animation, there is a brief coincidence between the actual and implied before the tide ebbs away exposing new parts of the actual while obscuring others. Perhaps it can be likened also to a fragment of temple barely concealed below a desert surface where sands of time are constantly swirling around partially uncovering and recovering the piece. A flow of sand, the attrition of stone by time itself, or as

17: Visualització realista d'ordinador de la finestra lateral superior (compareu-la amb la figura 1) [Computer render of clerestory window (for comparison with figure 1)]
18: Visualització realista d'ordinador de la geometria de la finestra lateral superior que mostra les subtraccions boolea-nes subjacents [Computer render of clerestory window geometry showing underlying Boolean subtractions]
19: Superposició de les figures 17 i 18, que mostra la coinci-

[356 / Mark Burry / Liquid stone]

Les sèries de figures 20 mostren els canvis iteratius equivalents en la part superior de la finestra lateral en la seva totalitat, en què els paràmetres de les superfícies "a" i "b" (vegeu la fig.16) es troben en estat de flux. El conjunt de valors és el mateix que en les sèries 16b, amb la versió de la cara de la dreta de "a" que gira en contra de la rotació respecte a "a" en la cara esquerra. No podem comparar les sèries dels 12 quadres impresos amb l'animació de qual deriven. Jo rebatria aquí que aquesta dissociació entre percepció de l'efecte de la impressió i de l'animació és precisament el joc, i que un lector d'aquest text no té gaires possibilitats d'aconseguir la història completa abans de veure l'animació. Per tant, hem d'evocar l'activitat lírica a través del llenguatge, que al mateix temps és més probable que sigui més subjectiu que una descripció objectiva. Si observem l'animació, veurem que la morfologia del material fos va canviant subtilment en resposta al temps. Amb la maqueta real resolta i invariable en aquesta mar de pedra líquida, veiem marees de material que pugen i baixen al voltant seu mentre passa el temps. En un cert punt a la meitat de l'animació hi ha una breu coincidència entre el real i el que implica abans que la marea, en baixar, exposi noves parts de la realitat i n'enfosqueixi d'altres. Potser es pot lligar també amb el fragment del temple a penes concebut sota una superfície desèrtica on la sorra del temps va arremolinant-se constantment al voltant de la peça, descobrint-la i recobrint-la parcialment. Com el flux de sorra, com l'erosió de la roca pel pas del temps o com el magma en flux de lava, l'animació revela millor que qualsevol altre medi la gimnàstica conceptual realitzada per Gaudí molt abans que arribés l'ajuda digital per a assistir a la recerca d'una espacialitat basada en el temps.

[MC Arquitectura S.L. / Polisportiu de L'Hospitalet]

magma in larval flow, the animation reveals better than any other medium the conceptual gymnastics Gaudí performed long before digital aids arrive to assist the quest for time-based spatiality.

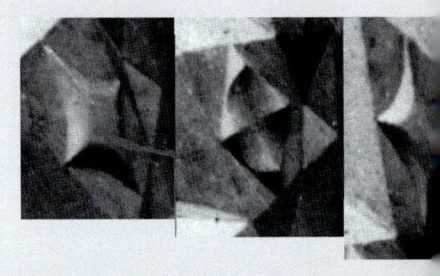

CLERESTORY WINDOW MOTIFS

When we look closely at the shield motifs that surround the elliptical rose window in the clerestory, two types 'alpha' and 'beta' appear in alternate order. The alpha at the top of the window has been stretched from that appearing at the lower left hand (and right hand) side, as if the ellipse itself was applying some gravitational force to the shields. Similarly, the lower beta shield has transformed with almost equally contorting results further up the window (fig.21). More interesting still is the discovery that both alpha and beta types share one parent: a pyramid (fig.22).

In the parent pyramid, we can discern the effects that time is forcing on the types pulling the alpha to beta. This is to say, not only are the alpha and beta types actually showing their fluidity in response to the gravitational effect of the ellipse, they can also be shown to be morphogenetic variants of each other based on the pyramid. Simply, in the case of this window, time stands still but is nevertheless represented through the implicit encoding. Taken as a piece of frozen time, Gaudí has left it to us to interpret this capture of life and movement for ourselves, for he left no written record of his endeavours. This is perceived with difficulty as is, but is more easily discerned through animation.

Figure 22 shows the superimposition of alpha and beta types within the implied pyramid parent. The blue lines are the alpha form and the orange lines the beta. On the base of the pyramid we can see alpha a tending outwards to beta a', stopping when it reaches the edge of the pyramid base.

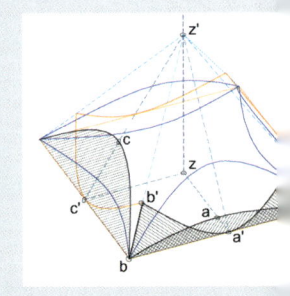

[358 / Mark Burry / Liquid stone]

Enric Ruiz-Geli
[Cloud 9]
Aviario en el nuevo
Zoo de Barcelona

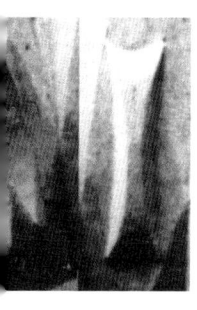

ELS MOTIUS DE LA FINESTRA LATERAL SUPERIOR

Quan mirem més de prop els motius de l'escut que rodegen la roseta lateral superior el·líptica, dos tipus d'"alfa" i "beta" apareixen en ordre alternatiu. L'alfa a la part superior de la finestra estès des d'aquella que apareixia al costat inferior de la mà esquerra (i a la mà dreta) com si l'el·lipse estigués aplicant alguna força gravitacional als escuts. De manera semblant, l'escut beta inferior s'ha transformat amb resultats de contorns gairebé iguals més enllà de la finestra (fig.21). Més interessant encara és el descobriment que els tipus alfa i beta comparteixen un parent: una piràmide (fig.22).

A la piràmide parental podem discernir els efectes que el temps força en els tipus i empeny alfa cap a beta. No sols els tipus alfa i beta estan realment mostrant la seva fluïdesa de resposta als efectes gravitacionals de l'el·lipse, sinó que també poden ser mostrats com a variants morfogenètiques de l'altre busats en la piràmide. Simplement, en el cas d'aquesta finestra, el temps s'atura però, tanmateix, es representa a través de la codificació implícita. Presa com una peça de temps congelat, Gaudí ha relegat en nosaltres la interpretació d'aquest moment de vida i moviment, ja que no ha deixat registre escrit dels seus treballs. Això es percep amb dificultat en la realitat, però és més fàcil de discernir a través de l'animació.

La figura 22 mostra la superposició dels tipus alfa i beta en la piràmide parental implícita. Les línies blaves constitueixen la forma alfa, i les taronges, la beta. A la base de la piràmide podem veure alfa, que tendeix cap a fora cap a *a* de beta, i que s'atura quan assoleix la vora de la base de la piràmide. De manera semblant, a la vora inclinada de la piràmide, alfa b, que està situada al vèrtex basal, tendeix cap amunt al llarg de la vora cap al cim i s'atura en el *b* de beta en una proporció adequada a la seva longitud. Finalment, alfa c, que està situat en algun lloc en l'eix vertical de la cara inclinada de la piràmide, tendeix cap avall cap a una posició eventual mitjana basal de la vora i apunta a *c* de beta.

A causa que aquesta relació és genèrica per a tots dos tipus, i com que el seu canvi és genèric sense importar la posició de la finestra real, es

22: Diagrama que mostra com els dos tipus alfa i beta estan relacionats amb un tipus parental, la piràmide [Diagram showing how both the alpha and beta types are related to a parent type, the pyramid]

[359 / Mark Burry / Pedra líquida]

[Enric Ruiz-Geli (Cloud 9) / Aviario en el nuevo Zoo de Barcelona]

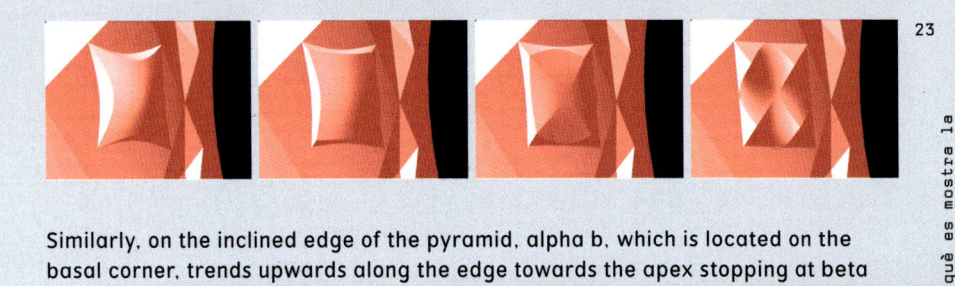

Similarly, on the inclined edge of the pyramid, alpha b, which is located on the basal corner, trends upwards along the edge towards the apex stopping at beta b' at some suitable proportion of its length. Finally, alpha c, which is situated somewhere along the vertical axis of the pyramid's inclined face, is trending downwards to an eventual position mid basal edge point beta c'.

Because this relationship is generic for both types, and as their change is generic regardless of position on the actual window, a single algorithm can be used to describe both types, and the transitory conditions between each other. The algorithm in turn can be used for two effects: firstly to produce sufficient frames to form an animation between the alpha and beta states — that is, alpha morphing to beta and vice versa, and secondly to show a world beyond the two fixed points represented in the actual window. Figure 23 shows a selection of 4 frames from the animation showing the transition alpha->beta / beta->alpha while figure 24 shows 4 frames from the window itself, animated to show the same transition. The animation here is a 'gentle state', that is, it a depiction of a calm series of morphs ranging between the absolute conditions represented by the actual window model (fig.1). But as a system, the stop ends can be shown to be arbitrary, in this case exerted by Gaudí with exact finesse. We can take the conditions of the morphing beyond the limits imposed by the actual limits by using the same algorithm but with different start and stop points beyond those actually used. The effects of this, quite otherworldly with respect to the masonry piece itself, is shown in figure 25, a snapshot superimposing two end states for the morphing, from proto-alpha to retro-beta, and rendered with some transparency.

23: Selecció de quadres de l'animació de la forma de l'escut en què es mostra la transició alfa->beta / beta->alfa (Selection of frames from the animation of the

24

25: Fotografia en què se superposen dos estats finals per a la forma des de protoalfa fins a retrobeta, amb una visualització realista amb transparència [Snapshot superimposing two end states for the morphing from proto-alpha to retro-beta, rendered with some transparency]

itself, animated to show the transition alpha->beta / beta->alpha]

pot emprar un únic algorisme per a descriure tots dos tipus i les condicions transitòries entre si. L'algorisme, en canvi, pot ser emprat per a aconseguir dos efectes: primer, produir prou quadres per formar una animació entre els estats alfa i beta, és a dir, alfa convertint-se en beta i viceversa; i en segon lloc, per a mostrar un món més enllà dels dos punts fixos representats en la finestra real. La figura 23 mostra una selecció de 4 quadres de l'animació en què es mostra la transició alfa->beta /beta->alfa mentre que la figura 24 mostra 4 quadres de la finestra animats per tal de mostrar la mateixa transició.

L'animació aquí és un "estat delicat", és a dir, una representació d'unes sèries de formes calmes que oscil·len en les condicions absolutes representades per la maqueta de la finestra real (fig.1). Però, com que és un sistema, els límits es poden considerar arbitraris, en aquest cas exercits per Gaudí amb una subtilesa exacta. Podem prendre les condicions de la forma més enllà dels límits imposats pels límits reals emprant el mateix algorisme però amb diferents punts de començament i final, més enllà dels que realment es van usar. Els efectes, molt diferents respecte de la peça de maçoneria en si mateixa, es mostren a la figura 25, una fotografia en què se superposen dos estats finals per a la forma, des de protoalfa fins a retrobeta, i una visualització realista amb un poc de transparència.

25

Com que el propòsit d'aquest assaig és el de mostrar "què és i per què" més que no

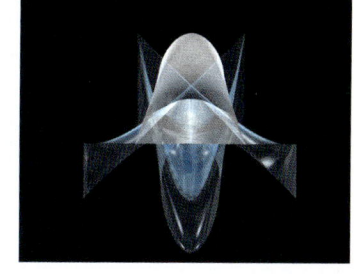

[361 / Mark Burry / Pedra líquida]

[Enric Ruiz-Geli (Cloud 9) / Aviario en el nuevo Zoo de Barcelona]

As the purpose of this paper is to show 'what is and why' rather than go beyond the physical state represented by the gypsum plaster model bequeathed to us by Gaudí I shall stop here. Suffice to say that there are implied games of morphogenesis present in the work, and further games of going beyond the usual margins or 'stop points' can be taken up, but at some other time. Indeed Gaudí may have given such license elsewhere in the building of the Sagrada Família Church, as can be seen in the two figures 26 and 27.

In summary, if this is evidence of Gaudí's spatial capabilities achieved without the advantages of our contemporary tools, what would he have been able to do with the aid of the computer? Such speculation is, of course, pointless per se, but it does provide a potential critique for the use of the tools today. This paper shows how with the use of the computer we can further excavate Gaudí's investment of intellect through which he infused stone with rhetorical life, time, and implied liquefaction, made literal only through the animators' craft. Today we cannot claim to have advanced spatially beyond what Gaudí achieved within his own intellectual domain and the crafts of his day. Having left time cast as stone hanging in suspended animation waiting for others to read the work using new means points, I believe, to new definitions of architecture, and with it architectural animation. M.B.

27: Escultura d'un jove que és temptat a l'anarquia per una criatura quimèrica amb forma que va de salamandra a infrahumà; pareu compte en l'escala no uniforme del cap [Sculpture of a young man being tempted into anarchy by a chimerical creature morphing from salamander to sub-human – note the non-uniform scaling of the head]

pas anar més enllà de l'estat físic representat per la maqueta de guix llegada per Gaudí, em detindré aquí. N'hi ha prou amb dir que hi ha jocs implícits de morfogènesi presents en el treball, i es poden reprendre jocs que van més enllà dels marges usuals o "punts de detenció", però en un altre moment. En realitat Gaudí pot haver donat aquesta llicència en algun altre lloc a l'edifici de l'església de la Sagrada Família, com es pot veure a les dues figures 26 i 27.

En suma, si el que s'ha exposat és evidència de les capacitats espacials de Gaudí assolides sense els avantatges de les eines contemporànies, què podria haver estat capaç de fer amb l'ajuda d'un ordinador? Aquesta especulació és, per descomptat, absurda en si mateixa, però ens proporciona una crítica potencial per a l'ús d'aquestes eines avui en dia. Aquest assaig mostra de quina manera amb l'ús de l'ordinador podem desvelar més la inversió de Gaudí en l'intel·lecte a través del qual imprimia a la pedra vida retòrica, temps i liquació implícita, feta literal només a través de l'ofici de l'animador. Avui no podem pretendre haver avançat espacialment més enllà del que Gaudí havia aconseguit en el seu propi domini intel·lectual i amb els artefactes del seu temps. Hem deixat que el temps es converteixi en una roca que penja en l'animació suspesa tot esperant que d'altres llegeixin el treball tot emprant noves eines, penso, per unes noves definicions d'arquitectura i, així, per a l'animació arquitectònica. M.B.

[363 / Mark Burry / Pedra líquida]

[Enric Ruiz-Geli (Cloud 9) / Aviario en el nuevo Zoo de Barcelona]

Nonlinear Animation
Time-Matters and the Aionic Memoria Project

A text by
Gregory More

Gregory More is architect. After graduating, he undertook a postgraduate research in the area of animation and time based design media. His design and animation work has been internationally recognised and published, most notably in AD *Architecture + Animation*. He has developed animations for the Sagrada Família with Mark Burry, worked for dECOi, and ACME FONTS. Currently he is a research fellow for the Spatial Information Architecture Laboratory (SIAL) of RMIT (Melbourne).

Llonch & Vidale
Architecture
*Rock Bridge Christian
Church*

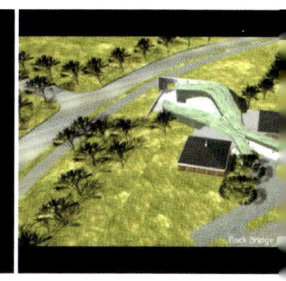

Animació
no lineal
Time-Matters i el
Projecte *Aionic Memoria*

Un text de
Gregory More

Gregory More és arquitecte. Després de graduar-se, inicià una investigació de postgrau
sobre mitjans de disseny basats en l'animació i en el temps. La seva tasca de
disseny i d'animació ha estat l'objecte d'atenció i de difusió internacional, de
manera més rellevant a AD *Architecture + Animation*. Ha realitzat animacions de
la Sagrada Família junt amb Mark Burry, ha treballat per a dECOi i ACME FONTS.
Actualment, és investigador per a Spatial Information Architecture Laboratory (SIAL)
a RMIT (Melbourne).

[365]

[Llonch & Vidale Architecture / Rock Bridge Christian Church]

With the architectural engagement of animation software we have witnessed the development of concepts incorporating time inherently tied to cinematic models of thought.[1] Change in architectural form becomes defined relative to frames of animation with time treated as an applied dimension that is readily removed for the procurement of physical form: the freeze frame. When associative technologies or nonlinear techniques replace the mechanisms of the cinematic apparatus then time has a renewed complexity. Within these technologies time can be considered to be varying as opposed to flowing. This alternative reading of time, which disturbs the flow of cinematic modulation, is suggestive of a 'nonlinear' approach to architectural assemblies, or an architecture of nonlinear animation.

Nonlinear animation in the moving image industry is the procedure of choreographing actions from a library of pre-configured movement components. Developed from a need to handle the complex data of motion capture into workable components, nonlinear animation provides a meta-structure for the creation of animated sequences. A useful comparison to nonlinear animation is nonlinear video editing where video footage can be placed into a timeline, duplicated, spliced, and effects added all referencing from a single source clip. The battle scenes in *The Lord of the Rings* films for example utilise nonlinear animation techniques to achieve the complexity of thousands of constantly moving characters. Weta Digital the New Zealand based production company responsible for these scenes have developed propriety software entitled *Massive* that handles these animation assemblies. *Massive* is an 'artificial ecology' system that draws from a vast database of motion-capture data triggered by computation reactions to the environment. The in-built characteristics using artificial-intelligence routines enable the software to animate battles with numerous participants who virtually fight each other, as well as negotiate the landscape and obstacles around them. *Massive* is an advanced example of nonlinear animation. Lesser but more common examples of reconstituting movement from composed segments are at the heart of *realtime* game engines. These systems reveal the potential to develop interactive experiences 'on the fly' from components of information forming a landscape of continuous variation. Digital audio has very similar technological mechanisms to occularcentric examples of nonlinearity.[2] These

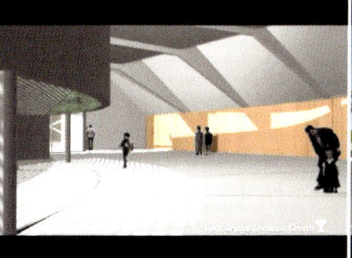

A partir del compromís arquitectònic amb el software d'animació hem estat testimonis del desenvolupament de conceptes que incorporen el temps com quelcom de lligat de forma inherent als models cinemàtics de pensament[1]. El canvi en la forma arquitectònica es passa a definir en relació amb els fotogrames d'animació, amb el temps tractat com una dimensió aplicada que es remou fàcilment per a procurar la forma física: el fotograma congelat. Quan les tecnologies associatives o les tècniques no lineals substitueixen els mecanismes de l'aparell cinemàtic, el temps guanya una renovada complexitat. En aquestes tecnologies, es pot considerar que el temps varia, en oposició al fet que flueix. Aquesta lectura alternativa del temps, que altera el flux de la modulació cinemàtica, és un aproparment "no lineal" que fa referència als aparellaments arquitectònics, o a una arquitectura d'animació no lineal.

L'animació no lineal de la indústria de la imatge en moviment és el procediment de coreografiar accions des d'una biblioteca de components de moviment preconfigurats. Desenvolupada a partir de la necessitat de manipular la complexa informació de la captura del moviment com a components mal·leables, l'animació no lineal prové d'una metaestructura per a la creació de seqüències animades. L'edició no lineal de vídeo és una comparació útil amb l'animació no lineal, ja que l'extensió del vídeo es pot desplegar en una línia temporal, pot ser duplicat, separat, i se li poden afegir efectes, tots a partir d'un únic xip de base. Les escenes de batalla de la pel·lícula *The Lord of the Rings* utilitzen, per exemple, les tècniques d'animació no lineal per aconseguir la complexitat de milers de personatges en constant moviment. Weta Digital, la companyia de producció neozelandesa responsable d'aquestes escenes, ha desenvolupat un software adequat anomenat *Massive*, que maneja aquests aparellaments d'animació. *Massive* és un sistema d'"ecologia artificial", que s'alimenta d'una àmplia base d'informació de captura de moviment activat per les reaccions de l'ordinador en l'ambient. Les característiques internes de l'ús de les rutines d'intel·ligència artificial permeten al software d'animar batalles amb nombrosos participants que es barallen entre ells virtualment, així com d'establir el paisatge i els obstacles que els envolten. *Massive* és un exemple de l'animació no lineal. Exemples més petits per bé que més comuns de la reconstrucció del moviment a partir de segments compostos, els trobem en el cor de les màquines de jocs en *realtime*. Aquests sistemes revelen el potencial per a desenvolupar experiències interactives "al vol" des de components d'informació que formen el paisatge de variació contínua. L'àudio digital té mecanismes tecnològics molts semblants als exemples de

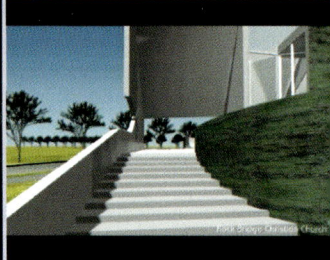

[Llonch & Vidale Architecture / Rock Bridge Christian Church]

nonlinear systems remain in the operative stages of design, and are utilised to seamlessly reconciled content into linear audiovisual experiences.

The discipline of architecture within the last decade has increasingly explored issues of animation and movement.[3] Nevertheless very few projects when physically built continue exhibiting the animate qualities of their design imagery. One project that bridges this animate/inanimate architectural disparity is the Aegis Hyposurface© by dECOi.[4] This project is a physically animate surface for the conveyance of information. Time based and interactive the Aegis Hyposurface© is activated by user input, sound, video source, and pre-configured effects. Although the information of the Aegis Hyposurface© is updated in a similar frame based manner as cinema, the material properties of the surface, aluminium facets glued to rubber articulations, ensures a fluid visual continuum. Mark Goulthorpe of dECOi discusses the technological latency in such an engineered mechanism reliant on complex systems of software, electronics, and mechanical parts.[5] The name Aegis recalls Athena's shield an emblem endowed with souvenirs of her past encounters. Born of a symbol of such latent meaning the Aegis Hyposurface© resonances Athena's shield, as a memory repository, through a matter-model of software interfaces, a complex array of pneumatic pistons, and hardware frameworks. The design of this animate physical reality relies on an dialogue between formal desire and material constraint. The *hypo* is a reduction of definition to the state where absence rewards memory, a reduction due to a time based technological mechanism sourcing and articulating input from a nonlinear stream.

Time in creative scenarios is complex: the durations of motion-captured data in the moving image industry, or the triggered movement of physical form in the Aegis Hyposurface©. These examples are systems that are predicated on change. At an abstract level these mechanisms of animation are similiar to Deleuze's comments on Cache's technological object: "Where the idea of the 'standard' object is replaced by an object that assumes a place in a continuum through variation, and where industrial automation or serial machinery replaces stamped form."[6] They are designed with change inherent in their mechanisms, and retain an internal referencing system for difference registration. Whereas the cinematic apparatus provides a mechanism

no-linealitat òptics[2]. Aquests sistemes no lineals romanen en els nivells operatius del disseny i s'utilitzen per a reconciliar sòlidament el contingut amb una línia audiovisual d'experiències.

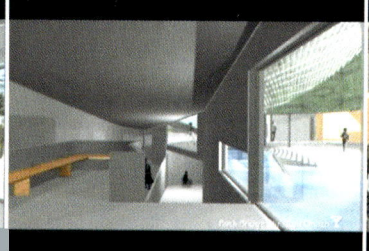

En la darrera dècada, la disciplina arquitectònica ha explorat de manera creixent els temes de l'animació i del moviment[3]. Així i tot, molts pocs projectes construïts físicament continuen fent gala de les qualitats animades de la seva imatgeria de disseny. Un projecte que estableix una relació entre la disparitat arquitectònica animat/inanimat és Aegis Hyposurface© de dECOi[4]. Aquest projecte és una superfície físicament animada per a la convergència d'informació. Amb una base temporal i interactiva, l'Aegis Hyposurface© s'activa mitjançant la informació introduïda per l'usuari, el so, la font de vídeo i els efectes preconfigurats. Per bé que la informació de l'Aegis Huposurface© actualitza en un fotograma semblant al del cinema, les propietats materials de la superfície i les facetes d'alumini encolades a les articulacions de goma asseguren un continuum visual fluid. Mark Goulthorpe de dECOi discuteix la latència tecnològica en aquest mecanisme d'enginyeria que es recolza en uns complexos sistemes de software, d'electrònica i de parts mecàniques[5]. El nom Aegis recorda l'escut d'Atenes, un emblema ple de records dels seus encontres passats. Les ressonàncies d'Aegis Hyposuface© en l'escut d'Atenes naixen d'un símbol de significat latent, com una reposició de memòria, a través de les interfases de software fetes de matèria, una col·lecció completa de pistons pneumàtics i d'estructures d'hardware. El disseny d'aquesta realitat física animada descansa en un diàleg entre el desig formal i el constrenyiment del material. *Hypo* prové del fet que és una reducció de la definició fins a un estat en què l'absència considera la memòria, una reducció deguda a una font de mecanisme tecnològic amb base temporal i a l'articulació de la informació introduïda des d'un corrent no lineal.

El temps en escenaris creatius és complex: són duracions de la informació de moviment capturada per la indústria del cinema, o moviment activat a partir de la forma física en el projecte Aegis Hyposurface©. Aquests exemples són sistemes basats en el canvi. En un nivell abstracte, aquests mecanismes d'animació són semblants als comentaris de Deleuze sobre l'objecte tecnològic de Cache: "Allà on la idea de l'objecte "estàndard" se substitueix per un objecte que assumeix un lloc en un continuum a través de la variació, i allà on l'automatisme industrial o la maquinària serial reemplaça la forma modelada[6]". Són dissenyats amb el canvi com a quelcom d'inherent als seus mecanismes, i retenen

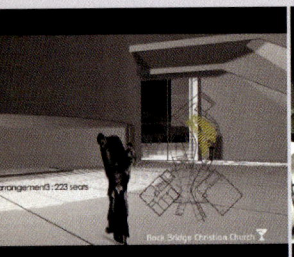

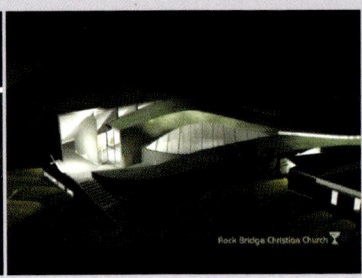

[Llonch & Vidale Architecture / Rock Bridge Christian Church]

of change, for the continuity of visual moment through discrete instantaneous frames of time, these nonlinear systems provide differing readings of time via their interior mechanics. These are open to animated representation as much as to inanimate illustration. Nonlinear animation is suggestive of a latent potential and is constructed of matter-based effects that are concealed until summoned. This implies an ability to articulate preempted events in constituting the duration of linear experience.

The *Aionic Memoria* project originates from a (re)reading of a historic nonlinear concept of time. The conception of *Aion* and *Chronos* are attributed to the Stoics of the third and fourth centuries BC. The Stoics namely through Chrysippus, were the first to entertain that there exists a multiplicity of times, which have differing characteristics. *Chronos* and *Aion* as two contrasting readings of time provide a dualistic metaphor for the enduring and the provisional, the anticipated and the unexpected, the bodily and the incorporeal. Turetzky explains in detail Chrysippus' development of *Aion* and *Chronos*, with *Aion* being the shift from the traditional Stoic view that time is bodily, to a condition of the incorporeal. "*Aion* is the infinitely divisible time of past and future, whereas the present time was indivisible bodily experience. Time is to be understood in two senses, namely in the sense of the whole and its parts."[7] This shift transformed the relationship of cause and effect. 'The Stoics analyse causality as a relation between bodies as causes and what happens to bodies — events — as effects.'[8]

A dialogue between *Chronos* and *Aion*, through an architectural amalgamation of animation and programming, is encouraged and traced in the *Aionic Memoria* project. Agent based causative environments are established and tracers are released into these matrices of change. Sense of vision becomes fallible in an environment of discreet vacillating computational singulari-

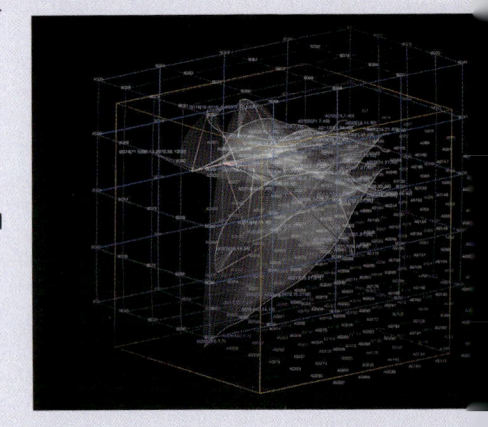

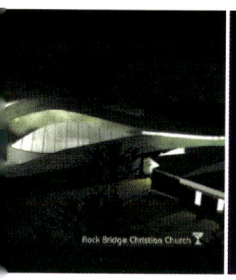

Ricardo Augusto
Romano Sant'Anna
Espaço Ativado

un sistema de referència interna per tal de registrar la diferència. Mentre que l'aparell cinemàtic és dotat d'un mecanisme de canvi per aconseguir la continuïtat del moment visual mitjançant uns fotogrames instantanis discrets del temps, aquests sistemes no lineals permeten diverses lectures del temps a través dels seus mecanismes interns. Aquests mecanismes estan oberts a la representació animada així com a la il·lustració inanimada. L'animació no lineal suggereix el potencial latent i es construeix amb efectes basats en matèria, que estan ocults fins que se'ls ordena d'aparèixer. Això implica una destresa per tal d'articular esdeveniments preferents i constituir la durada de l'experiència lineal.

El projecte *Aionic Memoria* s'origina en una (re)lectura del concepte del temps històric no lineal. La concepció d'eó i cron s'atribueix als estoics del segle tres i quatre aC. Els estoics, particularment a través de Crísip, foren els primers en acceptar la idea que existeix una multiplicitat de temps, amb diferents característiques. Cron i eó, com dues lectures contrastades del temps, forneixen una metàfora dualista per allò durador i allò provisional, allò anticipat i allò inesperat, allò corpori i allò incorpori. Turetzky explica en detall el desenvolupament que fa Crísip d'eó i cron, constituint eó el canvi de la visió estoica tradicional que partia del fet que el temps és corpori per arribar a una condició d'incorporeïtat. Eó és el temps infinitament divisible del passat i del futur, mentre que el temps present era l'experiència corpòria indivisible. El temps ha de ser entès en dos sentits, en el sentit del tot i en el de les seves parts[7]. Aquest canvi va transformar la relació de causa efecte. "Els estoics analitzen la causalitat com sent una relació entre cossos com a causes i, com a efectes[8], allò que succeeix en els cossos-esdeveniments".

Allò que es fomenta i es persegueix en el projecte *Aionic Memoria* és un diàleg entre cron i eó, a través d'una amalgama arquitectònica d'animació i de programació. S'estableixen ambients causals basats en l'agent i s'alliberen rastres en aquestes matrius de canvi. El sentit de la visió es torna fal·lible en un ambient de singularitats computacionals vacil·lants i discretes. Aquesta fal·libilitat sensorial és el resultat de la creació

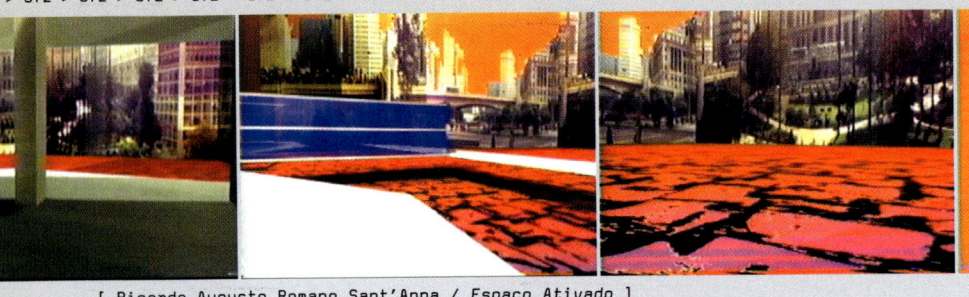

[Ricardo Augusto Romano Sant'Anna / Espaço Ativado]

ties. This sensorial fallibility is the result of creating a spatial matrix based on volatile and provisional events. An informational *memoria technica* enables the tracing of movement and change within this causative space, sedating an otherwise infinitely nonregulated condition. The surfaces, curves and points are the visualisation of this informational memory, they bring forth the past, present, and ultimately future. A complex, if not perplex, reading of time through material and space. This hyper (historical) surfacing reveals the continuity of change over time, realising its corporeality from the tracery of incorporeal events.

Aionic Memoria establishes a matter-form model, whose substance is the informational relationships defining the behavior of the form, and whose surface is the event, the resultant effect of the causative environment. This process releases the latent matter-form of a complex system. It examines the embodiment of non-visible interactions from the tracery of continuous movement that is generated from instantaneous moments. At any instance the *Aionic Memoria* can be relaxed from the amorphous into a defined stance of information. The project engages the development of corporeal attributes and behaviours, which emerge from a matrix of composite associations, requiring a re-examination of the matter-form model.

Hylomorphism is the theory that physical objects are composed of both matter and form. This theory makes two main assumptions about the condition of matter: that form is fixed, and matter is homogeneous. Simondon has exposed the technological insufficiency of this matter-form model by demonstrating that the hylomorphic model omits many things that are active and affective. He says 'to the formed or formable matter we must add an entire energetic materiality in movement, carrying singularities or haecceities that are already like implicit forms that are topological, rather than geometrical, and that combine with processes of deformation: for example, the variable undulations and torsions of the fibers guiding the operation of the splitting of wood."[9] His criticisms are not at the faults of the model, but that there exists pluralism between the terms 'form' and 'matter', whereas they should be considered as interrelated, exposing the way in which material is subordinate to form. Simondon's arguments are interesting insights into existing models that privilege form over the inherent properties of matter.

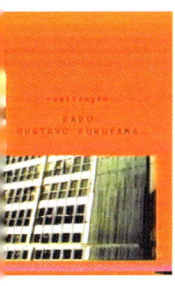

M. Antonio Nacif &
Beatriz de Oliveira
Arkhé

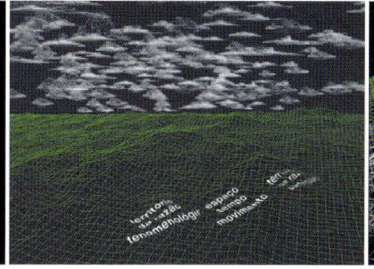

d'una matriu espacial basada en esdeveniments volàtils i provisionals. Una *memòria tècnica* informativa permet el rastreig del moviment i del canvi en aquest espai causal, tot tranquil·litzant una condició que d'altra forma seria infinitament no informativa; produeixen el passat, el present i, en darrer terme, el futur. Una complexa, per no dir perplexa lectura del temps mitjançant allò material i de l'espai. Aquesta hiper (històrica) forma de sobrevolar revela la continuïtat del canvi sobre el temps, manifestant la seva corporeïtat des de l'entrellat dels esdeveniments incorporis.
Aionic Memoria estableix un model de forma-matèria, la substància del qual és la relació informativa que defineix el comportament de la forma, i la superfície del qual és l'esdeveniment, l'efecte resultant de l'ambient causal. Aquest procés allibera la forma-matèria latent d'un sistema complex. Examina la corporització de les interaccions no visibles des d'un entrellat de moviment continu que es genera en els moments instantanis. De tota manera, *Aionic Memoria* pot ser alliberat d'allò amorf, en una instància definida d'informació. El projecte relaciona el desenvolupament d'atributs corporals i de comportaments, que emergeixen d'una matriu d'associacions compostes, reclamant un re-examen del model de la forma-matèria.
L'hilomorfisme és la teoria que diu que els objectes físics estan compostos de matèria i de forma. Aquesta teoria té dos supòsits principals pel que fa a la condició de la matèria: que la forma és fixa i que la matèria és homogènia. Simondon ha exposat la insuficiència tecnològica d'aquest model de forma-matèria en demostrar que el model hilomòrfic omet molts aspectes actius i afectius. L'autor declara que "s'ha d'afegir una materialitat energètica en moviment a la matèria formada o formable, tot portant singularitats o unicitats que ja conté com a formes implícites, que són topològiques més que no geomètriques i que es combinen amb uns processos de deformació: per exemple, les ondulacions i torsions variables de les fibres que guien l'operació de separar la fusta"[9]. No adreça les seves crítiques a les falles del model, sinó al fet que hi ha un cert pluralisme entre els termes "forma" i "matèria", que s'haurien de considerar com a interrelacions, tot exposant el mode en què el material se subordina a la forma. Els arguments de Simodon són visions interessants dels models existents que privilegien la forma pel damunt de les propietats inherents de la matèria.

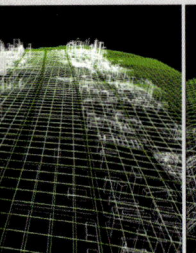

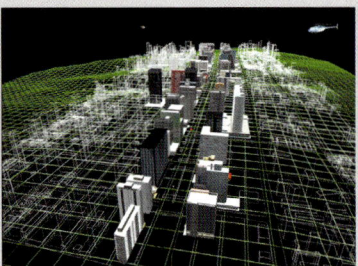

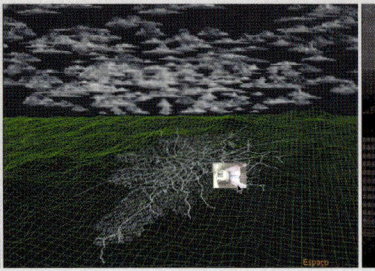

[M. Antonio Nacif & Beatriz de Oliveira / Arkhé]

"At any rate, it is a question of surrendering to the wood, then following where it leads by connecting operations to a materiality, instead of imposing a form upon a matter: what one addresses is less a matter submitted to laws than a materiality possessing a nomos. One addresses less a form capable of imposing properties upon a matter than material traits of expression constituting effects. Of course, it is always possible to "translate" into a model that which escapes the model; thus, one may link the materiality's power of variation to laws adapting a fixed form and a constant matter to another.[10]"

The nomothetic possibilities of matter release the design process from certain decisions of form making. The known complexities of material, like the pieces of motion-capture data, become underlining principles from which the 'model' is built and obtains form. Topological transformation rearticulates the interstices of geometry. Manuel DeLanda examines the latent dynamic potentials of material based structures in his essay *Uniformity and Variability: An Essay in the Philosophy of Matter*. DeLanda through a philosophical reading of the development and technologies of materiality examines the less explicit variational aspects of matter-energy. Form generated through a materiality with a *nomos*, rather than a top down determination of formal attribution reliant on the uniformity of matter:

"Today, thanks in part to the new theories of self-organization that have revealed the potential complexity of behaviour of even the humble forms of matter-energy, we are beginning to recover a certain philosophical respect for the inherent morphogenetic potential of all materials. And we may now be in a position to think about the origin of form and structure, not as something imposed from the outside on an inert matter, not as a hierarchical command from above as in an assembly line, but as something that may come from within the materials, a form that we tease out of those materials as we allow them to have their say in the structures we create.[11]"

Form is teased and emerges out of the structuring mechanisms of matter, and the pluralism of the hylomorphic model vanishes in a generative matrix of diagrammed materiality. An acceptance of matter as a uniform condition has limited our under-

"De tota manera, és una qüestió de rendir-se a la fusta, i així, seguir-la a partir de connectar operacions amb la materialitat, en lloc d'imposar una forma a la matèria: allò que es busca és menys una matèria sotmesa a unes lleis que una materialitat que posseeix un *nomos*. Es busca menys la forma capaç d'imposar propietats a la matèria que la característica d'expressió que en constitueix els efectes. Certament, sempre és possible "traduir" en un model que fuig del model i així, es pot lligar el poder de variació de la materialitat a les lleis, adaptant una forma fixa i una matèria constant a una altra"[10].

Les possibilitats nomotètiques de la matèria alliberen el procés de disseny de certes decisions de realització de la forma. Les complexitats conegudes del material, com ara la informació de captura del moviment, es converteixen en principis subordinats des dels quals es construeix i pren forma el "model". La transformació topològica torna a articular els intersticis de la geometria. Manuel DeLanda examina el potencial dinàmic latent en les estructures amb base material, en el seu assaig *Uniformity and Variability: An Essay in the Philosophy of Matter*. A través d'una lectura filosòfica del desenvolupament i de les tecnologies de la materialitat. La forma generada a través de la materialitat amb un *nomo* més que a través d'una determinació d'atribució formal basada en la uniformitat de la matèria:

"Avui, gràcies en part a les noves teories d'autoorganització que han revelat la potencial complexitat del comportament fins i tot de les formes humils d'energia-matèria, estem començant a recuperar un cert respecte filosòfic envers el potencial morfogenètic inherent a tots els materials. A hores d'ara, ens podríem trobar en una posició de pensar sobre l'origen de la forma i de l'estructura, ja no com una ordre jeràrquica donada des de dalt com en una línia d'acoblament, sinó com quelcom que pot sorgir des de l'interior dels materials, una forma que alliberem des d'aquells materials mentre els permetem que diguin la seva en les estructures que creem"[11].

La forma s'allibera i emergeix dels mecanismes estructuradors de matèria, i el pluralisme del model hilomòrfic s'esvaeix en una matriu generativa de materialitat diagramada. Acceptar la matèria com una condició uniforme ha limitat la nostra comprensió de les estructures que dissenyem, de la mateixa manera en què la modulació cinemàtica del temps ha minvat la nostra comprensió de les durades en els processos creatius:

[M. Antonio Nacif & Beatriz de Oliveira / Arkhé]

standing of the structures we design, as has the cinematic modulation of time diminished our understanding of durations in creative processes: the *Aionic* is subjugated by the cinematic modalities of time. Encoded *nonlinearity* prompts *Aion* to reach for the surface, erupting through the continuities of *Chronos*, seemly unexpected yet consequential, through a dynamic materiality. The *Aionic Memoria* sets these events in motion, and confronts tradition logics pertaining to the dynamic representation of space and information: as much an abstraction as an accurately articulated construct. It releases a latency of formal expression and questions the visualisation of incorporeal change and its embodiment in space. It is suggestive of a shift in sensibility towards multi-layered nonlinear mechanisms of cultural production. G.M.

NOTES

1 — Gregory More, *Animated Techniques: Time and the Technological Acquiescence of Animation*, in Ed. Bob Fear, *Architecture + Animation*, Architectural Design, Volume 71 no 2, Wiley, London, 2001. p.20.
2 — Refer to John Potts article *Schizochronia: Time in Digital Sound*.
(http://autonomous.org/soundsite/csa/eis2content/essays/p17_skiz.html)
3 — Ed. Bob Fear, *Architecture + Animation*, Architectural Design, Volume 71 no 2, Wiley, London, 2001.
4 — Aegis Hyposurface©, designed by dECOi in Paris with Mark Burry, SIAL RMIT, Australia.
(www.hyposurface.com)
5 — Mark Goulthorpe, From Autoplastic to Alloplastic Tendency: Notes on Technological Latency, in Ed. Cynthia C. Davidson, *Anymore*, ANY Corporation, MIT Press, Cambridge, 2000. p.206.
6 — Gilles Deleuze, The Fold: *Leibniz and the Baroque*, The Athlone Press, London, 1993. p.19.
7 — Phillip Turetzky, *Time*. Routledge Press, London, 1998. p.40.
8 — Ibid. p.41.
9 — Gilles Deleuze & Felix Guattari, *A Thousand Plateaus Capitalism and Schizophrenia*, The Athlone Press, London, 1987. p408.
10 — *Ibid.* p.408.
11 — Manuel DeLanda, *Uniformity and Variability: An Essay in the Philosophy of Matter*.
(http://www.t0.or.at/delanda/matterdl.htm).

Aionic està subjugat per les modalitats cinemàtiques del temps. La no-linealitat codificada empeny l'eó a atènyer la superfície, irrompent des de les continuïtats del cron, aparentment inesperat però amb conseqüències, mitjançant una materialitat dinàmica. El projecte *Aionic Memoria* posa en moviment aquests fets i confronta la lògica de la tradició concernent la representació dinàmica de l'espai i de la informació: tant una abstracció com un constructe articulat amb precisió. Allibera la latència de l'expressió formal i qüestiona la visualització del canvi incorpori i la seva corporització en espai. Suggereix un canvi en la sensibilitat envers mecanismes polifacètics no lineals de producció cultural. G.M.

NOTES

1 — Gregory More, "Animated Techniques: Time and the Technological Acquiescence of Animation", en Bob Fear (ed.), *Architecture + Animation, Architectural Design*, Volum 71 núm. 2, Wiley, Londres, 2001. pàg.20.

2 — Veure l'article de John Potts, "Schizochronia: Time in Digital Sound". (http://autonomous.org/soundsite/csa/eis2content/essays/p17_skiz.html).

3 — Bob Fear (ed.), *Architecture + Animation, Architectural Design*, Volum 71 n° 2, Wiley, Londres, 2001.

4 — Aegis Hyposurface©, dissenyat per dECOi a París amb Mark Burry, SIAL RMIT, Austràlia. (www.hyposurface.com).

5 — Mark Goulthorpe, tret de "Autoplastic to Alloplastic Tendency: Notes on Technological Latency", a Cynthia C. Davidson (ed.), *Anymore*, ANY Corporation, MIT Press, Cambridge, 2000. pàg.206.

6 — Gilles Deleuze, *The Fold: Leibniz and the Baroque*, The Athlone Press, Londres, 1993. pàg.19.

7 — Phillip Turetzky, *Time*, Routledge Press, Londres, 1998. pàg.40.

8 — *Ibid*, pàg.41.

9 — Gilles Deleuze & Felix Guattari, *A Thousand Plateaus. Capitalism and Schizophrenia*, The Athlone Press, Londres, 1987, pàg.408.

10 — *Ibid*. pàg.408.

11 — Manuel DeLanda, *Uniformity and Variability: An Essay in the Philosophy of Matter*. (http://www.t0.or.at/delanda/matterdl.htm)

[Virginie Guilminot / Styx]

Mathematics & *Flatland*: from design to cinema

A text by
Michele Emmer

Michele Emmer is Full Professor of Mathematics at Università La Sapienza (Rome). He has organized several exhibitions and conferences on the topic of Art and Mathematics and has been professor at universities in Europe, North-America and Japan. His area of activity were PDE and minimal surfaces, computer graphics, mathematics and arts, mathematics and culture, films and videos. As filmmaker, he is author of the series "Art and Math".

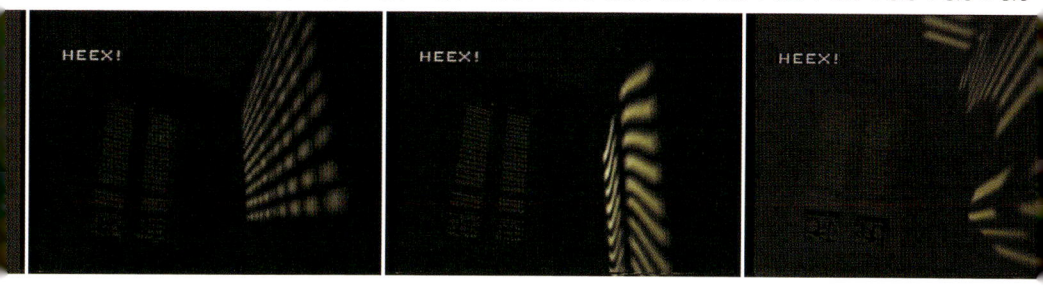

Matemàtica i Flatlàndia: del disseny al cinema

Un text de
Michele Emmer

Michele Emmer és Professor Titular de Matemàtiques a la Universitat La Sapienza de Roma. Ha organitzat nombroses exposicions i conferències sobre Art i Matemàtica i ha exercit com a docent en universitats europees, d'Amèrica del Nord i japoneses. La seva àrea d'activitat s'ha mogut entre els gràfics digitals, matemàtica i arts, matemàtica i cultura, films i vídeos. En tant que realitzador cinematogràfic, és l'autor de la sèrie "Art i Matemàtiques".

ABB Architekten /
Bernhard Franken
Driven

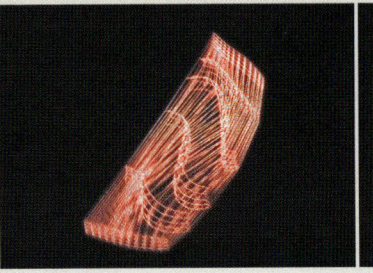

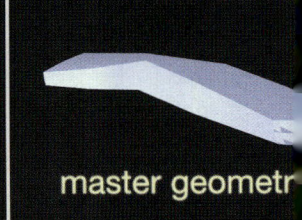

[ABB Architekten/Bernhard Franken / Driven]

INTRODUCTION

In the second half of the 19th century profound changes were taking place in geometry. Between 1830 and 1850 the mathematicians Lobacevskij and Bolyai elaborated the first examples of Non-Euclidean geometries, in which Euclid's famous fifth postulate on parallel lines was no longer held to be valid.

Lobacevskij, not without doubts and confrontations was to call his geometry (today known as Non-Euclidean (hyperbolic) geometry) imaginary geometry, such was the discrepancy with common sense. Non-Euclidean geometry was, for several years, kept on the sidelines as a marginal aspect of geometry, a curiosity, until it was finally incorporated into mathematics as an integral part of the general concepts of G.F.B. Riemann (1826-1866). In 1854, at the Faculty of the University of Göttingen, Riemann delivered his famous lecture, titled *Ueber die Hypothesen welche der Geometrie zu Grunde liegen* (On the Hypotheses that lie at the Foundations of Geometry), which was published in 1867. In his presentation Riemann sustained an overall view of geometry as a study of the varieties of any number of dimensions in any kind of space. According to Riemann's conception of geometry it should not even necessarily deal with points or space, in the ordinary sense, but of sets of coordinates to the order n.

In 1872 Felix Klein (1849-1925), then a professor at Erlangen, in his inaugural lecture, made famous as the *Erlangen Programme*, described geometry as the study of the properties of figures that have invariable characteristics in relation to a particular group of transformations. As a consequence, each classification of the groups of transformations is converted into a codification of diverse geometries. For example, Euclidean plane geometry is the study of the properties of figures that remain invariable in relation to the group of rigid transformations of the plane formed by translations and rotations. Jules Henri Poincaré stated that:

"Geometric axioms are neither a priori synthetic judgements or experimental facts. They are conventions; from among all possible conventions, our choice is guided by experimental facts, yet it remains free and is not limited by the need to avoid each contradiction. Thus the postulates can continue to be rigorously certain, even if the experimental laws that have determined their adoption are only approximate.

INTRODUCCIÓ

Durant la segona meitat del segle XIX la geometria canviava profundament. Els matemàtics Lobacevskij i Bolyai elaboraven entre els anys 1830 i 1850 els primers exemples de geometries no euclidianes, en què no era vàlid el famós cinquè postulat de les paral·leles d'Euclides.

Lobacevskij, no sense dubtes i confrontacions, anomenarà la seva geometria (avui és denominada *geometria no euclidiana hiperbòlica*) *geometria imaginària*, de tanta discrepància que hi havia amb el sentit comú. La geometria no euclidiana es va mantenir durant alguns anys com un aspecte marginal de la geometria, una espècie de curiositat, fins que va ser incorporada com a part integrant de les matemàtiques a través de les conceptes generals de G.F.B. Riemann (1826-1866). Al 1854 Riemann va presentar a la facultat de la Universitat de Göttingen la famosa dissertació titulada *Ueber die Hypothesen welche der Geometrie zu Grunde liegen* (sobre hipòtesis de les bases de la geometria), que es publicarà al 1867. En la seva presentació, Riemann sostenia una visió global de la geometria com un estudi de varietats d'un nombre qualsevol de dimensions en qualsevol gènere d'espai. Segons la concepció de Riemann, la geometria ni tan sols hauria de tractar necessàriament de punts o d'espai en el sentit ordinari, sinó de conjunts de coordenades d'ordre n.

Al 1872, Felix Klein (1849-1925), quan era professor a Erlangen, en el discurs inaugural conegut amb el nom de *Programa d'Erlangen* descrivia la geometria com l'estudi de les propietats de les figures que tenen característiques invariables respecte a un grup particular de transformacions. Com a conseqüència, cada classificació dels grups de transformacions es convertia en una codificació de les diverses geometries. Per exemple, la geometria euclidiana del pla és l'estudi de les propietats de les figures que es mantenen invariables respecte al grup de transformacions rígides del pla format per les translacions i per les rotacions. Jules Henri Poincaré afirmava que

"Els axiomes geomètrics no són ni judicis sintètics a priori, ni fets experimentals. Són convencions; la nostra elecció, entre totes les convencions possibles, està guiada per fets experimentals, però es manté lliure i no està limitada per la necessitat d'evitar cada contradicció. Per tant, els postulats poden seguir sent rigorosament certs, fins i tot si les lleis experimentals que n'han determinat l'adopció no són sinó aproximatives. En altres paraules, els axiomes de la geometria no són sinó definicions disfressades.

dynaframes **filletbeams** **dynafloor**

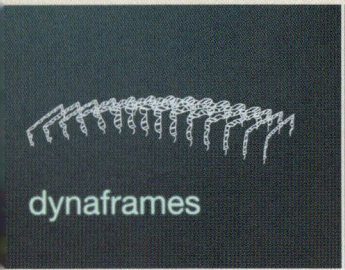

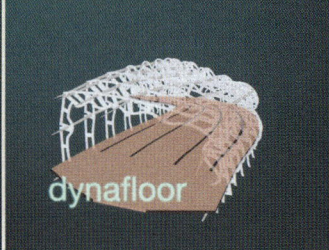

[ABB Architekten/Bernhard Franken / Driven]

In other words, the axioms of geometry are nothing other than disguised definitions. Therefore, what is to be made of the question: Is Euclidean geometry true? The question makes no sense, in the same way that asking whether the metric system is true, and thus the old measuring systems false, makes no sense; or whether Cartesian coordinates are true and polar coordinates false. One geometry can be no truer than another; it may only be more useful. Euclidean geometry is, and will continue to be, the most convenient."

The collection of essays *La Science et l'Hypothése* contains observations on the fourth dimension, with regard to which Poincaré noted that, in the same way that a Euclidean world can be represented, a world in four dimensions can also be represented.

FLATLAND
It is in this context that I would like to introduce the volume by Edwin Abbott Abbott (1838-1926) *Flatland: a Romance of Many Dimensions*, a widely read book, particularly in the English-speaking world, with the first, anonymous, edition printed in 1884. The author was an English theologian, a Shakespeare scholar and a teacher of mathematics. The first edition came out without his name because Abbott was not convinced that it was suitable for him, a Bible and Shakespearean scholar, to have written such a book. In the age in which Abbott's book was published, what could be called *the Geometry of the Fourth Dimension* had already made its appearance in mathematical literature, although it is hard to pinpoint precisely when specific interest in this aspect of geometry arose. We must not forget that here we are talking exclusively about a fourth *spatial* dimension, in which the four coordinates of a point in space are *all* spatial. According to Arthur Eddington, in 1920 in his book *Space, time and gravitation* (a classic in the popularising of the Theory of Relativity), the meeting between the Square and the Sphere is the best explanatory statement of the Fourth Dimension. In Abbott's book the *four-dimensional cube, or hypercube*, makes its first official appearance in literature. However this richly illustrated story does not include any drawings of the Divine Cube, although Mathematicians had considered the problem of visually representing the four dimensions of the Divine Cube, along with other regular four-dimensional solids.

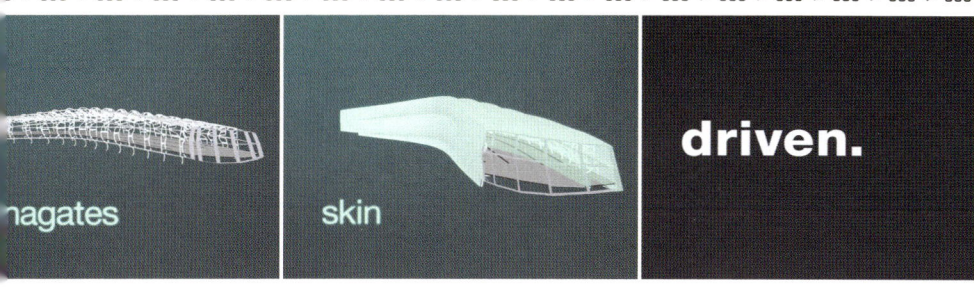

Per tant, què podem pensar de la pregunta 'És veritable la geometria euclidiana?'. La pregunta no té cap sentit. De la mateixa manera que no té sentit preguntar-se si el sistema mètric és veritable i són falsos els vells sistemes de mesura; o si les coordenades cartesianes són veritables, i falses les polars. Una geometria no pot ser més certa que una altra; pot ser solament més còmoda. La geometria euclidiana és, i serà, la més còmoda."

La col·lecció d'assajos *La Science et l'Hypothèse* contenia observacions sobre la quarta dimensió, respecte a la qual Poincaré observava que, de la mateixa manera que es pot representar un món no euclidià, es pot representar també un món de quatre dimensions.

FLATLÀNDIA

Aquest és l'entorn en el qual s'introdueix el volum d'Edwin Abbott Abbott (1838-1926) *Flatland: a Romanç of Many Dimensions*, un llibre que ha tingut una enorme difusió, particularment en el món anglosaxó, amb una primera edició anònima al 1884. L'autor era un teòleg anglès, estudiós de Shakespeare i professor de matemàtiques. La primera edició va sortir sense el nom de l'autor perquè Abbott no estava gaire convençut que haver escrit un llibre així fos una cosa apropiada per a ell, un estudiós de la Bíblia i de Shakespeare. A l'època de la publicació del llibre d'Abbott, ja havia aparegut en la bibliografia matemàtica la que es pot anomenar *Geometria de la Quarta Dimensió*, encara que és difícil assenyalar la data precisa en què neix l'interès específic per aquest aspecte de la geometria. Recordem que s'està parlant exclusivament de quarta dimensió espacial, en què les quatre coordenades d'un punt de l'espai són totes espacials, encara que la trobada de l'Esfera amb el Quadrat, el protagonista, està descrit per Arthur Eddington al 1920 en el llibre *Espai, temps i gravitació*, un clàssic de la divulgació de la teoria de la relativitat, com la millor exposició divulgativa de la quarta dimensió.

Al llibre d'Abbott apareix oficialment a la bibliografia per primer cop el *cub de quatre dimensions* o *hipercub*; el relat, ric en il·lustracions, no inclou, tanmateix, cap dibuix del Cub Diví. Els matemàtics s'havien plantejat el problema de representar visualment el Cub Diví de quatre dimensions i els altres sòlids regulars de quatre dimensions.

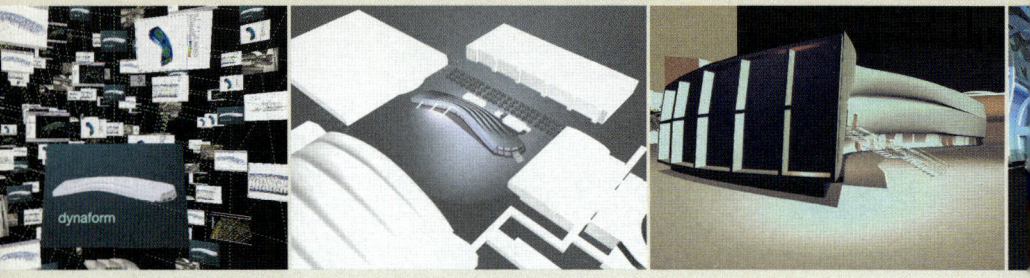

[ABB Architekten/Bernhard Franken / Driven]

FOUR DIMENSIONAL SPACE

One possible departure point would be the analogy of the situation in space of three dimensions. Abbott new his stuff and described the idea to the Square as follows: The Sphere had stated that, "a point has 0 sides; a line, a segment, has 2 sides (thus naming the ends of the segments); a square has 4 sides; 0, 2, 4; and how would you call a progression such as this?" The Square: "Arithmetic". The Sphere: "And what number comes next?" The Square: "Six". The Sphere: "Precisely. The cube that you will generate, by moving a square, will be defined by six faces, or should we say by the six surfaces corresponding with the interior of your body". At this point the Square, fascinated by this arithmetic progression, confirmed by the three-dimensional vision, goes even further: "And in four dimensions, shall not a moving cube, alas, for Analogy, and alas for the Progress of Truth, if it be not so- shall not, I say, the motion of a divine Cube result in a still more divine Organization with sixteen terminal points? Behold the infallible confirmation of the Series 2, 4, 8, 16; is not this a Geometrical Progression? A cube moving in some altogether new way, yet strictly according to Analogy, shall create a still more perfect perfection than himself with sixteen terminal Extra-solid angles, and Eight solid Cubes for his Perimeter ". In this way, i.e. moving a cube along the length of a fourth edge, perpendicular to the three dimensional space in which the cube lies, a hypercube is obtained, which will have 16 vertexes, 32 edges and 8 cells, whereby, by this term is indicated a configuration of regular and equal solids, in this case cubes, in such a way that each square belongs to two cells and each edge to 3 cells.

The first person to study and determine the six regular solids of four-dimensional space was Ludwig Schläfli (1814-1895). Using the Coxeter nomenclature these are: Regular Simplex {3, 3, 3}, Hypercube {4, 3, 3}. 16-cell {3, 3, 4}, 24-cell {3, 4, 3}, 120-cell {5, 3, 3}, 600-cell {3, 3, 5}. However the work of Schläfli was completely unappreciated in his time, and hardly anything was accepted for publication. Only six years after his death, in 1901, his *Theorie der vielfachen Kontinuität* was finally published, in which Schläfli dealt with the geometry of n-dimensions, and in particular with those of four-dimensional solids (which he called *Polyschem*). Some extracts from this work were published in English and French in 1855 and 1858, but went completely unnoticed. This

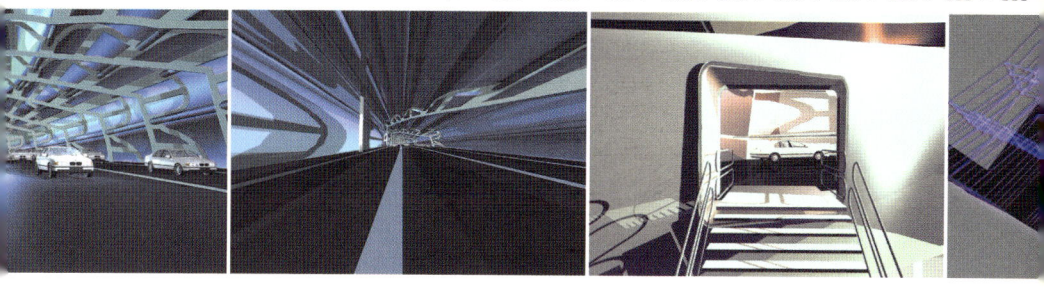

L'ESPAI DE QUATRE DIMENSIONS

Un dels possibles punts de partida seria l'analogia de la situació a l'espai de tres dimensions. Abbott n'estava al corrent, i així fa descriure la idea al Quadrat. L'Esfera havia afirmat que: "Un punt té 0 costats; una línia, un segment, té 2 costats (de manera que s'anomenen així els extrems del segment); un quadrat té 4 costats; 0, 2, 4; com anomeneu una progressió com aquesta?" Quadrat: "Aritmètica". Esfera: "¿I quin nombre ve després?" Quadrat: "Sis". Esfera: "Precisament. El cub que generaríeu, movent un quadrat, estaria delimitat per sis cares, caldria dir per sis superfícies corresponents amb l'interior del vostre cos". Aleshores, el Quadrat, fascinat per la progressió aritmètica, confirmada per la visió tridimensional, va més enllà: "I en quatre dimensions, un cub en moviment –pobre de mi per l'analogia!– no generarà el moviment d'un Cub Diví a un organisme encara més diví amb setze punts terminals? Observeu la confirmació infal·lible de la sèrie 2, 4, 8, 16: ¿no és aquesta una progressió geomètrica? Un cub, movent-se no sé cap a quina direcció completament nova però d'acord estrictament amb l'analogia, crearà una perfecció encara més perfecta que la seva amb setze angles terminals supersòlids i un perímetre de vuit cubs sòlids". D'aquesta manera, és a dir, desplaçant un cub al llarg d'un quart eix perpendicular a l'espai tridimensional en el qual jeu el cub, s'obté l'hipercub, que tindrà 16 vèrtexs, 32 arestes, 24 cares i 8 cel·les, on amb aquest terme s'indica una configuració de sòlids regulars iguals, en aquest cas cubs, de tal manera que cada cara quadrada pertany a dues cel·les i cada aresta a 3 cel·les.

El primer que va estudiar i va determinar els sis sòlids regulars de l'espai de quatre dimensions va ser Ludwig Schläfli (1814-1895). Utilitzant la nomenclatura de Coxeter, són: el Regular Símplex {3, 3, 3}, l'Hipercub {4, 3, 3}, 16-cèl·lules {3, 3, 4}, 24-cèl·lules {3, 4, 3}, 120-cèl·lules {5, 3, 3}, 600-cèl·lules {3, 3, 5}. El treball de Schläfli no va ser gens apreciat a l'època i gairebé cap dels seus treballs no va arribar a ser acceptat per ser publicat. Només sis anys després de la seva mort, al 1901, va ser publicada la *Theorie der vielfachen Kontinuität*, en què Schläfli tractava de la geometria de n dimensions i en particular dels sòlids de quatre dimensions (que anomenava *Polyschem*). Alguns extractes d'aquesta obra s'havien publicat en anglès i francès al 1855 i al 1858, però van passar totalment desapercebuts, probablement perquè, segons l'observació de Coxeter, els títols de les obres eren massa àrids i tendien a amagar els tresors geomètrics que contenien, o potser simplement perquè eren treballs molt avançats

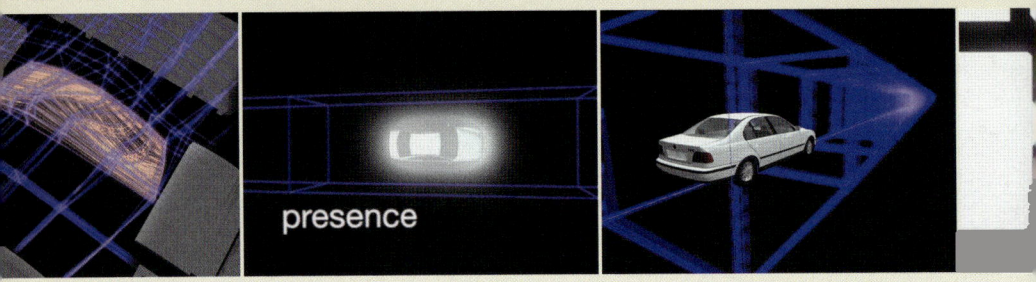

[ABB Architekten/Bernhard Franken / Driven]

was probably because, as noted by Coxeter, the titles of the works were too arid and tended to hide the geometric treasures that lay hidden within them, or perhaps simply because they were works that were way ahead of their time, *like the Art of Van Gogh*. As you can see, it is difficult for a mathematician not to compare the work of the mathematician with that of the artist! As a result many believe that W.I. Stringham was the first to express the regular figures of four-dimensional space, in his article *Regular Figures in n-dimensional Space*, published almost thirty years after the work of Schläfli. Between 1900 and 1910 the different notions about the fourth dimension, developed in the previous century, became increasingly widespread, even if only outside learned circuits. This phenomenon occurred to a much greater extent in the United States, where many popular magazines dedicated considerable space to the discussion of this novelty. Interest came to a head in 1909, when the *Scientific American* sponsored *the best explanation of the fourth dimension*, and received 245 contributions from all over the world. As underlined by the art historian, Linda Henderson, the fourth dimension was interpreted by all of the participants as a purely spatial phenomenon, with absolutely no mention being made of time as the fourth dimension.

Henderson made it clear that: "In the literature dealing with the fourth dimension at the end of the 19th century and the start of the 20th, between the two interpretations of the fourth dimension, time was always the least important. In a view of the fourth dimension that is certainly more philosophical and mystical, time represented a suitable role in the process of visualising a space of a higher dimension, yet time itself was not interpreted as the fourth dimension, rather it was the geometry of the spaces with higher dimensions, along with Non-Euclidean Geometries, that fascinated the public at the start of the 20th century."

The French mathematician E. Jouffret, in his *Traité élémentaire de géométrie à quatre dimensions* commenced the analogy by quoting from *Flatland*. His book, in which the different possible projections of four-dimensional objects in three and two dimensional spaces is described, was known by Duchamp and a number of the Cubists.

Among the images of the hypercube published at that time, those by H.P. Manning in 1914 became very well known outside the circle of mathematicians. They represent two of the possible projections of the hypercube in three-dimensional space and were

per al seu temps, *com l'art de Van Gogh*. Com es pot veure, resulta difícil per a un matemàtic no comparar el treball del matemàtic al de l'artista! Aquest és el motiu pel qual molts pensen que va ser W. I. Stringham el primer a expressar les figures regulars de l'espai de quatre dimensions en l'article *Regular Figuris in n-dimensional Space* publicat gairebé trenta anys després dels treballs de Schläfli. Entre el 1900 i el 1910 les diverses nocions sobre la quarta dimensió, desenvolupades al segle precedent, es van difondre cada vegada més, encara que fora del cercle dels estudiosos. Aquest fenomen es va difondre molt més als Estats Units, on una gran quantitat de revistes populars van dedicar bastant espai per discutir sobre la novetat. L'interès va tenir la seva culminació al 1909 quan *Scientific American* va patrocinar *the best explanation of the fourth dimension*, que va rebre 245 contribucions de tot el món. Com ha subratllat la historiadora de l'art Linda Henderson, la quarta dimensió va ser interpretada per tots els participants com un fenomen purament espacial; no es va esmentar mai el temps com a quarta dimensió.

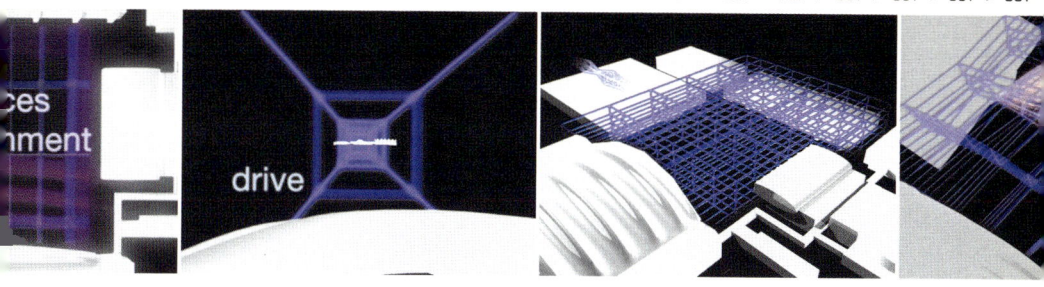

Henderson va posar clarament en evidència el fet que: "En la bibliografia sobre la quarta dimensió de finals del segle xix i inicis del segle xx, entre les dues interpretacions de la quarta dimensió, el temps era sempre la menys important. En una visió certament més filosòfica i mística de la quarta dimensió, el temps representava un paper propi en el procés de visualització d'un espai de dimensió més alta, però el temps en si mateix no s'interpretava com una quarta dimensió. Era més aviat la geometria dels espais de dimensions més altes, juntament amb les geometries no euclidianes, allò que fascinava el públic al començament del segle xx."

El matemàtic francès E. Jouffret, en el seu *Traité élémentaire de géométrie à quatre dimensions*, comença l'analogia citant Flatlàndia. El seu llibre, en què es descrivien les diverses projeccions possibles d'objectes de quatre dimensions en els espais de tres i dues dimensions, era conegut per Duchamp i alguns dels cubistes.

Entre les imatges de l'hipercub publicades en aquells anys, les d'H. P. Manning de 1914 van arribar a ser molt conegudes fins i tot fora del cercle dels matemàtics. Representen dues de les possibles projeccions de l'hipercub a l'espai de tres dimensions. Serien utilitzades per molts artistes, entre els quals Theo van Doesburg. Mentrestant, en el número 5 de la revista *De Stijl* de l'any 1923 es publica un article de Henri Poincaré amb el títol *Pourquoi l'espace a trois dimensions?* Salvador Dalí, en la seva obra *Crucifixió (Corpus Hypercubus)* de 1954 utilitza el dibuix de Manning. Entre els anys

Adriaan Lokman
Barcode

[ABB Architekten/Bernhard Franken / *Driven*]

used by many artists, including Theo van Doesburg. Meanwhile, in issue no. 5 of the magazine *De Stijl*, 1923, an article was published by Henri Poincaré under the title *Pourquoi l'espace a trois dimensions?* Salvador Dalí, in his painting *Crucifixion (Corpus Hypercubus)*,1954, used Manning's drawing. Between the thirties and the sixties, apart from a few exceptions, interest in the geometry of the fourth spatial dimension declined, in artistic and mathematic fields. By the end of the seventies, however, interest had been awoken once more, in both mathematicians and artists. The reason was the appearance of computer graphics programmes as an instrument for satisfying the desire of the Square to see the Divine Sphere and the Divine Cube in four-dimensional space. In 1967 Michael Noll, one of the pioneers of computer assisted design, used possible projections of the hypercube in three-dimensional space (or rather perspective projections of the hypercube on a plane). In one of his works, titled *Displaying n-Dimensional Hyperobjects by Computers*, he wrote that any n-dimensional hyperobject could be mathematically manipulated by a computer. In this way it would be possible for three-dimensional projections of a four-dimensional object rotating in space to be drawn automatically. In this way the strange distortions of the three-dimensional projections obtained by rotating four-dimensional objects would have created the same problems for us as for the inhabitants of Flatland. The reference to Abbott's tale was inevitable! Noll added that it was true that, by using our imagination, it was possible to extend analogue knowledge of three-dimensional objects projected on a plane to the fourth dimension, but that it was still impossible to visualise the four-dimensional object. The conclusions were pessimistic: "To begin with it was thought that a film of a four-dimensional object created by computer could give us a more precise feeling that would allow us to visualise the fourth spatial dimension... Unfortunately this is not the case and we are always in a predicament, just like the inhabitants of *Flatland*."

COMPUTER GRAPHICS
Noll, at that time, had a plotter with which he could draw the different projection of the hypercube on paper. In 1978 the mathematician Thomas Banchoff, along with his colleague Charles Strauss from Brown University, in Providence, basing themselves

trenta i els anys seixanta, a part d'algunes excepcions, l'interès per la geometria de la quarta dimensió espacial ha anat declinant, tant en el camp artístic com en el matemàtic. A la fi dels anys seixanta va tornar a despertar-se l'interès, tant per part dels matemàtics com dels artistes: el motiu va ser l'aparició dels programes gràfics per a ordinadors com a instrument per arribar a satisfer el desig del Quadrat de veure la Divina Esfera i el Cub Diví a l'espai de quatre dimensions. De les possibles projeccions de l'hipercub a l'espai tridimensional (o, més ben dit, de les projeccions en perspectiva de l'hipercub sobre un pla) parteix al 1967 Michael Noll, un dels pioners del disseny assistit per ordinador. En un treball seu titulat *Displaying n-Dimensional Hyperobjects by Computers* escrivia que qualsevol hiperobjecte de n dimensions podria ser manipulat matemàticament mitjançant l'ordinador. D'aquesta manera seria possible que es dibuixessin automàticament les projeccions tridimensionals d'un objecte de quatre dimensions que gira a l'espai. D'aquesta manera, les distorsions estranyes de les projeccions tridimensionals obtingudes girant objectes quadridimensionals ens haurien creat a nosaltres els mateixos problemes que als habitants de Flatlàndia. No podria faltar una referència al relat d'Abbott! Noll hi afegia que era cert que utilitzant la imaginació era possible estendre a la quarta dimensió els coneixements anàlegs sobre objectes tridimensionals projectats sobre un pla, però seguia sent impossible visualitzar l'objecte quadridimensional. Les conclusions eren pessimistes: "Al principi es pensava que una pel·lícula creada per un ordinador d'un objecte en quatre dimensions podria donar-nos una impressió (*feeling*) més precisa per visualitzar la quarta dimensió espacial... Desafortunadament no és així i sempre passem tràngols, com els habitants de Flatlàndia."

EDITORS GRÀFICS PER ORDINADOR

Noll disposava, en la seva època, d'un traçador (*plotter*) per dibuixar sobre el paper les diferents projeccions de l'hipercub. De la idea de Noll va partir el matemàtic Thomas Banchoff, que al costat del seu company Charles Strauss a la Brown University de Providence, van realitzar al 1978 la primera pel·lícula en color d'animació per ordinador en la qual era possible veure l'hipercub movent-se a l'espai de tres dimensions. Al 1977 Banchoff i els seus companys van observar que, si bé en teoria totes les idees usades per investigar l'espai de tres dimensions es podrien generalitzar per

[Adriaan Lokman / Barcode]

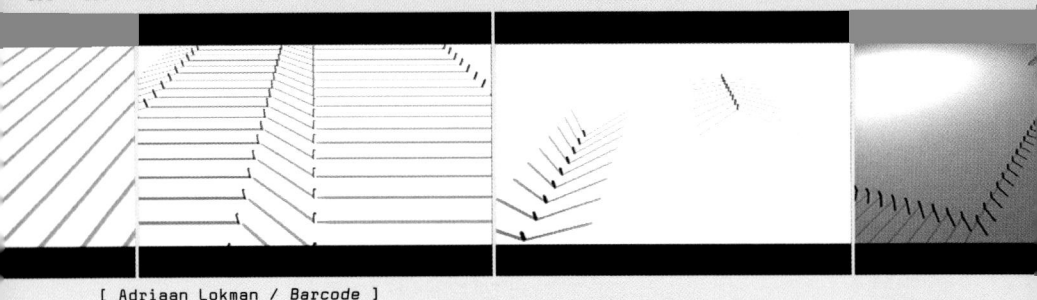

on Noll's ideas, made the first computer generated colour animated film in which it was possible to see the hypercube moving in three-dimensional space. In 1977 Banchoff and his colleagues observed that, although in theory all of the ideas used to investigate three-dimensional space could be generalised for any higher dimension, nevertheless, and with regard to four dimensions, it was still impossible to sufficiently extend geometric intuition by means of a visual approximation. The force of a visual approximation, drawn up using computer-assisted design, consisted of the fact that it is possible to construct any projection in three-dimensional space and manipulate it by means of rotations and projections as if it was a small mock-up in a room and was being observed on the screen of a video terminal.
This kind of approximation, using a computer for mathematical investigation, was new. It made it possible to construct a surface, visualise it on the screen, moving and transforming it in such a way that its properties could be better understood, a case of a notable aid to intuition and research. The film *Hypercube* has become a classic of mathematical research, not only because of the images of the hypercube spinning in space, turned inside out like a glove and vice-versa, which was of interest not only to mathematicians, the technique also sparked the interest of the film world. Some of Banchoff's assistants later went on to work at the LucasFilm calculation centre, and contributed to the special effects used in the *Star Wars* series.
A brief sequence from the film *Hypercube*, a winner at the International Scientific Film Festival in 1979, was shown at the theatre dedicated to the *Fourth Dimension* at the Venice Biennial in 1986, demonstrating that these images also have an *aesthetic appeal*. This rotating object always generates, as the mathematician Coxeter wrote, *an attractive aura of mystery*.
In 1987 Banchoff and his colleagues at Brown University were capable of materialising another of the Square's dreams in Flatland, seeing the four-dimensional sphere, the hypersphere.

FLATLAND: THE FILM
I discovered the book of Flatland towards the end of the seventies. At that time I had started work on my series of films dealing with Mathematics and Art, part of a vast

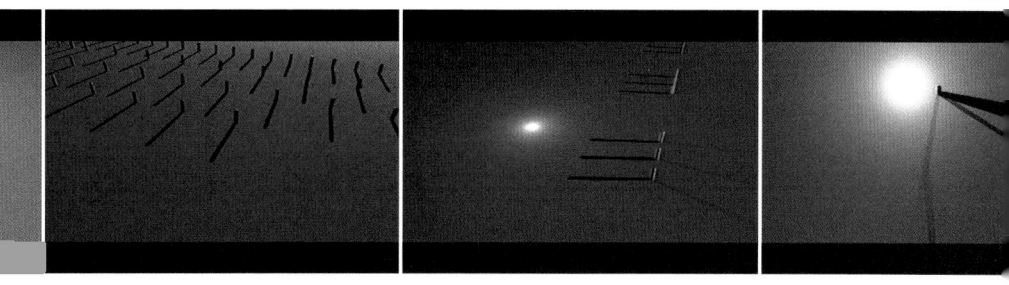

a qualsevol dimensió més alta, pel que es referia a les quatre dimensions encara era possible ampliar bastant la intuïció geomètrica amb una aproximació visual. La potència d'una aproximació elaborada mitjançant el disseny assistit per ordinador consisteix en el fet que és possible construir una projecció qualsevol en l'espai tridimensional i manipular-la mitjançant rotacions i projeccions com si fos una petita maqueta situada en una habitació i fos observada a través d'una pantalla d'un terminal de vídeo.
Aquest tipus d'aproximació, que utilitzava l'ordinador per a la investigació matemàtica, era una novetat. Feia possible construir una superfície, visualitzar-la en la pantalla i moure-la i transformar-la de tal manera que se'n comprenguessin millor les propietats. Es tractava d'una ajuda notable per a la intuïció i la investigació. La pel·lícula *Hypercube* s'ha transformat en un clàssic de la investigació matemàtica. No només això: les imatges de l'hipercub que gira a l'espai, que es gira al revés com un guant, de l'interior a l'exterior i viceversa, no han interessat només als matemàtics; per aquesta tècnica s'ha interessat també el món del cinema: alguns dels ajudants de Banchoff van anar a treballar al centre de càlcul de LucasFilm i han contribuït en la realització dels efectes especials de les pel·lícules de la sèrie *Star Wars*.
Una breu seqüència de la pel·lícula *Hypercube*, guanyadora del Festival Internacional del Cinema Científic al 1979, es projectava en la sala dedicada a la Quarta Dimensió en la Biennale de Venècia del 1986, per testificar que aquestes imatges també tenen un atractiu estètic (*aesthetic appeal*). Aquest objecte que gira genera sempre, com ha escrit el matemàtic Coxeter, *an attractive aura of mistery*.
Al 1987 Banchoff i els seus companys de la Brown University van ser capaços de dur a terme un altre dels somnis del Quadrat de Flatlàndia: veure l'Esfera de quatre dimensions, la hiperesfera.

FLATLÀNDIA: EL FILM
Vaig descobrir el llibre *Flatland* cap a finals dels anys setanta. En aquella època estava començant a realitzar la meva sèrie de pel·lícules sobre matemàtiques i art; part d'un vast projecte sobre matemàtiques visuals que ha dut en 25 anys a la realització no tan sols de pel·lícules, sinó també d'exposicions, de congressos, de llibres, conferències i tesis.
De seguida vaig pensar que hauria estat molt interessant, concretament des de l'aspecte visual, fer una pel·lícula basada en la història d'Abbott. El primer problema

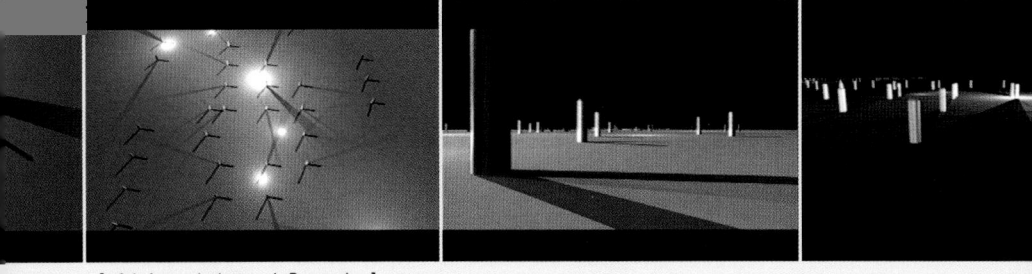

[Adriaan Lokman / *Barcode*]

project on visual mathematics which, over 25 years, has led not only to the making of films but also to exhibitions, congresses, books, conferences and a thesis.
It immediately occurred to me that it would be interesting, specifically from the visual perspective, to make a film based on Abbott's story. The first problem that I had to face up to was how to make such a film. From the beginning I had thought in the technique of animation, although not with cartoons. I wanted to make a film with objects that were really in two and three dimensions, and even to reach the point of showing the four-dimensional Cube and Sphere. On the one hand I was up against the problem of converting the drawings from Abbott's book into images, and on the other, achieving an aesthetic model for the colours and the shapes that, in my opinion, would have to refer back to the beginning of the 20th century. Even for the music, a concern from the very beginning, I was thinking of the work of two composers that I had always loved, Satie and Milhaud.
The problem with converting Abbott's drawings into images, making visible in movement the country of Flatland and its inhabitants, was that before anything it was necessary to decide what materials to use to materialise them. One problem came up immediately: the inhabitants, the houses, the trees could not be coloured, because at a given moment the fashion of colour bursts onto Flatland, and all of its inhabitants paint their sides. For those who do not know, male inhabitants are polygons while the females are segments.
On the other hand I wanted to make a *colour*, and not a black and white, film. Furthermore, there was another big problem. The inhabitants of Flatland are two-dimensional objects, yet they manage to recognise each other because their sides emanate a certain clarity, as described by Abbott. Light and luminosity were the key to the building of the inhabitants of Flatland. They would have to be luminous objects, but without colours, the light would have to give the colour. Thus I would have to use material that was transparent and reflected along its edges in such a way that the sides of Flatland's inhabitants would shine. Their life, their existence would have to be identified with the luminous reflection of their sides. However, for the houses and trees I thought of a material that was not luminous but opaque, that would act as a contrast, that was dark, that was black.

al qual vaig haver d'enfrontar-me va ser com fer la pel·lícula. Havia pensat des del principi en la tècnica d'animació, però no amb dibuixos. Volia fer una pel·lícula amb objectes que fossin realment de dues i tres dimensions, per arribar després a mostrar fins i tot el Cub i l'Esfera de quatre dimensions. M'enfrontava, d'un banda, amb el problema de convertir en imatges els dibuixos que hi ha en el llibre d'Abbott; i, de l'altra, aconseguir un model estètic per als colors i les formes que al meu parer hauria de remuntar-se més o menys a principis del segle xx. Fins i tot per a la música, en la qual he pensat des de l'inici, pensava en dos autors que sempre he estimat molt, Satie i Milhaud.

El problema per convertir en imatges els dibuixos d'Abbott, per fer visible en moviment el país de Flatlàndia i els seus habitants, era que primer de tot calia decidir quins materials s'havien de fer servir per realitzar-los. Apareixia de sobte un problema: els habitants, les cases, els arbres no havien d'acolorir-se perquè en un determinat moment a Flatlàndia esclata la moda del color i tots els habitants es pinten els costats. Per a qui ho desconegui, els habitants mascles són polígons regulars, mentre que les femelles són segments.

D'altra banda, jo volia fer una pel·lícula en color, no en blanc i negre. A més, hi havia un altre gran problema. Els habitants de Flatlàndia són objectes bidimensionals; amb tot, arriben a reconèixer-se entre ells perquè els seus costats emanen, com escriu Abbott, una claredat. La llum, la lluminositat, era la clau per construir els habitants de Flatlàndia. Havien de ser objectes lluminosos però no en color; la llum és el que hauria de donar-los color. Per tant, hauria d'usar un material que fos transparent i relluís per les vores de tal manera que els costats dels habitants de Flatlàndia resplendissin. La seva vida, la seva existència, s'hauria d'identificar amb el reflex lluminós dels seus costats. Amb tot, per a les cases i els arbres pensava en un material no lluminós, opac, que fes contrast, que fos fosc, negre.

Els intents per escollir el material més adequat van necessitar molt de temps, alguns mesos. Hi havia també un altre problema. Els objectes, els triangles, els segments, els quadrats, els polígons, els cercles, havien de ser prou petits, atès que en algunes escenes (per exemple a la batalla) hi hauria d'haver fins a cent personatges en escena.

En resum: per poder fer visibles els habitants bidimensionals de Flatlàndia, per poder donar vida als dibuixos geomètrics d'Abbott, havia de trobar un material transparent, amb els cantons reflectents, i que fos possible retallar en polígons de pocs centímetres

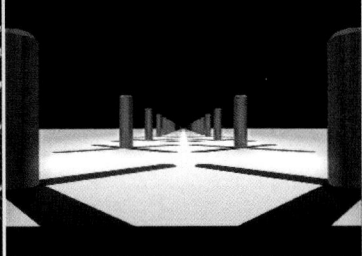

David Sisson
Supaspace

[Adriaan Lokman / Barcode]

It took a long time, several months, to settle on the most suitable material, and in that time another problem arose. The objects, triangles, segments, squares, polygons and circles had to be small, insofar as in some scenes, for example in the battle scene, there would be up to a hundred of them on screen.
In short, in order to make the two-dimensional inhabitants of Flatland visible, to be able to bring Abbott's geometrical drawings alive, I had to find a transparent material, with reflecting edges, which it would be possible to cut into polygons of a few centimetres each side. Furthermore, I also had to find a dark non-reflecting material for the background, houses, trees, etc. Then another, purely geometric, problem arose. The history of Flatland unrolls in a two-dimensional world, yet the Square meets the Sphere and then discovers a three-dimensional world, and even goes as far as to dream of a four-dimensional world.
Now the camera is, by its very nature, a geometric operator that makes an impression on a film (which is two-dimensional) while the images of reality are (apparently) three-dimensional. Then the two-dimensional film is projected, by means of a light source, onto a two-dimensional screen in the cinema (or on a TV monitor). So the camera is an ideal way to visualise the story of Flatland, which is a story of worlds of different dimensions! Obviously, the problem was complicated by the fact that it would be necessary to have images of the inhabitants of Flatland that were two-dimensional (as they see themselves) and three-dimensional (as we see them from above). But in order for the camera to capture their image, the objects should not be truly two-dimensional, but must have a certain depth, that would be illuminated by the light. This is what Abbott called luminosity. The problems did not end there because the environment of Flatland was also a complicated question. Abbott himself suggested that we should think in terms of a table on which objects are moved. And this is the question, how to imagine polygons, not very thick, that are moved on top of a table. In order to set up a two-dimensional shot, the way the inhabitants see each other, the camera would have to come down to the level of the table, i.e. down to the level of Flatland. It may seem easy but doing it this way the camera will also film the table on which the objects rest! You would even be able to see the edge of the table! Not only that but you would also capture on film all that lay beyond the table, the wall of the room for example. In short it was necessary to invent a plane

de costat. A més, havia de trobar un material fosc que no reflectís per fer el paisatge, les cases, els carrers, els arbres. Tot seguit es va presentar un altre problema purament geomètric: la història de Flatlàndia es desenvolupa en el món de dues dimensions; després el Quadrat troba l'Esfera i descobreix el món tridimensional i arriba a somiar el món de quatre dimensions.

Ara bé, la càmera és per la seva naturalesa un operador geomètric que impressiona sobre una pel·lícula (que és bidimensional) les imatges de la realitat que són (aparentment) tridimensionals. Per això, en el moment de la projecció, de la pel·lícula bidimensional s'obté, mitjançant una font lluminosa, una projecció sobre la pantalla bidimensional de la sala cinematogràfica (o sobre el monitor d'un televisor). En fi, la càmera és ideal per a poder visualitzar la història de Flatlàndia, què és una història de mons de diferents dimensions!

Òbviament, el problema era complicat pel fet que en les preses feia falta tenir imatges dels habitants de Flatlàndia que fossin bidimensionals (com ells es veuen) i tridimensionals (com nosaltres els veiem, des de dalt). Però perquè la càmera arribés a capturar la seva imatge, els objectes no havien ser realment bidimensionals, sinó tenir una espessor, que s'il·luminaria a través de la llum; era el que Abbott anomenava la lluminositat.

Els problemes no acabaven aquí, perquè també l'ambient, Flatland, era una qüestió complicada. El mateix Abbott suggereix que es pensi en una taula sobre la qual es mouen els objectes. Vet aquí la qüestió: imagineu polígons, amb un gruix petit, que es mouen damunt d'una taula. Per fer una presa bidimensional, com es veuen els habitants entre ells, la càmera ha de baixar al nivell de la taula, és a dir, baixar al nivell de Flatlàndia. Sembla fàcil! Però fent-ho així la càmera filma també la taula sobre la qual hi ha els objectes! Fins i tot es veuria la vora de la taula! No només això: fins i tot filmaria tot el que hi ha allà on s'acaba la taula, la paret de l'habitació, per exemple. En fi: feia falta inventar un pla que permetés les preses al nivell de la vora de la taula i que al mateix temps fes de fons. Per tant, calia crear l'efecte òptic d'una superfície que hi és (serveix de suport als personatges!) però que no es veu! La solució va ser la de posar cap avall la superfície situada davant la taula, on es posa la càmera, i posar la taula cap amunt fins el seu final, de manera que es tenia un efecte *infinit* de profunditat. Però fent-ho així, com que durant tota l'escena la taula estava il·luminada des de dalt, la reflexió al punt on estava inclinada cap avall era més alta

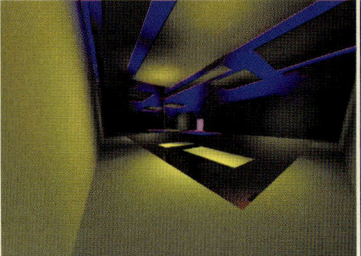

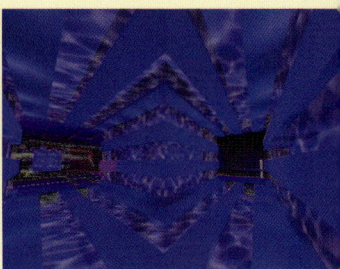

[David Sisson / *Supaspace*]

that would allow for shots to be taken at the level of the edge of table and which, at the same time, would serve as a background. Thus it was necessary to create the optical effect of a surface which is there (insofar as the characters are supported by it), but that cannot be seen! The solution was to warp the surface before the table downwards, where the camera would be placed, and to warp it upwards beyond the table, in such a way that it would have an effect of *infinite* depth. Yet doing it this way, given that the table would be lit from above throughout the scene, the reflection on the warped part was greater than it was where the table was flat. Furthermore the two curvatures, foreground and background, were different. This meant that a geometric problem had to be resolved: how to find the best curvature, both before and after the table, and do so in such a way that the luminosity was equal, or at least very similar.

The material used, incredible as it may seem on seeing the visual results obtained, was black *Formica*. The lighting from above created a transparent blue colour effect for the background, across which the characters are moved, which was what I wanted. It almost seems that they are moving in a vacuum, on an immaterial plane.

After many trial runs *perspex* was chosen for the characters, although it was extremely complicated for the experts to cut characters with dimensions of only a few centimetres from sheets that were various metres long!

STORY BOARD

Once it had been established what material was going to be used for the characters, their dimensions, the atmosphere, the lighting (each character was lit by a small spot), it was necessary to design the story and the sequences, to divide the story into scenes. At the same time, in order to obtain the measured movements suited to each character (taking into account that in the animation each still is an image separated from the next, a photo, and each second of the film consists of 24 stills) it was also necessary to design the itinerary followed by each character and their speed of movement. All of the characters had their own specific way of moving and their own characteristic speed. Therefore the story that Abbott had written needed to be designed. This was a case of drawing up what, in the film world is known as, a story board. Obviously the stage

que allà on la taula era plana. A més, les dues curvatures eren diferents, la de davant i la de darrere. Per això, s'ha hagut de resoldre un problema geomètric: trobar la millor curvatura tant davant com darrere de la taula, de tal manera que la lluminositat fos igual o almenys bastant similar.

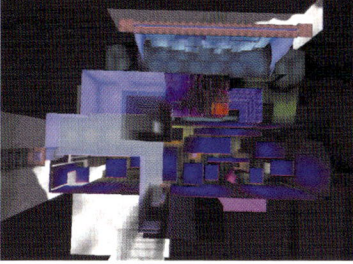

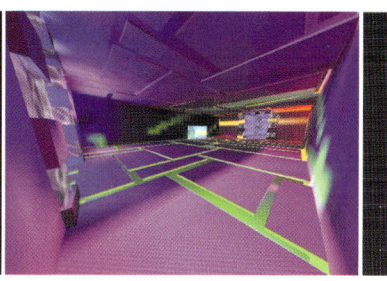

El material usat, per increïble que pugui semblar al veure els resultats visuals obtinguts, era la fòrmica negra. La il·luminació emesa des de dalt crea l'efecte d'un color blau transparent com a fons sobre el qual els personatges es mouen, que era el que volia. Gairebé sembla que es moguin en la buidor, sobre un pla immaterial.

Després de moltes proves, es va escollir com a material per realitzar els personatges el *perspex* (metacrilat); encara que va ser molt complicat fer que els experts retallessin personatges de pocs centímetres, de fulles d'uns quants metres de llargària!

GUIÓ IL·LUSTRAT (*STORYBOARD*)

Un cop establert com era el material dels personatges, les seves dimensions, l'ambient, la il·luminació (cada personatge s'il·luminava per un petit focus, *spot*) calia dissenyar la història, les seqüències. Dividir la història en escenes. A més, per obtenir el suau moviment adequat a cada personatge (tenint en compte que en l'animació cada fotograma és una imatge separada de la següent, una foto, i cada segon de pel·lícula es compon de 24 fotogrames) feia falta també dissenyar els itineraris de cada personatge, la seva velocitat. Cada personatge tenia la seva manera específica de moure's i la seva velocitat característica. Per tant, calia dissenyar la història que Abbott havia escrit. Es tractava de fer el que en el cinema es diu guió il·lustrat (*storyboard*). Òbviament, la fase anterior a aquesta va ser l'escriptura de l'escenificació. En les escenes, i també en els diàlegs, he utilitzat sempre que ha estat possible les escenes tal com les havia imaginades Abbott. He hagut de tallar òbviament moltes escenes perquè eren massa complicades de realitzar o perquè no tenia ni idea de com fer-les. Exemple típic: el món d'una dimensió.

Encara quedava una gran incògnita per començar a fer la pel·lícula: com fer que es trobessin el Quadrat i l'Esfera i, sobretot, com mostrar el Cub i l'Esfera Divins de quatre dimensions! El personal que tenia a la meva disposició consistia en tres persones, inclòs jo mateix. Les escenes es realitzaven i filmaven en un petit teatre en el qual s'havia muntat la famosa taula amb les vores inclinades; a la taula s'havia fixat

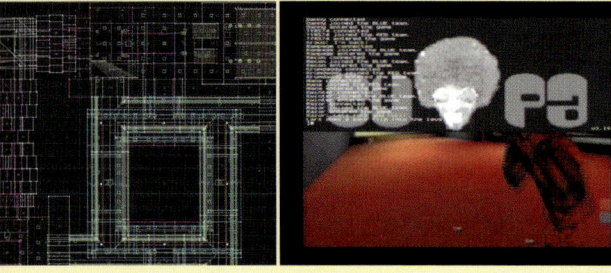

[David Sisson / *Supaspace*]

prior to this was staging design. I always attempted to recreate the scenes, as well as the dialogues, exactly as Abbott had imagined them. Obviously many scenes had to be left out because they were just too complicated to shoot, or because I had absolutely no idea of how it could be done. A typical example would be the one-dimensional world. However a major unknown still remained before the film could be shot. How to film the meeting of the Square and the Sphere, and above all how to show the Divine Cube and the Divine Sphere in four dimensions! There were three of us working on the film, including myself. The scenes were arranged and filmed in a small theatre in which we had set up the famous table with its warped edges. The camera had been attached to the table by means of rails and the lights had been installed above it.

Only one of us had any experience in animation and we needed several months before we managed any fluency in the movements of the characters. Shooting would require a lot of time, several years, above all because a 35-mm. animated film lasting 25 minutes is extremely expensive to make.

As we progressed from one scene to the next, following the story board, the problem of the film's final scene drew closer: the meeting between the sphere and the hypercube. We seriously ran the risk of having to leave the film without an end.

COMPUTER GRAPHICS
At the beginning of the eighties I got to know Thomas Banchoff, who had made his 16-mm. film about the hypercube a few years earlier. We had decided to make a film together, with the title *Dimensions,* part of my "Art and Mathematics" series. In the film I had included a sequence from Banchoff's film about the hypercube and a preview sequence from my own *Flatland*, had also been included. One day when I was visiting Brown University, in Providence, I asked Banchoff if he had any idea about how I could bring the Square and the Sphere together. He said that if I prepared the drawings that I wanted to animate he would do the sequence using digital graphic design. The sequence was then filmed in 16-mm., in one night. Banchoff and his colleagues were also making a new film about the four-dimensional sphere. We agreed that once he had finished his film he would send me a sequence to conclude my own.

Thus, at the end of *Flatland* there are two minutes of computerised animation, used

mitjançant raïls la càmera i damunt del pla s'hi havien instal·lat els llums.
Només un de nosaltres tenia experiència en animació; es van necessitar alguns mesos perquè tots executéssim amb deseiximent els moviments dels personatges. Les preses van necessitar molt de temps —algunes, anys—, sobretot perquè rodar una pel·lícula de 35 mm tota d'animació de 25 minuts de durada és molt costós.
A mesura que s'avançava en la realització de les escenes segons el guió il·lustrat s'apropava el problema de l'escena final de la pel·lícula: la trobada amb l'esfera i la visió de l'hipercub. Hi havia el risc de deixar la pel·lícula sense final.

INFOGRAFIA
A principis dels anys vuitanta vaig establir amistat amb Thomas Banchoff, que uns anys abans havia realitzat la seva pel·lícula sobre l'hipercub en 16 mm. Havíem decidit realitzar junts una pel·lícula de la meva sèrie Art i matemàtiques amb el títol *Dimensions*. En la meva pel·lícula s'hi hauria inclòs una seqüència de la pel·lícula de Banchoff sobre l'hipercub i, a més, s'hi hauria vist amb anticipació una seqüència del meu *Flatlàndia*. Mentre em trobava a la seva universitat, la Brown University de Providence, R.I., li vaig preguntar a Banchoff si tenia cap idea per fer que es trobessin el Quadrat i l'Esfera. Ell em va dir que si li preparava els dibuixos que volia animar, ell realitzaria la seqüència amb disseny gràfic digital. En una nit la seqüència es va realitzar en 16 mm. A més Banchoff i els seus companys estaven realitzant la nova pel·lícula de l'esfera de quatre dimensions. Vam acordar que un cop acabada la seva pel·lícula me n'hauria enviat una seqüència per acabar la meva.
Així, doncs, al final de *Flatlàndia* hi ha dos minuts d'animació per ordinador per realitzar el somni del Quadrat de veure a l'esfera de quatre dimensions. A posteriori he de dir que la diferència entre les imatges precedents realitzades amb objectes tridimensionals reals i els últims dos minuts realitzats amb el disseny assistit per ordinador palesa la distància entre el món del Quadrat i el món de la realitat virtual. Al mateix temps la seqüència final permet al Quadrat (i a tots nosaltres) reflexionar sobre el significat de la ciència, de la llibertat, de les eleccions de cadascun. Una seqüència molt atractiva visualment, la millor conclusió possible de la història i de la pel·lícula. Una conclusió que quan vaig començar la pel·lícula no havia ni tan sols imaginat. No tan sols això: quan vaig començar la pel·lícula aquest final ni existia encara ni podia ser realitzat tècnicament.

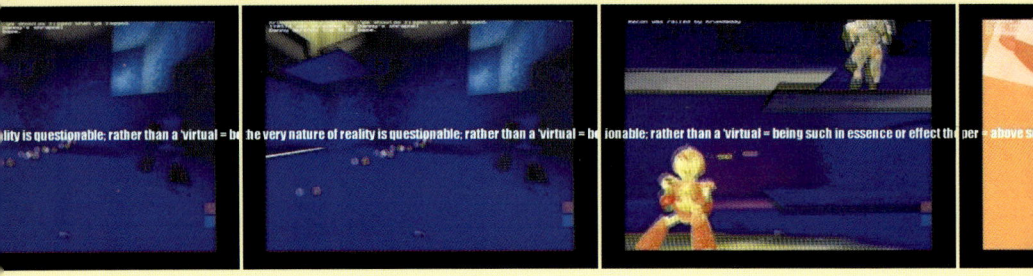

[David Sisson / *Supaspace*]

to portray the Square's dream of seeing the four-dimensional sphere. With hindsight I must admit that the difference between the preceding images, filmed with real, three-dimensional objects, and the last two minutes, animated using computer-assisted design represents a clear illustration of the difference between the world of the Square and the world of virtual reality. At the same time the final sequence allows the Square (and all of us) to reflect on the meaning of science, of freedom and of our own individual choices. A scene that is visually very attractive, the best possible conclusion to the story in the film. A conclusion that, when I began to make this film, I could not even have imagined. But not just that, when I began the film this ending did not even exist and technically speaking could not have been done.

CONCLUSION
I am very happy with the final result of the film *Flatland*. The music has allowed for a very amusing result, and one that is visually very attractive. Furthermore, for the battle scene, the music was composed by Ennio Morricone, despite the fact that his name does not appear in the final credits. Over the years I have shown the film to a great many, different audiences, from children to university students, even to film buffs. The film works.
The most interesting part from my point of view, that of a mathematician who has always concerned himself with abstract mathematics, and who had to confront a great many practical problems that, nevertheless, also had their origins in questions of a geometric nature, while the role of design was also fundamental. Obviously the geometric design, given that this what the story is about, I had to design and build the geometric world as described in Abbott's fantasy, without entering into too many details. A great deal of fantasy in order to imagine, a great practical sense in order to materialise, and even having to count on the financial side, which cannot be dismissed. A specific example of the interconnection between drawing, geometry, mathematics, art, film and music.
An unforgettable experience. M.E.

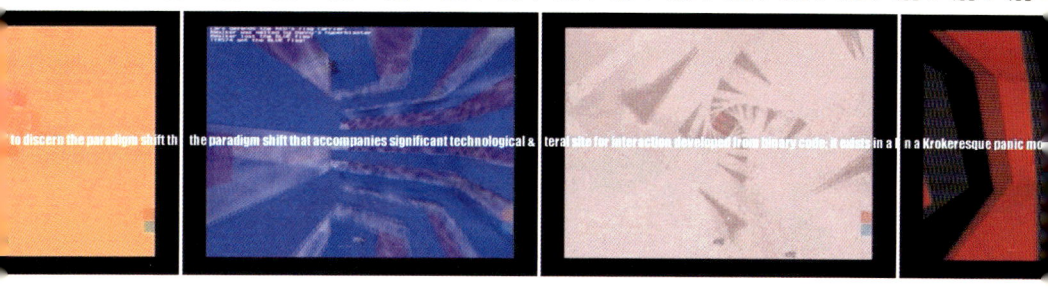

CONCLUSIÓ

Estic molt content del resultat final de la pel·lícula *Flatlàndia*. La música ha permès obtenir un resultat molt divertit i atractiu visualment. A més, per a l'escena de la batalla la música va ser composta per Ennio Morricone, tot i que no apareix el seu nom en els crèdits del final. En aquests anys he ensenyat la pel·lícula a públics molt diferents, des de nens i estudiants universitaris, fins a amants del cinema. La pel·lícula funciona.

La part més interessant, des del meu punt de vista, ha estat la d'un matemàtic que sempre s'havia ocupat de les matemàtiques abstractes, i que ha hagut d'enfrontar-se a un gran nombre de problemes pràctics que, amb tot, tenien el seu origen també en qüestions de caràcter geomètric. A més, el paper del disseny ha estat fonamental. Òbviament disseny geomètric, atès que és del que tracta la història; he hagut de dissenyar i construir un món geomètric que la fantasia d'Abbott havia descrit sense entrar en gaires detalls. Una gran fantasia per imaginar, una gran sentit pràctic per realitzar, i havent de comptar fins i tot amb l'aspecte econòmic, que no podia ser oblidat. Un exemple concret d'interconnexió entre dibuix, geometria, matemàtiques, art, cinema i música. Una experiència inoblidable.
M.E.

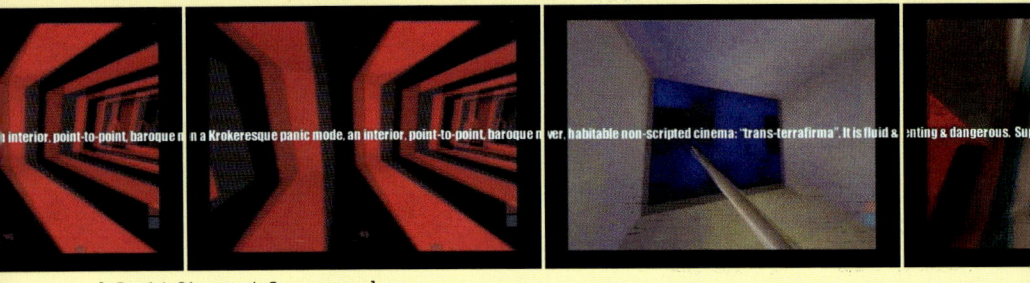

[David Sisson / Supaspace]

BIBLIOGRAPHY

E.A. Abbott, *Flatland: a Romance of Many Dimensions by a Square*, Seeley & Co., London (1884); Italian editor: Adelphi, Milan (1966).

T. Banchoff, *Beyond the Third Dimension*, Scientific American Library, New York, 1990; Italian editor, Le Scienze, 1993.T. Banchoff & C. Strauss, *Real-time Computer Graphics Analysis of Figures in Four-Space*.

U. Bottazzini, *Il flauto di Hilbert: storia della matematica moderna e contemporanea*, UTET, Turin, 1990.

D.W. Brisson (in), *Hypergraphics; Visualizing Complex Relationships in Art, Science and Technology*, Amer. Ass. for the Advancement of Science, Washington (1978), n. 24.

H.S.M. Coxeter, *Regular Polytopes*, Dover Publications Inc., New York, 1973.

A.S. Eddington, *Space, time and Gravitation: an Outline of the General Relativity Theory*, Cambridge University Press, Cambridge, 1920; Italian editor, Boringhieri, Turin, 1971.

M. Emmer, *La perfezione visibile*, Theoria, Rome, 1991.

M. Emmer, *Dimensions*, film from the series *Art and Mathematics*, directed with L. Henderson, T. Banchoff, D.E.H. Brisson, A. Pierelli, FILM 7, Rome (1982) 16-mm., 27 minutes.

M. Emmer, *Lo spazio tra matematica ed arte*, pp. 37-39; M. Emmer, *XY... Dimensioni*, in XY, Dimensioni del disegno, vol. 2 no. 4 (1987).

M. Emmer, *Flatland*, film series Art and Mathematics, 16-mm., 22 minutes, colour, sound, Film 7 Int., Rome, 1991.L.H. Henderson, *The Fourth Dimension and non-Euclidean Geometry in Modern Art*, Princeton University Press, Princeton (1983).

M. Holt, *Mathematics in Art*, Studio Vista, London, 1971.

E. Jouffret, *Traité élémentaire de géométrie à quatre dimensions*, Gauthier-Villars, Paris (1903).

M. Jouray, G. Arcidiacono, A. Pierelli, *Attilio Pierelli*, Editions du Griffon, Neuchâtel, 1983.

H. Koçak & D. Laidlaw, *Computer Graphics and the Geometry of S4*, The Mathematical intelligencer, vol. 9 no.1 (1987).

G. Macchi (in), *Spazio*, Catalogo della sezione, edizioni La Biennale, Venice (1986).

H.P. Manning, *Geometry of Four Dimensions*, MacMillan & Co., New York (1914).

M. Noll, A *Computer Technique for Displaying n-Dimensional Hyperobject*, Ass. for Computing Machinery, ACM, no.10 (1967).

H. Poincaré, *La Science et L'Hypothèse*, 1902; Flammarion, Paris, 1968; Italian editor, Dedalo, Bari, 1989.

H. Poincaré, *Pourquoi l'espace a trois dimensions?* De Stijl, n. 5 (1923); ristampa anastatica, De Stijl, vol. 2, 1921-1932, Athenaeum, Amsterdam, 1968.

W.I. Stringham, *Regular Figures in n-Dimensional Space*, American Journal of Mathematics, vol. 3 (1880).

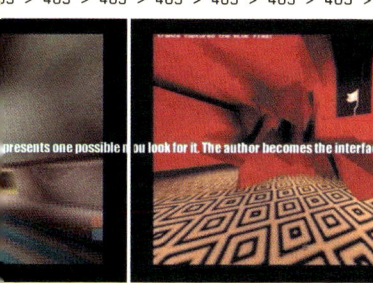

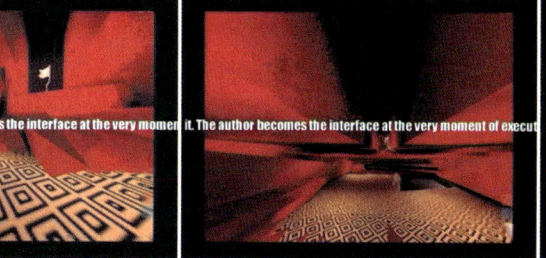

BIBLIOGRAFIA

E.A. Abbott, *Flatland: a Romance of Many Dimensions by a Square*, Seeley & Co., Londres, 1884; ed. italiana: Adelphi, Milà, 1966, pàgs.137-138.

T. Banchoff, *Beyond the Third Dimension*, Scientific American Library, Nova York, 1990; ed. italiana Le Scienze, 1993.

U. Bottazzini, *Il flauto di Hilbert: storia della matematica moderna e contemporanea*, UTET, Torí, 1990, pàg.167.

D.W. Brisson (a càrrec de), *Hypergraphics: Visualizing Complex Relationships in Art, Science and Technology*, Amer. Ass. for the Advancement of Science, Washington, 1978, n. 24.

H.S.M. Coxeter, *Regular Polytopes*, Dover Publications Inc., Nova York, 1973, pàg.119.

A.S. Eddington, *Space, time and Gravitation: an Outline of the General Relativity Theory*, Cambridge University Press, Cambridge, 1920; ed. italiana, Boringhieri, Torí, 1971, pàg.79.

M. Emmer, *La perfezione visibile*, Theoria, Roma, 1991.

M. Emmer, *Dimensions*, film de la sèrie *Art and Mathematics*, realitzada amb L. Henderson, T. Banchoff, M. Emmer, *Lo spazio tra matematica ed arte*, pàgs.37-39; a una altra M. Emmer, *XY....Dimensioni*, a "XY, Dimensioni del disegno", vol.2 n.4 (1987), pàgs.21-32.

M. Emmer, *Flatland*, film serie "Art and Mathematics", 16 mm., 22 min., color, sonor, Film 7 Int., Roma, 1991.

M. Holt, *Mathematics in Art*, Studio Vista, Londres, 1971.

E. Jouffret, *Traité élémentaire de géométrie à quatre dimensions*, Gauthier-Villars, París, 1903.

M. Jouray, G. Arcidiacono, A. Pierelli, *Attilio Pierelli*, Editions du Griffon, Neuchâtel, 1983.

H. Koçak & D. Laidlaw, *Computer Graphics and the Geometry of S4*, The Mathematical intelligencer, vol. 9 n. 1, 1987, pàgs.8-11.

G. Macchi (a càrrec de), *Spazio*, Catàleg de la sessió, edició La Biennale, Venècia, 1986, pàg.72.

H.P. Manning, *Geometry of Four Dimensions*, MacMillan & Co., Nova York, 1914.

M. Noll, *A Computer Technique for Displaying n-Dimensional Hyperobject*, Ass. for Computing Machinery, ACM, n.10, 1967, pàg.469.

H. Poincaré, *La Science et L'Hypothèse*, 1902; Flammarion, París, 1968; ed. italiana, Dedalo, Bari, 1989, pàg.72.

H. Poincaré, *Pourquoi l'espace a trois dimensions?*, De Stijl, n. 5, 1923, pàgs.66-70; ristampa anastatica, De Stijl, vol. 2, 1921-1932, Athenaeum, Amsterdam, 1968, pàgs.377-379.

W.I. Stringham, *Regular Figures in n-Dimensional Space*, American Journal of Mathematics, vol. 3, 1880, pàgs.1-12.

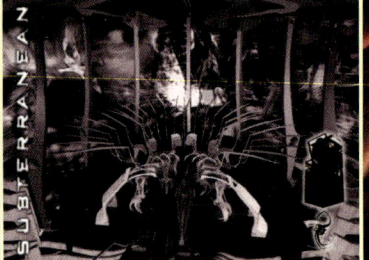

[Shawn Jasmann / *Subterranean*]

The architecture of virtual reality: Towards an aesthetics of the information society

A text by
Paolo Sustersic

Paolo Sustersic is architect and reseacher at the Departament de Composició Arquitectònica of the Universitat Politècnica de Catalunya (Barcelona). He has specialized in the history and critic of the architecture of the XXth century. He is co-editor of *DC revista de crítica arquitectónica*. He is currently writing his thesis: *Habitar en el Siglo XXI. Espacios domésticos en la era de la información*.

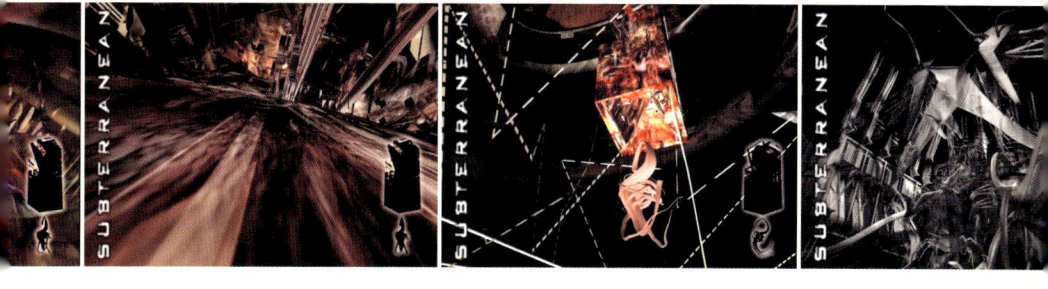

L'arquitectura de la realitat virtual: cap a una estètica social de la informació

Un text de
Paolo Sustersic

Paolo Sustersic és arquitecte i investigador en el Departament de Composició Arquitectònica de la Universitat Politècnica de Catalunya a Barcelona. S'ha especialitzat en la història i la crítica de l'Arquitectura del segle XX. És codirector de *DC revista de crítica arquitectònica*. Actualment, elabora la seva tesi doctoral: *Habitar en el Siglo XXI. Espacios domésticos en la era de la información*.

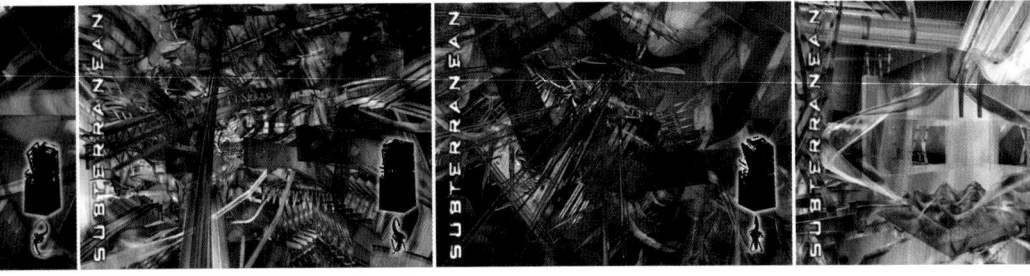

[Shawn Jasmann / *Subterranean*]

With the definitive consolidation of information technologies a new phase has also begun for architecture, in which computerised means have started to be used as powerful creative instruments, endowed with their own specificity. It is a case of a change of attitude, the scope of which we are only beginning to comprehend, but which will have a profound effect on the theoretic statute of architecture, even on the basis of new modalities of coordination between thought and expression. The gradual loss of capacity of the drawing hand that deposits fragments of ideas and information on a material support is substituted by the possibilities of a digital medium that is configured as a prosthesis capable of exploring new dimensions, concepts, shapes and sensations that, up to now, have not formed a part of this practice.

Architecture, in turn, once more faces up to the need to respond to the demands made by a society in transformation, seeking the expression of the new *zeitgeist* that is emerging from the informational context and the reinterpretation of topics of modernity. The exasperation of the technical paradigm, the renewed faith in a technique that is capable of providing answers to contemporary demands, and the recreation of a certain climate of vanguardism are thus blended to other less immediate references, such as resort to the images of expressionism, the organic, the world of science fiction, comics, design and future realities, the roots of which are deeply embedded in a number of other aspects of 20th century culture.

Within this framework an important transformation is taking place with regard to ways of thinking, projecting and executing architectural objects: the conditions have been created for a stimulating investigation of complexity, which has freed architecture from its disciplinary concerns in order to bring it into contact with other spheres of contemporary knowledge, ranging from philosophy to genetics.

The existence of increasingly powerful computers and ever more sophisticated programmes has introduced the possibility of processing the immense quantities of data necessary to work with dynamic systems. Thus traditional constants are being replaced by variables, the modifications of which are capable of reconfiguring the whole system, through processes that simulate the development of evolutionary structures that are able to grow, organise, modify or transform themselves on the basis of algorithms, defined by a great variety of models that are inspired in mathematical

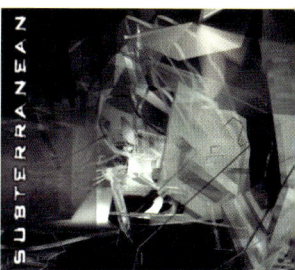

Amb la consolidació definitiva de les tecnologies de la informació s'ha obert per a
l'arquitectura una nova fase en què els mitjans informàtics han començat a utilitzar-se
com a poderosos instruments de creació dotats d'una especificitat pròpia. Es tracta
d'un canvi d'actitud l'abast del qual tan sols hem començat a apreciar, però que
influeix profundament en l'estatut teòric de l'arquitectura, fins i tot a partir de les
noves modalitats de coordinació entre pensament i expressió. La pèrdua gradual de la
capacitat de la mà, que quan dibuixa deixa anar fragments d'idees i de dades en un
suport material, és substituïda per les possibilitats d'un medi digital que es configura
com una pròtesi capaç d'explorar noves dimensions, concepcions, formes i sensacions
que fins ara quedaven excloses d'aquesta pràctica.

Per la seva banda, l'arquitectura es torna a enfrontar a la necessitat de respondre a les
demandes plantejades per una societat en transformació, cercant l'expressió d'un nou
zeitgeist que sorgeix del context informacional i de la reinterpretació de tòpics de la
modernitat. L'exasperació del paradigma tecnològic, la fe renovada envers una tècnica
capaç de donar resposta a les exigències contemporànies, la recreació d'un cert tipus
d'avantguarda, es barregen així amb unes altres referències menys immediates, com
ara el recurs als imaginaris de l'expressionisme, amb allò orgànic, amb el món de la
ciència-ficció, del còmic, del disseny i de la futuritat, que també enfonsen les seves
arrels en tants aspectes culturals del segle XX.

En aquest marc, s'està produint una important transformació en la manera de pensar,
de projectar i de realitzar els objectes arquitectònics: s'han creat les condicions per a
una estimulant investigació sobre la complexitat, que ha alliberat l'arquitectura de les
seves preocupacions disciplinàries per a posar-la en contacte amb d'altres àmbits del
coneixement contemporani, des de la filosofia fins a la genètica.

La disponibilitat d'ordinadors cada vegada més poderosos i de programes cada cop
més sofisticats, ha brindat la possibilitat de processar grans quantitats de dades
necessàries per a treballar amb sistemes dinàmics. Així, les constants tradicionals se
substitueixen per uns variables les modificacions dels quals poden reconfigurar tot el
sistema, mitjançant processos que simulen el desenvolupament d'estructures evolutives
capaces de créixer, d'autoorganitzar-se, de modificar-se o bé de transformar-se en
base a algoritmes definits per una gran varietat de models que s'inspiren en equacions
matemàtiques, aplicacions geomètriques, sistemes topològics, biològics o genètics.

El concepte de procés torna a situar-se al centre d'una investigació que determinarà

[Shawn Jasmann / *Subterranean*]

equations, geometric applications, and topological, biological or genetic systems. The concept of process once more occupies centre stage in an investigation that will determine the final configuration of the object, in the same way as interest in non-linear systems, topological geometry and, in general, the new shape generating modalities are. These concerns are evident in the work of architects as heterogeneous as Greg Lynn, Marcos Novak, Karl Chu, Preston Scott Cohen, Kolatan & MacDonald, Reiser & Umemoto, of groups such as dECOi, NOX, Foreign Office Architects, Ocean, to cite just a few of the outstanding names in this new panorama.

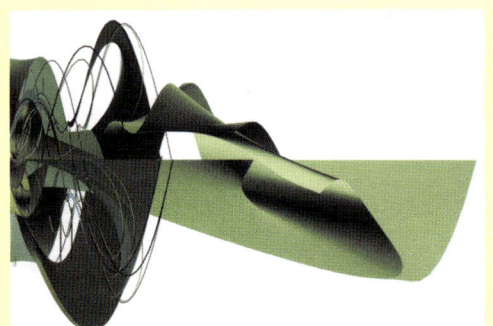

1: Karl Chu, Phylox.
2: Marcos Novak,

1

1
A few years ago Pierre Levy pointed out how virtualisation, rather than representing a disappearance or the transformation of an entity into a set of possibilities, is in fact a mutation of identity, the opening of a problematic field that aims to discover the general question to which the entity makes reference. Thus it is a case of an opportunity for the dynamic reconfiguration of a determined order that, among other consequences, also leads to the exploration of limits, or of territories that, initially, are only accessible to us with difficulty. These considerations may, perhaps, help us to better interpret some aspects of a term that is frequently used to describe contemporary reality.

3: dECOi, Aegis Hyposurface, instal·lació interactiva per al Birmingham Hippodrome Theatre

[408 / Paolo Sustersic / *The architecture of virtual reality*]

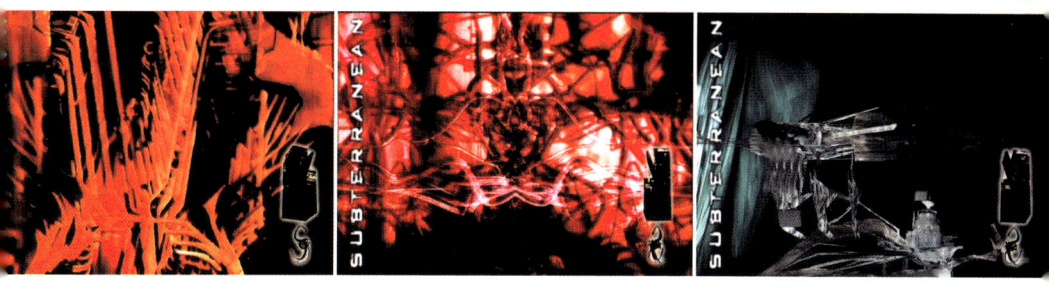

la configuració final de l'objecte, de la mateixa manera que també hi són l'interès pels sistemes no lineals, la geometria topològica i, en general, per les noves modalitats de generació de la forma. Aquestes preocupacions són evidents en els treballs d'arquitectes tan heterogenis com Greg Lynn, Marcos Novak, Karl Chu, Preston Scott Cohen, Kolatan & Mac Donald, Reiser & Umemoto, i de grups com dECOi, NOX, Foreign Office Architects, Ocean, per només citar uns quants protagonistes d'aquest nou panorama.

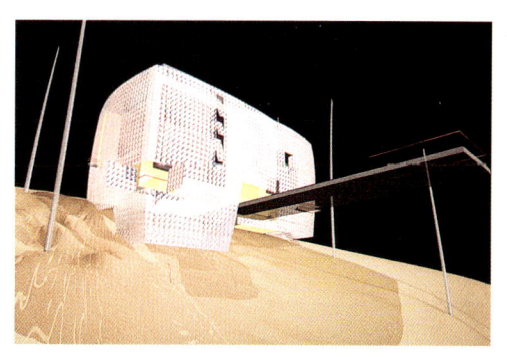

5: Kolatan & Mac Donald, Ost/Kuttner Apartment.
6: Nox, Beachness.

[Shawn Jasmann / Subterranean]

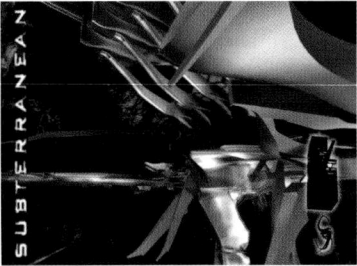

Degree Zero Architecture
300 Kb Museum

The capacity to process great quantities of information leads to the search for expressive resources that know how to take advantage of these opportunities to put forward new forms of communication within the framework of the growing importance of visual perspective.
Until very recently material reality was still the priority objective of architecture. However, as with any operation that consists of projecting, i.e. in *a priori* imagining, architecture has begun to take up permanent existence in a virtual dimension, in which objects or situations that could be made material in the physical world are simulated. Today the concept of virtual space has acquired a different meaning thanks to the introduction of computerised and sensorial devices that have extended this dimension and converted it into an independent *virtual reality* governed by rules that do not necessarily coincide with those of the physical world. Traditional representative criteria have been relegated by the versatility of an electronic hyperspace in which data flows intersect, generating simulations and animations of objects that have been created in this new dimension.
Almost infinite possibilities of visualisation or sensorial enhancement of objects that could not previously be represented are opened up. Just over the horizon we have the possibility of being able to visualise thoughts through connections between the brain and terminals. If this turns out to be the direction of an interior journey into the unsuspected dimensions of the real/virtual (Paul Virilio interprets the discovery of this dimension as the new frontier for a humanity that has exhausted the possibility of discovering its own planet and is suffering from claustrophobia) it is also true that we cannot completely disconnect ourselves from that other, material, reality that makes up our most immediate environment.
On the other hand this new kind of representation counts on complex variables, even in order to generate apparently straightforward images, which are the result of intense work on information processing, modelling, surface treatments, applications of texts, images, lighting, sound, cameras and effects, based on techniques originally developed for films, advertising and other forms of visual communication. Generally speaking the end of the process is once more a perspective representation of the virtual object which, in this way, acquires its definitive reality or — I should say —,

1

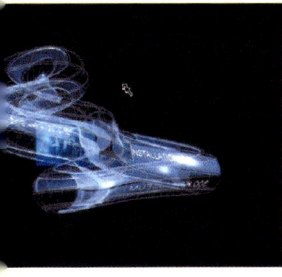

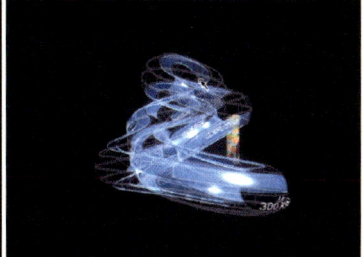

Anys enrera, Pierre Lévy assenyalava que la virtualització, més que representar la desaparició o la transformació d'una entitat en un conjunt de possibles, és una mutació d'identitat, l'obertura d'un camp problemàtic que pretén descobrir la qüestió general a la qual l'entitat fa referència. Així doncs, es tracta d'una oportunitat de reconfiguració dinàmica d'un determinat ordre el qual, entre d'altres conseqüències, condueix a l'exploració dels límits o de territoris que en principi resulten difícilment accessibles al propòsit humà. Aquestes consideracions potser ens poden ajudar a interpretar millor alguns aspectes d'un terme força emprat per a descriure la realitat contemporània.
La capacitat de processar una gran quantitat d'informació, suposa la recerca d'uns nous recursos expressius que sàpiguen aprofitar aquestes oportunitats per plantejar noves formes de comunicació en el marc de la creixent importància d'allò visual.
Fins fa poc, la realitat material ha estat l'objectiu prioritari de l'arquitectura. Tanmateix, igual que qualsevol operació que consisteixi en projectar, és a dir, en imaginar a priori, l'arquitectura ha començat a existir en una nova dimensió virtual en la qual se simulen objectes o situacions que es podrien materialitzar en el món físic. A hores d'ara, el concepte d'espai virtual ha assolit un significat diferent, gràcies a la introducció de dispositius informàtics i sensorials que han ampliat i convertit aquesta dimensió en una realitat virtual independent, regida per unes regles que no necessàriament coincideixen amb les del món físic. Els criteris tradicionals de la representació han estat desbancats per la versatilitat d'un hiperespai electrònic en el qual s'entrecreuen fluxos de dades que generen simulacions i animacions d'objectes creats en aquesta nova dimensió.
S'obren unes noves possibilitats gairebé infinites de visualització o sensorialització d'objectes fins ara irrepresentables. En aquest horitzó, es perfila fins i tot la possibilitat de visualitzar els pensaments, mitjançant connexions entre el cervell i les terminals.
Si bé és cert que això pot ser l'encaminament cap a un viatge interior en unes dimensions insospitades entre allò real i allò virtual (Paul Virilio interpreta el descobriment d'aquesta dimensió com el nou límit d'una humanitat que ha esgotat tota possibilitat de descobriment del seu planeta i que pateix claustrofòbia), també és cert que no podem desvincular-nos de tota aquella altra realitat material que configura el nostre entorn més immediat.
D'altra banda, aquest nou tipus de representació compta amb variables complexes, fins i tot per a la generació d'imatges d'aparença senzilla, que són el resultat d'un

[Degree Zero Architecture / 300 Kb Museum]

hyperreality. Even though the impact of these fascinating forms of representation entails the risk of converting them into an end in themselves, it is a question of the start of an exploration that moves between the two levels of contemporary experience: i.e. the physical environment of our corporality and the extended virtual reality that is opened up to us by the electronic prosthesis.

2

The great freedom of experimentation in the field of form generating processes is one of the most relevant aspects of the panorama at the start of the 21st century. It is a case of investigations opening out in many directions, and defining the new aesthetics of the information society.

From the industrial revolution on, the representation of technique as the most fitting expression of modernity has substituted harmonic systems that referred to both nature and man. Nevertheless architecture has taken on the expression of this component, increasingly more essential in terms of the humanity of a particular form, which is not just limited to the fact of using new materials and technologies. In reality architecture poetises on a determined technical system and – in the same way as, along with other arts, it contributes to the definition of an aesthetics – it also contributes to the social acceptance of that determined system. Definitively, it participates in a process of introjection of innovations. In short, this is the reason for the special significance of current forces to convert computer systems into instruments for projecting and the expression of a new contemporary aesthetics.

It is not evident that analogies with generative and evolving processes, geometric models or the elaboration of data landscapes represent, in themselves, a guarantee or a legitimation for these experiments. Perhaps all architecture is based on arbitrary decisions, but that such must acquire their importance within a determined cultural context, which in this specific case presents the opportunity to use new tools to investigate and, at the same time, to generate a new limit to architectural territory. Repeatedly, throughout history, architects have attempted the representation of dynamic phenomena in an essentially static and permanent medium, resorting to configura-

intens treball de processament de la informació, del modelat, del tractament de les superfícies, de l'aplicació de textos, imatges, il·luminació, so, càmeres i efectes, segons tècniques pròpies del cinema, de la publicitat o tota altra forma de comunicació visual. En general, el final del procés torna a ser una representació en perspectiva de l'objecte virtual que, d'aquesta manera, adquireix la seva realitat definitiva —o millor dit— la seva hiperrealitat. Per bé que l'impacte d'aquestes formes fascinants de representació comporta el risc de convertir-les en una finalitat en si mateixes, representen el començament d'una exploració que es mou entre aquests dos nivells de l'experiència contemporània: l'entorn físic de la nostra corporeïtat i l'ampli entorn virtual que ens obren les pròtesis electròniques.

2
La gran llibertat d'experimentació en el camp dels processos generatius de la forma és un dels aspectes més rellevants d'aquest panorama de principi del segle XXI. Són investigacions obertes en moltes direccions, que estan definint la nova estètica de la societat de la informació.
A partir de la revolució industrial, la representació de la tècnica com a expressió més característica de la modernitat va substituir els sistemes harmònics que fan referència a la naturalesa i a l'ésser humà. Tanmateix, l'arquitectura s'encarrega d'expressar aquest component cada vegada més essencial d'allò humà d'una forma particular, que no es limita al fet d'emprar nous materials i tecnologies. De fet, l'arquitectura poetitza sobre un determinat sistema tècnic i, —de la mateixa manera que junt amb d'altres arts contribueix a definir una estètica— també participa en l'acceptació social d'aquest determinat sistema. En definitiva, contribueix al procés d'injecció interna de les innovacions. En síntesi, aquesta és la raó per la qual són especialment significatius els esforços actuals de convertir els sistemes informàtics en instruments de projecció i d'expressió d'una nova estètica contemporània
No és gens clar que les analogies entre els processos generatius i evolutius, els models geomètrics o l'elaboració dels panorames de dades, representin en si mateixos una garantia o una legitimació d'aquests experiments: és possible que tota arquitectura es fonamenti en decisions arbitràries, que adquireixen tanmateix la seva importància dins d'un determinat context cultural, context que en aquest cas concret presenta

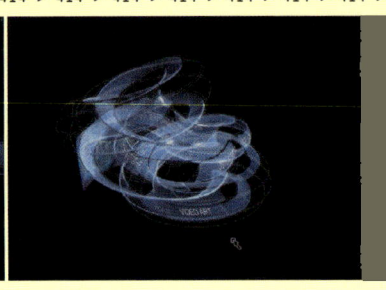

[Degree Zero Architecture / 300 Kb Museum]

tions that express the movement detained in one of its instants, incorporating devices that allow onlookers to reconstruct a dynamic sensation through form, the generation of trajectories, a breaking away from the limits of the object or the generation of other phenomena that act on perception. Architects are currently presented with the problem of seeking metaphors that are capable of expressing the new dimension of a process that is mainly developed in the immaterial form of cyberspace, and which constitutes the most distinctive feature of the information society.

The intersection between the levels of the *soft* reality of the mediasphere and the *hard* reality of the physical environment poses the existence of a hybrid space that some architects consider to be the most suitable dimension for contemporary projects, such being understood as an inclusive operation that is prepared to move between these different layers of reality.

Investigations into what have been defined as "hybrid forms", "liquid architectures" or "digital architectures" pose the end of architecture as a tectonic discipline, related to a determined expression of the process of assembling parts, of construction and materials, given that in this new situation it seems rather that the object is determined by the design of a shell, or a skin that is capable of transforming itself according to the circumstances. In this way a universe of complex surfaces is generated which refer to NonEuclidean geometries, the bull, the Moebius strip and Klien's Bottle, or directly to the *soft* geometries of body cavities, and which tend to explore dimensions without beginning or end, exterior or interior. Are these perhaps the formal analogies of atemporal time described by Manuel Castells?

An analysis of various of the architectural proposals produced within this environment registers numerous coincidences that go further afield than formal expression or digital format: the sensation of immateriality, an absence of gravity, fluidity and the perception of the speed of the information flows that emanate from the projects, thus defining the fluctuating image of cyberspace.

In this way the trials of the architects that are most committed to enquiring into this new contemporary panorama aspire to become materialisations of a new dominant social and spatial model, anticipations of an architecture that the powers will shortly assume – that is if they have not done so already – without the need to

[414 / Paolo Sustersic / The architecture of virtual reality]

Degree Zero Architecture
IN X House

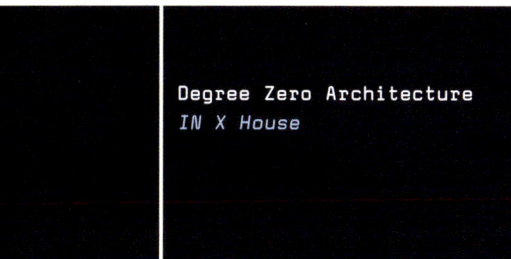

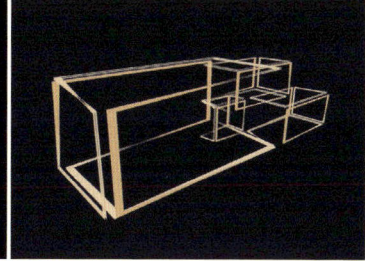

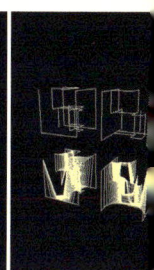

l'oportunitat d'emprar noves eines per a investigar i generar alhora un nou territori límit de l'arquitectura. En el transcurs de la història, els arquitectes s'han plantejat contínuament la representació de fenòmens dinàmics en un medi essencialment estàtic i permanent, recorrent a unes configuracions que expressessin el moviment deturat en un dels seus instants, o bé posant a punt dispositius que permetessin a l'espectador la reconstrucció d'una sensació dinàmica mitjançant la forma, la generació de recorreguts, la ruptura dels límits de l'objecte o la generació d'altres fenòmens que actuessin sobre la percepció. A hores d'ara, als arquitectes se'ls presenta el problema de buscar metàfores capaces d'expressar la nova dimensió d'uns processos que es desenvolupen principalment en la immaterialitat del ciberespai, i que constitueixen el segell més distintiu de la societat de la informació.

L'encreuament entre les capes d'una realitat *soft* de la mediesfera i una altra de *hard* de l'entorn físic, plantegen l'existència d'un espai híbrid que alguns arquitectes consideren com la dimensió més pròpia del projecte contemporani, entès com una operació inclusiva disposada a jugar entre els diversos nivells de la realitat.

Les investigacions sobre les quals s'han definit "formes híbrides", "arquitectures líquides" o "arquitectures digitals", plantegen el final de l'arquitectura com a disciplina tectònica, relacionada amb una determinada expressió del procés d'entroncament de les parts, de la construcció i dels materials, ja que en aquesta nova situació l'objecte sembla que el determini més aviat el disseny d'un folre o d'una pell capaç de transformar-se segons les circumstàncies. D'aquesta forma, es genera un univers de superfícies complexes relatives a unes geometries no euclidianes, al toro, a la cinta de Moebius i a l'ampolla de Klein, o bé directament a les geometries *soft* de les cavitats corporals, que tendeixen a explorar dimensions sense principi ni fi, sense exterior ni interior. Potser aquelles analogies formals del temps atemporal descrites per Manuel Castells?

Si analitzem diverses propostes arquitectòniques produïdes en aquest àmbit, es detecten nombroses coincidències que van més enllà de l'expressió formal o del format digital: la sensació d'immaterialitat, la pèrdua de les coordenades espaciotemporals, l'absència de gravetat, la fluïdesa i la percepció de la velocitat dels fluxos d'informació que emanen dels projectes, definint així la fluctuant imatge del ciberespai.

D'aquesta manera, els intents dels arquitectes més compromesos en la indagació d'aquest nou panorama contemporani, aspiren a convertir-se en materialitzacions d'un

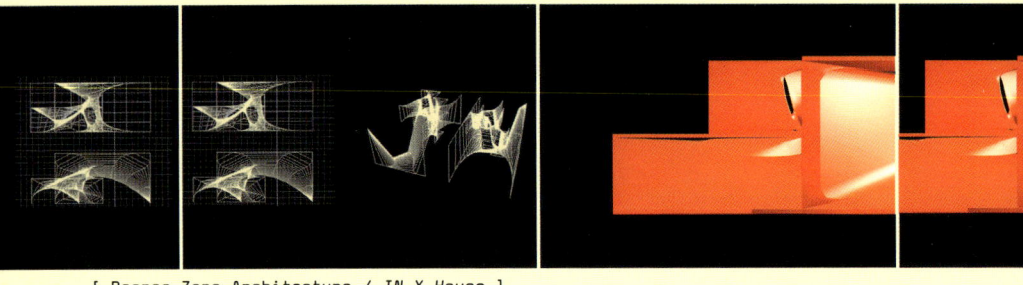

[Degree Zero Architecture / *IN X House*]

fight any battles. Some architectures, if possible, even more deterritorialised and absolute than those of the modern movement, which aspire to become universes in themselves, in dazzling spatial and mediatic experiences that will attempt to approach the space of flows.

3

Up to now such experiments have mainly been limited to animations on computer screens and the glittering images that have circulated in trendy magazines. Recently, however, a new and interesting phase of executions has opened up. The passage from virtual reality to a physical dimension on site, in turn, leads us to certain final considerations. Now, after the development stage, the traditional project executed on the basis of plans, sections and elevations is replaced by computer controlled three-dimensional modelling that guides both the ideation of the object and the production of its parts. Peter Zellner has suggested that architecture should become *firmware*, the digital construction of a projected space by means of *software* and materialised in the *hardware* of construction. The data that describe the complex geometry of surfaces are is the same as that which determines the production process of constructive components.

The reduction of all information to a digital format also, and as a result, allows for the almost immediate transfer of data to a construction industry that is beginning to consolidate new computer assisted construction methods. The transposition of technologies and materials, already confirmed in other more advanced and dynamic spheres, to this sector, traditionally much slower to evolve, has now begun. The possibility of producing individualised parts such as, those that

[416 / Paolo Sustersic / The architecture of virtual reality]

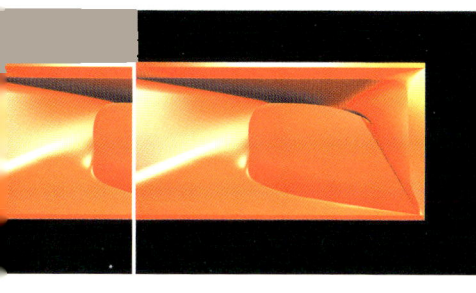

Alex Haw
The Djagram

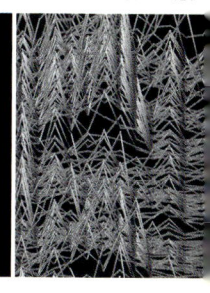

nou model social i espacial dominant, en anticipacions d'una arquitectura que els poders assumiran imminentment —si és que ja no han fet— sense necessitat de combatre en cap enfrontament. Unes arquitectures, si és possible, encara més 'desterritoritzades' i absolutes que les del moviment modern, que aspiren a convertir-se en universos propis, en unes esclatants experiències espacials i mediàtiques que miraran d'aproximar-nos a l'espai de fluxos.

3

Fins ara, aquestes experimentacions s'han manifestat principalment en les animacions de les pantalles i en les imatges resplendents que circulen en les pàgines de les revistes d'aquesta tendència. S'ha obert recentment una nova i interessant etapa de realitzacions. Així mateix, el pas de la realitat virtual de les pantalles a la dimensió física de l'obra planteja algunes consideracions finals.

D'ençà de la seva fase de desenvolupament, el projecte tradicional dut a terme mitjançant les plantes, les seccions i les alçades, fou substituït per un modelat tridimensional controlat informàticament, que guia tant la ideació de l'objecte com la producció de les seves diferents parts. Peter Zellner ha suggerit que l'arquitectura es converteix en *firmware*, una construcció digital d'un espai projectat mitjançant un software i materialitzat en l'hardware de la construcció. Les pròpies dades que descriuen la complexa geometria de les superfícies són les que determinen el procés de producció dels components constructius.

La reducció de tota la informació en un format digital permet per tant la transferència gairebé immediata de les dades a una indústria de la construcció que està enllestint uns nous mètodes de producció assistida per ordinador. S'està iniciant la transposició d'unes tecnologies i materials ja consagrats en d'altres àmbits més avançats i dinàmics, vers un sector d'evolució tradicionalment lenta. La possibilitat de produir peces individualitzades, com ara les que configuren les envolupants de la Embrio House de Greg Lynn, de la Torus House de Preston Scott Cohen o les

[417 / Paolo Sustersic / L'arquitectura de la realitat virtual]

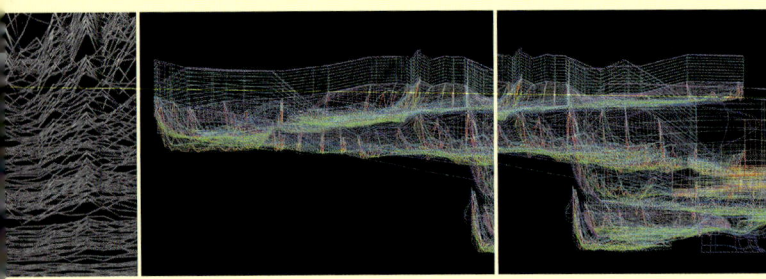

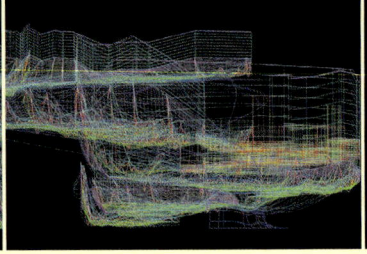

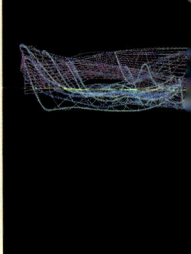

[Alex Haw / *The Djagram*]

make up the shells of Greg Lynn's *Embryo House*, the *Torus House* by Preston Scott Cohen or the surfaces of the Yokohama Terminal by Foreign Office Architectss, not to mention the now widely celebrated titanium laminates of the Guggenheim Museum by Frank Gehry, means an important change in the concept of the industrialised production of constructive components, still dominated to a great extent by a concept of repetition in series, at most with slight variations on a number of standard parts. Thus an interesting circular effect is produced between the application of new technologies and the influence that these, in turn, will have on the project.

It will be interesting to see how certain buildings, created and generated in the virtual and abstract space of information flows will interact with the real contexts in which they are to be located, whether they will be presented as objects that speak to us and prefigure the other dimension from which they undoubtedly spring or, on the other hand, whether they will be capable of creating an effective dynamic that is capable of adding certain qualities to the buildings that make the experience of materialised space even more interesting than that of the digital simulation. And, finally, that they will allow us to continue to enjoy the years that are left to us before *The Matrix* becomes our reality. P.S.

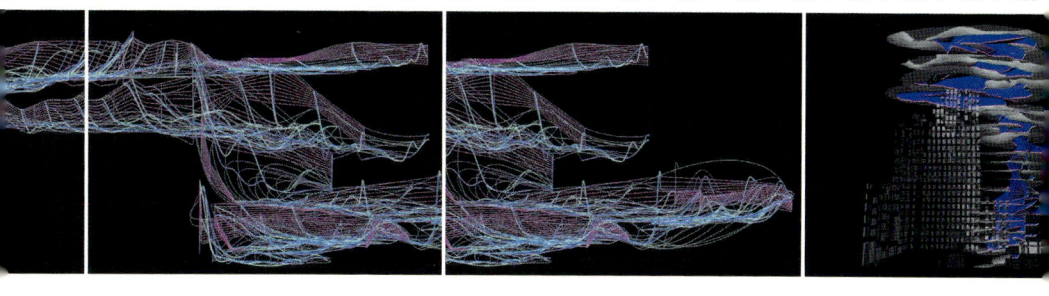

superfícies del Terminal del Port de Yokohama de Foreign Office Architects, per no parlar de les tan generosament aplaudides làmines de titani del Museu Guggenheim de Bilbao de Frank Gehry, suposa un canvi important en el concepte de la producció industrialitzada de components constructius, encara dominada en gran mesura per una concepció de repetició en sèrie, amb ben poques modificacions, d'unes peces estàndards. Així, es produeix un interessant efecte circular entre l'aplicació de les noves tècniques i la influència que aquestes, per la seva banda, exerceixen en el projecte.

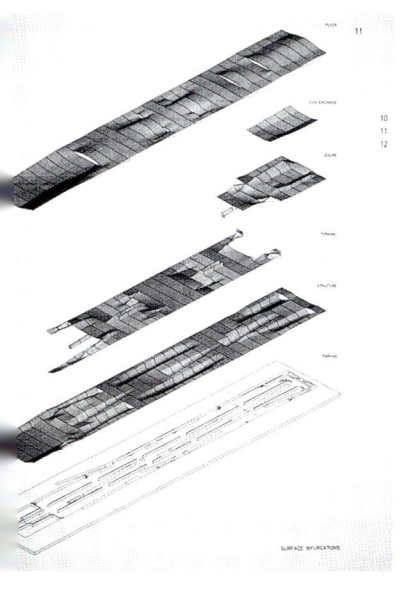

Serà interessant de veure de quina manera uns edificis generats i pensats des de l'espai virtual i abstracte dels fluxos d'informació, interactuaran amb els contextos reals, si es presentaran com a objectes que ens parlen i prefiguren l'altra dimensió de la que indubtablement provenen o si, al contrari, seran capaços de crear una dinàmica eficaç amb l'entorn material en el qual se situen. Tanmateix, és probable que la realització sigui capaç d'afegir a les obres unes qualitats que continuïn fent interessant l'experiència de l'espai materialitzat enfront de la simulació digital, i que, en definitiva, encara ens facin fruir dels anys que ens queden abans que Matrix no es converteixi en una realitat. P.S.

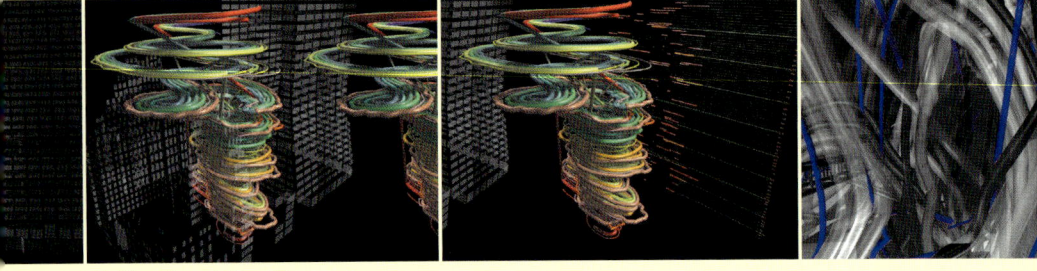

[Alex Haw / The Djagram]

For an avant-pop culture

A text by
Carmelo Baglivo, Luca Galofaro

Luca Galofaro, Carmelo Baglivo and Stefania Manna set up IAN+ in 1997, a studio that materializes around the core of three members with diverse professional formation and experience. IAN+ multy-disciplinary agency aims at being a place where theory and practice of architecture overlap and meet. Architecture is conceived as a method endowed with independence, like a perpetual updating of a programmatic and topological diagram. Their projects have been selected for different exhibitions in Italy and abroad, amongst them: Archilab 2000 and 2001 and the Biennale di Venezia 2000.

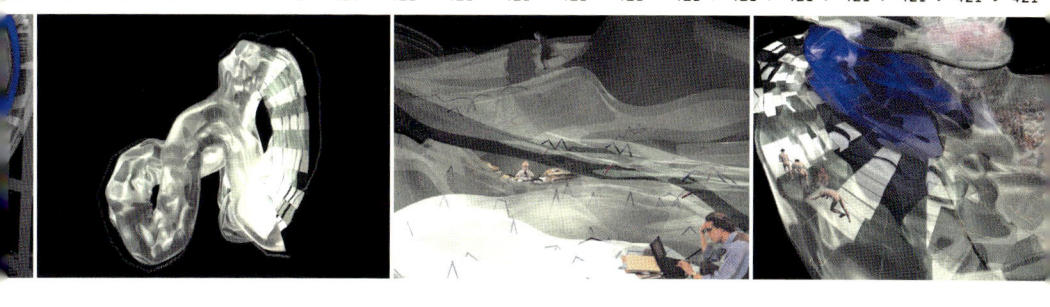

Per una cultura *avantpop*

Un text de
Carmelo Baglivo,
Luca Galofaro

Luca Galofaro, Carmelo Baglivo i Stefania Manna crearen IAN+ el 1997, un estudi que es materialitza al voltant de tres membres amb diferents formacions professionals i experiència. Com a agència multidisciplinària, IAN+ aspira a ser un lloc en el qual la teoria i la pràctica de l'arquitectura se superposin i coincideixin. L'arquitectura es concep com a un mètode que disposa d'independència, com la perpètua actualització d'un diagrama pragmàtic i topològic. Els seus projectes han participat en diferents exposicions internacionals, d'entre les quals: Archilab 2000 i 2001 i la Biennal de Venècia 2000.

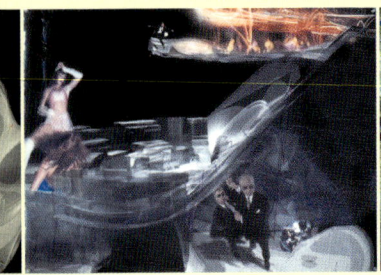

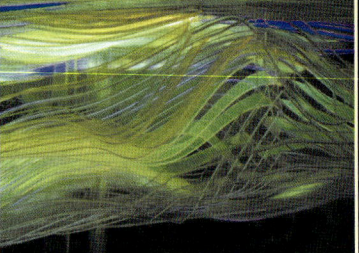

Dennis Dollens
Exodesic Canopies

[Alex Haw / The Djagram]

In the Mediterranean area, digital technology is a mental attitude and not solely a formal practice as in other cultures. Digital technology is a system of evaluation and communication. An attempt to use technology to reinvent a tool, capable of educating slowly, guiding the mind towards an understanding of the contemporary situation. Precisely that which Marshall McLuhan calls the mimetic form.

"The Mimetic form, is a technique that exploited rhythm, meter and music, achieved the desired psychological response in the listener. Listeners could memorize with greater ease what was sung than what was said."

Digital as a mimetic form, through which to overcome the limits of a formal exercise, in order to take on the role of cognitive and interpretative substratum of reality. The Mediterranean culture belongs to us, is inside us, moves with us. Digital, as a technique, is a recent breakthrough. Digital, as a system of thought, has always been present and continued to move forward throughout the twentieth century towards the present-day, simulated version of a single mind which every architect uses in his own way to transcribe their annotations on a world in constant transformation. Digital technology has nothing to do with computers; the computer is already out of the picture. Almost all the consequences that could have been expected of them as individual machines have already occurred. Machines have had the great capacity to speed up our lives and make the management of many ideas, words and graphic resolutions extraordinary, other than that they have not produced any other effects. Real digital is communication, at a very deep and broad level. All the transformations which have followed are generated by the system which has revolutionised these communications. Transmitting a thought, communicating, means broadening the range of action of one's own experience of one's own culture.

The Web constitutes the great innovation. "Communication via the web is so close to culture and society itself that the huge-scale introduction of new technologies is having much more complex effects than a simple industrial renewal."[1] The WEB AS A SYSTEM OF COMMUNICATION is a prime example of the animation of information, and all the computers connected to it reconstitute a global geography, in which the Mediterranean

[422 / Carmelo Baglivo, Luca Galofaro / For an avant-pop culture]

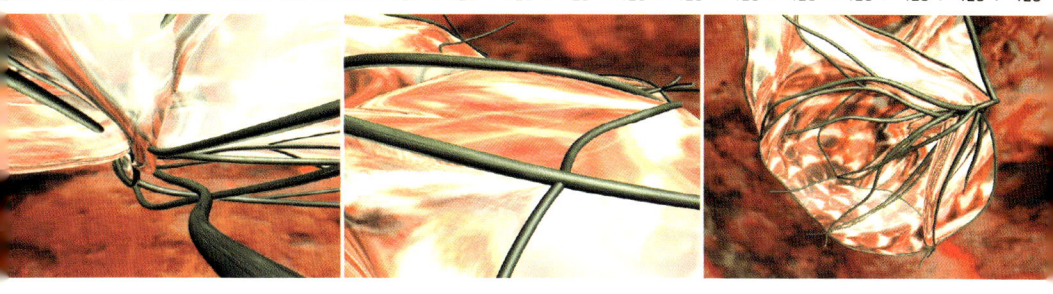

En l'àmbit de la cultura mediterrània, el món digital no només és un exercici mental sinó una actitud, com ho és en d'altres cultures. Allò digital és un sistema de valorització i de comunicació. Un intent d'emprar la tecnologia per a reinventar un instrument, capaç d'educar la ment guiant-la a poc a poc envers la comprensió de la situació contemporània. Concretament, és allò que Marshall McLuhan anomenà "la forma mimètica".

"La forma mimètica (és una tècnica) que explota ritme, mètrica i música, aconseguint la resposta psicològica desitjada per l'oient. L'oient pot memoritzar més fàcilment el que es canta que no el que es diu."

Allò digital és la forma mimètica a través de la qual superar els límits d'un exercici formal per assumir el paper de substrat cognitiu i interpretatiu de la realitat. La cultura mediterrània a la qual pertanyem és dins nostre, es mou amb nosaltres.

Allò digital com a tècnica és una conquesta recent; en canvi, allò digital com a sistema per a reflexió sempre ha estat present i avança tot al llarg del segle vint cap a l'actual versió simulada d'una ment única, que cada arquitecte utilitza d'un mode diferent per a transmetre les seves anotacions d'un món en constant transformació.

Allò digital no té cap mena de relació amb els ordinadors: l'ordinador ja està desbancat. Gairebé ja s'han produït tots els coneixements que d'ell es podien esperar en tant que aparell. Les màquines han tingut la gran capacitat d'accelerar les nostres vides i fer extraordinària la gestió de moltes idees, paraules i resolucions gràfiques; a part d'això, no s'ha generat cap altre efecte. Allò autènticament digital és comunicació, en un camp molt profund i ampli. Totes les transformacions que han sobrevingut posteriorment han estat generades pel sistema que ha revolucionat les comunicacions. Transmetre un pensament, comunicar, significa allargar el radi d'acció de la pròpia experiència en relació a la pròpia cultura.

Les xarxes constitueixen la gran innovació. "La comunicació a través de la xarxa és tan propera a la cultura i a la societat que la introducció massiva de la nova tecnologia té efectes molt més complexos que els d'una simple renovació industrial."[1] La XARXA COM A SISTEMA DE COMUNICACIÓ és un primer exemple d'animació de la informació, i tots els ordinadors que hi són connectats reconstitueixen una geografia global en la qual l'àrea mediterrània ocupa una part important i, a curt termini, el seu impacte cultural, tecnològic i conceptual repercutirà en la part més profunda de la nostra manera de treballar com a arquitectes.

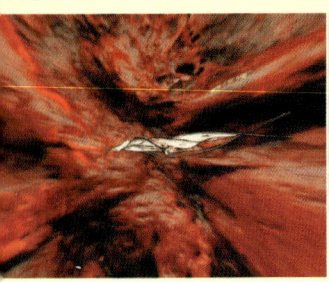

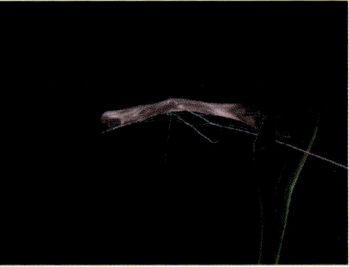

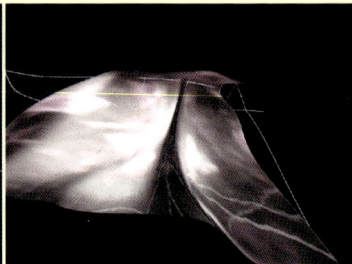

[Dennis Dollens / *Exodesic Canopies*]

area occupies an important part and, in the near future, its cultural, technological and conceptual impact will be reflected deep down in our way of working as architects.

Plato was suspicious of an apparently monocular tool of information spreading, as the individual computer and its associated technology could be seen, but digital technology as a system of communication is a prism capable of refracting the single thought towards multiple meanings, which emerge and develop, rewriting a sense of space deep-rooted within us, the heritage of our genetic code. The first important distinction is precisely the one between virtual architecture, bound to an collective imagination and real architecture inside which we move and live on a daily basis. The digital thought, in a certain sense, tends to eliminate possible differences by trying to focus attention around the concept of space by means of synthesis.

"In the Italian language the word *spazio* ("space") means an "unlimited and undefined entity", unlike the word *luogo* ("place") which means "an ideally or materially defined portion of space". But, space in its non-definition, contains many other significant shades of meaning, among which, that of the margin of action or that of temporal expanse. The word *spazio*, in short, depicts an extremely vast area, which has to do with as much the delimitation of *luoghi* ("places") as with bodies and their actions, and then with immaterial entities like temporal expanse. Etymology tells in fact that the Latin word *spatium* was probably associated to "being open". Space is the open horizon of Architecture. This horizon is what architecture deals with, and is also that which physically occupies."[2]

According to Frederic Jameson, the beginning of the end of the world as we know it, is characterised by "a phenomenal expansion of culture in the social domain, to the extent that everything in our social life-from economic value and the practice of state power, to the profound structure of the psyche — has become cultural in a new meaning and, as yet, not theoretically discussed." This unprecedented expansion of culture, made possible by the exponential growth of technology, has changed the world outline: the pop culture has superseded nature and has colonised the physical space of every country, and has colonised those internal, subjective areas that once were considered

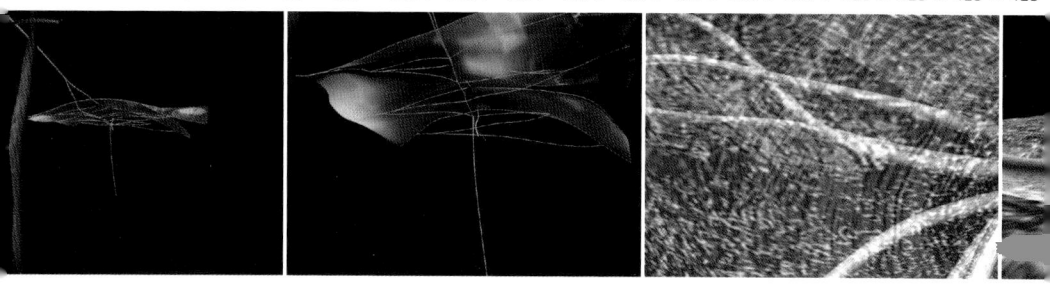

Plató desconfiava d'un instrument de divulgació d'aparença monocular, que podria ser la pròpia computadora amb la seva tecnologia annexa. Però com a sistema de comunicació, el digital és un prisma capaç de refractar el pensament únic cap a significats múltiples, que naixen i es desenvolupen reescrivint una espacialitat radicada en el nostre interior, patrimoni del nostre codi genètic.
La primera distinció important és precisament la que es fa entre arquitectura virtual, lligada a un imaginari col·lectiu, i aquitectura real, dins de la qual ens movem i vivim cada dia. De certa manera, el pensament digital tendeix a eliminar les possibles diferències tot buscant, a través de la síntesi, de focalitzar l'atenció al voltant del concepte d'espai.

"La paraula *spazio* ("espai") al·ludeix, en italià, a una entitat il·limitada i indefinida, contràriament a la paraula *luogo* (lloc) que indica una porció ideal o materialment definida d'espai. Tanmateix l'*espai*, en la seva in-definició, conté força altres matisos significatius entre els quals figuren els relatius al marge d'acció o d'extensió temporal. La paraula *spazio* configura en la seva totalitat un territori extremadament ampli, que té a veure tant amb la delimitació dels *luoghi* ("llocs"), com amb els cossos i les seves accions, així com amb entitats immaterials com les extensions temporals. L'etimologia diu que de fet, la paraula llatina *spatium* estava probablement connectada amb el fet d'estar obert. L'espai i l'horitzó oberts de l'arquitectura. Aquest és horitzó és del qual s'ocupa l'arquitectura, i alhora de l'espai que s'ocupa físicament."[2]

Segons Frederic Jameson, l'inici del final del món, tal com nosaltres el vèiem, s'ha caracteritzat per "una prodigiosa expansió de la cultura en el camp social, fins al punt que tota la nostra vida social —des dels valors econòmics i la pràctica del poder estatal fins a la profunda estructura de la nostra psique— s'ha transformat en quelcom de cultural, segons una nova accepció que encara no ha estat teoritzada". Aquesta expansió sense precedents en la nostra cultura ha estat possible gràcies al creixement exponencial de la tecnologia, i ha canviat el perfil del món: la cultura pop ha suplantat la naturalesa i ha "colonitzat" l'espai físic de tot país, colonitzant igualment el dels territoris interns, subjectius, que durant un temps es consideraren inviolables, com la memòria individual i l'espai de l'inconscient. L'arquitectura ha començat a afrontar el problema, i es pregunta com sobreviure en aquestes noves condicions en les quals, particularment des del punt de vista de la representació, allò digital ha influït formalment els modes en què fins ara l'arquitectura era creada i transmesa. Les tesis de

[425 / Carmelo Baglivo, Luca Galofaro / Per una cultura *avantpop*]

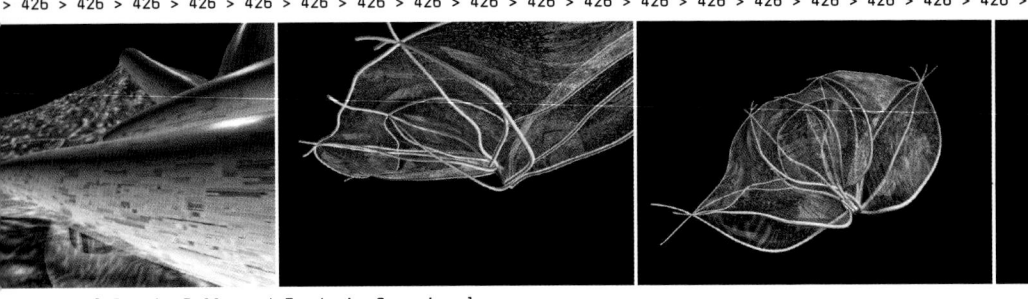

[Dennis Dollens / Exodesic Canopies]

to be impenetrable like the individual memory and the space of the unconscious. Architecture has begun to face the problem: that of how to survive in these new conditions, in which, especially from the point of view of representation, digital technology has formally influenced the way in which architecture was previously created and transmitted. Jameson's theory of the expansion of culture represents a crucial point: in what way does architecture adapt itself to a scenario which, on the surface, is already saturated by an enormous quantity of signals which, for good or bad, digital has accustomed us to. This scenario is no longer a territory to be colonised or discovered but rather it is a multidimensional hyper-reality inside which it is difficult to find the thread of a coherent thought. A place where reality has become a desert which is battered by an incessant rain of information and data, much of which is linked to an experimentation of American origin, that of the *Natural Born CAADesigner*, very different to our own, whose charm we have had forced upon us most of the time. A charm linked to a style and a capacity to absorb that overseas universities continue to practise.

But it is no longer only a question of style, because architecture has been flooded by a torrent of fast consumption products, narration, images, slogans, electronically generated stimuli, moving images which populate a world which quickly appears more familiar and more real than any architectural creation. The question which strikes us continuously is: how can an architect continue to reason on the creation of a space which is convincingly enriched by this progressive growth of sensorial stimuli and which makes the location of anything really present in space problematic. And how can he/she represent the enormous changes that this growth has produced in the vision that people have of that place and the world that surrounds them.

The first Biennial Exhibition of the third millennium (Venice 2000) attempted to give an answer outlining the collapse of an architecture of the Modern Era which, after the brief interlude of the Post-Modern era, had regained a central position, suffocating any return of the avant-garde. The Biennial Exhibition of Venice was an arena for meaningful experiments, criticizable, at times, from the formal point of view, but undoubtedly, that climate which made the ground of experimentation of the avant-garde fertile, was found again. Enthusiasm, idealism, trust and especially the conviction that there was

[426 / Carmelo Baglivo, Luca Galofaro / For an avant-pop culture]

Jameson sobre l'expansió de la cultura evidencien un punt crucial: de quina manera l'arquitectura s'adapta a un escenari que en la seva superfície ja està saturada d'una enorme quantitat de senyals en les quals, per bé o per mal, allò digital s'ha habituat. Aquest escenari ja no és un territori per a colonitzar o per a descobrir-hi una hiperrealitat pluridimensional en l'interior de la qual resulta difícil reprendre el fil d'un pensament coherent. Un lloc on allò real s'ha transformat en un desert que ve esquitxat per una pluja incessant d'informació i de dades, moltes de les quals estan lligades a una experimentació d'arrel americana: la dels *Natural Born CAADesigners*, molt diferent de la nostra i dels quals tan sovint n'hem hagut de suportar l'encís. Un encís vinculat a un estil i a una capacitat d'absorció exercits sense treva per la universitat d'uns altres oceans.

Però no es tracta solament d'una qüestió d'estil, pel fet que l'arquitectura hagi estat inundada per un torrent de productes de consum ràpid, de narracions, d'imatges, d'eslògans, d'estímuls generats electrònicament; imatges en moviment que poblen un món que de sobte se'ns apareix més familiar i més real que qualsevol creació arquitectònica. La pregunta que contínuament ens ve a la ment és: com pot un arquitecte continuar raonant sobre la creació d'un espai que s'enriqueix amb convenciment d'aquest augment progressiu dels estímuls sensorials i que planteja com a problemàtica la localització de qualsevol cosa que es trobi realment present en l'espai? I com pot representar els enormes canvis que aquest creixement ha produït en la visió que la gent té del propi lloc i del món que l'envolta?

La primera Biennal d'Arquitectura del tercer mil·lenni, celebrada a Venècia l'any 2000, ha mirat d'aportar-hi una resposta, delineant el desplom d'una arquitectura moderna que, un cop passada la breu parèntesi de la postmodernitat, havia recuperat una posició central, ofegant tot intent de retorn de l'avantguarda. La Biennal de Venècia va constituir una plataforma per a experiments significatius, a voltes criticables des del seu costat formal, però tanmateix reconfigurant el clima que ha abonat el terreny per a les experimentacions avantguardistes. Entusiasme, idealisme, confiança i, especialment, la convicció que hi ha un immens territori per a explorar, i, sobretot, la sensació que l'arquitectura, en el sentit més nobles i desencantat, podia trobar les metàfores necessàries per argumentar una cultura en radical mutació per tots aquells que l'estaven vivint des de dins.

Tanmateix, la Biennal ha marcat un altre important moviment: ha codificat un llen-

CATÀLEG
DE PARTICIPANTS
CATALOGUE
OF PARTICIPANTS

Projecte [Project]
Autor [Author] / Director
Any [Year]
País [Country]
e-mail / website
[pàgines / pages]

People move her:
Paseo móvil
Aandacht
(Amanda Schachter +
Alexander Levi)
2001
Espanya [Spain]
aandacht@gmx.net
[289-295]

Driven
ABB Architekten
(Bernhard Franken)
2001
Alemanya [Germany]
bernhard.franken@
franken-architekt.de
www.abb-bf.com
[380-388]

Vision Point
Stephen Arthur
EUA [USA]
Joel@microcinema.com

Polygon Family
Jun Asakawa
1998
Japó [Japan]
www.ppi.kp

[Catàleg de participants / Catalogue of participants]

an immense territory to be explored and, above all, the sensation that architecture, in the most noble and disenchanted sense, could find the necessary metaphors in order to account for a radically changing culture to those who live within it.

But the Biennial marked another important moment, it codified a language of representation, the image in movement. The long screen videowall, devised by Massimiliano Fuksas, on which images of contemporary cities in every corner on the planet were projected, signalled a point of passage. The visions of architects, their sketch pads, their ideas, that city they are working on in their contributions were moving ones, animated by a deep sense of resignation and disenchantment. The world was portrayed with continuity and repetition.

Around this big screen the architects set their own ideas, their own sketches in motion, the creation process was reformulating a new creative tool, animation was looking for a new point from which first of all to investigate in order to then rewrite a way of creating architecture. In this way, animation takes on a fundamental role by being at first representation and then, a system of creation of space.

"In writing the same change came about. There is one prime aspect which is elementary: the same type of text, the same idea of text which was once written by hand, is now written by computer. However, the idea remains the same. The computer modifies the perception and effectively alters the rhythms and the modalities of creation a little, I don't know if for better or for worse; certainly, the generation already born writing by computer is used to experiencing text differently. If we wish to make a more banal observation, making corrections on the computer is quicker than doing so when writing by hand. From this point of view, technology has brought something new, different, I don't think it has shifted the heart, the fundamental basis of that which is writing, but it has made the modality by which we write a little different."

Animation follows a logic which effectively mixes connections belonging to different areas and, therefore, is an experience which is new and, as such, fascinating. It is a bit like working and trying to draw without bearing in mind the measurements or a specific context, but rather creating by instinct, without checking, adding things without ever taking anything away. If these two things are connected, that is, the old and the still

[428 / Carmelo Baglivo, Luca Galofaro / For an avant-pop culture]

Anime Exhibition Centre
Jaspal Atwal
2001
Canadà [Canada]
Jaspal_atwal@hotmail.com

The Child
Antoine Bardon-Jacquet
1999
França [France]
[279-282]

C.A.O. Catastrophe
Assistée par Ordinateur
Geoffroy Bayon
2001
França [France]
Geoffroy.bayon@online.fr
[265-272]

Web d'Urbanisme
(Ajuntament de Barcelona)
Elisenda Bonet
Espanya [Spain]
e.bonet@coac.es
2000/2001

UPC, Web Departament de
Composició Arquitectònica
Elisenda Bonet
2001

Melnikov series
Elisenda Bonet
2001
www.bhproject.org

End of Restriction
Robert Bradbrook
1994
Gran Bretanya [UK]
www.animateonline.org
[185-191]

guatge de la representació, la imatge en moviment. La pantalla gran *videowall* ideada per Massimiliano Fuksas, sobre la qual es projectaven imatges de ciutats contemporànies de tot el món, ha marcat un punt d'avançada. Les visions dels arquitectes i les seves piles d'esbossos, les seves idees, aquelles ciutats de les quals s'ocupaven en les seves intervencions, no estaven parades: eren animades per un profund sentiment de resignació i desencant, i el món apareixia amb continuïtat i repetició.

Al voltant de la gran pantalla, els arquitectes posaven en moviment les seves pròpies idees, els seus propis dibuixos, el procés de creació reformulava un nou instrument creatiu. L'animació buscava un nou punt des del qual, primer que tot, poder indagar per a reescriure un mode de fer arquitectura. D'aquesta forma, l'animació assumeix el paper fonamental del seu mode de ser: primer representació i després, sistema de creació en l'espai.

"Tot el canvi ha vingut de l'escriptura, que és un aspecte elemental: el mateix tipus de text, la mateixa idea de redacció abans s'escrivia a mà i ara s'escriu amb l'ordinador. Però la idea continua sent la mateixa. La computadora modifica la percepció i és cert que altera una mica els ritmes i modalitats de la creació, no sé si per bé o per mal. Certament, la generació que ha nascut escrivint amb la computadora està habituada a relacionar-se amb el text d'una forma diferent. Si volem fer observacions més banals, direm que corregir en un ordinador és més ràpid que fer-ho quan s'escriu amb ploma. En aquest sentit, la tecnologia ha aportat quelcom de nou, de diferent; però no crec que hagi desplaçat el cor, l'eix portant d'allò que és l'escriptura, sinó que ha convertit en quelcom de diferent la modalitat mitjançant la qual nosaltres escrivíem".

L'animació segueix una lògica que, efectivament, barreja nexes pertanyents a diverses àrees i, en aquest sentit, és una experiència nova i com a tal, fascinant. És com treballar tot mirant de dissenyar sense tenir en compte les mesures o el context específic, sinó crear per instint, sense verificació afegida, sense eliminar res. Si s'entrelliguen aquestes dues vessants, o sigui, el vell però sempre actual mètode de disseny i aquestes altres lògiques, pot divertir, i fins i tot es pot produir quelcom de veritablement interessant. Tanmateix, es fa necessari sentir una instintiva fascinació envers aquesta amalgama. L'arquitecte viatja més enllà dels límits de la seva ment, i per a l'arquitectura allò fascinant és continuar el propi viatge i no perdre's en el recorregut, amb el pas sostingut, però no controlat, per la màquina. La llibertat d'organitzar un mecanisme per crear un

Furniture Poetry	Soho Square	Memòria geomètrica i	Migrations
Paul Bush	Mario Cavalli	constructiva del Saló	Constantin Chamski
1999	1992	Impèrial de Sabadell	1998
Gran Bretanya [UK]	Gran Bretanya [UK]	Centre d'Aplicacions	França [France]
www.animateonline.org	www.animateonline.org	Informàtiques a la	www.viridiana.fr
[171-178]	[23-29]	Representació	
		d'Arquitectura i	Pocketglass House
Miles from anywhere		Territori (CAIRAT)	(Wilson Residence)
Gary Carpenter		Espanya [Spain]	Martin Crossman
1997		1999	2000-2001
Gran Bretanya [UK]		www.etsav.upc.es/cairat	EUA [USA]
www.animateonline.org		cairat@etsav.upc.es	www.xman-arch.com

[Catàleg de participants / Catalogue of participants]

current method of drawing, to these other forms of logic, it can be fun, and can also produce something really interesting. But one needs to have an instinctive fascination towards such a mix. The architect travels within the limits of his/her head, and for architecture, the fascinating thing is still to continue to follow someone's journey and not to get lost on the way, defined but not controlled step-by-step by the machine. The freedom to organise a mechanism to create a project, setting out every relationship to the context, changing the parameters and the effective possibilities for connection amongst them, seems to me to be a freedom which I do not find so fascinating. I find it more fascinating to follow an architect in the project that he has undertaken, noting aspects that he himself might or might not have noticed. To walk in his footsteps, is what I believe to be the fascinating thing about architecture. In following someone else's journey, it will be inevitable to rethink how to generate a space.

American linguistic research, linked closely to technology and, especially to the use of certain software created for application outside the field of architecture, has tried to invade Europe, coming up against particular resistance in the Mediterranean basin. Resistance due, first of all, to the possibilities demonstrated by their own traditions to be rediscovered and the will to discover the way to enter the new digital world, to explore it without letting itself be swallowed up or become a mere extension of its operating processes. The attitude which is forming itself at this time is surely one that combines cultural reminiscences of Pop Art and the innovative strength of the Avant-Garde. While Pop Art probes and focuses its attention towards goods of mass consumption, it is not high-level culture or the tradition of a country to constitute the only point of reference, but the whole of popular culture which offers its citizens (and not only the architects) key points of reference. It is no longer the history or the usual image of cities to be at the basis of diverse interpretations, and the classic typologies are no longer the focal points of the realisation of functionally well-defined architectural spaces, but rather the consumer products, those of the media, the images of advertising and other products of contemporary culture. The *Avant-Garde* with its linguistic force of innovation and subversive spirit towards a present-day logic, and well-established practices. At this precise moment the meeting point of these two

16 hours	Aegis Hyposurface	IN X House	Exodesic Canopies
dbox	dECOi	Degree Zero Architecture	Dennis Dollens
2001	2001	1998	2000
EUA [USA]	França [France]	[415-417]	Espanya [Spain]
www.dbox.com	www.hyposurface.com		[422-426]
[320-325]		www.degreezero.com	
	300 Kb Museum	Degree Zero Achitecture	Twipsy
Two days, one night	Degree Zero Architecture	1998-2002	Estudio Mariscal
dbox	2001		1998
2002	EUA [USA]		Espanya [Spain]
	www.degrezero.com		www.mariscal.com
	[410-414]		[50-58]

projecte, sostenint totes les relacions en el context i canviant els paràmetres i l'efectiva possibilitat d'embrancament entre ells, no em sembla una llibertat prou fascinant. Em resulta més fascinant seguir un arquitecte en el projecte que ha emprès, tot notant aspectes que ell haurà percebut poc o molt. Recórrer les seves petjades, això és, crec, l'aspecte fascinant de l'arquitectura. El fet de rastrejar el recorregut d'algú altre conduirà inevitablement a reflexionar sobre com generar un espai.

La investigació lingüística americana, molt lligada a la tecnologia i especialment a l'ús d'alguns programes de software creats per a aplicacions alienes a l'arquitectura, ha mirat d'envair Europa, topant però amb una especial resistència en la conca mediterrània. Una resistència que prové, en primer lloc, de la possibilitat de redescobriment, demostrada per les pròpies tradicions, i de la voluntat d'albirar la forma d'entrar en el nou món digital per tal d'explorar-lo sense deixar-se engolir o convertir-se en una pura extensió dels seus mecanismes operatius.

El comportament que s'està formant en aquest període és probablement un comportament que es fon en reminiscències culturals de l'art pop i en la força innovadora de l'avantguarda. Mentre que l'art pop indaga i focalitza la seva atenció en els productes de consum de masses, la seva referència no és l'alta cultura o les tradicions d'un país, sinó tota la cultura popular que les referències clau ofereixen als ciutadans (i no solament als arquitectes). Ja no seran les històries o les imatges típiques de la ciutat les que constituiran les bases de les diferents interpretacions, com tampoc són les tipologies clàssiques les que representen els punts focals de les realitzacions d'espais arquitectònics tan ben definits funcionalment, sinó que aquestes bases les representaran els béns i els productes de consum: els dels media, les imatges publicitàries i altres productes de la cultura contemporània. L'avantguarda, amb tot el seu vigor lingüístic d'innovació i l'esperit subversiu enfrontat a una lògica corrent, d'una praxi consolidada. En aquest moment precís, el punt d'encontre d'aquestes dues actituds ha donat pas a un corrent literari, l'avantpop, que reflecteix clarament algunes de les postures de certs arquitectes contemporanis pel que fa a l'ús que fan d'allò digital. El pensament digital ha trastocat els límits de la realitat, de la percepció humana i de la memòria. I ho ha fet en un univers en què l'única constant sembla ser la transformació, la capacitat d'aquests arquitectes per a tancar les coses, per a reinventar-les o, més ben dit, per a recompondre-les en un sistema de descodificació d'idees i de suggestions espacials.

Canaletto
eurekapixel.com
2001
Espanya [Spain]
www.eurekapixel.com
[257-264]

Parc Mòbil
Farré de Fuentes Arq.
2000
Espanya [Spain]
fdefuentes@fdfa.net

Twilight Zone
FFPV Arquitectura
2002
Espanya [Spain]
[295-299]

Architectures Parallèles:
Instant City
Odille Fillion +
Maurice Benayoun
2001
França [France]
www.z-a.net
[272-279]

A cinematographical
becoming of the staged
landscape to a redoubling
of the meaningless image
Fontys Academy for
Architecture and Urban
Design: Jan Hubert
Bisschops, Edgar Claasen,
Joris Dekkers, Frank
Klerks, Iwan Westerveen
2001
[145-152]

[Catàleg de participants / Catalogue of participants]

approaches has given life to a trend in literature. The *Avant-pop*, which clearly reflects some of the positions of a few contemporary architects, regarding the use they make of digital technology. The digital way of thinking has radically broken through the very limits of reality, of human perception and of memory. In a universe where the only constant element seems to be transformation, the ability of these architects to put a halt to things, to reinvent them or better still to put them back together again in a decoded system of spatial ideas and suggestions. While, instead, animation systems seek a new logic to decode the system of reality.

A seemingly easily consumed form of architecture, but which hides a rich source of raw material to explore, manipulate, and to transform creatively avoiding experimentation for its own sake, which limits the development of a coherent digital way of thinking. The guided formalism of the machine moves the perspective in a direction which is little connected to the real transformation of cities and the organisation of the functions.

The avant pop represents the logic and the technology associated to the subsequent phases of the expansion of the Post-Modern Era. Consumption and the images connected to it are used in an enlarged way, because they reach the mind more directly, compared to the past, in the areas more connected to information, from one idea of consumerism just mentioned, we pass to an idea of hyper-consumerism and the potential for growth is to be found precisely in digital technology with its technologization of data by computer and with the corresponding acceleration of mechanisms of obsolescence and the increase in the speed of replacement and exchange.

The field where the action takes place is a literal and psychological space which has been radically widened by recent developments in digital technology and the increasing efficiency of the system to transform space and time into narrations and images for consumption; and the greater exponential possibilities of having access to cultural objects which might be produced, reproduced, dismantled or manipulated in whatever way by the simple movement of the mouse.

Animation and narration, a system of interpreting reality and a method for controlling its infinite modifications, and not a complex system to generate space. The video *Earthscape* follows a logic of the consumption of images but, at the same time, tries to bring into focus a line in continuous movement which defines or better visualises

Tyo Story	I love Paris	Scape	Flatworld
Taku Furukawa	Sophie Gateau	Pete Gomes	Daniel Greaves
1999	2001	2001	1997
Japó [Japan]	França [France]	Gran Bretanya [UK]	Gran Bretanya [UK]
Uc2t-frkw@asahi-net.or.jp	sophiegateau@free.fr	petegomes@aaschool.ac.uk	www.tandemfilms.com
[16-23]	[282-288]	[191-195]	[58-66]

Claustrophobia
Irina Goundortseva
EUA [USA]
Joel@microcinema.com

Flow
Serge V. Gregory
1999
EUA [USA]
joel@microcinema.com

En canvi, vet aquí que els sistemes d'animació cerquen una lògica nova per a descodificar el sistema de la realitat.

Una arquitectura que pugui semblar de consum senzill, però que amaga una abundosa font de matèria primera per a explorar, manipular i transformar de manera creativa, tot evitant l'experimentalisme limitat en si mateix, que escurça el desenvolupament d'un pensament digital coherent. El formalisme guiat per la màquina condueix el punt de vista cap a una direcció poc relacionada amb la transformació real de la ciutat i amb l'organització de les seves funcions.

L'*avantpop* representa la lògica i la tecnologia associades en les successives fases d'expansió del postmodernisme. El consum i les imatges que s'hi vinculen s'empren d'una forma ampliada, perquè arriben a la ment d'una manera més directa que no en temps passats. En les àrees més relacionades amb la informació, es passa d'una idea tot just esbossada de consumisme a una altra d'hiperconsumisme, i el potencial de creixement es troba, en la tecnologia digital, en una tecnologització de dades mitjançant la computadora i la corresponent acceleració dels mecanismes d'antiguitat i el creixement de la velocitat de recanvi i de canvi.

El camp en què es mou l'acció és un espai literal i psicològic que ha estat radicalment perllongat pels avenços recents de la tecnologia digital i per la sempre creixent eficiència del sistema per a transformar l'espai i el temps en narracions i imatges de consum; així com de les possibilitats, augmentades a nivell exponencial, de disposar d'un accés envers els objectes culturals que poden ser produïts, reproduïts, descompostos i manipulats de qualsevol manera mitjançant un senzill moviment del ratolí.

L'animació és narració, un sistema de lectura d'allò real i un mètode per a controlar les seves infinites modificacions, i no un sistema complex per a generar espai.

El vídeo Earthscape segueix una lògica de consum d'imatges i alhora mira de focalitzar una línia en moviment continu que defineixi o visualitzi millor els límits entre el camp artificial i el natural, entre paisatge natural i ciutat, dins de l'espai comprès en el moviment d'aquesta línia, que és on es localitza el projecte. L'animació és, en aquest cas, un vídeo utilitzat com a diagrama per explicar com i on actuar, quins han de ser els punts d'intervenció de l'arquitectura, i quin és el límit en mutació constant que indica un nou territori.

Tota aquesta sèrie d'innovacions han produït un seguit de modificacions i de canvis en tots els sectors de la producció arquitectònica. La producció que s'analitza en el text

Thought City
Stefan Gruber
EUA (USA)

Styx
Virginie Guilminot
1989
França [France]
[239-241]

Lux
Virginie Guilminot
1989
[377-379]

Digital House
Hariri & Hariri
1998
EUA [USA]
www.haririandhariri.com
[341-346]

Spirit of Place
Oliver Harrison
1992
Gran Bretanya [UK]
www.animateonline.org
[165-171]

The Djagram
Alex Haw
2000
Gran Bretanya [UK]
alexhaw@hotmail.com
[417-422]

[Catàleg de participants / Catalogue of participants]

the boundary between the natural and artificial, between natural landscape and city in space included in the movement of this line, this is where the project is located. In this case, animation is a video used as a diagram to explain how and where to act, what must be the point of intervention of architecture, that ever-changing limit which defines a new territory.
This whole series of innovations has produced a series of modifications and changes in every sector of architectural production. The production which more closely concerns us in this paper, is that of ideas and the experimentation of them. The insistence on that which is new in each text regarding digital technology averts one's eyes from the true nature of contemporary thinking. The logic which guides every process is the same one that had opened up and pointed out the road to the *Avant-Garde* movement and has always belonged to the Mediterranean culture, and has never sought to break with tradition but has used every stimulus from the real and the contemporary to give continuity to tradition.
If the *Avant-Garde* is experimentation and Pop Culture is an uncritical, almost celebratory reproduction of the mass product, then *Avant-Pop* reinvents an entire range of new, formal strategies and narrative attitudes which take inspiration from non-literary, more rapid and dynamic art forms like the diverse worlds which flow through the means of television, the casual yet profound interaction between that which happens in the cathode tube (the stream of programs) and the real world (the flow of domestic reality) or the window structures of computer software and video-games, with their staggering sense of infinite regression. And finally, the rules of collage and the other forms of spatial, visual, auditory and temporal organisation, borrowed from videos and cinema.
It is perfectly natural to expect architects who have grown in this environment to register and to analyse these effects, and then to represent them in a spatial composition which favours what one time would have been considered stylistic and thematic choices of the *Avant-Garde*, but which are, in effect, a rewriting of reality. We are close to a new realism. A realism which still does not wish to define the meaning of animation. Formal trends are of a different kind. In the majority of cases these different trends are apparently able to be traced back to Northern European and North-American experiences,

Seven corners	Street Haunter	Save me	Feeling my way
Todd Hemker	Justine Henry	Stuart Hilton	Jonathan Hodgson
2001	2001	1994	1997
EUA [USA]	Austràlia [Australia]	Gran Bretanya [UK]	Gran Bretanya [UK]
hemkertodd@hotmail.com	Justinemhenry@yahoo.com	www.animateonline.org	www.sherbet.co.uk
[4-9]	[196-202]	[218-223]	[210-218]

The man with the beautiful eyes
Jonathan Hodgson
1999
[72-81]

present és la d'unes idees i la seva experimentació. L'èmfasi envers allò que és nou en cada text dedicat a la qüestió digital, allunya la mirada de l'autèntica naturalesa del pensament contemporani. La lògica que guia tot procés és la mateixa que ha obert i indicat el camí al moviment de l'avantguarda i que ha format part de la cultura mediterrània, sense que mai mirés de provocar un trencament amb la tradició, sinó que utilitzant tots els estímuls d'allò real i contemporani per tal d'aportar continuïtat a la tradició.

Si l'avantguarda és experimentació i la cultura pop és una reproducció acrítica gairebé celebradora dels productes de masses, l'*avantpop* reinventa una completa gamma de noves estratègies formals i de postures narratives que s'inspiren en formes artístiques no literàries més ràpides i dinàmiques, com els diversos móns que discorren a través del medi televisiu, de la interacció casual però profunda entre allò que passa en l'interior del tub catòdic (el flux del programa) i el món real (el flux de la realitat domèstica), o bé de les estructures com a forma de finestra oberta a l'infinit. I, finalment, de les regles del collage i d'altres formes d'organització espacial, visual, auditiva i temporal agafades del vídeo i del cinema.

És completament normal esperar que els arquitectes formats en aquests ambients registrin i analitzin aquests efectes, i que a continuació els representin en una com- posició espacial que privilegia aquells que una vegada varen ser considerats traços estilístics i temàtics d'avantguarda, per bé que de fet, són una escriptura de la realitat. Ens estem acostant a un nou realisme. Un realisme que encara no vol definir el significat d'animació. Les tendències formals són de caire divers. En la majoria dels casos, aques- tes diferents tendències són, en aparença, atribuïbles a l'experiència nord-europea i americana, sent representada la diferència per una inesgotable font d'inspiració feta d'estratègies recombinatòries. Per bé que de diferents maneres, totes les tendències contenen un cert escepticisme envers el llenguatge com a únic instrument per expressar els significats i les veritats pel que fa a l'espai arquitectònic. La decisió és moure's a través d'accions heterogènies i d'una voluntat narrativa, característica pròpia del mode de viure el món digital.

Hem de promoure una radical revolució del llenguatge com a tal, a favor d'un renaixe- ment de l'arquitectura per sempre més impulsada cap allò real: "una nova tècnica immersa en les organitzacions que determinen la gestió capitalista de l'edificació i del territori". Manfredo Tafuri sostenia en aquells temps que:

La Maison	Hotel Central	Earthscapes	Subterranean
François Houle	Matt Hulse	iAN+	Shawn Jasmann
2000	2000	2002	2002
França [France]	Gran Bretanya [UK]	Itàlia [Italy]	Canadà [Canada]
houlamation@hotmail.com	www.animateonline.org	www.ianplus.it	subterranean@sympatico.ca
www.houlamation.com	[178-185]	[326-332]	www.subterranean.ca
			[404-410]

Dad's Clock
Dik Jarman
2001
Austràlia [Australia]
drof@ozemail.com.au

[Catàleg de participants / Catalogue of participants]

the difference is represented by an inexhaustible source of inspiration made up of rearranged strategies. Even though each trend, in its own way, contains within it a certain scepticism towards language as the sole instrument of expression of the meanings and the truths about architectural space. The decision is to shift towards actions of the same kind and a *narrative will*, the typical characteristic of our way of experiencing digital technology. We must obtain a radical devaluation of the language as it is, as to achieve a rebirth of architecture which is ever more inclined towards what is real "a new technique, immersed in the organisations which determine the capitalist management of construction and of territory". Little did we know when Manfredo Tafuri claimed:

"A sizeable part of such celebrations of the formless are placed under the sign of technological utopia... technology can, thus, be read mystically, like second nature, object of mimesis; it may become the object of formal chit-chat like part of the research of Soviet Constructivism, where form self-destructs in order to let communication spurt out from the same process of self-criticism... they attempt to define the subject of the universe of the technological indefinite. They are trying to attack the entire physical world with quantum exalted information, in the attempt to reunite words with things, to attribute a communicating, autonomous structure to the world of everyday existence. It is not by accident that some already out-of-date images... simultaneously widen and narrow the field of intervention of architecture: they widen it, in that they emphasise the topic of the dominion of the whole visible space; they narrow it, in that they interpret that space solely as a network of superstructure... Here, no communicative ambitions exist any longer; architecture has dissolved into a dismantled system of ephemeral signals. In place of communication, a stream of information; in place of a form of architecture as language, an attempt to reduce it to a mass medium, without ideological remnants; in place of an anxious effort to renovate the urban system, a disenchanted vision of the real going as far as to reach cynicism."[3] C.B. / L.G.

NOTES
1 — *Nuove regole per un nuovo mondo*, Kevin Kelly ed., Ponte alle grazie, Milano 1999.
2 — Interview with Eduard Kac. "Questioning the objectivity of spa" by Marialuisa Palumbo.
3 — Manfredo Tafuri, *La sfera e il laberinto*, cap.8. L'architecture dans le boudoir Einaudi 1980.

Tagebuch
Vuk Jevremovic
2000
Alemanya [Germany]
vukjevremovic@aol.com
[134-141]

The Goner
Peter Kaboth
1998
Alemanya [Germany]
peterkaboth@gmx.de
[119-127]

Animated Architecture
series
Linda and Mark Keane
EUA [USA]
lkeane@artic.edu
[9-16]

Stressed
Karen Kelly
1994
Gran Bretanya [UK]
www.animateonline.org
[127-134]

Not without my handbag
Boris Kossmehl
1991
Gran Bretanya [UK]
www.aardman.com

"Una gran part d'aquestes celebracions d'allò informe venien encasellades sota el signe de la utopia tecnològica... D'aquesta manera, la tecnologia pot ser interpretada místicament, com una segona naturalesa, objecte de mimesi; després, tal com passa en gran part de les investigacions del constructivisme soviètic, es pot convertir en objecte de fraseologies formals, en què la forma s'autodestrueix per a llençar comunicacions a l'interior de l'ampli procés d'autocontestació... caient en la temptació de debatre l'univers de la indeterminació tecnològica: intentar d'enviar tot l'ambient físic d'informació exacerbada, en l'esforç de reconduir les paraules i les coses, d'atribuir al món de l'existència quotidiana una autònoma estructura comunicant. No és casualitat que algunes imatges passades de moda (...) a hores d'ara amplifiquin i redueixin alhora el camp de la intervenció de l'arquitectura: l'amplifiquen pel fet de plantejar la qüestió del domini de la totalitat de l'espai visible; i el restringeixen, pel fet d'interpretar aquest espai únicament com una xarxa de supraestructures (...) en la qual no existeix cap altra intenció de comunicació; l'arquitectura es dissol en un sistema desestructurat d'efímers senyals. En comptes de comunicació, és un flux d'informació; en comptes d'una arquitectura com a llenguatge, és un intent de reduir-la a un mitjà de masses, sense residus ideològics; en comptes d'un ansiós esforç per a la reestructuració del sistema urbà, és un desencant d'allò real, molt proper al cinisme.[3] C.B. / L.G.

NOTES

1 — Kevin Kelly, *Nuove regole per un nuovo mondo*, Ponte Alle Grazie, Milà, 1999.
(Traducció castellana: Kevin Kelly, *Nuevas reglas para la nueva economía*, Granica, Barcelona, 1999). Edició original en anglès: Kevin Kelly, *New Rules for the New Economy: 10 Radical Strategies for a Connected World*, Viking Press, Londres, 1998.
2 — Entrevista a Eduard Kac per Marialuisa Palumbo, *"Questioning the objectivity of space"*.
3 — Manfredo Tafuri, *La sfera e il labirinto*, Einaudi, Roma, 1980.

Kavarna
Pavel Koutsky
1998
República Txeca
[Czech Republic]
[35-43]

Navstiute Prahu
Pavel Koutsky
1983
www.kratkyfilm.cz0
[29-35]

Modelos 3D
Laboratori de
Modelització Virtual
de la Ciutat
www.upc.es/cpsv/lmvc/

Matrix Variant I
Stephan Larson
EUA (USA)

Memoires vives
Grégory Leborgne
1995
França [France]
[66-72]

A study of personal space
Serena Lin
EUA [USA]
Joel@microcinema.com

The Bucketrider
Katarina Llilqvist
1993
Finlàndia [Finland]
www.ses.fi
[112-119]

[Catàleg de participants / Catalogue of participants]

"...portant la seva percepció als límits"
"Carrying their perception to the limits..."

Enric Ruíz-Geli is architect and stage designer. He set up Cloud 9 office in 1995. He is co-director of Metapolis. Hi architectural work has been awarded and exhibited in Europe.

[438 / Enric Ruiz-Geli / Multiplex]

Rock Bridge Christian Church
Llonch + Vidallé Arch.
2001-2001
EUA [USA]
mail@llonch-vidalle.com
[365-371]

Barcode
Adriaan Lokman
2001
Països Baixos
[The Netherlands]
www.barcodemovie.com
[388-394]

3G-G3
Emiliano López
1999
Espanya [Spain]
emi@coac.net
[346-351]

Édifice
Frank Magnant
1997
França [France]
[242-248]

Poliesportiu de l'Hospitalet
MC Arquitectura S.L.
Mario Corea, Emiliano López, Luis Moran
2001
Espanya [Spain]
[356-359]

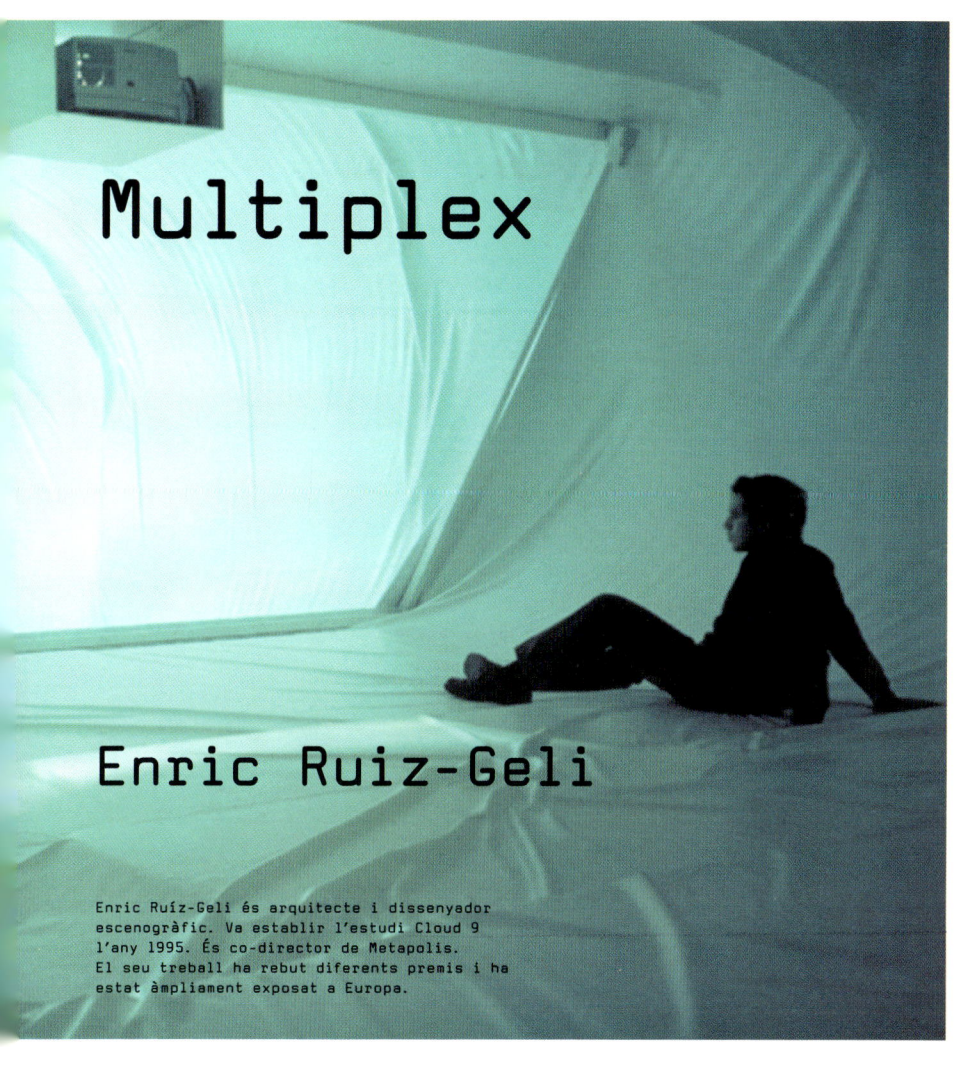

Multiplex

Enric Ruiz-Geli

Enric Ruíz-Geli és arquitecte i dissenyador escenogràfic. Va establir l'estudi Cloud 9 l'any 1995. És co-director de Metapolis. El seu treball ha rebut diferents premis i ha estat àmpliament exposat a Europa.

Pavelló Firal i Esportiu
de Tortosa
MC Arquitectura S.L.
Mario Corea, Emiliano
López
2001

Ferment
Tim McMillan
1999
Gran Bretanya [UK]
www.animateonline.org
[203-209]

Universitat de Cervera
Josep Mora Castellà
2002
Espanya [Spain]
Jomoca@coac.es

Season's Greetings
Phil Mulloy
1999
Gran Bretanya [UK]
www.animateonline.org
[224-230]

Arkhé
M. Antonio Nacif &
Beatriz de Oliveira
2001
Brasil [Brazil]
www.paulista2000.com.br
[373-376]

[Catàleg de participants / Catalogue of participants]

Learning from the Jetsons or the intrusion of Homer Simpson

A text by
Fredy Massad

Fredy Massad is Argentinean. Born in Banfield, Buenos Aires (1966). Architect graduated at Universidad de Buenos Aires (UBA). He taught at the Faculty of Architecture and Urbanism of UBA between 1991 and 1995. During the same period, he completed his training as architect and started contributing to the architectural magazine *summa+*. He moved to Spain in 1996, where he set up his practice ¿btbW along with Alicia Guerrero Yeste. He has lectured in Spanish and Argentinean universities. His written work appears regularly in European and South-American architectural media.

The Unbuilt Monuments:
The Danteum
Takehiko Nagakura
1998
EUA [USA]
takehiko@mit.edu
[248-249]

The Unbuilt Monuments:
Monument to 3rd
International
Takehiko Nagakura
1998
[249-251]

The Unbuilt Monuments:
The Palace of the Soviets
Takehiko Nagakura
1998
[251-252]

The Unbuilt Monuments:
The Drive-in-House
Takehiko Nagakura
1998
[252-254]

The Unbuilt Monuments:
Court House with Curved
Elements
Takehiko Nagakura
2000
[254-255]

The Unbuilt Monuments:
Firminy Church
Takehiko Nagakura
2000
[256-257]

Tot aprenent dels Jetsons o la intromissió de Homer Simpson

Un text de

Fredy Massad

Fredy Massad és argentí. Nascut a Banfield, Buenos Aires (1966). Arquitecte graduat per la Universitat de Buenos Aires (UBA). Docent a la Facultat d'Arquitectura i Urbanisme de UBA entre els anys 1991 i 1995. Durant aquest període, completà la seva formació pràctica com arquitecte i inicià la seva col·laboració amb summa+. L'any 1996 s'instal·là a Espanya, on creà el despatx ¿btbW, des del qual porta a terme investigació teòrica sobre arquitectura conjuntament amb Alicia Guerrero Yeste. En el curs dels darrers anys ha donat conferències i impartit seminaris en universitats espanyoles i argentines. El seu treball es publica regularment en mitjans especialitzats d'Europa i Amèrica del Sud.

Paisajes de bolsillo
No.MAD Arquitectos
2002
Espanya [Spain]
www.nomad.es

Shrum Guest House
Rui Nunes
2001
Canadà [Canada]
www.henriquezpartners.co
[351-356]

Strange Ships
Mark O'Connell
EUA (USA)

Trans-ports
Kas Oosterhuis
1999-2001
Països Baixos
[The Netherlands]
www.oosterhuis.nl
[314-320]

Gaudí: virtualidad y
rigor geométrico
Affonso Orciuoli,
Guillermo Grasso,
Alumnos de Sistemas de la
Información (ESARQ-UIC)
Espanya [Spain]
2002

The wrong trousers
Nick Park
1993
Gran Bretanya [UK]
www.aardman.com

[Catàleg de participants / Catalogue of participants]

Animation is an act in which the creator, on the basis of the inanimate and inexistent, manufactures infinite forms of life, perceptions of reality and infinite staged spaces in which animated creatures can act out their stories and their lives.

"...This place looks expensive. Feels like I'm wasting a fortune just by standing here..."
Homer Simpson's comment on penetrating into three-dimensional space

Disowning part of our learning will not get us anywhere, and what is more we can no longer do it. We have been contaminated by images. Our world of knowledge is an amalgam of particles, we can no longer conceive of purity a something intrinsically our own, but as an abstraction lacking any real value.

Springfield-South Park: The average, fictional American city that, through animated cartooning, paradigmatically transmits the environment of, and a way of understanding, the lives of its inhabitants.

Architects have always looked for incentives in the arts, sciences and philosophy. But our generation grew up watching TV; our world was configured in front of a screen. The world of our images was, to a great extent, generated in front of the telly. From the screen to our retinas and directly, from there, feeding our imagination. We owe the formation of our imagination, to a certain extent, to cathodic rays. Although TV has not been our only source of knowledge it has been the most abused. The learning acquired from this source is undeniable; our imaginary world is very much in debt to the retro-futuristic world of The Jetsons, the modern-prehistoric world of The Flintstones, or the American-underbelly atmosphere of The Simpsons.
Why deny this learning? Why omit certain facets of knowledge? Even should such be our intention it would be vain. The knowledge is already within us and we cannot disown what we have acquired. We are hybrids and crossbreeds, even should some of us still refuse to accept it. Outdated purists that lost out in their last attempts at purification in which modernity played a leading role, where in many cases out and out asepticism waved. It is evident that purity is foreign to our essence, we must understand that our nature is impure and contaminated, and accept this condition with enthusiasm.

[442 / Fredy Massad / Learning from the Jetsons]

Mission Ville	Utopia Parkway	Naked	Within/Without
Ties Poeth	Joanna Priestley	Yasmine Ramli	Benita Raphan
1989	1997	1992	1994
Països Baixos	EUA [USA]	Gran Bretanya [UK]	Gran Bretanya [UK]
[The Netherlands]	joanna@easystreet.com	www.animateonline.org	www.animateonline.org
petervanderven@wanadoo.nl		[105-112]	[159-165]
	In Absentia		
Music for an owl	Quay Brothers		
Ties Poeth	2000		
1999	Gran Bretanya [UK]		
	griff@illumin.co.uk		
	[152-159]		

L'animació és l'acte en què el creador parteix d'allò inanimat i inexistent per fabricar infinites formes de vida, percepcions de la realitat i espais escènics il·limitats en els quals criatures animades poden dur a terme les seves històries i les seves vides.

...This place looks expensive. Feels like I'm wasting a fortune just by standing here...
Homer Simpson, Pronunciat després de penetrar en l'espai tridimensional

Renegar de l'aprenentatge, d'una part del coneixement, no ens conduiria enlloc. A més, ja no ho podríem fer. Estem contaminats per les imatges. El nostre món del coneixement és una amalgama de partícules, i ja no podem concebre la puresa com quelcom d'intrínsecament nostre, sinó com una abstracció desprovista de valor real.

Springfield-South Park: Ciutat mitjana d'Estats Units de ficció que, mitjançant el dibuix animat, transmet de manera paradigmàtica l'ambient i la forma d'entendre la vida dels seus habitants.

Els arquitectes han buscat sempre motivacions en les arts, les ciències i la filosofia. La nostra generació ha crescut mirant la TV, el nostre món es generà davant d'una pantalla. En gran mesura, el nostre món d'imatges s'anà modelant davant d'un aparell televisiu. De la pantalla a les nostres retines i d'aquí, directament a alimentar la nostra imaginació. D'alguna manera, la formació del nostre imaginari és deutora dels raigs catòdics. La TV no ha estat la nostra única font de coneixement, però sí que ha estat la més desacreditada. L'aprenentatge que hem adquirit a través d'ella és innegable: el nostre món imaginari té un gran deute amb el món retrofuturista dels Jetsons, la ciutat modernoprehistòrica dels Flinstones o l'ambientació de l'Amèrica-Profunda dels Simpsons.

Per què negar l'aprenentatge? Per què ometre algunes facetes del nostre coneixement? Per molt que en tinguéssim la intenció, seria inútil. El coneixement ja està en nosaltres. No podem renegar d'allò adquirit. Som híbrids, mestissos. Tot i que alguns continuïn a no voler assumir-ho. Puristes obsolets que varen perdre la partida en els darrers intents de purificar encarnats per la modernitat, en la qual, en força casos, s'abrandaren en una asèpsia a ultrança. És evident que la puresa és estranya a la nostra essència, i hem d'entendre la nostra naturalesa com a impura i contaminada, per així poder assumir amb entusiasme aquesta condició.

Espaço Ativado
Ricardo Augusto
Romano Sant'Anna
2001
Brasil [Brazil]
Dadoo68@lycos.com
[371-373]

Abnehmen Leicht Gemacht
Katrin Rothe
2001
Alemanya [Germany]
katrin@karotoons.de
www.karotoons.de
[43-50]

Aviario en el nuevo Zoo
de Barcelona
Enric Ruíz-Geli (Cloud 9)
1998
Espanya [Spain]
enric.cloud@idgrup.ibernet.com
[359-365]

Restitución infográfica
del rascacielos de Mies
Van der Rohe en
Friedrichstrasse, Berlín
1921
Carlos R. Gómez
1998
Espanya [Spain]
Carlosrgomez@wanadoo.es
www.lanzadera.com/crgn

[Catàleg de participants / Catalogue of participants]

The idea behind the creation of this hybrid (**architecturanimation**) came out of the possibility of thinking of a form of architecture, neither new nor novel, but less restricted, thinking of the contribution of technology and the imagination in order to promote a space in which to think. This mixture must not only be understood as a formal conception (morphological) but as a merging of ideas, a conversation between two universes that have always interrelated, perhaps more in a tangential way than in terms of any ideological conception — from thought and debate.

It may be the case that, in the name of this experiment in hybridisation, it is possible to fall into projects marked by hermeticism, in approaches that tend towards the creation of a new academic purism, obsessed by abstract entities (I am not against the investigation or abstraction, not everything must have practical utility, but when abstract conception feeds back by spinning paranoiacally on the same obscurantist axis, I believe that the conclusion of such work is invariably destined for failure), which may be feasible in their origins but lack any capacity to provoke intellectual confrontations.

Empirical experience has ceased to provide guidelines for actual architecture (whether built or not) because it needs to be nourished by experimentation, the precise space of architecture needs to be restructured, rethought and resemanticised. Perhaps we need to create sensual places, to forget convenience in order to become fully involved in the search for a different architectural experience. The mental blinkeredness of many architects, those who would like to be possessors of the truth (on the basis of a fallacy, insofar as the truth is not one but many) obliges us to sustain this affirmation.

Such a hypothetical truth denies the possibility of contamination, of intrusion. The task frequently presents itself as especially complicated (although those who are in agreement with the postulates that I have poured out in the previous paragraph, may well think that this is not so, because they will surely agree with some of them, yet reality shows that the task is still a complex one), in general, those of us that really live this profession, believe that at its heart it must take in the greatest possible number of conflicting proposals, without Manichaeism, without encryptions, without labels, on the basis of dialogue (an overall conversation). Technology allows us to do this. Let us think of The Jetsons.

Matt Groening has, perhaps, created a town that is more interesting than all of the megalomaniac urbanistic proposals of the 20th century put together. Springfield is a real, palpable town even though, and at the same time, it does not exist. F.M.

Espai Públic Soterrat
a la Ciutadella
Carlos R. Gómez
2000

Point Design
Martín Saez
2001
Argentina
Saezmf@hotmail.com
[300-307]

One day a man
bought a house
Piotr Sapegin
1998
Noruega [Norway]
[90-98]

The Periwig Maker
Steffen Schäffler
1999
Alemanya [Germany]
idealstandardfilm@freenet.de
[98-105]

www.urbanomatic.net
Matthias Schnell,
Katharina Sander
2002
Alemanya [Germany]
thiasschnell@gmx.de
www.k_sander@gmx.net

La idea de la creació d'aquest híbrid **(arquitecturanimació)** naix de la possibilitat de pensar una forma d'arquitecturar que no és nova ni innovadora però sí una mica menys encarcarada, pensant en l'aportació de la tecnologia i de la imaginació per a fomentar un espai en el qual pensar. Aquesta mixtura no s'ha d'entendre tan sols com una concepció formal (morfològica), sinó com una fusió d'idees, una conversació entre dos universos que sempre han estat interrelacionats, tal vegada més des d'una forma tangencial que des d'una concepció ideològica —des del pensament i el debat—.
Es pot donar el cas que en nom d'aquest experiment d'hibridació es caigui en projectes marcats per l'hermetisme; en plantejaments que tendeixen a la creació d'un nou purisme acadèmic, obsessionat per ens abstractes (no estic en contra de la investigació ni de l'abstracció, ja que no tot ha de tenir una utilitat pràctica, però quan la concepció abstracta es retroalimenta en una rotació paranoica sobre un mateix eix obscurantista, crec que la conclusió d'aquest treball es veu abocada de manera indefugible cap al fracàs), que en el seu origen serien factibles, per bé que els mancaria tota capacitat per a provocar la confrontació intel·lectual.
L'experiència empírica deixa de proporcionar pautes a l'arquitectura real (construïda o no), perquè aquesta necessita nodrir-se d'experimentació; l'espai de l'arquitectura precisa ser reestructurat, repensat i resemantitzat; potser necessitem crear llocs sensuals, oblidar-nos del confort per introduir-nos de ple en la recerca d'una experiència arquitectònica diferent. L'obturació mental de molts arquitectes que volen ser detentors de la veritat (partint d'una fal·làcia, ja que la veritat no és una, sinó múltipla), ens obliga a sostenir aquesta afirmació.
Aquesta hipotètica veritat nega la possibilitat de contaminació, d'intrusió. La tasca es presenta sovint força complicada (per bé que el qui estigui d'acord amb els meus postulats d'aquest meu darrer paràgraf pot pensar que això no és així, perquè probablement estigui d'acord amb algun d'ells, però la realitat ens mostra que la tasca continua sent força complexa); els qui sentim aquesta professió, pensem en general que s'ha d'acollir en el seu si la més gran quantitat de propostes antagòniques, sense cap maniqueisme, sense encriptaments, sense etiquetes, amb diàleg (en una conversació global). La tecnologia ens ho permet. Pensem en els Jetsons.
Tal vegada Matt Groening hagi creat una ciutat més interessant que totes les propostes d'urbanisme megalòman del segle XX. Springfield és una ciutat real i palpable, i, a la vegada, inexistent. F.M.

Larger than life Andrew Schultz 2001 Alemanya [Germany] Andrew.Schultz@nikocity.d Fugue Georges Schwizgebel 1998 Suïssa [Switzerland] gschwiz@worldcom.ch [81-90]	Taxandria Raoul Servais 1997 Bèlgica [Belgium] www.awn.com/gallery/ servais/index.phtml [230-239]	Supaspace David Sisson 1999 EUA [USA] dave@splankin.com [394-404] Tall Story George Snow 1995 França [France] [307-313]	Proposta d'ordenació 'Pla de Ponent' A. Terrisse i Portella Espanya [Spain] 2001 Terrisse@amb.es Pla Parcial d'Ordenació 'Torre Vileta 2' A. Terrisse i Portella 2002

[Catàleg de participants / Catalogue of participants]

AGRAÏMENTS / ACKNOWLEDGMENTS

Volem agrair a tots els participants en aquest projecte el seu entusiasme, gràcies al qual ha estat possible **arquitecturanimació**.
We thank the enthusiasm of all the participants in **architecturanimation**.

Agraïm així mateix tots els ànims per a dur a terme aquest projecte, que ens han proporcionat
Thanks for the constant encouragement to carry on with this project given by
Amàlia Prat, Lea Geler, Nestor Crubellati, Montse Cervera, Rafael Criado, Montse Puig i tot el personal de la demarcació de Lleida del COAC [and all the staff at COAC-Lleida], Antonino Saggio, Luca Galofaro, Carles Puig, David Lorente, Marc Roselló, Joel S.Bachar, Pete Gomes, Paolo Sustersic i Mónica Ferrer, Mark Burry, Winka Dubbeldam, Emiliano López, Affonso Orciuoli, Amanda Schachter i Alex Levi, Carmen Bonell, Joan Font, Pilar García Almirall i Javier Monedero i, naturalment, a la nostra família i als millors amics [and, indeed, to our family and best friends].

Desitgem destacar i agrair afectuosament a Carles Llop la seva implicació i ajut incondicional al nostre treball tot al llarg del període de gestació d'arquitecturanimació.
[We would like to point up and thank affectionately the determined involvement and wholehearted support given to our work by Carles Llop throughout the preparation of architecturanimation]

Aquest llibre és per a Mimi [This book is dedicated to Mimi]

Fredy Massad + Alicia Guerrero Yeste
Juny June 2002

True Nature
Thawatpong Tangsajjpoj
2001
EUA [USA]
twatpong@yahoo.com

His mother's voice
Dennis Tupicoff
1997
Austràlia [Australia]
tupicoff@bigpond.net.au

Flip Film
Ellen Ugelstadt +
Alfonso Alvarez
1999
EUA [USA]
Joel@microcinema.com

Universitat de Cervera
UNED (Josep Mora)
2001
Espanya [Spain]
jomoca@coac.es

Möbius House
UN Studio
1998
Països Baixos
[The Netherlands]
www.unstudio.com
[332-340]

Ship of Dream
Kai Zhang
2002
EUA [USA]
Meta_reflections@hotmail.com
[142-144]

CD-ROM

Projectes inclosos / Projects included

I Love Paris, Sophie Gateau, 2001
Abnehmen Leicht Gematch, Katrin Rothe, 2001
Monument to the 3rd International, Takehiko Nagakura, 1998 (extracte/excerpt)
Earthscapes, IAN+, 2002
Driven, ABB Architekten, Bernhard Franken, 2001
Feeling my way, Jonathan Hodgson, 1997
The Djagram, Alex Haw, 2000
Möbius House, UN Studio, 1999
3G-G3, Emiliano López Matas, 1999
People move her: Paseo móvil, Amanda Schachter, Alex Levi, 2002
Subterranean, Shawn Jasmann, 2002
Aionic Memoria Project, Gregory More, 2002
Rock Bridge Christian Church, Llonch + Vidallé Architecture, 2002
Supaspace, David Sisson, 1999
Scape, Pete Gomes, 2002 (extracte/excerpt)
300 Kb Museum, Degree Zero Architecture, 2001
Street haunter, Justine Henry, 2001
Twipsy, Estudio Mariscal, 1998
Canaletto, eurekapixel.com, 2001
Tangent, Linda and Mark Keane, 1992
Twilight Zone, FFPV Arquitectura, 2002
16 Hours, dBOX, 2001
Exodesic Canopies, Dennis Dollens, 2001
Paisajes de bolsillo, NO.MAD Architecture, 2002 (extracte/excerpt)
Armature, Archi-tectonics, 2002
Aegis Hyposurface, dECOi, 2001
Flow, Serge V. Gregory, 1999
Flip Film, E. Ugelstadt + A. Álvarez, 1999

Requeriments CD-Rom
Hardware: Funciona amb qualsevol PC compatible que disposi de processador Pentium II 300 Mhz o superior. Windows 95, 98, ME, XP, NT4, 2000. Mínim 32 MB de RAM disponibles per a l'aplicació. Targeta vídeo SVGA 16 bits. Targeta de so compatible SoundBlaster 16. Lector CD 8x / Funciona amb qualsevol Macintosh dotat d'un processador de 300 Mhz o superior, 32 MB de RAM disponibles per a l'aplicació. Sistema 8.x o posterior i 2 MB de RAM de vídeo. Lector CD 8x. Software: Quicktime Player 5.x
Procediment d'instal·lació del Multimedia: No és necessari instal·lar-lo. El CD-ROM és autoexecutable, però si la funció d'"autoiniciar" està desconfigurada, el multimedia es pot executar amb un "doble click" a AA.EXE
Procediment d'instal·lació del Quicktime Player per a Windows: Faci "doble click" a l'arxiu QuickTimeInstaller.exe localitzat a la carpeta /QUICKTIME

CD-Rom Requirements
Hardware This CD-ROM can be used with any Compatible Pc with Pentium II 133 Mhz or higher. With Windows 95, 98, ME, XP, NT4, 2000. It is required a minimum of 32 MB RAM for the application. Video hardware SVGA 16 bits. Compatible sound device Soundblaster 16. 8x read CD / This CD-ROM can be used with any Macintosh with a processor of 300 Mhz or higher. It is required a minimum of 32 MB RAM for the application. 8.X system or posterior and 2 MB RAM video. 8x read CD. Software Quicktime Player 5.x
Multimedia installation procedure: It is not necessary to install it. The CD-Rom is self-executable. If the "autostart" function is not configured, the multimedia can be executed with a double click on AA.EXE
Quicktime player installation procedure for Windows Double click on the QuickTimeInstaller.exe file located in / QUICKTIME directory.

[447]

Col·legi d'Arquitectes de Catalunya

Degà / Dean
Joan B. Mur i Soteras

Secretària / Secretary
Esther Brosa i Llinares

Tresorera / Treasurer
Ana Puig-Pey Claveria

Presidents Demarcacions /
Branch Chairmen
Jesús Alonso i Sainz (Barcelona)
Joan M. Margalef i Miralles (L'Ebre)
Carles Bosch i Genover (Girona)
Pere Robert i Sampietro (Lleida)
Jordi Bergadà i Masquef (Tarragona)

Vocals / Members
Xavier Claramunt i Domènech
Jordi Farrando i Sicília
Joan Carles Cardenal González

Vocalia de Cultura
i Publicacions del COAC /
COAC Director of Culture
and Publications
Carles Llop i Torné

Secretaria d'Activitats Culturals /
Secretaryship of Cultural Activities
Jaume Orpinell, Olga Egea, Jordi Suñé,
Montserrat Morenilla, Cesc Montané,
i Anna Argelagós

a+a
arquitecturanimació / architecturanimation
18-21.06.2002 Barcelona. www.coac.net/aa

Organització / Organization
Col·legi d'Arquitectes de Catalunya
Vocalia de Cultura

Comissaris / Curators
Fredy Massad i Alicia Guerrero Yeste (¿btbW)

Projecte gràfic / Graphic project
David Lorente

Disseny Website / Website design
Calidos

Projeccions / Projections
Tècnic al COAC / Technical assistant at COAC
Jordi Suñé

Audiovisuals al CCCB / Audiovisuals at CCCB
Ángela Martínez, Neus Carreras

Edició al CCCB / Edition at CCCB
Marc Desmonts

Exposició / Exhibition (COAC)

Disseny / Design
Néstor Crubellati

T-shirt
Carles Porta

Catàleg / Catalogue

Edició / Edition
Fredy Massad & Alicia Guerrero Yeste

Disseny gràfic / Graphic design
David Lorente, Montse Sagarra, Rosa Lladó

Coordinació / Coordination
Dolors Soriano

Producció digital / Digital production
Leandre Linares

Traduccions / Translations
Lea Geler, Amàlia Prat, Peter Liddell,
Mónica Ferrer, Alicia Guerrero Yeste
Xavier Rull, Andreu Moreno

Producció / Production
Font i Prat Ass.

Impressió / Printing
Ingoprint S.A.

CD-Rom

Producció / Production
Calidos (www.calidos.com)

Coordinació / Coordination
Marc Roselló

Disseny-Navegació / Design-Navigation
Roger Romeu

Programació / Programming
Bernat López

Música / Music
Joan Trenchs

Supervisió / Supervision
David Giribet

Distribució / Distribution
Actar. Roca i Batlle 2-4. 08023 Barcelona
Tel +34 93 418 77 59   Fax +34 93 418 67 07
info@actar-mail.com www.actar.es

© De l'edició / Of the edition, COAC. 2002
   Plaça Nova 5. 08002 Barcelona. www.coac.net
© Dels textos els seus autors /
   Of the texts their authors
© De les imatges els seus autors /
   Of the images their authors
Tots els drets reservats / All rights reserved
ISBN 84-88258-88-7   /   DL B-39.422-2002
Printed and bound in the European Union
Barcelona, Juny / June, 2002

Amb la col·laboració de / With the collaboration of

EMBAJADA DE CANADÁ   The British Council   CONSULADO GENERAL DE SUIZA   CONSULADO GENERAL DE LOS PAÍSES BAJOS

Centre de Cultura Contemporània de Barcelona   ARKITEKTURA

33   sónar 2002